Wilhelm Bode

Goethes Liebesleben

Dichtung und Wahrheit

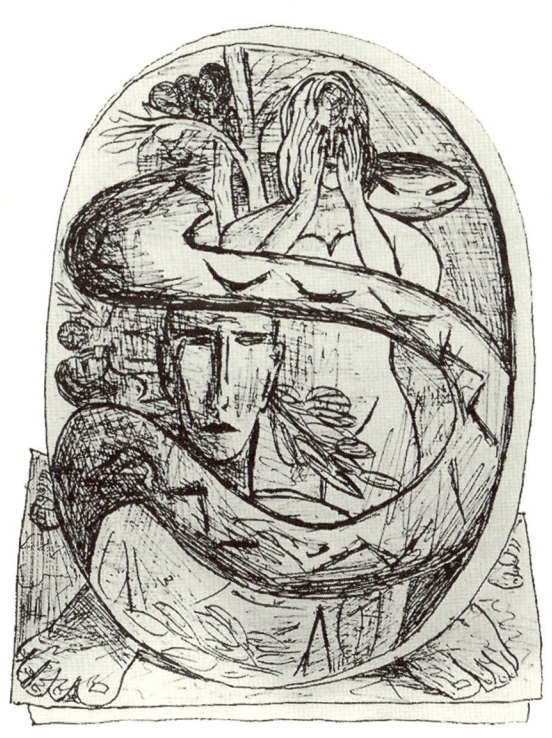

Edition Leipzig

Der neu illustrierte vorliegende Text ist der Ausgabe:
Wilhelm Bode, Goethes Liebesleben, Mittler & Sohn 1913, entnommen.
Lediglich in die Interpunktion wurde behutsam eingegriffen und
im Personenverzeichnis Vereinheitlichungen und Korrekturen
in der alphabetischen Reihenfolge vorgenommen.
Die ursprünglichen Fußnoten erscheinen jetzt als Anmerkungen
geschlossen am Ende des Textes.

Die Deutsche Bibliothek – CIP-Einheitsaufnahme
Bode, Wilhelm:
Goethes Liebesleben: Dichtung und Wahrheit / Wilhelm Bode. –
(Veränd. Nachdr. der Ausg. Berlin), Mittler, 1913. – Leipzig: Ed. Leipzig, 1996
ISBN 3-361-00457-8

© 1996 by Edition Leipzig
Die Verwertung der Bilder ist ohne Zustimmung des Verlages
urheberrechtswidrig und strafbar. Dies gilt auch für Vervielfältigungen,
Übersetzungen, Mikroverfilmungen und für die Verarbeitung
mit elektronischen Systemen.
Umschlaggestaltung: Morian & Bayer-Eynck, Coesfeld
Titelbild: Illustration von Max Schwimmer zu Goethes »Tagebuch«
Typografie: Sabine Golde
Druck: Jütte Druck GmbH
Printed in Germany
Gedruckt auf alterungsbeständigem Papier mit chlorfrei gebleichtem Zellstoff

Vorwort zur ersten Auflage

Über Goethes Verhältnisse mit Mädchen und Frauen hat so ziemlich jeder Deutsche einige Kenntnisse oder – ein Urteil; es gibt also auch längst unzählige Aufsätze und Schriften über diesen Gegenstand.

Dennoch ist dies Buch die erste erotische Biographie des Dichters; ich kenne kein anderes Werk, in dem Goethes männlich geschlechtliches Fühlen, Handeln und Erleben von der Kindheit bis zum hohen Greisenalter ausführlich und auf Grund unserer heutigen Kenntnis der Dinge dargestellt wird. Hier ist zum ersten Male alles Erhebliche beisammen, was wir darüber wissen.

Ich halte mich für einen strengen Historiker; wenigstens will ich nichts Andres sein. Ich will nicht anklagen oder verteidigen oder als Richter den Spruch sprechen; ich will Niemand verherrlichen und Niemand verdunkeln; ich vermeide auch die eigenen Auffassungen und Auslegungen, worauf sich manche Berufsverwandte erst etwas zu gute tun. Ich habe kein sittliches Urteil und keinen sittlichen Zweck. Kommt es dem Leser gerade auf das Urteil an, wohlan, so bilde er es sich selber! Streng geschichtlich und sachlich erzähle ich aber auch insofern, als ich für alle Vorgänge nur die Zeugnisse der gleichen Zeit zugrunde lege, allen späteren Erinnerungen wenig traue und nach den Zurechtmachungen anderer Schriftsteller, besonders auch der geistreichen, gar nicht blicke, damit die ursprünglichsten Berichte ihre volle Kraft behalten. Ich würde eigene Gedanken überhaupt nicht einflechten, wenn nicht Brücken zwischen den Tatsachen und erläuternde Hinweise manchmal nötig wären; jedenfalls lege ich auf dies Mörtelwerk keinen Wert.

Ich betone diese Grundsätze gerade hier, weil jeder Leser sich manche Dinge anders vorgestellt hat oder sie anders zu wissen glaubt, als sie hier erzählt werden. Wir haben es hier ja mit bekannten Geschichten zu tun, aber der Eindruck wird ein neuer sein. Zum großen Teil rührt Das aus der heutigen besseren Kenntnis her, die wir der fleißigen Philologen-Arbeit vieler Jahre verdanken. Die ältesten Erzähler (mit Einschluß Goethes) wußten Manches nicht, was jetzt zu tage liegt. In der Sophien-Ausgabe der Werke, Briefe und Tagebücher, in Biedermanns neuer Gesprächs-Sammlung, im ›Jungen Goethe‹ von Hirzel, Bernays und Morris und manchen andern Büchern können wir Heutigen leicht die einzelnen wahren Tatsachen ergreifen, wenn wir nur wollen. Freilich ist mir gerade auch bei dieser Arbeit zum Bewußtsein gekommen, wie Wenigen es eigentlich um die Wahrheit zu tun ist. Die Menschen schreien nach Brot, aber sie meinen Kuchen. Wir sind allzumal Dichter, wenn wir uns nicht sehr in acht nehmen. Wir bilden Das, was wir gehört oder gelesen haben, in uns nach unsrer Weise um, lassen das Unbequeme weg, steigern das Reizende, spitzen zu, stumpfen ab und runden das Langgestreckte. So entstehen kleine Erzählungen, die gefälliger sind, als die ursprünglichen Tatsachenreihen. Leider verbindet sich diese Umdichtung fast immer mit einer Parteinahme; es treten religiöse, politische, ethische, pädagogische Urteile und Wünsche hinzu; man liebt und lobt die Personen der Erzählung oder wendet Abneigung und Tadel gegen sie. So wollen viele unserer Landsleute – Männer, Frauen und höhere Töchter – in Goethe durchaus einen Götterjüngling sehen, schön und stark wie Apoll; denn auch in den ungläubigsten Zeiten bleibt das Bedürfnis nach Göttern, Halbgöttern, Engeln, Propheten und Heiligen. Andere dagegen erlabt es, wenn sie einen so hoch gerühmten Mann auf ihrer eigenen Fläche erblicken oder gar sich über ihn als die Besseren oder Klügeren erheben können; sie werden den unbegreiflich starken Dichter gern in dem Punkte betrachten, wo auch Zeus und Wodan gar menschlich waren.

Nun ist in unserem Falle Goethe selbst der größte Urheber der Mißverständnisse gewesen. Man vergleiche nur in meinem Buche die Berichte über Käthchen Schönkopf, Friederike Brion, Lotte Buff und Lilli Schönemann mit Dem, was Goethe in ›Dichtung und Wahrheit‹ erzählt: wie wenig decken sich meine Darstellungen mit jenen Novellen und Halbnovellen! Und es steht da nicht etwa Wilhelm Bode gegen den genialen Mann, der die Dinge selber erlebt hat, sondern es steht der im Erlebnis begriffene Goethe, der in seinen Äußerungen an kein Publikum denkt, gegen den alten Schriftsteller, der unsichere Erinnerungen zu Geschichten, wie er sie den Leuten vorsetzen wollte, gestaltete. Es ist Das kein Vorwurf gegen diesen alten Schriftsteller; er versprach Dichtung und Wahrheit; seine Schuld ist es nicht, wenn man Alles als Wahrheit behandelte und nun schon hundert Jahre lang ihn beurteilt, wie wenn die eingeflochtenen Herzengeschichten Beweisstücke wären. Goethe hatte vielerlei Gründe, gerade bei diesen Geschichten im Halbwahren zu bleiben. Er war überhaupt nicht der Mann, das Publikum in seine eigensten Angelegenheiten (und diejenigen der ehemals Geliebten) hineinzuziehen; er meinte auch, daß das Leben eines deutschen Gelehrten,

Zeichnung von Ernst Barlach zu
Goethes Gedicht »Rastlose Liebe«, 1924

also auch sein eigenes, zu langweilig verlaufe, als daß man, wie Jean Paul, es wagen dürfe, die Leser mit dem bloßen Wahren abzuspeisen. Kurz, er vermengte und vermischte Tatsächliches und Ersonnenes, Biographie, Literaturgeschichte und Kulturgeschichte. Und der Dichter in ihm war stärker als der Gelehrte. Seine Erinnerungen an die Mädchen, die er einst geliebt hatte, benutzte er als Anregung zu Liebesgeschichten, die dem jeweiligen Lebensalter angepaßt waren; sie haben eine höhere poetische Wahrheit und brauchen vor dem historischen Kritiker nicht zu bestehen. Bei ihrer Ausgestaltung beherrschten ihn zwei Sätze, die er 1810 zu Riemer sagte: »Das Übel macht eine Geschichte und das Gute keine« und »Man soll niemals seine Tugenden berichten.« Auch solche Überzeugungen lenkten den Dichter ab von der Wahrheit des Geschichtsschreibers.

Nun haben sich Goethes Umdichtungen der Erlebnisse mit Käthchen, Riekchen usw. so stark in die Phantasie oder das Herz ihrer Leser eingedrückt, daß die Laien, wie erwähnt, sie einfach für Wahrheit nehmen und daß die Gelehrten zwar die Unrichtigkeit sehr vieler einzelner Stellen kennen, sich selber aber nicht eingestehen mögen, daß dadurch die Erzählungen im ganzen (für den Historiker) hinfällig werden und durch bessere Zeugnisse ersetzt werden müssen. Soviel ich weiß, erzähle ich hier zum ersten Male diese Liebesgeschichten ohne jede Verquickung mit denjenigen in ›Dichtung und Wahrheit‹! Ich zweifle nicht daran, daß die meisten Leser Goethes Darstellung vorziehen werden; vielleicht aber verdient meine Art den Vorzug vor dem Hin- und Her-Springen zwischen Goethes Bericht und den Ergebnissen gelehrter Forschung.

In einigen Fällen habe ich meine früheren Aufsätze oder Bücher benutzt; warum z. B. hätte ich in den Berichten über Frau v. Stein durchaus nach andern Worten suchen sollen, als ich sie vor zwei und vier Jahren in meiner Lebensgeschichte dieser Frau für die richtigen hielt? Ich habe jedoch meine früheren Arbeiten weniger abgeschrieben als ein Anderer, der vor einigen Jahren seine Lektüre über ›Die Frauen um Goethe‹ in zwei dicke Bände brachte. Ich muß auf diesen kürzlich verstorbenen Schriftsteller hindeuten, denn der Fernstehende kann über die richtige Zeitfolge der einander so ähnlichen Darstellungen nicht wohl unterrichtet sein.

Um die ganze Goethesche Liebes-Lebensgeschichte in ein handliches Buch zu bringen und damit der Leser sie ungestört durchwandern kann, habe ich alles Ergänzungs- und Nebenwerk hier weggelassen. Aber auch unter den Lesern, die mir vertrauen wollen, werden Manche hie und da etwas mehr wünschen. Niemand gibt seine gewohnte Vorstellung gern auf; man kann also Begründungen verlangen, warum Dies und Jenes so und nicht anders dargestellt ist; man möchte gewisse Berichte und Urteile anderer Schriftsteller nicht ganz unbeachtet, sondern anerkannt oder widerlegt sehen; man möchte auch von den weiteren Schicksalen der auftretenden Personen mehr erfahren, als in Goethes Biographie hineingehört. Diesen Wünschen hoffe ich demnächst genugtun zu können.

Zur dritten Auflage.

Das ergänzende Buch, von dem oben die Rede ist, wurde 1916 ausgegeben: ›Weib und Sittlichkeit in Goethes Leben und Denken‹. Zur Zeit ist es vergriffen; aber soeben erscheint ein wichtigster Teil davon sehr erweitert unter dem Titel: ›Neues über Goethes Liebe‹. Es ist eine Untersuchung über Goethes Geschlechtsleben, Herzensbewegung und Streben nach Heiligung. Ich glaube, daß diese Zusammenstellung neue Eindrücke und Ansichten gibt.

Im vorigen Jahre veröffentlichte ich ein Buch von 208 Seiten: ›Die Schicksale der Friederike Brion vor und nach ihrem Tode‹. Es hat mit dem Treiben der deutschen Gelehrten mehr zu tun als mit Goethe.

Weimar, im März 1921
Dr. Wilhelm Bode

Inhalt

I. In Frankfurt. 1749 bis 1765   15

Die Eltern und die Schwester. – Meinung über das andere Geschlecht. – Erste erotische Gefühle durch Knaben oder Mädchen. – Nach der Konfirmation. – Charitas Meixner und Lisette Runkel. – Die Freunde Moors, Riese und Horn.

II. In Leipzig. Herbst 1765 bis Herbst 1768   20

Spott über die sächsischen Frauenzimmer. – Heimweh zur Meixner und Runkel. – Der Mädchenlehrer. – Neue Stimmungen. – Verliebte Grüße an Charitas. – Horns Ankunft, sein Schelten gegen Moors. – Das gnädige Fräulein. – Die wirklich Geliebte. – Noch einmal Charitas. – Die Familie Schönkopf. – Käthchen. – Geheimnis vor Kornelien. – Behrisch. – Liebesfreuden. – Der Moralische. – Eifersuchtsqualen. – Aussöhnung. – ›Die Laune des Verliebten.‹ – Neue Grübeleien über Liebe, Tugend und sein Verhältnis zu Käthchen. – Fürst Franz von Dessau. – Übergang zur Freundschaft. – Friederike Oeser. – Erkrankung. – Abschied von Leipzig.

III. In Frankfurt. September 1768 bis März 1770   53

Die Schwester. – Ihre Freundinnen. – Lob der Sächsinnen. – Briefwechsel mit Käthchen Schönkopf und Friederike Oeser. – Neue schwere Erkrankung, Todesgedanken. – ›Lieder mit Melodien.‹ – Geringe Meinung vom andern Geschlecht. – Käthchens Verlobung. – Seelische Vertiefung, allmähliche Genesung. – Immer noch Verlangen nach Käthchen.

IV. In Straßburg und Sesenheim. April 1770 bis August 1771   64

Männergesellschaft. – Wanderfahrten. – Die Vergänglichkeit der Liebe als Gesetz. – ›Arrianne an Wetty.‹ – Fatalismus oder Gottergebenheit. – Im Pfarrhause zu Sesenheim. – Riekchen Brion. – Brief an die neue Freundin. – Neue Besuche. – Lieder für Riekchen. – Grauen vor dem Abschiede. – Sommeraufenthalt im Pfarrhause. – Examen. – Heimkehr nach Frankfurt.

V. In Frankfurt und Darmstadt. September 1771 bis Mai 1772   82

Advokat und viel mehr Poet. – Der Wanderer. – ›Adler und Taube.‹ – Herder und Merck. – Besuche in Darmstadt. – Die Flachsland, Roussillon und Ziegler. – Gedichte an sie.

VI. In Wetzlar und Frankfurt. Mai 1772 bis Mai 1773   91

In der Stadt des Reichsgerichts. – Ball in Volpertshausen. – Lotte Buff. – Das Deutsche Haus. – Kestner. – Goethe neben dem Brautpaar. – Wachsende Liebe, Kestners Sorge. – Goethes Ideal von Mädchen, Jüngling und Liebe. – Erklärungen zwischen Lotte und Goethe. – Mercks Besuch in Gießen und Wetzlar. – Goethes Entschluß zur Flucht. – Letzte Abende mit Lotten. – Heimliche Abreise. – Daheim. – Kornelie verlobt. – Kestners Besuch. – Goethe und Schlosser in Wetzlar. – In Ehrenbreitstein, Homburg und Darmstadt. – Die Schwestern Gerock. – Andauernde Liebe zu Lotte Buff. – Lottes Hochzeit, Herders Hochzeit.

VII. In Frankfurt. Juni 1773 bis Ende 1774   114

Erster Erfolg des Dichters. – Neue Freundschaften. – Lotte Kestner noch immer Königin in seinem Herzen. – Maximiliane Brentano. – Wiederum Lotte Kestner. – ›Die Leiden des jungen Werthers.‹ – Kestners gekränkt. – Maxes Ehenot.

VIII. In Frankfurt. Neujahr bis November 1775   126

Neue Freunde. – Vollkraft. – Rausch. – Immer noch der Haussohn. – Johanna Fahlmer. – Gräfin Auguste zu Stolberg. – Lilli Schönemann. – In Offenbach. – Dem Hafen der Ehe nahe. – Geniereise. – In Darmstadt und Straßburg. – Kornelie in Emmendingen. – Verse an Lotte Nagel. – In Zürich und im Hochgebirge. – Heimweh nach Lilli. – Mit Zimmermann in Straßburg. – Unzufriedenheit des Heimgekehrten. – Geistige Überspannung. – Maxe Brentano. – Rebellische Liebe zu Lilli. – Der gefangene Bär. – Briefe an Gustchen Stolberg. – Flucht nach Weimar.

IX. In Weimar. November 1775 bis Juli 1776   155

Fröhliches Treiben. – Heimweh nach Lilli. – Frau v. Stein. – Ihre Familie. – Eine neue Art Liebe. – Ursachen von Charlottens Macht. – Goethes Bleiben bei dem Herzog. – Kampf gegen seine Anstellung. – ›Stella.‹ – Klagen der Frau v. Stein über ihn. – »Bruder und Schwester.« – Klatsch. – Ein eigenes Häuschen. – Lillis Verlobung. – In Leipzig: Käthchen und Korona Schröter. – Verlangen nach der Ehestandsruhe.

X. In Weimar. Juli 1776 bis Juni 1782   174

Sechs Jahre im Gartenhäuschen. – Charlotte seine Nachbarin. – Verwachsen mit ihrer Familie. – Ein Vertrauen ohne Grenzen. – Korona. – Auf Märkten, Volksfesten und Jagdstreifereien. – Große Reise mit Karl August Ende 1779. – Einkehr bei den Eltern. – Im Pfarrhause zu Sesenheim. – Bei Lilli in Straßburg. – In Lausanne: Antonia v. Branconi. – Besuch der Branconi in Weimar. – Auf dem Gickelhahn: ›Über allen Gipfeln ist Ruh.‹ – »Geheimer Rat.« – Kranke Stimmungen. – Verehrung Charlottens. – In Neunheiligen bei der Gräfin Werthern. – ›Iphigenie‹ und ›Tasso‹. – Charlottens Liebe zu ihm. – Das Band der Natur.

XI. In Weimar und Italien. 1782 bis 1788   194

Victoria Streiber. – Frau v. Branconi. – Fritz v. Stein als Sohn in Goethes Hause. – Immer stärkere Liebe zu seiner Mutter. – Herzog Ernst von Gotha und Auguste Schneider. – Goethes heimliches Fortstreben von Weimar. – Unzufriedenheit mit dem Herzoge. – Kränkeln. – Kurzeiten in Karlsbad. – Plötzliches Verschwinden. – Gruß aus Rom. – Charlottens Zorn und Gram. – Vorwürfe in Briefen. – Versöhnung. – Längeres Bleiben in Italien, Furcht vor der Heimat. – Das Kranke im Verhältnis zu Lotten. – Angelika Kaufmann. – Ferien in Castel Gandolfo. – Maddalena Riggi. – Faustina. – Abreise von Rom. – Barbara Schultheß. – ›Egmont.‹

XII. In Weimar und auf Reisen und Kriegszügen. 1788 bis 1794   216

Neuer Vertrag mit dem Herzoge. – Der verwelschte Goethe. – Unzufriedenheit hüben und drüben. – Mißverhältnis zu Frau v. Stein. – Christiane Vulpius. – Klagen der Karoline Herder und der Charlotte v. Stein. – In Jena. – Bei Ziegesars. – Urteile über sein Verhältnis zur Vulpius. – Briefe an Frau v. Stein nach Wiesbaden und Ems. – Bruch. – Wohnung im Jägerhause. – Goethes erster Sohn. – Reise nach Venedig. – Reise nach Schlesien und Polen. – Ein zweiter Sohn. – Heinrich Meyer. – Kampagne in Frankreich. – Die Mutter. – Belagerung von Mainz. – Ein Töchterchen. – Frau v. Stein über den ehemaligen Freund. – Seine Leistungen.

XIII. In Weimar, Jena, Karlsbad und auf Reisen. 1795 bis 1806   237

Die freie Ehe. – Die alte Unstätigkeit. – Schiller. – Ruf der Unsittlichkeit. – Elisabeth v. Türckheim und Barbara Schulthess. – Badebekanntschaften. – Berliner Jüdinnen. – Schauspielerinnen, Christiane Neumann. – Heiratsgerüchte. – Ein viertes Kind. – Reise nach Frankfurt. – Christiane und Augustchen bei seiner Mutter. – Seine Weiterreise in die Schweiz. – Barbara Schulthess. – Dauerndes Verhältnis mit Christiane. – Ihre Briefe. – Ihre Tanzlust. – Knebels Heirat. – Sorge für Christianens Zukunft. – Schwere Krankheit 1801. – Der Liebeshof. – Besseres Verhältnis mit Frau v. Stein. – Die Lustigen von Weimar. – Das fünfte Kind. – Goethes Kränklichkeit und Hypochondrie. – Schlacht bei Jena. – Trauung mit Christianen.

XIV. In Weimar, Jena, Karlsbad und am Main und Rhein. 1806 bis 1816   259

Vorteile der gesetzlichen Ehe. – Einführung Christianens bei den Vornehmen. – Ihre Stellung zu den Schauspielern. – Frau v. Eybenberg. – Gräfin Josephine O'Donell. – Silvie v. Ziegesar. – Wilhelmine Herzlieb. – Weitere Versuche, Christiane in vornehme Kreise zu bringen. – Mißerfolge. – Laute Lustigkeit zu unpassender Zeit. – Goethes Flucht ins Morgenland. – Reise in die alte Heimat. – Philippine Lade. – Rosette Städel. – Marianne Jung. – Trauung Mariannes mit Willemer. – Ihr erstes Gedicht an Goethe. – Bedenkliche Erkrankung Christianens. – Im Frühjahr 1815 neue Reise zum Rhein und Main. – Glückliche Tage in der Gerbermühle. – Hatem und Suleika. – In Heidelberg. – Besuch der Willemers dort. – Fahrt nach Karlsruhe. – Unruhe Goethes. – Heimkehr über Würzburg. – Christianens Tod.

XV. In Weimar und böhmischen Bädern. 1817 bis 1823   286

Der Witwer. – Die Schwiegertochter. – Ihre Freundinnen. – Wiedersehen mit Willemer, herzlichster Brief an Marianne. – ›Der westöstliche Divan.‹ – Badebekanntschaften. – Die Familien v. Brösigke und v. Levetzow. – Ulrike v. Levetzow. – Schwere Erkrankung 1823. – Nach der Genesung Fahrt nach Marienbad. – Wohlbefinden in der »Familie«. – Liebe zu Ulrike. – Neckereien. – Abreise der Familie. – Die Sängerin Milder und die Pianistin Szymanowska. – Wirkung der Musik. – Wiedersehn mit der Familie in Karlsbad. – Glückliche Tage. – Sein Geburtstag. – Abschied. – Marienbader ›Elegie‹. – In Jena und Weimar. – Gerede über seinen Heiratsplan. – Häuslicher Ärger. – Julie v. Egloffstein. – Maria Szymanowska. – Nochmalige Erkrankung. – Humboldts Besuch. – Zelter als Tröster. – Werthers Schatten.

XVI. In Weimar. 1824 bis 1832   323

Briefwechsel mit Levetzows und Willemers. – Kein Wiedersehen mehr. – Riese und Horn. – Vollmond-Abende. – Die übrig gebliebenen Geliebten. – Letzte Grüße.

Anmerkungen   331

Personen-Verzeichnis   341

Fotonachweis   352

Quellennachweis   352

I. Frankfurt. 1749 bis 1765.

Goethe mit seiner Schwester Kornelie.
Gemälde von Johann Konrad Seekatz,
um 1762

Als der Knabe Wolfgang Goethe im großen väterlichen Hause am Hirschgraben zu Frankfurt aufwuchs, hatte er drei nächste Lebensgenossen: den Vater, die Mutter und die Schwester. Der Vater zählte bereits vierzig Jahre bei der Geburt seines ersten Sohnes; er war der Aufseher und Lehrer im Hause, der ernste, würdige Mann, nach dessen Anordnungen sich Alles zu richten hatte, vor dessen Tadel man sich täglich zu hüten suchte. Im Vergleich zu ihm war die Mutter ein Kind. Mit siebzehn Jahren hatte sie den Herrn Rat geheiratet; ihr Gatte hatte ihre Ausbildung in Wissenschaften und Künsten noch fortgesetzt, und ihre letzte Erziehung dauerte jetzt noch an, denn sie war lebhaft, launig, spielerisch, dichterisch, feurig, wo er verständig untersuchte, was sich gehörte und was die Sache erforderte. Als die junge Frau ihre beiden ersten Kinder bekam – die einzigen, die am Leben blieben – stand sie Diesen im Alter näher als ihrem Manne; auch war sie sehr bereit, mit den Kindern ein Kind zu sein.

Da nun Kornelie, die Schwester, ein Jahr jünger war als Wolfgang, so wuchs der Knabe in der Vorstellung auf, daß das weibliche Geschlecht wie an Körperkraft, so auch an Geist, Wissen, Wollen und Vollbringen das schwächere und kindlichere sei. Aber auch das angenehmere. Vor Männern und Knaben muß man sich in acht nehmen: Frauen und Mädchen braucht man nicht zu fürchten; wenn sie einmal zürnen, ist ihr Herz bald wieder besänftigt. Die Knaben, mit denen er spielte, trieben es rasch zu Neckereien und Hohnreden, auch zu Knüffen und Balgereien; sie schwuren Feindschaft und nahmen ihre Drohungen ernst genug. Sie hatten vor dem Monsieur Wolfgang weiter keine Hochachtung, spotteten vielmehr über seinen steifen, gravitätischen Gang, seine Altklugheit oder irgend eine Eigenschaft, die ihre Phantasie ihm beilegte. Die kleinen Freundinnen seiner Schwester dagegen wandten sich nie feindlich gegen ihn; sie wußten zwar auch zu mäkeln und zu sticheln, aber sie mochten noch viel lieber den begabten Knaben bewundern und hätscheln, ihm bei seinen kleinen Plänen helfen und sich in seine Träume mit einspinnen.

Wer seine Kindheit in den Gassen der Armut oder draußen im Dorfe unter Bauern und Bäuerinnen, Knechten und Mägden verbringt, hegt vor den Frauen und Töchtern der Vornehmen, die er immer nur von Ferne sieht, fast noch größere Scheu und Ehrfurcht als vor den feinen Herren. Sie erscheinen ihm in ihrer Reinlichkeit und Schönheit, in ihren herrlichen Kleidern, Schuhen, Hüten, in ihren zarten Bewegungen wie höhere Wesen; er selber dagegen ist plump und grob und steht hilflos-verlegen da, wenn sich solch eine Fee herabläßt, ihn anzureden; nur in seinen Zukunftsträumen malt er sich aus, daß er einst würdig werde, solche Schönheit zu begehren, und geschickt genug, mit so klugen Damen nach den Regeln der feinen Sitte umzugehen. Diese Scheu und Ehrfurcht vor der äußerlich und innerlich verfeinerten Dame erlebte Wolfgang Goethe nie; es gab zwar in seiner Vaterstadt manche Familien, die viel vornehmer waren als die Seinigen; er sah Fürstinnen und Prinzessinnen, die durch Frankfurt reisten oder die Messe besuchten; aber auch seine Mutter, seine Schwester und manche gute Bekannte gehörten zu den fein geputzten Mädchen und Frauen, an deren Unterricht nichts versäumt wurde. Und wenn man so im einzelnen beobachtet und erfährt, wie die Kleidung vorbereitet, besprochen, angelegt und bespiegelt wird, wie die Manieren comme il faut angelernt werden und die Bildung eingetrichtert oder oberflächlich aufgetragen wird, wenn man auch täglich mit anhört, wie die Damen über einander reden, und den Gegensatz immer wieder erlebt zwischen ihrem häuslichen, natürlichen Treiben und dem künstlichen Getue in Gesellschaft – wie sollte da eine schüchterne Bewunderung entstehen! Der Knabe Wolfgang neigte wie sein Vater zum Erdenken und Anwenden von Lehrsätzen; er philosophierte von Jugend auf, also auch über das andere Geschlecht. Die Mutter war ihm viel lieber als der Vater; aber so wie der würdige Vater auf die kindliche Mutter als der Wohlwollend-Stärkere heruntersah, so blickte Wolfgang auf seine Schwester und ihre Gespielinnen. Und so schien ihm das männliche Geschlecht zum weiblichen gestellt zu sein: wir vergnügen uns mit diesen lieben Schwächlingen und beschützen sie.

Meinung über das andere Geschlecht

Schon in der Kindheit erfahren wir die Wirkung der menschlichen Schönheit auf unsere Sinne und unser Herz. Der Eine zieht uns an durch seine Stimme, der Andere durch seine Gestalt, der Dritte durch sein Gesicht, sein Auge, sein lockiges Haar, der Vierte durch die Seele, die aus seinem Mienenspiel, seinem ganzen Verhalten spricht. Eines Tages wird der heranwachsende Mensch sich dessen bewußt, daß ein Knabe oder ein Mädchen einen Zauber über ihn ausübt. Ein Knabe oder ein Mädchen; es bedarf nicht des andern Geschlechts, sind doch Knaben und Mädchen bis zur Mannbarkeit in ihren Formen und Bewegungen wenig voneinander verschieden. So haben Mädchen plötzlich eine heiße Liebe für andere Mädchen, und Knaben für andere Knaben, oder Knaben und Mädchen gegen einander; am leichtesten aber erregen fremdartige Menschen solche Liebe, deren Geschichte oder Geschäft etwas »Romantisches« an sich hat, oder doch solche, an deren Person und Lebensweise wir nicht gewöhnt sind; sie müssen aus einer andern Gasse und besser noch aus einem andern Orte oder Lande sein. Auf Zeit und Stunde kommt es gleichfalls an; nur zur guten Stunde öffnet sich das Herz.

Wenn Goethe später an solche noch kindliche Liebesempfindungen zurückdachte, so kam ihm »jenes erste Aufblühen der Außenwelt als die eigentliche Originalnatur vor, gegen die alles Übrige, was uns nachher zu Sinnen kommt, nur Kopien zu sein scheinen.« [1]
Eine andere Erinnerung aber faßte er in die Sätze: »Die ersten Liebesneigungen einer unverdorbenen Jugend nehmen durchaus eine geistige Wendung. Die Natur scheint zu wollen, daß ein Geschlecht in dem andern das Gute und Schöne sinnlich gewahr werde.« [2]
Er selber fühlte bei allen solchen Erlebnissen an seiner Seite die Schwester.

Jenes Interesse der Jugend, jenes Erstaunen beim Erwachen sinnlicher Triebe, die sich in geistige Formen, geistige Bedürfnisse, die sich in sinnliche Gestalten einkleiden, alle Betrachtungen darüber, die uns eher verdüstern als aufklären – wie ein Nebel das Tal, woraus er sich emporheben will, zudeckt und nicht erhellt – manche Irrungen und Verwirrungen, die daraus entspringen, teilten und bestanden die Geschwister Hand in Hand und wurden über ihre seltsamen Zustände um desto weniger aufgeklärt, als die heilige Scheu der nahen Verwandtschaft sie, indem sie sich einander mehr nähern, in's Klare treten wollten, nur immer gewaltiger auseinander hielt. [3]

1749 bis 1765

Wolfgang wurde 1763 konfirmiert,[4] Kornelie Ende 1765, als sie eben ihr fünfzehntes Jahr vollendet hatte. Nun wurden die Mädchen-Gesellschaften, zu denen sehr oft auch die jungen »chapeaux« eingeladen oder zugelassen wurden, noch viel häufiger; Ausflüge im Sommer, Bälle im Winter betrieb man als die wichtigsten Angelegenheiten. Kornelie war gut gewachsen, aber nicht schön von Angesicht; Liebhaber drängten sich nicht zu ihr, die Freundinnen dagegen kamen bereitwillig. Sie waren meist Kaufmannstöchter oder sonst, wie die Goethes auch, von einer mittleren Herkunft; einige davon entstammten der französischen und niederländischen reformierten Kolonie, die in Frankfurt wie in mancher anderen deutschen Stadt die tüchtigsten Handwerker und Handelsleute stellte.

Goethes Jugendfreundin Charitas Meixner.
Kopie von G. Forster, 1863,
nach einem Gemälde von Ußwald, 1766

So kam Wolfgang zumeist durch die Schwester in freundschaftliche Verhältnisse mit zehn, zwanzig »Jungfern« oder »Demoisellen«, die ihm im Alter nahe standen. Am besten gefielen ihm Charitas Meixner und Lisette Runkel. Letztere, die Tochter des städtischen Stallmeisters, war von Kind auf sehr hübsch und angenehm; als Jungfrau galt sie allenthalben für eine Schönheit. Das half ihr, mit fröhlichem Vertrauen in die Zukunft zu schauen, während ihre Eltern kaum das nötige Auskommen hatten. Charitas Meixner kam aus Worms, wo ihr Vater ein wohlhabender Kaufmann war; sie hatte in Frankfurt zwei Oheime, bei denen sie Wochen und Monate lang als Gast lebte, um in der größeren Stadt ihre Ausbildung zu vollenden; diese Oheime, der Kanzleidirektor und der Legationsrat Moritz, standen in freundschaftlichem Verkehr mit dem Goetheschen Hause. Wolfgang faßte eine herzliche Neigung zu diesem Mädchen; und als er im Sommer 1765 seine

Liebe Leserin, lieber Leser,

wir möchten Ihre Interessen kennenlernen, um sie noch besser berücksichtigen zu können.
Deshalb bitten wir Sie um folgende Informationen:

Diese Karte entnahm ich dem Buch: _____

Auf dieses Buch wurde ich aufmerksam durch:

- ☐ Anzeige in _____
- ☐ Rezension in _____
- ☐ Verlagsprospekt
- ☐ Versandkatalog
- ☐ Geschenk
- ☐ Empfehlung des Buchhändlers
- ☐ Schaufensterauslage
- ☐ andere Hinweise

Ich hätte gern noch weitere Informationen über Ihre Neuerscheinungen in den Themengebieten:

- ☐ Kulturgeschichte
- ☐ Kunstgeschichte
- ☐ Kunstdenkmäler
- ☐ Museen
- ☐ Reprints/Faksimiles

Unter den Einsendern dieser Karte verlosen wir am Jahresende 30 wertvolle Bücher.

Mit herzlichem Dank für Ihre Unterstützung

**Ihr
Verlag Edition Leipzig**

Bitte freimachen

Postkarte

Edition Leipzig GmbH

Postfach 340

04003 Leipzig

Absender:

Name

Straße

Ort

Meine Meinung zu diesem Buch:

ersten kleinen Reisen unternehmen durfte, wählte er die Stadt Worms als eins der ersten Ziele. Dort freundete er sich mit Augustin Trapp, einem nahen Verwandten der lieben Jungfer Meixner, an und so hatte er auch in Worms Jemand, der ihm von Charitas berichten und seine Grüße an sie bestellen konnte.

Da er keine öffentliche Schule besuchte, so kannte er nicht eben viele Knaben und Jünglinge; aber er hatte doch immer auch einen Kreis von Freunden. In seinem sechzehnten Jahre schloß er sich mit drei Andern, die die Poesie und Wissenschaften liebten, zu einem kleinen Vereine zusammen; es waren Ludwig Moors, eines Nachbars Sohn, Johann Jakob Riese und Adam Horn. Alle vier sollten oder wollten die Rechte studieren. Im September 1765 schieden sie voneinander; Riese ging nach Marburg, Moors nach Göttingen, Goethe nach Leipzig; Horn mußte noch ein halbes Jahr zu Hause bleiben.

Als Goethe zum ersten Male seine Vaterstadt auf eine längere Zeit verließ – sogleich auf drei Jahre – trennte er sich von mehreren Mädchen, denen er sagen konnte, daß er sie lieb habe; eine tiefere Erregung hatte sein Herz noch nicht erfahren. Überlegen und altklug blickte er auf das schwache Geschlecht, das so sehr auf die Ritterlichkeit und Milde der Männer angewiesen ist.

II. In Leipzig. Herbst 1765 bis Herbst 1768.

Goethe um 1766. Gemälde aus der Hinterlassenschaft von Charitas Meixner

Am 19. Oktober 1765 ward der sechzehnjährige Wolfgang Goethe Student der Universität Leipzig.

Er sah in der neuen Stadt eine neue Menge junger Mädchen und Weibchen; viele recht hübsch, mit größter Sorgfalt ausgeputzt. Aber wenn sie den Mund auftaten! Oder wenn sie dastanden und nichts zu sagen wußten! Eben Dies läßt die weibliche Eitelkeit und Koketterie so lächerlich erscheinen, daß sie an Nichtigkeiten hängen bleibt und Das, worauf es ankommt, verfehlt. Wolfgang machte beständig seine Glossen, wenn er diese Leipziger Mädchen auf der Promenade an sich vorüberziehen oder im Theater oder im »Großen Konzert« auf den Stuhlreihen vor sich sitzen sah: frisiert, bebändert, geschmückt, im lebhaftesten Gezwitscher und Geschnatter. Die Kleider waren schön und reich, aber nicht Jede wußte sie zu tragen; die schlechte Haltung verdarb oft genug den ganzen Aufputz.

Und wo von außen Alles in Ordnung war, da blieb das Ungeschick oder die Leere im Gespräch, und bei näherem Zusehen der grobe Mangel an Bildung des Geistes.

Ah, meine Schwester, was für Geschöpfe sind diese sächsischen Mädchen! Ein Teil ist ganz närrisch, der größte Teil nicht sehr gescheut, und Alle sind sie Koketten! Vielleicht tue ich Einigen Unrecht, aber im allgemeinen trifft meine Regel zu. Ausnahmen? Danach müßte man wie ein Diogenes suchen. Einer der größten Fehler der Damen ist, daß sie zu viel reden, ohne viel zu wissen. ... Ihr gebt Euch entsetzliche Mühe mit Eurem Äußeren, und dadurch werdet Ihr allemal nicht schöner. Das Übertriebene an der Haltung und an den Bewegungen, wie am Schmuck des Körpers verdienen um so weniger die Billigung des guten Geschmacks, je mehr sie sich von der natürlichen Weise, sich zu kleiden und sich zu halten, entfernen. Aber ich wollte ihnen gern alle diese

Fehler durchgehen lassen, würden sie nicht durch die größte und verächtlichste Torheit gekrönt, die man bei einer Frau finden kann, nämlich durch die Koketterie! Dieser Wunsch, zu gefallen, durch Mittel zu gefallen, die einer Dame von Geist und Ehre unwürdig sind, ist hier gar sehr Mode. Man könnte sich fast in Paris glauben. [5]

So spöttelte das junge Studentchen aus Frankfurt über das sächsische Geflügel. Er malte sich z. B. aus, – und dabei flocht er heimische Erinnerungen ein – wie so ein eitles Ding, wenn es zu einer Gesellschaft geladen wird, zuerst zum Kleiderschrank läuft und ängstlich durchmustert, was da hängt und liegt. Wie dann Stunde um Stunde zugebracht wird mit Anziehn, Ausziehn, Wählen, Verwerfen, Ändern, Frisieren, vor dem Spiegel Stehen usw. usw., und die schön Geputzte schließlich vor die Gastgeber tritt, ehe sie noch daran gedacht, was sie ihnen als erstes Kompliment vorbringen könnte; sie ist dann stumm wie eine Bildsäule oder aber sie verfällt in das alltägliche Geschwätz. Hat sie etwa nichts gelernt? O, sie hat Lehrstunden genug bekommen, genug Bücher gelesen; aber sie hat nicht Zeit gehabt, aus diesem Unterricht in ihrem Innern ein Leben zu bereiten, sich durch Übung und Anwendung in den wahren Besitz der Wissenschaften und Künste zu setzen. Ihr Lesen zumal ist nur ein Zeitvertreib. Sie denkt nicht daran und hat vor lauter Nichtigkeiten keine Zeit, ihren Geist und ihr Herz aus den Finsternissen ins Licht zu bringen. [6]

Von allen diesen Mängeln konnte Wolfgang auch seine heimischen Freundinnen nicht freisprechen – dennoch dachte er so gerne an sie! »Ihr Mädchen müßt einen geheimen Zauber haben«, schrieb er der Schwester, »womit Ihr uns bezaubert, wenn's Euch beliebt.« Und er wollte bei diesen schwachen Wesen durchaus nicht in Vergessenheit geraten.

Küsse Schmitelgen und Runkelgen von meinetwegen die Hand! Denen 3 Madles von Stoküm mache das schönste Kompliment von mir. Jfr. Rincklef magst Du gleichfalls grüßen. Sollte Mademoisell Brevillier Dich wieder kennen?
An die liebe Jfr. Meixner mache das schönste Kompliment, das Du in Deinem Köpfchen gedenken kannst. ›*Mein Bruder läßt sie grüßen.*‹ *Das ist nichts! Übe Deine Erfindungskraft; Du hast ja sonst gute Einfälle.* [7]

Um Charitas und die kleine Runkel schwebte seine Phantasie am liebsten. »Runkelchen« kam jetzt viel zu seiner Schwester und war ihr lieb. Und unser Student dachte: dies anmutige Mädchen zu erziehen, wäre eine herrliche Aufgabe! In ihr eine schöne Seele wachzurufen, alle ihre Gaben und Tugenden zu stärken, daß sie als ein Meisterwerk der Natur und Bildung dastünde und andere Mädchen zur Nacheiferung reizte! Seiner Schwester schrieb Wolfgang beständig gute Ermahnungen, namentlich auch, was sie lesen und nicht lesen solle. Weise Lehren, die er eben von Gellert oder andern Professoren gehört hatte, wandte er sogleich gegen Kornelien an. Und dabei dachte er auch an ihre Freundin.

Laß das liebe Mädchen, die Runkel, von Dem was Du liest, auch genießen! Es ist mit für sie, was ich arbeite. Nimm die Stücke des ›Zuschauers‹, lies sie ihr vor, frag' ihre Gedanken und schreibe mir es. Auch Das, was sie sonsten denkt, alle ihre Gesinnungen; ich will für sie sorgen, Ich habe Euch gar zu lieb; siehe, ich schreibe bei Nacht für Euch; es ist schon Zwölf.

Noch was! Ich will außer dem Briefwechsel mit Dir noch einen mit Euch beiden anfangen und Euch, soviel ich kann, zu nutzen suchen. Du hast Zeit dazu. Ihr sollt mich auch lieb haben und alle Tage wünschen: o wär' er doch bald bei uns!

So, als er zwei Monate von Hause fort war. Und ein Vierteljahr später, als ihm Kornelie vielleicht von den bedenklichen Umständen in Lisettens Familie erzählt hatte:

Die liebe Runkel ... unsere teure kleine Freundin, die ich so lieb habe. Wieviel könnte man nicht von ihrem lieblichen Geist erwarten, wenn er mit Sorgfalt gebildet würde, wenn ihre zarten Gedanken und edlen Gefühle durch die ausgezeichnetsten Schriften der Religion, der Moral und des guten Geschmacks gefestigt würden. Du zeigst mir einige schwache Hoffnungsstrahlen, indem Du mir schreibst, daß Du mit ihr die Briefe der Mad. Gomez liest. Ich lobe Dich dafür, und meine Freude wäre unvergleichlich, wenn Du fortführest, meine Wünsche zu erfüllen. Schreib' mir manchmal die Gedanken meiner Kleinen und die Deinigen über gewisse Gegenstände; ich werde nicht verfehlen, meine Ansichten dagegen zu stellen.

Glaube mir, meine Liebe, daß ich Euch sehr im Herzen trage. Die

Der Mädchenlehrer

Mädchen sind so schöne Geschöpfe, daß ich es nicht mit ansehen kann, wenn eins verdorben wird. Ich möchte sie deshalb alle gut machen. Man bemüht sich jetzt so viel um die Verbesserung der Schulen: warum denkt man nicht auch an den Unterricht der Mädchen? Wie denkst Du darüber? Ich habe den Einfall gehabt, Lehrer an einer Schule des schönen Geschlechts zu werden, wenn ich in mein Vaterland zurückkehre. Das wäre so übel nicht, wie vielleicht Jemand meint; jedenfalls wäre ich meinem Vaterlande nützlicher, wie wenn ich den Advokaten mache. Nur dürfte man in meine Schule nicht so schöne Mädchen bringen, wie meine liebe Runkel eins ist; sonst stünde ich in Gefahr, den ›Amor als Lehrer‹ zu spielen.

Und wieder sechs Wochen später:

Tausend, tausend Grüße der lieben Runkel! Schreib' mir nur oft von ihr! Es sind immer die angenehmsten Stellen in Deinen Briefen, die von diesem liebenswürdigen Mädchen handeln. Ich möchte, ich könnte sie ein einziges Mal küssen: Küsse sie für mich!

Und in derselben Minute schrieb er weiter:

Charitas, die liebe Charitas! Ich bedaure sie. Wenn sie in Frankfurt ist, lebt sie wie im Fegfeuer. ...
    Ach, wie ich Euch liebe, ihr lieben Geschöpfe! Ach, wäret Ihr nur ein wenig besser! Nun, wir Männer sind freilich auch keine Engel.[8]

»Der stolze Phantast« heißt dieser sechzehnjährige Goethe in einem Briefe Horns; gegen das weibliche Geschlecht war der stolze Phantast herablassend, belehrend, erziehend, dienstwillig, zärtlich, aber keineswegs von Vorzügen geblendet.

Als er zum ersten Male in der neuen Umgebung den Frühling erlebte und jetzt im Freien herumstreichen konnte, ohne die Uhr viel zu befragen und ohne daheim Rechenschaft zu geben, spürte er in sich eine Wandlung der Stimmungen und Neigungen. »Vergnügt und einsam«: so schilderte er sich in einem Briefe an Riese.[9]

Diese Einsamkeit hat so eine gewisse Traurigkeit in meine Seele geprägt.

> Es ist mein einziges Vergnügen,
> Wenn ich entfernt von Jedermann
> Am Bache, bei den Büschen liegen,
> An meine Lieben denken kann.

So vergnügt ich aber auch da bin, so fühle ich dennoch allen Mangel des gesellschaftlichen Lebens. Ich seufze nach meinen Freunden, nach meinen Mädchen. Und wenn ich fühle, daß ich vergebens seufze,

> Da wird mein Herz von Jammer voll,
> Mein Aug' wird trüber,
> Der Bach rauscht jetzt im Sturm vorüber,
> Der mir vorher so sanft erscholl.
> Kein Vogel singt in den Gebüschen,
> Der grüne Baum verdorrt,
> Der Zephir, der mich zu erfrischen,
> Sonst wehte, stürmt und wird zum Nord
> Und trägt entriss'ne Blüten fort.
> Voll Zittern flieh ich dann den Ort,
> Ich flieh' und such' in öden Mauern
> Einsames Trauern.

Aber wie froh bin ich, ganz froh! Horn hat mich durch seine Ankunft einem Teil meiner Schwermut entrissen. Er wundert sich, daß ich so verändert bin.

> Er sucht die Ursach' zu ergründen,
> Denkt lächelnd nach und sieht mir ins Gesicht.
> Doch wie kann er die Ursach' finden!
> Ich weiß sie selbsten nicht!

Und auch der Schwester erzählt er von dieser Wandlung.[10]

Schwester, ich bin ein närrischer Junge! Du weißt es freilich längst: warum sag' ich's noch? Aber meine Seele ist in etwas verändert. Ich bin kein Donnerer mehr, wie ich es in Frankfurt war. Ich mache nicht mehr: J'enrage! Ich bin so sanft, so sanft! Ha, Du glaubst es nicht? Manches Mal werde ich zum Melancholiker. Ich weiß nicht, woher es kommt. Dann starre ich die Leute an wie mit Eulen-Augen. Und dann geh' ich in die Wälder, an die Flüsse, und schaue aus nach bunten Gänseblümchen und blauen Veilchen; ich lausche den Nachtigallen, den Lerchen, den Krähen und Dohlen, dem Kuckuck. Und dann senkt sich eine Düsterkeit über meine Seele, so dicht und dunkel, wie die Nebel im Oktober sind.

Solcher Zustand ist Vorbote und Anfang der ersten Liebe. In der jungen Brust ist ein Suchen, Warten, Hoffen, Fürchten; man schwankt zwischen Wagen und Zagen. Der Jüngling sieht in seinen Träumen liebliche Mädchenbilder. Er streckt die Arme aus: Wo finde ich dich, Ersehnte?

Unser junger Student glaubte in seiner Traumgestalt Charitas Meixner wiederzuerkennen. Von ihr hörte er nur selten etwas, und so hatte die Phantasie freies Spiel. Jetzt, acht Monate nach seiner Ankunft in Leipzig, schrieb er zum ersten Male an ihren Vetter Trapp: gedacht habe er oft genug zu ihm hin.

> *Wie könnte ich Worms vergessen und die angenehmen Bewohner dieser vielgeliebten Stadt! O, Sie wissen nur zu wohl, daß Worms mir im Herzen anliegt. Sie kennen meine Leidenschaft für die schöne Charitas!*

Und nun schalt er auf einen andern Freund, Müller, der, wenn er ihm über Jungfer Meixner etwas berichte, immer Unangenehmes hinzufüge und ihn zur Eifersucht reize.

> *Je suis faible, il est vrai. Est-on fort quand on aime?*
> *Mais il ne cherche rien que de combler mes maux*
> *Et me dit en riant: Ha, tu as des rivaux!*
> *Je ne le sais que trop sans qu'il le dise encore:*
> *Tout qui la vit, l'admire, qui la connaît, l'adore!*
> *Mais faut-il éveiller l'idée pleine d'effroi:*
> *Un rival est plus digne de cet enfant que moi!*
> *Soit! Si je ne le suis, je vais chercher de l'être.*
> *Chassons le vil honneur! Que l'amour soit mon maître!*
> *J'écouterai lui seul, lui seul doit me guider;*
> *Au sommet du bonheur par lui je vais monter,*
> *Au sommet de la science monté par l'industrie.*
> *Je reviens, cher ami, pour revoir ma patrie*
> *Et viens voir en dépit de tout altier censeur,*
> *Si elle est en état d'achever mon bonheur.*

Und er bat und fragte

> *Écrivez-moi! Que fait l'enfant autant aimé?*
> *Se souvient-il de moi? Ou ma [-t-] il oublié?*

Ah, ne me cachez rien, qu'il m'élève ou m'accable:
Un poignard de sa main me serait agréable!

Das war ein Spiel des Herzens und des – Sprachtalents. Wenn ein junger Knabe nach Zärtlichkeit verlangt, wird er auch in seinem Wohnorte, zumal wenn es eine Stadt von 26000 Einwohnern ist, ein wünschenswertes Mädchen entdecken. Und Wolfgang bedurfte einer Freundin. Er hatte daheim unter vielen Wohlbekannten gelebt; hier war er oft einsam. Als er in Leipzig seine ersten Besuche machte, zog man ihn in manche Gesellschaft; im zweiten halben Jahre ward er aber kaum noch eingeladen. Seine Grille, keine Karten zu spielen, hatte die Gastgeber verdrossen, und ebenso mißfiel Manchem das altkluge Wesen, mit dem der Halberwachsene sein größeres Wissen und seinen schärferen Geist gegen Andere, gelegentlich auch gegen ältere Personen, anwandte.[11] Wolfgang merkte, daß er den Leipzigern nicht besser zusagte, als sie ihm. Unter den Studenten hatte er kaum Freunde. Auch die Mädchen machten sich nicht eben viel aus ihm. Durch Schönheit zeichnete er sich nicht aus; auch seine Kleidung und Manieren gefielen nicht. Sein Studium beschäftigte ihn nur so obenhin. Früher hatte er sich auf seine leicht fließenden Verse viel zugute getan, aber jetzt hatten seine Professoren Gellert und Clodius den Glauben an sein Talent erschüttert, und er selber verachtete nun die Sachen, auf die er früher stolz gewesen. Kurz, er war so recht in der Fremde und in einer Lage, wo die Liebe und Bewunderung eines weiblichen Herzens wie Balsam wirkt.

Ein halbes Jahr nach seinem Eintritt in Leipzig, um Ostern 1766, änderten sich seine gesellschaftlichen Verhältnisse. Er nahm seinen Mittagstisch bei dem Weinwirt Schönkopf, wo ihm die Familie und auch die gewöhnlichen Gäste bald vertraut wurden; außerdem war nun sein Freund und Landsmann Horn – oder Hörnchen, wie der kurze, krummbeinige Kerl oft hieß – angekommen, und mit ihm konnte man über Alles reden. Horn riet sogleich auf Verliebtheit, als er die Änderung in Goethes Wesen bemerkte. Er schalt ihn aus, von Mund zu Mund; er schalt über ihn auch gegen Moors[12] mit der Bitte, daß Dieser sich gleichfalls um Goethes Besserung bemühe.

Ich kann gar nicht einsehen, wie sich ein Mensch so geschwind verändern kann. All' seine Sitten und sein ganzes jetziges Betragen sind himmelweit von seiner vorigen Aufführung verschieden. Er ist bei seinem

Stolze auch ein Stutzer, und alle seine Kleider, so schön sie auch sind, sind von einem so närrischen goût, der ihn auf der ganzen Akademie auszeichnet. Doch Dieses ist ihm alles einerlei; man mag ihm seine Torheit vorhalten, soviel man will:

Man mag Amphion sein und Feld und Wald bezwingen,
Nur keinen Goethe nicht kann man zur Klugheit bringen.

Sein ganzes Dichten und Trachten ist nur, seiner gnädigen Fräulein und sich selbst zu gefallen. Er macht sich in allen Gesellschaften mehr lächerlich als angenehm. Er hat sich (bloß, weil es die Fräulein gern sieht) solche portemains und Geberden angewöhnt, bei welchen man unmöglich das Lachen enthalten kann. Einen Gang hat er angenommen der ganz unerträglich ist. Wenn Du es nur sähest!

Il marche à pas comtés
Comme un Recteur suivi des quatre Facultés ...

Schreibe doch bald wieder an ihn und sage ihm Deine Meinung. Er bleibt sonst samt seiner gnädigen Fräulein närrisch ... Ich wünsche nur, daß Du sie ein einzig Mal sähest! Sie ist die abgeschmackteste Kreatur von der Welt! Eine mine coquette avec un air hautain ist Alles, womit sie Goethen bezaubert hat. ... Goethe empfiehlt sich Dir. Er schriebe gern an Dich, wenn er nur nicht befürchtete, er möchte morgens mit dintenbefleckten Händen zur gnädigen Fräulein kommen. Wie närrisch sind wir doch, wenn wir verliebt sind!

Der biedere Horn war auf dem Holzwege; sein Freund Goethe hatte ihn vielleicht nicht darauf geführt, aber doch darauf erhalten. Alle List und Verstellungskunst, deren sie fähig sind, werden in Jünglingen und Mädchen wach, sobald sie sich ihrer ersten Liebe bewußt sind. Was sie als ihr eigenstes Erlebnis empfinden, soll vor Andern ein Geheimnis sein und soll besonders vor Tadlern und Spöttern behütet werden. Wolfgang Goethe liebte ein Mädchen des niederen Bürgerstandes; um so bereitwilliger ließ er es sich gefallen, daß er als Verehrer einer Adligen galt, auch auf die Gefahr hin, wieder einmal für eingebildet und hochmütig ausgeschrien zu werden.

Der Göttinger Freund schrieb wirklich an Goethe die gewünschte Predigt gegen Hoffahrt und Stutzertum; Horns nächster Brief aber belehrte Moors, daß es mit Goethes Herzen ganz anders stehe.

Er liebt, es ist wahr; er hat es mir bekannt und wird es auch Dir bekennen; allein seine Liebe, ob sie gleich immer traurig ist, ist dennoch nicht strafbar, wie ich es sonst geglaubt. Er liebt. Allein nicht jene Fräulein, mit der ich ihn in Verdacht hatte; er liebt ein Mädchen, das unter seinem Stand ist, aber ein Mädchen, das ... Du selber lieben würdest, wenn Du es sähest. ... Denke Dir ein Frauenzimmer, wohlgewachsen, obgleich nicht sehr groß, ein rundes, freundliches, obgleich nicht außerordentlich schönes Gesicht – eine offene, sanfte, einnehmende Miene - viele Freimütigkeit ohne Koketterie – einen sehr artigen Verstand, ohne die größte Erziehung gehabt zu haben.

Er liebt sie zärtlich, mit den vollkommen redlichen Absichten eines tugendhaften Menschen, ob er gleich weiß, daß sie nie seine Frau werden kann. ... Er ist mehr Philosoph und mehr Moralist als jemals, und so unschuldig seine Liebe ist, so mißbilligt er sie dennoch. ... Ich bedaure ihn und sein gutes Herz, das wirklich in einem sehr mißlichen Zustande sich befinden muß, da er das tugendhafteste und vollkommenste Mädchen ohne Hoffnung liebt. Und wenn wir annehmen, daß sie ihn wieder liebt, wie elend muß er erst da sein!

Mit gleicher Post schrieb auch Goethe an den erzürnten Freund, indem er Bezug nahm auf Horns Brief.

Du wirst daraus gesehen haben, daß Dein Goethe noch nicht so bestrafenswert ist, als Du glaubst, Denke als Philosoph ... und was hat alsdenn meine Liebe für eine scheltungswürdige Seite? Was ist der Stand? Eine eitle Farbe, die die Menschen erfunden haben, um Leute, die es nicht verdienen, mit anzustreichen! Und Geld ist ein ebenso elender Vorzug in den Augen eines Menschen, der denkt.

Ich liebe ein Mädchen ohne Stand und ohne Vermögen, und jetzo fühle ich zum allerersten Male das Glück, das eine wahre Liebe macht. Ich habe die Gewogenheit meines Mädchens nicht denen kleinen elenden Trakasserien der Liebhaber zu danken: nur durch mein Herz habe ich sie erlangt. Ich brauche keine Geschenke, um sie zu erhalten, und ich sehe mit einem verachtenden Aug' auf die Bemühungen herunter, durch die ich ehemals die Gunstbezeugungen einer W. erkaufte. Das fürtreffliche Herz meiner S. ist mir Bürge, daß sie mich nie verlassen wird als dann, wenn es uns Pflicht und Notwendigkeit gebieten werden, uns zu trennen. Solltest Du nur dieses fürtreffliche Mädchen kennen, bester Moors, Du würdest mir diese Torheit verzeihen, die ich begehe, indem ich sie liebe. Ja, sie ist des größten Glückes wert, das ich ihr wünsche, ohne jemals hoffen zu können, Etwas dazu beizutragen.

Käthchen

Einen viel künstlicheren Brief hatte unser Student auch noch in diesen Tagen abzufassen, weil er nämlich auch der Charitas Meixner eine sehr glückliche Zukunft wünschte, ohne den Vorsatz, »Etwas dazu beizutragen«. Ihr konnte er nicht sagen, daß er eine Andere liebe, denn die Seinigen durften davon nichts erfahren; auch war seine Liebeserklärung an Charitas leider erst einige Wochen alt. Trapp hatte dem Mädchen Goethes Verse gezeigt; sie erlabte sich daran und ließ den Verfasser herzlich grüßen; Trapp mußte zugleich bitten, daß er ihr jenes so schmeichelhafte Gedicht überlassen dürfe. Da stand nun unser Leipziger Student vor der Aufgabe, der Freundlichen freundlich zu antworten und zugleich einer falschen Hoffnung vorzubeugen.

Sie hat also meinen Brief gesehen und war nicht beleidigt von diesem wilden Herzen, dieser brennenden Liebe, von meinen stürmischen Gefühlen? Sie hat sogar gewünscht, diese elenden Verse zu besitzen! Ach, warum haben Sie sie ihr nicht gegeben, ohne mich zu fragen! Wie konnten Sie glauben, daß ich nicht entzückt wäre über das angenehme Geschick meines Briefes, in den Händen Derjenigen, die ich liebe, aufbewahrt zu werden, und daß ich meinen Versen das Glück verweigern könnte, ihr so nahe zu sein, wie ich es mir selber so heiß wünsche. Geben Sie ihr den Brief, aber sagen Sie ihr, für welchen Gebrauch sie ihn behalten möchte. Möge sie sich zuweilen, wenn sie auf diese Zeilen blickt, an einen unglücklich Liebenden erinnern, der sie anbetet, ohne jemals den Lohn seiner Liebe zu erwarten, der ihr das glücklichste Leben wünscht, ohne zu hoffen, daß er zu ihrem Glücke nur ein wenig beitragen könnte.

Das Leipziger Mädchen, das im Herzen des zur Liebe Gestimmten die Erinnerungsbilder aus Frankfurt und Worms verblassen machte, war die Tochter des Hauses, wo Goethe jetzt seinen Mittags- und Abendtisch hatte. »Ein Mädchen ohne Stand und ohne Vermögen« – dem Stande nach war sie dem feinen Studenten nun doch so ziemlich ebenbürtig. Ihr Vater war ein gelernter Zinngießer und ihre Mutter eines Zinngießers Tochter; ganz dasselbe Handwerk betrieb ein Bruder von Wolfgangs Vater, der Frankfurter Meister Hermann Jakob Göthe. Der Zinngießer Schönkopf war Gastgeber und Weinwirt geworden; durch dasselbe zweite Gewerbe hatte Wolfgangs Großvater Göthe, der gewesene Schneidermeister, das Vermögen

Herbst 1765 bis Herbst 1768

Ich kann leben, ohne sie zu sehen – nie, ohne sie zu
lieben. Goethes große Liebe in seiner
Leipziger Studentenzeit war Käthchen Schönkopf.
Nach einem Gemälde von Anton Graff

erworben, von dessen
Zinsen jetzt seine Nachkommen lebten. Frau Schönkopf
stammte aus Frankfurt am
Main; deshalb suchten die
Frankfurter Meßgäste sie
auf, und deshalb waren
Meister und Meisterin
Schönkopf wohl auf den
Gedanken gekommen, in
der Meßzeit so viele Fremde
zu beherbergen, wie die
Räume ihres Hauses irgend
erlaubten, und dann auch
das ganze Jahr über Tischgäste anzunehmen und Wein
zu schenken. Es gab nun bei
Schönkopfs jeden Tag im
Jahre viel Arbeit; in den
Frühjahrs- und Oktober-Meßwochen aber mußte man bis zum
Umsinken hin und her, Trepp auf und ab laufen, um den Wünschen
der Gäste genug zu tun. Da war die einzige Tochter des Hauses, die
Käthe, noch unentbehrlicher als sonst, und es war für die Eltern und
die Gäste eine Lust, ihren flinken Diensten, ihrer geschickten Hand,
ihrer guten Laune, ihrer jugendlichen Unermüdlichkeit zuzuschauen.

Auch Goethe sah das neunzehnjährige Mädchen zum erstenmale
im Arbeitstrubel der Ostermesse. Hier kam sein gewöhnlicher
Vorwurf gegen die Demoisellen, daß sie aufgeputzte Nichtse seien,
freilich nicht auf; vor dem emsigen Käthchen mußte man Respekt
haben. Als die Messe vorüber war, ließ die Haus- und Küchenarbeit
nach; Käthchen kam aber auch jetzt nur selten aus dem Hause; sie
saß an den Nachmittagen über Näherei und Stickerei, während die
feinen Damen und auch die Kaufmannstöchter der Nachbarschaft
flanierten: auf den Gassen, »ums Tor«, in den Kaffeegärten, und sie
blieb auch abends daheim, wenn Andere in Gesellschaften oder in
Konzert oder Komödie gingen.

Schon am 26. April (1766) sagte ihr der neue Tischgast, daß er
sie lieb habe. Sie ließ sich die Neuigkeit gefallen und nahm sie nicht
allzu ernst. Das hatten ihr Andere auch schon gesagt. Der Herr

Goethe war aus reichem Hause und überdies drei Jahre jünger als sie; an Heirat war also nicht zu denken. Aber er war unterhaltend, belehrend, belustigend; sein Bemühen um ihre Gunst schmeichelte ihr und rührte sie. Und es war ein Vergnügen, vor den Augen der Eltern und der Gäste den Herrn Goethe ganz wie jeden andern guten Bekannten zu behandeln und ihm zwischendurch die Hand zu drücken, ein Liebeswort zu flüstern, ihm an der Tür zu winken, daß er auf den Gang komme, ihm das Mäulchen zu einem raschen Kusse hinzuhalten. Und es reizte sie auch das Wagnis, ihm durch Peterchen, ihren zehnjährigen Bruder, in seine Wohnung bei der alten Witwe Straube Zettel zu schicken, wenn sie Aussicht hatte, allein im Hause zu sein. Die Eltern hatten kein Arg; sie durften sich auf ihre wohlgeratene Tochter verlassen und mißtrauten auch dem jungen Hausfreunde nicht.

Vor seiner Schwester hatte Wolfgang jetzt vielleicht zum ersten Male ein Geheimnis. »Wenn ich eine Schöne hätte« schrieb er jetzt heuchlerisch und er tat so, als ob die Frankfurter Freundinnen ihm immer noch am nächsten stünden; er ließ die Runkel grüßen, die Brevillier und »alle die andern kleinen Mädchen, die ich einst kannte.« »Besonders gib der kleinen Schmiedel einen Kuß in meinem Namen.« Dann beteuerte er, daß er zwar die Dames Lipsiennes, deren Partei Kornelie genommen hatte, keineswegs in Bausch und Bogen verachte, aber: »es ist wahr, daß die Erziehung hier keinen Heller wert ist, daß diese Erziehung nichts Gediegenes hervorbringen kann und daß hier der größte Teil der Demoisellen keine Grundsätze und keinen Geschmack hat«.

Er kannte sein Mädchen schon über ein Jahr, als er sie gegen die Schwester zum ersten Male erwähnte, und auch dann vertuschte er das wahre Verhältnis. »Die kleine Schönkopf verdient unter meinen Bekanntschaften mit genannt zu werden« schrieb er so obenhin, nachdem er von Mamsell Breitkopf, Mamsell Tänert und Andern erzählt hatte.[13]

Das ist ein sehr gutes Mädchen, bei der die Rechtschaffenheit des Herzens mit einer angenehmen Naivität verbunden ist; ihre Erziehung ist freilich mehr streng als gut gewesen. Sie ist meine Haushälterin, wenn es sich um meine Wäsche und meinen Anzug handelt; sie versteht Das sehr gut, und es macht ihr Vergnügen, mir mit ihren Kenntnissen beizustehn, und ich bin ihr dafür recht gut. Nicht wahr, Schwester, ich bin wohl drollig: ich liebe alle diese Mädchen! Wer könnte es auch lassen, wenn sie gut sind? Denn was die Schönheit angeht, dadurch faßt sie mich nicht. Alle meine Bekanntschaften sind mehr gut als schön.

Diese »kleine Schönkopf«, die er oft nicht für voll nehmen wollte, weil sie nicht zu den feinen Mädchen aus wohlhabenden Häusern, also etwa zu seiner Schwester, gepaßt hätte, machte ihm doch recht viel zu schaffen! Sie erregte sein Innerstes zu Freuden und Qualen, wie er sie bisher noch nicht gekannt hatte. Sie war ihm Dienerin und Herrin zugleich.

Zur selben Zeit, wo der junge Student seinen Freund Horn wieder und ein Liebchen neu gewann, trat auch ein wichtiger neuer Freund zu ihm. Der Hofmeister eines in Leipzig studierenden jungen Grafen, Ernst Wolfgang Behrisch aus Dresden, gab sich gern mit ihm ab, las, lobte und tadelte seine Gedichte, schrieb sie sogar mit vieler Kunst und Liebe ab, damit das Zerstreute in würdigen Heften gesammelt und aufbewahrt werde, und plauderte als erfahrener Mann – er war elf Jahre älter – mit dem Jüngling über Welt und Leben, also namentlich auch über Weiber und Mädchen. Auch Behrisch lernte Käthchen jetzt kennen und stand sich freundschaftlich mit ihr. Ihm vertraute Wolfgang alle seine Erlebnisse an; diesem Beichtiger mußte er schreiben, wenn ihm das Herz übervoll war, sei es vom Glück oder von der Pein der Liebe. So schon, als er Käthchen erst ein halbes Jahr kannte.

Am Tisch meiner Kleinen. Sie ist ausgegangen, mein lieber, guter Behrisch; sie ist zur Komödie gegangen, mit ihrer Mutter und ihrem vermeintlichen Zukünftigen, der ihr durch hundert Vergnügungen zu gefallen sucht. Es ist eine sehr angenehme Sache und der Beobachtung eines Kenners wert, zu sehen, wie ein Mensch sich anstrengt, um zu gefallen, wie er erfinderisch, aufmerksam und immer auf den Beinen ist, ohne doch die geringste Frucht zu erlangen. Er würde für jeden Kuß zwei Louisdor den Armen spenden und bekommt doch keinen! Und nachher mich zu sehen, unbeweglich in einer Ecke sitzend, ohne im geringsten den Galanten zu spielen, ohne eine einzige Schmeichelei zu sagen, so daß mich der Andere für einen Dummkopf hält, dem alle Lebensart abgeht: und nachher empfängt dieser Dummkopf Gaben, für die der Andere eine Reise nach Rom unternähme!

Ich wollte eigentlich auch weggehen, als sie ging; aber, um mich dazubehalten, gab sie mir den Schlüssel ihres Pults mit Vollmacht, zu tun und zu schreiben, was ich wolle. Sie sagte mir beim Fortgehn: »*Bleib nur da, bis ich wiederkomme! Du hast ja immer was Närrisches im Kopfe, Verse oder Prosa: bring's auf's Papier, wie es dir Spaß macht. Ich werde dem Vater schon was erzählen, warum du oben bleibst, und merkt er was, na, so merkt er was!*« *Sie gab mir auch zwei schöne Äpfel, die ihr zuvor mein Nebenbuhler gebracht hatte, und ich aß sie; ausgezeichnet schmeckten sie!* 14

Ein andermal, als er bei einem Abendessen ausblieb, das Bahrisch ihm bereitet hatte, gab er an: seine Kleine sei schuld.

Ich ging von Dir geraden Wegs zu meiner Stube, und zu meiner Überraschung fand ich dort durch unsere heimliche Post eine Nachricht: ich solle so rasch wie möglich zu ihr kommen. Ich flog hin und fand sie allein: die ganze Familie war, angezogen durch das neue Stück, in die Komödie gegangen. Gerechter Himmel, was für ein Vergnügen, vier Stunden lang mit seinem Liebchen sich allein zu wissen. Die Stunden vergingen, ohne daß einer von uns beiden es bemerkte.
    Ich erfuhr, daß ihre Mutter mir verziehen habe und daß die gute Frau, endlich übermüde der beständigen Aufmerksamkeiten, die der Andere ihrer Tochter erwies, ihre Laune gegen ihn wandte.
    Wie mich diese vier Stunden glücklich gemacht haben!

Verse in englischer Sprache folgten diesen Zeilen, und darin schwärmte der Siebzehnjährige erst recht noch von solchen Stunden, wo »in meinen Armen zitternd der Busen meines Mädchens meine Brust erwärmte, beständig Küsse von ihren Lippen fließen, wo ich dann, hingerissen in nie gefühlter Lust, ›mein Mädchen!‹ flüstere und sie ›mein Liebster!‹« Zwar sprach der Brief auch von Tugend, von »tugendsamem Feuer«, das nie zum Laster sich wandeln könne; aber der reifere Behrisch war doch bedenklich über diese jungen Menschenkinder, die ihm beide lieb waren, und Wolfgang mußte ihm in einem neuen Briefe versichern, daß er sich in Käthchens Armen nicht vergessen habe. Behrisch irre sich sehr, schrieb Goethe, und beleidige ihn geradezu, wenn er auf sündige Liebe rate.

Ich fähig einer unsittlichen Liebe? Pfui! Komm nur gleich her und bitte mich um Verzeihung! Demütiglich, sehr demütiglich!

Herbst 1765 bis Herbst 1768

Das süße Lächeln in den kleinen Pausen unserer Liebkosungen... Zeichnung von Max Schwimmer zu Goethes »Venezianischen Epigrammen«

Die Phantasie des Jünglings beschäftigte sich freilich oft mit der letzten Eroberung. Er genoß es mit Lust, wenn er Käthchen aus Liebe zu ihm schwach sah, denn nicht immer zeigte sich ihre Liebe als Keckheit und Mutwillen; viel öfter war es ein Zagen und Widerstreben, ein Ringen des Verstandes und der Vorsicht gegen das Herz.

Die schöne Scham, die sie ohngeachtet unserer Vertraulichkeit so oft ergreift, daß die mächtige Liebe sie wider das Geheiß der Vernunft in meine Arme wirft! Die Augen, die sich zudrücken, so oft sich ihr Mund auf den meinigen drückt! Das süße Lächeln in den kleinen Pausen unserer Liebkosungen! Die Röte, die Scham, Liebe, Wollust, Furcht auf die Wangen treiben! Dies zitternde Bemühen, sich aus meinen Armen zu winden, das mir durch seine Schwäche zeigt, daß Nichts als Furcht sie je herausreißen würde! Behrisch, Das ist eine Seligkeit, um die man gern ein Fegfeuer aussteht! [15]

Solche erlebten und gewünschten Szenen widerholte sich der junge Dichter gar gern auch in kleinen Verserzählungen. Zum Beispiel wollte er »die Kunst, die Spröden zu fangen« darzulegen:

> Und kraftlos sank ihr Haupt zurücke.
> Erst irrten unbestimmt die Blicke
> Umher und fielen dann auf mich ...,
> Und eilten weg ... und kamen wieder.
> Sie lächelte ... und schlug die Augen nieder.
> Ihr fühlbar Herz empörte sich
> und schickte brennendes Verlangen
> In ihren Busen, auf die Wangen;

Der Moralische

> Die Wangen glühten, und der Busen stieg.
> Da rief ich: Sieg! Sieg! Amor, Sieg!

Aber unser Poet war ein Moralist. Weil das liebende Weib so schwach ist, lohnt der edle Mann ihr Vertrauen, ihre Hingebung dadurch, daß er sie vor sich selber schützt. Er vernimmt inmitten seiner Siegeslust aus ihren Seufzern die Angst der Untergehenden, liest in ihren Blicken ein letztes Flehen:

> Rette
> Mich Unglückselige, die Niemand retten kann
> Als, Geliebter! ...
> Ich sinke schon: o rette mich!
> Sei stark, mein Freund, o rette dich!
> Wir beide sind verloren – Freund, Erbarmen!

Und der junge Held erfreut sich am rühmlichsten Siege der Selbstüberwindung:

> Es sank mein Arm – aus ihm zur Erd' sie nieder,
> Ich betet', weint' und riß mich los und floh.
> Den nächsten Tag fand ich sie wieder
> Bei ihrer Mutter, als sie froh
> Der freudbetränten Mutter Unschuldslieder
> Mit Engelsstimmen sang.
> O Gott, wie drang ein Wonnestrahl durch's Herz mir!
>   Nieder
> Zur Erde blickend stand
> Ich da. Sie faßt' mich bei der Hand,
> Führt' mich vertraulich auf die Seite
> Und sprach: Dank es dem harten Streite,
> Daß du zur Sonn' unschuldig blickst.
> Beim Anblick jener Heil'gen nicht erschrickst,
> Mich nicht verachtend von dir schickst.
> Freund. Dieses ist der Tugend Lohn!
> O, wärst du gestern nicht entfloh'n,
> Du sähst mich heute
> Und ewig nie mit Freude!

Leider waren nicht alle Erinnerungen und Ausmalungen der Liebe so schmeichelhaft. Käthchen sah als Wirtstochter manchen jungen Mann kommen und gehen; ebenso ward sie von Vielen beobachtet und nach Verdienst gelobt und bewundert. Dieser und Jener der Einkehrenden hätte gern das tüchtige Mädchen zu seiner Hausfrau gemacht, und Andere, die so weit noch nicht dachten, empfahlen sich doch als Liebhaber.

Käthchen war mit Jedermann freundlich; erst wenn einer verliebt tat, ward sie kalt und stumm. Unsern Studenten kitzelte es sehr, daß nur er Gnade fand; aber man sieht auch seine Erfolge nicht immer im Rosenlichte! Zuweilen kam es ihm vor, als sei er in ähnlicher Lage mit seinen Nebenbuhlern.

Es scheint, als ob's ihre Freude wäre, ihnen die Köpfe herumzudrehen. Mir selbst macht sie's nicht besser, nur daß sie mir ihre Macht auf eine andere Fasson fühlen läßt.

Was meinst Du, Behrisch, sollte es nicht bloßer Stolz sein, daß sie mich liebt? Es vergnügt sie, einen stolzen Menschen, wie ich bin, an ihrem Fußschemel angekettet zu sehen. [16]

Bei allem Selbstgefühl konnte der achtzehnjährige Student sich nicht einbilden, daß unter Denen, die sich um Käthchen bemühten, kein Einziger an ihn heranreiche. Und leider hatten Diejenigen, die bei Schönkopfs zur Miete wohnten, noch mehr Gelegenheit, die Tochter zu unterhalten, als er, der Tischgast, der oft Tage, ja Wochen erlebte, wo er sie nur in Gesellschaft sehen und sprechen konnte. »Es sind zwei Leute in die Stube gezogen, die unten offen war«, erzählte er seinem Ratgeber eines Tages.

Der Eine ist ein ältlicher Mensch, der Andere jünger, der mich wohl wert sein möchte – Du verstehst mich. Doch deswegen bin ich ganz ruhig gewesen. Sie haben nebst dem Mittagstisch auch den Abendtisch ausgemacht und werden alle Abende mit essen. Das ist mir etwas verdrüßlicher, aber noch nicht Alles. Wenn Du Dir mein Mädchen fürstellen kannst, so kannst Du Dir ihr Bitten denken, mit denen sie mich belagert, diese Veränderung nichts in meinem Betragen und in meinem Herzen ändern zu lassen. Sie hat mich unter den heftigsten Liebkosungen gebeten, sie nicht mit Eifersucht zu plagen; sie hat mir geschworen, immer mein zu sein. Und was glaubt man nicht, wenn man liebt! Aber was kann sie schwören? Kann sie schwören, nie anders zu sein als jetzt? ...

Heute stand ich bei ihr und redete; sie spielte mit den Bändern an ihrer Haube. Gleich kam der Jüngste herein und forderte eine Tarokkarte von der Mutter; die Mutter ging nach dem Pulte, und die Tochter fuhr mit der Hand nach dem Auge und wischte sich's, als ob Etwas hineingekommen wäre. Das ist's, was mich rasend macht!

Ich bin närrisch, denkst Du? Nun höre weiter! Diese Bewegung kenne ich schon an meinem Mädchen: wie oft hat sie, ihre Röte, ihre Verwirrung zu verbergen, eben Das getan, um die Hand schicklich in‹s Gesicht bringen zu können! Sollte sie nicht eben Das tun, ihren Liebhaber zu betrügen, was sie getan hat, ihre Mutter zu hintergehn? Es ist ein Argwohn, der bei mir einen hohen Grad von Gewißheit hat.

Setze, es wäre gewiß, und – ich zittre, Deine Antwort zu hören – wie soll ich sie entschuldigen? Ja, Das will ich, sie entschuldigen. Sage mir Gründe für sie, keine wider sie! Du würdest ... genug! – Verliebte Augen sehen schärfer als die Augen des Herrn, aber oft zu scharf. Rate mir im Ganzen und tröste mich wegen des Letzten! Nur spotte mich nicht, wenn ich's auch verdient hätte![17]

Der hier gemeinte neue Hausgenosse Käthchens – es war ein Student Peter Friedrich Ryden aus Reval – kam unserm Verliebten jetzt nicht aus dem Kopfe. Wolfgang konnte zwar nichts Unrechtes wahrnehmen, aber seine Einbildungskraft entdeckte bald diesen, bald jenen Grund zum Verdacht. Wenn Käthchen kühler schien als sonst, ihm einmal gleichgültiger antwortete, konnte Das nicht ein Zeichen sein, daß sie an den Andern dachte? Wenn Ryden ihr leise etwas sagte, war es nicht eine »Fleurette«, die sie sich gern gefallen ließ?

Eines Sonntags, am 8. November (1767), ging er vom Essen zu dem dritten seiner Freunde, einem Dr. Hermann, kehrte aber schon um Drei zu Schönkopfs zurück. Sie sei drüben bei Obermanns, ward ihm gesagt. Da wünschte er sich zum ersten Male in die Stube des Kaufmanns Obermann; aber er hatte keinen Vorwand, dort anzuklopfen, und so ging er zwar ins Haus, aber hinauf zu Breitkopfs, deren beide Söhne er öfters besuchte. Nach einer Viertelstunde hatte er auch dort keine Ruhe mehr. Er fragte die Schwester seiner Freunde, Konstantie Breitkopf, ob sie nicht vielleicht wegen der ›Minna v. Barnhelm‹, die die jungen Leute gerade zu einer Liebhaberaufführung einübten, unten bei Obermanns etwas zu bestellen habe.

»Nein.«

Er fing noch einmal davon an.

Er möge doch bei ihnen bleiben, meinte Konstantie, aber er wollte fort. Endlich schrieb sie ihm ein Briefchen an Mamsell Obermann, und er flog damit hinunter. Käthchen war noch da. Der Brief aber lautete:

Was sind die Mannspersonen für seltsame Geschöpfe! Veränderlich, ohne zu wissen, warum. Kaum ist Herr Goethe hier, so gibt er mir schon zu verstehen, daß ihm Ihre Gesellschaft lieber ist als die meinige. Er zwingt mich, ihm etwas aufzutragen, und wenn es auch nichts wäre. So böse ich auch auf ihn deswegen bin, so weiß ich ihm doch Dank, daß er mir Gelegenheit gibt, Ihnen zu sagen, daß ich beständig sei die Ihrige.

Mamsell Obermann begriff nicht, was sie las, und gab Käthchen den Brief. Diese machte sich wohl ihr Versehen darauf, aber anstatt den Gast für seine Begierde, sie zu sehen, zu belohnen, begegnete sie ihm kalt und unfreundlich, so sehr, daß es den Andern auffiel. Dies Betragen setzte sie zu Hause am Abend und den andern Tag fort; Goethe aber ward nun so erregt, so erzürnt, so wütig, daß er am Montag Abend in ein Fieber verfiel. Mit seiner Gesundheit stand es oft nicht gut, und seine angeborene hitzige Gemütsart konnte er mit allem Philosophieren noch nicht zu einer geduldigen machen. Am Dienstag lag er im Bett und ließ sich das Essen durch die Magd holen. Einen Brief an den jetzt in Dessau lebenden Behrisch begann er noch in derselben Nacht, um seine Qualen zu schildern und die Geschichte der letzten Stunden niederzuschreiben:

Meine Magd kommt und bringt mir die Nachricht, daß sie mit ihrer Mutter in der Komödie sei. Eben hatte das Fieber mich mit seinem Froste geschüttelt, und bei dieser Nachricht wird mein ganzes Blut zu Feuer! Ha! In der Komödie! Zu der Zeit, da sie weiß, daß ihr Geliebter krank ist, Gott! Das war arg; aber ich verzieh's ihr.

Ich wußte nicht, welch' Stück es war.

Wie? sollte sie mit Denen in der Komödie sein? Mit Denen! Das schüttelte mich! Ich muß es wissen.

Ich kleide mich an und renne wie ein Toller nach der Komödie. Ich nehme ein Billet auf die Galerie. Ich bin oben. Ha, ein neuer Streich! Meine Augen sind schwach und reichen nicht bis in die Logen. Ich dachte rasend zu werden, wollte nach Hause laufen, mein Glas zu holen. Ein schlechter Kerl[18], der neben mir stand, riß mich aus der Verwirrung; ich sah, daß er zwei hatte; ich bat ihn auf das höflichste, mir ein's zu borgen; er tat's. Ich sah hinunter und fand ihre Loge – Oh Behrisch! Ich fand ihre Loge. Sie saß an der Ecke, neben ihr ein kleines Mädchen, Gott weiß wer, dann Peter, dann die Mutter. – Nun aber! Hinter ihrem Stuhl Hr. Ryden, in einer sehr zärtlichen Stellung! Ha! Denke mich! Denke mich! auf der Galerie! mit einem Fernglas – Das sehend! Verflucht! Oh Behrisch, ich dachte, mein Kopf spränge mir für Wut. Man spielte ›Miß Sara‹. Die Schulzen[19] machte die Miß, aber ich konnte nichts sehen, nichts hören; meine Augen waren in der Loge, und mein Herz tanzte. Er lehnte sich bald hervor, daß das kleine Mädchen, das neben ihr saß, nichts sehen konnte. Bald trat er zurück, bald lehnte er sich über den Stuhl und sagte ihr was; ich knirschte die Zähne und sah zu. Es kamen mir Tränen in die Augen, aber sie waren vom scharfen Sehen; ich habe diesen ganzen Abend noch nicht weinen können. – Hernach dacht ich an Dich, ich schwöre es Dir: an Dich, und wollte nach Hause gehen und Dir schreiben, und da hielt mich der Anblick wieder, und ich blieb. Gott, Gott! Warum mußte ich sie in diesem Augenblicke entschuldigen! Ja, Das tat ich. Ich sah, wie sie ihm ganz kalt begegnete, wie sie sich von ihm wegwendete, wie sie ihm kaum antwortete, wie sie von ihm importuniert schien; Das alles glaubte ich zu sehen. Ah, mein Glas schmeichelte mir nicht so wie meine Seele: ich wünschte es zu sehen! O Gott, und wenn ich's wirklich gesehen hätte, wäre Liebe zu mir nicht die letzte Ursache, der ich Dieses zuschreiben sollte! ... –

So saß ich eine Viertelstunde und sah nichts, als was ich in den ersten fünf Minuten gesehen hatte. Auf einmal faßte mich das Fieber mit seiner ganzen Stärke, und ich dachte in dem Augenblicke zu sterben; ich gab mein Glas an meinen Nachbar und lief, ging nicht, aus dem Hause – und bin seit zwei Stunden bei Dir. Kennst Du einen unglücklicheren Menschen bei solchem Vermögen, bei solchen Aussichten, bei solchen Vorzügen als mich, so nenne mir ihn und ich will schweigen. Ich habe den ganzen Abend vergebens zu weinen gesucht; meine Zähne schlagen aneinander, und wenn man knirscht, kann man nicht weinen.

Aber ich liebe sie! Ich glaube, ich tränke Gift von ihrer Hand. Verzeih mir, Freund. Ich schreibe wahrlich im Fieber, wahrlich im Paroxysmus. Doch laß mich schreiben! Besser, ich lasse hier meine Wut aus, als daß ich mich mit dem Kopf wieder die Wand renne.

Herbst 1765 bis Herbst 1768

Ich habe eine Viertelstunde auf meinem Stuhle geschlafen. Ich bin wirklich sehr matt. Aber das Blatt muß diesen Abend noch voll werden. Ich habe noch viel zu sagen.

Wie werde ich diese Nacht zubringen? Davor graut's mir. Was werde ich morgen tun? Das weiß ich. Ich werde ruhig sein, bis ich ins Haus trete. Und da wird mein Herz zu pochen anfangen, und wenn ich sie gehen oder reden höre, wird es stärker pochen, und nach Tische werd' ich gehen. Seh' ich sie etwa, da werden mir die Tränen in die Augen kommen, und werde denken: Gott verzeih dir, wie ich dir verzeihe, und schenke dir alle die Jahre, die du meinem Leben raubst! Das werde ich denken, sie ansehen, mich freuen, daß ich halb und halb glauben kann, daß sie mich liebt, und wieder gehen. So wird's sein morgen, übermorgen, und immer fort.

Sieh, Behrisch, die ›Sara‹ sah ich einmal mit ihr. Wie unterschieden von heute! Es waren ebendieselben Szenen, eben die Akteurs, und ich konnte sie heute nicht ausstehn. Ha! alles Vergnügen liegt in uns. Wir sind unsre eigne Teufel, wir vertreiben uns aus unserm Paradiese.

Ich habe wieder geschlafen, ich bin sehr matt. Wie wird's morgen sein? Mein armer Kopf dreht sich. Morgen will ich ausgehen und sie sehn. Vielleicht hat ihre ungerechte Kälte gegen mich nachgelassen. Hat sie's nicht, so bin ich gewiß, einen gedoppelten Anfall von Fieber morgen abend zu kriegen. Es sei! Ich bin nicht mehr Herr über mich. Was tat ich neulich, als ich von meinem unbändigen Pferde weggerissen ward? Ich konnte es nicht einhalten, ich sah meinen Tod, wenigstens einen schrecklichen Fall vor Augen. Ich wagt' es und stürzte mich herunter. Da hatte ich Herz! Ich bin vielleicht nicht der Herzhafteste, bin nur geboren, in Gefahr herzhaft zu werden. Aber ich bin jetzt in Gefahr und doch nicht herzhaft. Gott! Freund, weißt Du, was ich meine? Gute Nacht. Mein Gehirn ist in Unordnung.

Auf den nächsten Tag war eine Probe der ›Minna‹ bei Obermanns angesetzt; Goethe raffte sich auf und ging hin, und das Glück wollte, daß er mit Käthchen eine geraume Zeit allein blieb. Sie war ganz Liebe und Zärtlichkeit und schämte sich fast, daß sie gesund und fröhlich gewesen, als er krank dalag. »Siehst Du,« sagte sie, »wir waren gestern in der Komödie; du mußt darüber nicht böse sein.« Nun verstand er sogleich, daß sie es nicht hindern konnte, wenn jener Mieter die Familie begleiten wollte. Sie wußte noch nicht, daß er sie von der Galerie aus beobachtet hatte, und sie erzählte ihm: »Ich

Aussöhnung

hatte mich ganz in die Ecke der Loge gerückt und Lottchen neben mich gesetzt, daß er ja nicht neben mich kommen sollte. Er stand immer hinter meinem Stuhle, aber ich vermied, soviel ich konnte, mit ihm zu reden; ich plauderte mit meiner Nachbarin in der nächsten Loge und wäre gern bei ihr drüben gewesen.«
So hatte es Goethe selber gesehen, aber nun erst glaubte er es!

Mehr braucht' es nicht, um uns auszusöhnen. Umsonst sagt Shakespeare: »Schwachheit, dein Name ist Weib«: eh würde man sie unter dem Bilde des Jünglings kennen! Sie sah ihr Unrecht ein, meine Krankheit rührte sie, und sie fiel mir um den Hals und bat mich um Vergebung; ich vergab ihr Alles. Um meinen Hals gehangen! Ein Augenblick Vergnügen ersetzt tausende voll Qual! Wer möchte sonst leben! Mein Verdruß war vorbei, ein vergangenes Übel ist ein Gut.

Gute Nacht, mein Kopf schwindelt mir wie gestern, nur von was anders. Mein Fieber ist heute ausgeblieben.

Es ist wahr, ich bin ein großer Narr. Aber auch ein guter Junge. Annette[20] meint's, meinst Du es nicht auch?

Der Jüngling schämte sich seiner Eifersuchts-Anfälle und seiner Launen. Er wollte verständig und weise handeln.

Er verspottete sich selber auch in einem Liedchen, um diese Schwachheit zu überwinden:

> Und wenn euch der Liebste
> Mit Eifersucht plagt,
> Sich über ein Nicken,
> Ein Lächeln beklagt,
> Mit Falschheit euch necket,
> Von Wankelmut spricht,
> Dann singet und tanzet:
> Da hört ihr ihn nicht![21]

Ja, in einem kleinen Schäferspiele, das er ›Die Laune des Verliebten‹ nannte, ließ er sein eigenes Ebenbild, den Eridon, alle Sünden begehen, gegen die er sich festzumachen suchte; dabei zeichnete er die Geliebte, Amine, als ein sanftes Lämmchen, dessen einziger Fehler allzugroße Demut war. In der Wirklichkeit hatte aber auch »Amine« oder »Annette« als ein irdisches Wesen ein paar Fehler; auch sie blieb sich keineswegs immer gleich und zur Eifersucht neigte sie so gut wie ihr Eridon. Goethe klagte auch darüber gegen seinen Beichtvater Behrisch:

Seit einiger Zeit, da ich sie des Abends nicht sehen konnte, hat sie mir zwar alle Zärtlichkeit bezeigt, ist unruhig gewesen, wenn ich einmal des Nachmittags nicht kam; allein sie plagte mich mit gar keiner Eifersucht, mit keinem Zweifel. Das hieß: die Heftigkeit der Liebe hatte gegen sonst viel nachgelassen.

Seit vier Wochen, da sich die Geschichte mit der ›Minna‹ angesponnen hat, da ich öfter zu Obermanns [und] zu Br[eitkopfs] komme, ist das Feuer wieder mit aller Heftigkeit ausgebrochen. Eine Eifersucht, die oft bis zur Wut geht, ein Argwohn, ein Neid, der bis dahin geht, daß sie nicht erfahren darf, daß ich eine Hand geküßt habe, macht sie und mich elend. (20. November 1767.)

Eines Abends, als er wieder bei Breitkopfs saß, schien Konstantie ihm etwas sagen zu wollen, woran sie die Gegenwart der Brüder hinderte. Als Diese einmal hinausgingen, begann sie mit einiger Verwirrung: »Ich habe bemerkt, daß Sie immer schlimm und niemals gut von Frauenzimmern geredet haben.«

Goethe suchte diesem Angriffe mit einem Scherze auszuweichen; aber sie fuhr fort: »Das hat mich auf den Gedanken gebracht, daß Sie gar kein gutes Mädchen kennten. Allein ich bin überzeugt, daß Sie welche kennen.«

Der Gast antwortete abermals scherzweise, da kamen auch die Brüder schon wieder herein, und das Gespräch wandte sich andern Dingen zu. Als er Gutenacht wünschte, zog ihn das Mädchen bei Seite.

»Ich habe Ihnen einen zu Auftrag geben; wollen Sie ihn ausrichten?«

»Recht gerne!«

»Nun, so sagen Sie Mademoiselle Schönkopf, daß ich sie recht herzlich liebe. Und daß ich recht bös auf Sie bin, daß Sie mir nie ein Wort gesagt haben, was für ein liebenswürdiges Frauenzimmer sie ist.«

Solche Erlebnisse bestärkten ihn wieder in seiner Liebe und Bewunderung.

In den Briefen an seine Schwester hielt er seine Geliebte immer noch im Dunkeln; er erwähnte seine »kleine Wirtin« wohl, aber mehr irreführend als aufklärend. Gegen die Schwester gab er sich trotz aller Scherze noch als der Mädchenerzieher. Sie solle so wenig als möglich lesen, verlangte er jetzt von Kornelien, dagegen viel schreiben, aber nur Briefe; sie solle Sprachen treiben, Haushaltung und Kochkunst üben und das Klavierspiel fortsetzen.

Ferner verlange ich, daß Du Dich im Tanzen perfektionierst, die gewöhnlichsten Kartenspiele lernst und den Putz mit Geschmack wohl verstehest. Diese letzten Erfordernisse werden Dir von einem so strengen Moralisten, wie ich bin, äußerst seltsam vorkommen, zumal, da mir alle drei fehlen. Allein, sei ohne Sorgen und lerne sie nur; den Gebrauch und den Nutzen davon sollst Du schon erfahren. ...

Mittlerweile hofmeistre ich hier an meinen Mädchen und mache allerhand Versuche; manchmal gerät's, manchmal nicht. Die Mlle. Breitkopf habe ich fast ganz aufgegeben; sie hat zuviel gelesen, und da ist Hopfen und Malz verloren...

Ich komme von Tisch und bringe ein Kompliment, eine Danksagung und die Marlymuster[22] für Dich von meiner kleinen Wirtin mit. Sie hat sie zum letzten und zum längsten gehabt und einen ansehnlichen Gebrauch davon gemacht; ich habe ihr insinuiert, sie könnte mir immer zur Dankbarkeit ein paar Manschetten nähen – wir wollen sehn, was sie tun wird. Sie ist ein recht gutes Mädchen, das ich sehr liebe. Sie hat die Hauptqualität, daß sie ein gutes Herz hat, das durch keine allzugroße Lektüre verwirrt ist, und läßt sich ziehen. Ich werde Ehre mit ihr einlegen; sie hat schon ganz erträgliche, auch manchmal artige Briefe schreiben lernen. Aber mit der Orthographie will's nicht fort – überhaupt muß man Die beim sächsischen Frauenzimmer nicht suchen![23]

Je länger sein Verhältnis mit diesem »recht guten Mädchen« dauerte, um so näher sah er das Ende seines Aufenthalts in Leipzig vor sich und um so häufiger kam unserm jungen Moralisten die Frage, wie seine Liebe ausgehen solle. Durfte er die ihm Vertrauende jemals von sich stoßen? Nein! Aber durfte er ihr Schicksal an das seinige knüpfen? Und seine Zukunft in ihre Hände geben?
Mitten im schönsten Glück kamen ihm solche Fragen.

Ja, Behrisch, ich habe meine Jetty eine halbe Stunde ruhig, ohne Zeugen, unterhalten: ein Glück, das ich jetzt manchmal genieße, sonst nie genoß. Diese Hand, die jetzt das Papier berührt, um Dir zu schreiben, diese

Hand drückte sie an meine Brust.

O Behrisch, es ist Gift in denen Küssen! Warum müssen sie so süße sein? ...

So eine Stunde! Was sind tausend von den runzlichsten, toten, mürrischen Abenden gegen sie? ...

Ich sage mir oft: wenn sie nun deine wäre und Niemand als der Tod dir sie streitig machen, dir ihre Umarmung verwehren könnte? Sage Dir, was ich da fühle, was ich alles herumdenke!

Und wenn ich am Ende bin, so bitte ich Gott, sie mir nicht zu geben.

In solchen Grübeleien dachte er wohl auch an den Fürsten Franz von Anhalt, in dessen Nähe jetzt Behrisch lebte. Dieser Fürst hatte ein Bürgermädchen geliebt; er war ein edel angelegter Mann und hätte am liebsten seinem Erbe entsagt, um das Mädchen, das ihm einen Sohn geboren, zur rechtmäßigen Gattin zu machen; Friedrich der Große aber bewog ihn, die Regierung zu übernehmen und eine Prinzessin von Brandenburg-Schwedt zu heiraten. Jenes Mädchen wurde versorgt, und ihr Sohn »v. Waldersee« benannt. Eben bei diesem Sohne war jetzt Behrisch als Hofmeister angestellt; von ihm bekam Goethe einige Andeutungen über die Personen des Dramas. Seine Antwort war moralisierend:

Ich möchte nicht Fürst sein! Er muß sich doch manchmal schämen, wenn er seine Gemahlin bedächtig ansieht und sich ein paar Jahre zurück erinnert.

»O möchte ich doch nie aus deinen Armen gerissen werden! Möchte ich doch mein eigener Herr sein, um jener schrecklichen Verbindung entsagen zu können, die durch Interesse und nicht durch Liebe geknüpft ward! O, wie hasse ich meine zukünftige Gemahlin! Muß ich nicht Alles hassen, was mich von dir entfernt? Sie mag gut sein, man mag ihr Eigenschaften zuschreiben, welche man will, aber sie ist nicht du, und in dir ist meine Glückseligkeit. Ich will sie heiraten: ich muß! Aber mein Herz soll sie nicht haben! Dir soll Nichts dieses Herz entreißen! Niemand, und wenn es ein Engel wäre!«

So redete der Fürst noch vor wenigen Jahren, in den Armen seiner Geliebten. Hat er nicht so geredet, so nenne mich einen elenden, nichts verstehenden Schulknaben! Und hat er Das gesagt, so mag ich nicht er sein, um Alles! Sowas von so einer Frau gesagt zu haben, würde mich toll machen. Ich würde mich des Paradieses und meiner Eva unwürdig halten und mich an den ersten Baum hängen, und wenn es der Baum des Lebens wäre.

Und er dachte sich weiter hinein in den Gegensatz der tugendhaften Liebe des redlichen Bürgers gegen solche Liebschaften und Standesheiraten der Fürsten. Sie können sich das schönste Weib kaufen, das auf dem Markte ist, genießen es eine Weile und schicken es dann in die Wüste. Über Recht und Unrecht braucht da nichts weiter gesagt zu werden, aber sind diese mächtigen Herren etwa um ihre Genüsse zu beneiden? ›Der wahre Genuß‹, so überschrieb unser Student seine Antwort, die er am 4. Dezember (1767) an Behrisch schickte.

> Umsonst, daß du, ein Herz zu lenken,
> Der Schönen Schoß mit Golde füllst!
> O Fürst, laß dir die Wollust schenken,
> Wenn du die Wollust fühlen willst!
> Gold kauft nur den geringen Haufen
> Und niemals edle Seelen dir;
> Doch willst du eine Tugend kaufen,
>
> So geh und gib dein Herz dafür.
> Was ist die Lust, die in den Armen
> Der Buhlerin dir Wollust schafft?
> Du wärst ein Vorwurf zum Erbarmen,
> Ein Tor – wärst du nicht lasterhaft.
> Sie küsset dich aus feilem Triebe,
> Und Glut nach Gold füllt ihr Gesicht.
> Unglücklicher, du fühlst nicht Liebe
> Und selbst die Wollust fühlst du nicht.
>
> Sei ohne Tugend, doch verliere
> Den Vorzug eines Menschen nie!
> Denn Wollust fühlen alle Tiere,
> Der Mensch allein verfeinert sie.
> Laß dich die Lehren nicht verdrießen:
> Sie hindern dich nicht am Genuß;
> Sie lehren dich, wie man genießen
> Und Wollust würdig fühlen muß.

Soll dich kein heilig Band umgeben,
O Jüngling, schränke selbst dich ein!
Man kann in wahrer Freiheit leben
Und doch nicht ungebunden sein.
Laß nur für Eine dich entzünden,
Und wenn du deinen Wunsch erfüllst,
So laß dich durch die Liebe binden,
Wenn du es durch die Pflicht nicht willst.

Empfinde, Jüngling, und dann wähle
Ein Mädchen dir, sie wähle dich,
Von Körper schön und schön von Seele,
Und dann bist du beglückt wie ich.
Ich, der ich diese Kunst verstehe,
Ich habe mir ein Kind gewählt,
Daß uns zum Glück der schönsten Ehe
Nichts als des Priesters Segen fehlt.

Für nichts besorgt als meine Freude,
Für mich nur, schön zu sein, bemüht,
Wollüstig nur an meiner Seite,
Und sittsam, wenn die Welt sie sieht.
Damit die Zeit der Glut nicht schade,
Räumt sie niemals ein Recht mir ein,
Und heut muß ihre Gunst noch Gnade
Wie an dem ersten Abend sein.

Der Mädchen höchste Gunst ist keine,
Wenn Schwachheit uns den Weg verkürzt:
Doch jede Kleinigkeit wird eine,
Ist sie durch Hindernis gewürzt.
Sie lehret mich die Wollust schätzen,
Je weniger sie mir erlaubt;
Mit Klugheit weiß sie zu ersetzen,
Was sie aus Klugheit mir geraubt;

Ich bin gemügsam und genieße
Schon da, wenn sie mir zärtlich lacht,
Wenn sie bei Tisch des Liebsten Füße

Zum Schemel ihrer Füße macht,
Den Apfel, den sie angebissen,
Das Glas, woraus sie trank, mir reicht
Und mir bei halbgeraubten Küssen
Den sonst verhüllten Busen zeigt.

Wenn in gesellschaftlicher Stunde
Sie einst mit mir von Liebe spricht,
Wünsch' ich nur Worte von dem Munde,
Nur Worte – Küsse wünsch' ich nicht.
Welch ein Verstand, der sie beseelet,
Ihr gutes Herz mit Reiz umgibt!
Sie ist vollkommen! Und sie fehlet
Darin allein, daß sie mich liebt.

Die Ehrfurcht wirft mich ihr zu Füßen,
Die Wollust mich an ihre Brust!
Sieh, Jüngling, Dieses heißt genießen!
Sei klug und suche diese Lust!
Der Tod führt einst von ihrer Seite
Dich ein zum englischen Gesang.
Dich zu des Paradieses Freude,
Und du fühlst keinen Übergang.

Bei soviel tugendhafter Verliebtheit hatte der Achtzehnjährige immer noch keine Antwort auf die Frage, ob er das Los der Jungfer Schönkopf und sein eigenes Los auf ewig verflechten wolle oder dürfe. Und als er im neunzehnten Jahre schon ziemlich weit fortgeschritten war und dem Abschlusse seines dreijährigen Aufenthaltes schon recht nahe stand, antwortete er auf diese Frage auch immer noch Ja und Nein zugleich. Behrisch erkundigte sich im März 1768, wie es jetzt mit ihm und »Annetten« stehe; Wolfgang erwiderte:

Wir lieben einander mehr als jemals, ob wir einander gleich seltener sehen. Ich habe den Sieg über mich erhalten, sie nicht zu sehen. Und nun dacht' ich, gewonnen zu haben. Aber ich bin elender als vorher. Ich fühle, daß die Liebe sich selbst in der Abwesenheit erhalten wird. Ich kann leben, ohne sie zu sehen – nie, ohne sie zu lieben! Allen Verdruß, den wir zusammen haben, mache ich. Sie ist ein Engel, und ich bin ein Narr.

Höre, Behrisch, ich kann, ich will das Mädchen nie verlassen! Und doch muß ich fort, doch will ich fort. Aber sie soll nicht unglücklich sein. Wenn sie meiner wert bleibt, wie sie's jetzt ist, Behrisch, sie soll glücklich sein.

Und doch werd' ich so grausam sein und ihr alle Hoffnung benehmen. Das muß ich. Denn wer einem Mädchen Hoffnung macht, Der verspricht. Kann sie einen rechtschaffenen Mann kriegen, kann sie ohne mich glücklich leben, wie fröhlich will ich sein! Ich weiß, was ich ihr schuldig bin. Meine Hand und mein Vermögen gehört ihr; sie soll Alles haben, was ich ihr geben kann. Fluch sei auf Dem, der sich versorgt, eh das Mädchen versorgt ist, das er elend gemacht hat! Sie soll glücklich sein. Sie soll nie die Schmerzen fühlen, mich in den Armen einer Andern zu sehen, bis ich die Schmerzen gefühlt habe, sie in den Armen eines Andern zu sehen. Und vielleicht will ich sie auch da mit dieser schrecklichen Empfindung verschonen.

Käthchen, die nun fast zweiundzwanzig Sommer erlebt hatte, war klug genug, nicht alles Heil von einem Studenten zu erwarten, der drei Jahre jünger war als sie und demnächst in eine ferne Heimat zurückkehren mußte. Er und sie hatten sich nun zwei Jahre hindurch als Liebende Freuden und Plagen reichlich bereitet. Da reizte es beide, zu einer sanfteren Freundschaft überzugehen. Zur Abwechslung ist es auch ein Genuß, sich als Entsagender weise und stark zu fühlen. Kurz, sie sprachen sich aus, und Goethe ward aller Pflichten los. Schon Ende April (1768) schilderte Goethe diese neue Seligkeit.

O Behrisch, ich habe angefangen zu leben! Daß ich Dir Alles erzählen könnte! Ich kann nicht; es würde mich zuviel kosten. Genug sei Dir's: Nette, ich, wir haben uns getrennt! Wir sind glücklich!

Es war Arbeit, aber nun sitze ich wie Herkules, der Alles getan hat, und betrachte die glorreiche Beute umher. Es war ein schrecklicher Zeitpunkt bis zur Erklärung; aber sie kam, die Erklärung, und nun, nun kenn' ich erst das Leben!

Sie ist das beste, liebenswürdigste Mädchen; nun kann ich Dir schwören, daß ich nie aufhören werde, Das für sie zu fühlen, was das Glück meines Lebens macht, Das zu denken, was ich Dir neulich geschrieben habe, und Das zu wollen.

Behrisch, wir leben in dem angenehmsten freundschaftlichen Umgange, wie Du und sie. Keine Vertraulichkeit mehr, nicht ein Wort von Liebe mehr, und so vergnügt, so glücklich! Behrisch, sie ist ein Engel! Es sind heute zwei Jahre, daß ich ihr zum ersten Male sagte, daß ich sie liebte; zwei Jahre und noch! Wir haben mit der Liebe angefangen und hören mit der Freundschaft auf. Doch nicht ich! Ich liebe sie noch so sehr. Gott, so sehr!

Nach einiger Zeit aber ward ihm der Trank seiner Freiheit bitterer. Es wurde ihm deutlich, daß ihn das Mädchen in diesen neuen Zustand gelenkt, daß sie ihn eigentlich abgedankt hatte. Er konnte nicht viel darüber reden, aber es fraß in ihm.

Friederike Oeser. Lithographie, um 1850

In Dölitz bei Connewitz bewohnten Oesers in den Sommermonaten ein bescheidenes Landhaus. Professor Oeser, ein berühmter Maler und überdies angestellter Lehrer seiner Kunst, hatte zwei Jahre hindurch in Wolfgang Goethe einen eifrigen Schüler gehabt, hatte ihn lieb gewonnen und auch in seine Familie hineingezogen. Von zwei Töchtern und zwei Söhnen stand die ältere Tochter, Friederike, mit Wolfgang in gleichem Alter: klein gewachsen, weder schön, noch häßlich, auf inneren Wert bedacht, in den häuslichen Tugenden mit Käthchen vergleichbar, aber durch die Gespräche in einem Künstlerhause höher gebildet, auch sehr belesen und überdies eine Meisterin am Klaviere. Unser Student richtete oft seine Wanderungen nach Dölitz und neckte sich gar gern mit Friederiken herum.

Zuweilen schmeichelte sich auch schon der Gedanke an ein neues Liebchen in seine Brust. In der Natur herrscht ein beständiger Wechsel; auf ihr winterliches Absterben folgt jedes Frühjahr eine

Wiedergeburt, ein neues Hoffen, Streben, Blühen und Reifen. »Alles fließt« lehrte jener griechische Denker: wenn der Student, der schon der Abhärtung wegen fleißig badete, draußen am Flusse die Kleider abwarf und dann das Wasser neben und über seinen Körper dahin rieselte, so fühlte er diese Wahrheit.

> Auf Kieseln im Bache, da lieg' ich, wie helle,
> Verbreite die Arme der kommenden Welle,
> Und buhlerisch drückt sie die sehnende Brust.
> Dann trägt sie ihr Leichtsinn im Strome darnieder,
> Schon naht sich die zweite und streichelt mich wieder:
> Da fühl' ich die Freuden der wechselnden Lust!
> O Jüngling, sei weise! Verwein' nicht vergebens
> Die fröhlichen Stunden des traurigen Lebens,
> Wenn flatterhaft dich ja ein Mädchen vergißt!
> Geh', ruf' sie zurücke die vorigen Zeiten!
> Es küßt sich so süße der Busen der Zweiten,
> Als kaum sich der Busen der Ersten geküßt!

Der junge Mensch denkt sich lieber in die Zukunft als in die Gegenwart, und so betrachtete auch Goethe sein Verhältnis zu Annetten gern schon als ein Vergangenes und sprach in seinen Gedanken zu ihr, wie wenn sie schon getrennt wären.

> Du hast uns oft im Traum gesehen
> Zusammen zum Altare gehen
> Und dich als Frau und mich als Mann;
> Oft nahm ich wachend deinem Munde
> In einer unbewachten Stunde,
> Soviel man Küsse nehmen kann.
>
> Sie sind, die süß verträumten Stunden,
> Die durchgeküßten sind verschwunden:
> Wir wünschen traurig sie zurück. – –
> O wünsche Dir kein größ'res Glücke!
> Es flieht der Erden größtes Glücke
> Wie des geringsten Traumes Glück.

Abschied von Leipzig

Wolfgang hatte sich nie einer festen Gesundheit rühmen können; auch in Leipzig war er schon einige Male recht krank gewesen; übertreibendes Bemühen um Abhärtung schadete mehr, als es nützte; ein Sturz vom Pferde blieb auch nicht ohne Folgen; Verdauungsstörungen waren nicht selten; aber auf eine schwere Krankheit der Lunge hätte doch Niemand geraten. Eines Morgens im Juli 1768 erwachte er an einem Blutsturz. Er konnte sich eben noch zu seinem Stubennachbar schleppen, der den Arzt herbeirief. Seine Freunde eilten herbei und pflegten ihn liebreich: der brave Horn, sein Stubennachbar Limprecht, der ernste Langer, der Behrischs Hauslehrerstelle jetzt innehatte, Dr. Hermann, aber namentlich auch die Familien Schönkopf und Breitkopf.

Als er wieder herumschlich, fühlte er mitten im Genesungswohlsein noch oft die Grabesnähe. Er war vom Tode gezeichnet – sein Spiegel erinnerte ihn daran, wenn er es sonst vergaß. Seine Mädchen aber standen so frisch und fröhlich vor ihm, wie sonst; sie lachten ihn aus, wenn er ein melancholisches Gesicht machte und wehmütige Betrachtungen hören ließ; ein Neunzehnjähriger, der an ein baldiges Abscheiden dachte, war fast eine komische Figur! Oder aber, sie lachten und neckten, um ihn vom Kopfhängertum zu kurieren. Er jedoch fühlte den Gegensatz. »Wer tot ist, ist tot« sagte er sich, »und wer krank ist, so gut wie tot.«

So kam der Tag heran, wo der Platz beim Hauderer bestellt wurde, dessen Wagen ihn heimwärts tragen sollte. In einigen Häusern nahm er Abschied, in andern nicht. Bei Schönkopfs war er auch in diesem Sommer jeden Tag gewesen, und die Freundschaft war immer die gleiche geblieben; er hatte ihnen versprochen, fleißig zu schreiben – »aber nur einmal im Monat« versicherte er. Als er ihnen Lebewohl sagen wollte, kam er bis an die Tür; er sah die Laterne im Flur brennen, ging bis an die Treppe, aber er hatte nicht das Herz, hinaufzusteigen.

Am 28. August, seinem Geburtstage, fuhr er zum Ranstädter Tor hinaus. Ein sächsischer Offizier war unter den Mitreisenden und aß mit ihm in Naumburg das Nachtessen.

»Sie sind so lustig« redete er den jungen Menschen an, »so lustig und haben heute doch Leipzig verlassen?«

»Unser Herz weiß oft nichts von der Munterkeit unseres Blutes« erwiderte Goethe.

»Sie scheinen unpäßlich« begann der Kapitän nach einer Weile.

»Ich bin's wirklich. Und sehr! Ich habe Blut gespien.«

»Blut gespien!« rief Jener. »Ja, da ist mir Alles deutlich. Da haben Sie schon einen großen Schritt aus der Welt getan, und Leipzig mußte Ihnen gleichgültig werden, weil Sie es nicht mehr genießen konnten.«

»Getroffen!« bestätigte Goethe. »Die Furcht vor dem Verlust des Lebens hat allen anderen Schmerz erstickt.«

»Ganz natürlich« philosophierte Jener weiter. »Denn das Leben bleibt immer das Erste, ohne Leben ist kein Genuß.«

»Aber« – fuhr er fort – »hat man Ihnen nicht auch die Abreise leicht gemacht?«

»Gemacht? Wieso?«

»Das ist ja deutlich. Ich meine: von Seiten der Frauenzimmer. Sie haben die Miene, nicht unbekannt unter dem schönen Geschlecht zu sein...«

Goethe verneigte sich zum Dank für das Kompliment.

»Ich rede gerade heraus, wie ich's meine« fuhr der Offizier fort. »Sie scheinen mir ein Mann von Verdiensten, aber Sie sind krank! Und da wette ich Zehn gegen Nichts: kein Mädchen hat Sie bei'm Ärmel gehalten!«

Goethe schwieg, und Jener lachte.

»Nun« sagte er und reichte die Hand über den Tisch: »Ich will zehn Taler an Sie verloren haben, wenn Sie auf Ihr Gewissen sagen: es hat mich Eine gehalten.«

»Topp!« – und Goethe schlug ein. »Sie behalten Ihre zehn Taler, Herr Kapitän! Sie sind ein Kenner und werfen Ihr Geld nicht weg.«

»Bravo!« versetzte Jener. »Dann sehe ich, daß Sie auch Kenner sind. Gott bewahre Sie darin, und wenn Sie wieder gesund werden, so werden Sie Nutzen von dieser Erfahrung haben!«

III. In Frankfurt. September 1768 bis März 1770.

Goethe um 1770. Schattenriß

Schwach nach überstandener Krankheit kehrte Wolfgang in sein Vaterhaus zurück, und immer noch kränkelte er; der Frankfurter Arzt meinte, das Übel sitze wohl mehr in den Zuwegen der Lunge als in der Lunge selbst. Der Vater sah, daß sein Student in der Poesie und der Malerei gute Fortschritte gemacht, dagegen um die Rechtswissenschaften sich recht wenig bekümmert hatte. Kornelie war sehr glücklich, den Bruder wieder zu haben: war er doch ihr Nächster und Vertrautester. Denn mit Vater und Mutter stand sie nur auf dem Fuße der gehorsamen, ordentlichen Tochter; auch hatte sie weder einen Geliebten noch eine Herzensfreundin, die letztere wenigstens nicht am Orte. Korneliens Tugenden und Gaben waren nicht gering, aber die Schönheit ging ihr ab und leider auch jenes Süße, Vertrauende, Zutuliche, das auch ein reizloses Mädchen liebenswürdig macht. Sie fürchtete die Menschen, verspottete sie auch gern und liebte sie wenig; sie erwartete nichts vom Leben; mit achtzehn Jahren war sie gewissermaßen schon eine alte Jungfer. »Heute ist mein Geburtstag« schrieb sie am 7. Dezember 1768,[24] »und ich vollende das achtzehnte Jahr. Diese Zeit ist wie ein Traum verflossen, und die Zukunft wird ebenso hingehen, mit dem Unterschiede, daß mir keine Übel mehr übrig bleiben, die ich nicht schon gefühlt hätte. Ich sehe sie vor mir.« Zuweilen wollte sie ihre Reizlosigkeit für ein Glück halten, wenn sie nämlich beobachtete, welches Unheil schöne Frauen anrichten und wie sie dabei selber innerlich entarten; aber für gewöhnlich hielt sie doch auch »äußere Anmut für durchaus notwendig zum Lebensglück.«

Und deshalb, glaube ich, kann ich nie glücklich werden. Es ist augenscheinlich, daß ich nicht immer ledig bleibe, und es wäre auch lächerlich, sich Das vorzunehmen. Obwohl ich schon lange alle Roman-Träume vom Heiraten aufgegeben habe, so konnte ich doch nie eine hohe Idee von ehelicher Liebe in mir auslöschen, und nur diese Liebe kann eine Verbindung glücklich gestalten. Wie kann ich aber eine solche Seligkeit anstreben, da ich keinen Reiz besitze, der Zärtlichkeit hervorruft? Werde ich einen Gatten heiraten, den ich nicht liebe? Der Gedanke läßt mich zittern, und doch bleibt mir nichts Andres übrig, denn wo soll man einen liebenswerten Mann finden, der mich wählte? [25]

Die Freundin Lisette Runkel, die Wolfgang so gern hatte erziehen wollen, war das gerade Gegenteil von Kornelien geworden. Ihre Familie geriet zeitweilig in größte Bedrängnis; der Vater starb und hinterließ nichts; aber die schöne Lisette konnte die Bewerber unter den Reichsten wählen. Ein sehr wohlhabender Kaufmann von 46 Jahren bemühte sich um sie, und sie schwirrte eine Zeitlang auf seine Kosten herum; z. B. erschien sie auf einem Maskenballe am Darmstädter Hofe in solcher Pracht, daß die Prinzen und Prinzessinnen sich fragten, ob sie eine Göttin oder ein menschliches Wesen vor sich hätten, und sich nur schüchtern an sie heranwagten. Und auf einem Balle daheim brach sie die Herzen gleich dutzendweise; ihr eigenes Herzchen dagegen schonte sie. Ebenso hielt es eine andere sehr schöne »Freundin« Korneliens, Marie Bassompierre, deren Verlobter – Kornelie verbarg eine heimliche Liebe zu ihm – plötzlich starb und die ein paar Tage nach dem Begräbnisse in tiefster Trauerkleidung im Konzert erschien und lachend erklärte: sie sei vergnügter als je.

Nur zwei Brieffreundinnen schätzte Kornelie wirklich; beide wohnten in Worms: Charitas Meixner und Katharina Fabricius. Namentlich gegen diese Letztere öffnete Kornelie alle Falten ihrer Seele. Ihr Bruder wollte nun auch an diesen Briefen teilnehmen.

Wenn er die Mädchen und Frauen der Vaterstadt so im Allgemeinen betrachtete, bekam er Sehnsucht nach Leipzig. Acht oder neun Wochen nach seiner Ankunft besuchten ihn zwei junge Herren v. Olderogge, Livländer, die mit ihm in Leipzig studiert hatten: gegen sie urteilte Wolfgang vor der Schwester und einem Verwandten recht scharf über seine Landsleute. Es herrsche ein schlechter Geschmack in Frankfurt, behauptete er, die Bürger seien stupid und die Mädchen unerträglich. »Welcher Unterschied« rief er aus, »zwischen den Sächsinnen und Diesen hier!«

»Das muß ich nun alle Tage hören!« erwiderte die Schwester. »Ich frage Sie, meine Herren, die Sie vielleicht nicht so voreingenommen sind; sind denn wirklich die sächsischen Damen denjenigen jeder andern Nation so sehr überlegen?«

»Ich versichere Sie, Mademoiselle« erwiderte der jüngere Olderogge, »daß ich in der kurzen Zeit, die ich hier bin, viel mehr vollkommene Schönheiten gesehen habe als in Sachsen. Indessen wage ich zu sagen: was Ihren Herrn Bruder für Jene bestimmt, ist, daß sie eine gewisse Anmut haben, ein einschmeichelndes Wesen...«

»Ja, ja, Das ist's!« unterbrach ihn Goethe. »Diese Grazie, diese Anmut fehlen hier. Ich gebe zu, daß sie hier schöner sind; aber was hilft mir die Schönheit, wenn sie nicht vereinigt ist mit jener unendlichen Süßigkeit, die noch mehr bezaubert als die Schönheit selbst.«[26]

Genau so lästerte Goethe über seine Landsmänninnen, als er einige Tage darauf einen Versbrief an Friederike Oeser richtete:

Ich kam hierher und fand das Frauenzimmer
Ein bißchen – ja man sagt's nicht gern – wie immer;
G'nug: bis hierher hat Keine mich gerührt. –

Du lieber Gott, an Munterkeit ist hie,
An Einsicht und an Witz Dir keine einzige gleich,
Und Deiner Stimme Harmonie,
Wie käme Die heraus in's Reich!
Bin ich bei Mädchen launisch-froh,
So seh'n sie sittenricht'rich-sträflich;
Da heißt's: der Herr ist wohl als Bergamo?[27]
– Sie sagen's nicht einmal so höflich.
Zeigt man Verstand, so ist auch Das nicht recht. ...

Und nun stichelte er auch auf die Sächsinnen und lobte sie zugleich:

Wie seid ihr nicht so gut! So euch zu bessern willig!
Auf eig'ne Fehler streng und gegen fremde billig!
Und zum Gefallen ohnbemüht,
Ist Niemand, den ihr nicht gewönnet!
Ah, man ist euer Freund, so wenig man euch kennt;
Man liebt euch, ehe man's sich versieht!
Mit einem Mädchen hierzulande
Ist's aber ein langweilig Spiel:
Zur Freundschaft fehlt's ihr an Verstande,
Zur Liebe fehlt's ihr an Gefühl.

An Käthchen Schönkopf dachte er immer noch als ein Liebender. »Mein böses Mädchen« nannte er sie gegen Friederike Oeser und deutete auf ihre Eifersucht und Launen; viel mehr aber plagte ihn der Gedanke, daß sie jetzt frisch und gesund einen neuen Liebhaber erwarte, während er herumkränkelte. Er hatte selber seine Versetzung in die Klasse der »Freunde« gewünscht; jetzt fühlte sich der Freund als ein Genasführter und zweifelte nicht mehr, daß dies Mädchen an Schlauheit ihm weit überlegen war. Auch ihre Briefe in Leipziger Orthographie verrieten diese Überlegenheit. »Noch immer so munter, noch immer so boshaft« antwortete er ihr am 2. November (68), »so geschickt, das Gute von einer falschen Seite zu zeigen, so unbarmherzig, einen Leidenden auszulachen, einen Klagenden zu verspotten!« Und nun erwiderte er ihre Streiche und Stiche:

Sie haben Recht, meine Freundin, daß ich jetzt für Das gestraft werde, was ich gegen Leipzig gesündigt habe. Mein hiesiger Aufenthalt ist so unangenehm, als mein Leipziger angenehm hätte sein können, wenn gewissen Leuten gelegen gewesen wäre, mir ihn angenehm zu machen. Wenn Sie mich schelten wollen, so müssen Sie billig sein! Sie wissen, was mich unzufrieden, launisch und verdrießlich machte! »Das Dach war gut, aber die Betten hätten besser sein können« *sagt Franziska.*[28]

Und zwischendurch verriet er, was ihn tiefer verdroß als solche Erinnerungen:

Es ist das gewöhnliche Schicksal der Verstorbenen, daß Überbliebene und Nachkommende auf ihrem Grabe tanzen.

Ach, wie oft kehrte er im Geiste noch in jener Stube ein, wo die Geliebte dienend regierte! Ganz deutlich sah er sie vor sich.
  »Ihr Diener, Herr Schönkopf! Wie befinden Sie sich, Madame? Guten Abend, Mamsell! Peterchen, guten Abend!
  »Sie, Herr Schönkopf, sitzen auf dem Kanapee am warmen Ofen. Madame in ihrem Eckchen hinter'm Schreibetisch. Peter liegt unter dem Ofen. Und wenn Käthchen auf meinem Platze am Fenster sitzt, so mag sie nur aufstehen und dem Fremden Platz machen.
  »Nun fange ich an zu diskutieren. Ich bin lange außen geblieben, nicht wahr? ... Wie ich gelebt habe, Das möchten Sie gerne wissen? Mittelmäßig, sehr mittelmäßig! Ich befinde mich so gut als ein

Mensch, der im Zweifel steht, ob er die Lungensucht hat oder nicht, sich befinden kann. Doch geht es etwas besser; ich nehme an Backen wieder zu, und da ich weder Mädchen, noch Nahrungssorgen habe, die mich plagen könnten, so hoffe ich von Tag zu Tag weiter zu kommen.«[29]

Die Leipziger Freundinnen wollten seine Krankheit leicht nehmen; um so heftiger erschraken sie, als sie im Dezember durch Horn erfuhren, Goethe liegt wieder fest. Sofort schrieb ihm Käthchen, und er durfte die sonstige Neckerin nun einmal »Meine beste ängstliche Freundin« anreden, als er ihr zum Neuen Jahre antwortete. »Diesmal war's arg und sah noch ärger aus, als es war, und war mit schrecklichen Schmerzen verbunden.« Seine Lunge sei gesund, »aber am Magen sitzt was«; da man nun das eigentliche Übel kenne, werde man ihn schon zurecht pflegen.

Manchmal fällt mir's ein, daß es doch ein närrischer Streich wäre, wenn ich trotz meinen schönen Projekten vor Ostern stürbe. Da verordnete ich mir einen Grabstein auf dem Leipziger Kirchhof, daß Ihr doch wenigstens alle Jahre am Johannis-, als meinem Namenstag, das Johannismännchen und mein Denkmal besuchen möget.[30]

Einen Monat später klang sein Brief ebenso traurig-lustig.

Seit vierzehn Tagen sitz' ich wieder fest. Im Anfang dieses Jahres war ich auf Parole losgelassen; das bißchen Freiheit ist auch wieder aus, und ich werde wohl noch ein Stückchen Februar im Käfigt zubringen. Denn Gott weiß, wenn's alle wird!

Sein Vergnügen in dieser Gefangenschaft war das Zeichnen, Dichten und Überarbeiten alter Gedichte; die Leipziger Freunde ließ er noch immer daran teilnehmen. Dabei wandte er sich an die kenntnisreiche Friederike Oeser mehr als an Käthchen, wie er ihr auch längere Briefe schrieb. Mit ihr und ihrem Vater konnte er seine Meinungen über neueste Dichter und über Grundfragen der Kunst ansprechen; ihr sandte er eine handschriftliche Sammlung von eigenen Gedichten und erzählte ihr von einer weiteren Sammlung, die im Druck erscheinen sollte, denn einer von den jungen Breitkopfs hatte Melodien dazu komponiert und konnte das Heft leicht in der väterlichen Druckerei herstellen lassen. Friederike Oeser verhehlte dem jungen

Poeten nicht, daß ein Teil seiner Verse ihr ärgerlich sei und überhaupt dem weiblichen Geschlecht ärgerlich sein müsse; so kindisch-leichtsinnig, so leichtgläubig-schwach, so albern-launisch, wie Goethe die Mädchen darstelle, seien sie denn doch großenteils nicht.[31] Der neunzehnjährige Spötter und Sittenrichter berief sich dagegen auf seine – Erfahrung.

Ich soll eine üble Idee vom schönen Geschlecht haben? Auf gewisse Art ja! Nur müssen Sie mich verstehen und meine Worte nicht jedesmal mit einer schlimmen Glosse erklären.

Was ich erfahren habe, Das weiß ich und halte die Erfahrung für die einzige ächte Wissenschaft. Ich versichere Sie: die paar Jahre, als ich lebe, habe ich von unserem Geschlecht eine sehr mittelmäßige Idee gekriegt und wahrhaftig keine bessre von Ihrem. Nehmen Sie Das nicht übel; sie haben's mir darnach gemacht. ... Sie wollen mir Ihr Geschlecht auf einer andern Seite zeigen? O hätten Sie es bei der ersten gelassen, und ihre Sache würde schlimm geblieben sein, ohne schlimmer zu werden!

Wie vorteilhaft ist denn diese neue Seite? Wir wollen sehen, Daß jedes junge, unschuldige Herz unbesonnen, leichtgläubig und deswegen leicht zu verführen ist, Das liegt in der Natur der Unschuld. Leugnen Sie mir Das! Und heißt denn Das »beschuldigen«, wenn man die Sache sagt, wie sie ist? Und ist es denn Ihrem Geschlecht eine Schande, leichtgläubig zu sein? Es scheint, als ob Sie's glaubten.

Sie widersprechen mir und wollen Ihr Geschlecht verteidigen. Daß nicht alle Mädchen leichtsinnig sind, Das haben Sie bewiesen; ich muß es gestehen. Aber Sie haben mir zu einer gefährlichen Meinung geholfen! Der klügere Teil ist also mißtrauisch? (8. April 1769.)

Um diese Zeit, Ostern 1769, war auch Horn eben aus Leipzig zurückgekommen. Goethe konnte ihn ausfragen, und er hörte denn auch bald heraus, was er erwartet hatte. Bei Schönkopfs stellten sich nach wie vor Verehrer von Käthchen ein; ein junger Jurist, Dr. Kanne, wurde gut aufgenommen.

Goethe hatte schon seit zwei Monaten keinen Brief mehr mit Käthchen gewechselt; jetzt schrieb Horn an Schönkopfs in ähnlichem Tone, wie Goethe vor einem halben Jahre:

Hier im Reiche ist es gar nicht auszuhalten; die Leute sind so stipide, als man es sich nur vorstellen kann. ... Die Mädchen? O, Die sind ganz unerträglich! Sehr stolz und ohne allen Menschenverstand; ich möchte rasend werden, wenn ich an Leipzig gedenke. Nicht Eine ist fähig, einen Diskurs zu führen als etwa vom Wetter oder von einer neumodischen Haube. ...

Goethe läßt Sie grüßen, Mamsell. Er sieht immer noch ungesund aus und ist sehr stipide geworden. Die Reichsluft hat ihn schon recht angesteckt. Ich muß machen, daß ich wieder wegkomme, sonst geht es mir ebenso, und ich bin doch noch zu jung, um stipide zu werden. Die Zeit wird mir aber entsetzlich lang, ob ich gleich selten allein bin. Goethe spricht: ich sollte mich hängen; aber hier mag ich nicht. Wenn ich klug gewesen wäre, so hätte ich mich in Leipzig hängen sollen.

Um die Mitte Mai zeigte Käthchen dem Freunde Horn ihre Verlobung mit Dr. Kanne an; sie bat ihn, den Brief auch Goethen zu zeigen. Nun war's also geschehen! Goethe schrieb seinen Glückwunschbrief am 1. Juni; er wollte scherzen, z. B. über Horn, der in Konstantie Breitkopf immer noch heftig verliebt war; er wollte Käthchen von Herzen Gutes wünschen, aber die Bitterkeit mischte sich in den guten Willen und in die gewollte Lustigkeit.

Aus Ihrem Brief an Hornen habe ich Ihr Glück und Ihre Freude gesehen. Was ich dabei fühle, was ich für eine Freude darüber habe, Das können Sie Sich vorstellen, wenn Sie Sich noch vorstellen können, wie sehr ich Sie liebe. Grüßen Sie Ihren lieben Doktor und empfehlen Sie mich seiner Freundschaft! ...

Horn fängt an, sich zu erholen; wie er ankam, war garnichts mit ihm zu tun. Er ist so zärtlich, so empfindsam für seine abwesende Uranie, daß es komisch wird. Er glaubt im Ernste, was Ihr Brief ihm versichert, daß Konstantie bleich für Kummer geworden wäre ... Wenn ich ihm versichre: Fiekchen [= Konstantie] würde sich an ihrer Freundin Exempel spiegeln und nach und nach einsehen lernen usw. usw., so flucht er mir den Hals voll und schickt mich mit meinen Exempeln zum Teufel. ... Der gute Mensch bedenkt nicht, daß Mädchenherzen nicht Marmor sind und daß sie auch nicht Marmor sein dürfen. Das liebenswürdigste Herz ist Das, welches am leichtesten liebt; aber das am leichtesten liebt, vergißt auch am leichtesten. Doch er denkt daran nicht und hat recht: es ist eine gräßliche Empfindung, seine Liebe sterben zu sehen. ...

Das Schreiben wird mir sauer, besonders an Sie. Wenn Sie es nicht

*aparte befehlen, so kriegen Sie keinen Brief wieder vor dem Oktober.
Denn, meine liebe Freundin, ob Sie mich gleich Ihren lieben Freund
und manchmal Ihren besten Freund nennen, so ist doch um den besten
Freund immer ein langweilig Ding. Kein Mensch mag eingemachte
Bohnen, so lang man frische haben kann; frische Hechte sind immer die
besten; aber wenn man fürchtet, daß sie gar verderben mögen, so salzt
man sie ein, besonders wenn man sie verführen*[32] *will. Es muß Ihnen
doch komisch vorkommen, wenn Sie an die Liebhaber denken, die Sie
mit Freundschaft eingesalzen haben: große und kleine, krumme und
grade. Ich muß selbst lachen, wenn ich daran denke.*

Er sprach dann von Besorgungen, die er für sie übernommen, und
Geschenken, die er schon seit seinem Scheiden von Leipzig ihr zugedacht: Fächer, Schuhe, Halstuch, Bücher; einige Sachen wollte er
selber bemalen, aber er rückte nicht vorwärts.

*Die Erinnerung ist mir zu traurig, wenn ich Das für Sie tun soll, was
ich getan habe, ohne mehr zu sein, als ich bin. Ich habe Ihnen immer
gesagt, daß mein Schicksal von dem Ihrigen abhängt. Sie werden vielleicht bald sehen, wie wahr ich geredet habe; vielleicht hören Sie bald
eine Nachricht, die Sie nicht vermuten.*

Käthchen war ergriffen von dem Schmerze, der aus diesen Zeilen
sprach, und überdies hörte sie bald darauf, Goethe sei wieder ernstlich krank. Er schien wirklich nach einem frühen Grabe hinzuwanken. Sie schrieb ihm also einen guten, ängstlichen Brief. Die Antwort
des Freundes war am 26. August; am gleichen Tage des vorigen
Jahres hatte sie ihn zum letzten Male gesehen! Jetzt wußte er ihr fast
nichts mehr zu sagen.

*Wenn ich in Leipzig wäre, da säße ich bei Ihnen und machte ein
Gesicht, wie Sie Sich dergleichen Spektakel noch erinnern können. Doch
nein, wenn ich jetzt bei Ihnen wäre, wie vergnügt wollte ich leben!
O könnte ich die drittehalb Jahre zurückrufen! Käthchen, ich schwöre es
Ihnen, liebes Käthchen, ich wollte gescheuter sein!*

Mit der Gesundheit des jungen Menschen ging es allmählich besser,
und für seine Ausbildung waren auch die drei Semester im Vater-

hause keineswegs unnütz geblieben. Das Schicksal hatte ihn hart angefaßt und seinen Hochmut gebeugt. Sein poetisches Talent, sein erhebliches Wissen und seine Zugehörigkeit zu einem wohlhabenden Hause, was waren sie wert, wenn ein neuer Krankheitsanfall Alles vernichten konnte? Aber auch auf ein Halbleben mußte er gefaßt sein, auf andauernde Schwäche und ängstliches Stubendasein. Nun fühlte er sich aber in kranken Tagen oft glücklicher als in gesunden; oft konnte er die Seinigen, die sich um ihn sorgten, aufheitern; seine Stimmung war dann freilich mehr ein Galgenhumor als ruhiges Glücklichsein. Zu gleicher Zeit gewöhnte er sich, die Augen auf ernste, große Angelegenheiten zu richten; er wurde in seiner Art fromm. Unter Religion versteht der Knabe Bibelkunde, Katechismuswissen und Annahme der kirchlichen Glaubenssätze; jetzt kam Wolfgang erst recht zum eigenen Prüfen und Wählen. Er las Gottfried Arnolds Kirchen- und Ketzergeschichte, ein Buch, in dem die Verkünder eines selbst-erarbeiteten Glaubens viel gehaltvoller und achtungswerter erschienen als die Hirten und Schafe der Kirchen. Seine Mutter hielt sich gerade jetzt zu einigen abseits der Kirche einem frommen Leben ergebenen Frauen, namentlich zu einer Fräulein v. Klettenberg, mit der sie weitläufig verwandt war; auch ihr Sohn ließ sich gern in Religionsgespräche ein und fühlte sich halb und halb zu diesem Zirkel gehörig. Seine frommen Freunde standen mit den Herrnhutern in Verbindung; auch der eben zwanzigjährige Goethe rechnete sich nun zum Anhang der Herrnhuter und besuchte ihre Kolonie Marienborn, im Darmstädtischen, als eben die Abgesandten der ganzen Brüdergemeinde zu einer Synode versammelt waren.

Andere Reisen, an denen der Genesende sich erprobte und zugleich kräftigte, führten ihn nach Mainz und Worms; hier sah er Charitas Meixner[33] wieder und lernte die nächste Freundin seiner Schwester, Katharina Fabricius, von Angesicht kennen.

Zu Hause versenkte er sich dann wieder in seine Studien. Namentlich beschäftigten ihn, zum ersten Male auf die Dauer, die Wunder und Rätsel der Natur. Er ward beinahe ein Alchemist; auf gar wunderlichen Wegen suchte er zu erkennen, »was die Welt im Innersten zusammenhält.«

Aber er behielt doch auch Zeit und Neigungen, mit den Freundinnen seiner Schwester zu plaudern und gelegentlich zu spazieren. Mit der Zeit ließ sein Mißvergnügen über die Frankfurterinnen nach, da er keine andern mehr sah, und die Gefährtinnen Korneliens waren von den besten. Sie versammelten sich jeden Montag, wobei jeden zweiten Montag planmäßig musiziert wurde; es waren außer der Jungfer Goethe eine Jungfer Bethmann, Tochter eines Kaufmanns in Bordeaux, die bei Frankfurter Verwandten aufgewachsen war, zwei Schwestern Crespel, Töchter eines Juwelenhändlers, eine Jungfer Melchior und drei oder vier Schwestern Gerock. »Ich habe ein halb Dutzend englische Mädchen, die ich oft sehe« schrieb Goethe dem jüngeren Breitkopf; »es sind angenehme Kreaturen und machen mir das Leben ungemein angenehm.« Aber verliebt sei er in keine.

Im Dezember (1769) schrieb er nach langer Pause wieder an Käthchen; es ward ein Brief voller Widersprüche. Sein Körper sei wiederhergestellt, berichtete er, aber seine Seele noch nicht geheilt.

Die Erinnerung an Abwesende wird durch die Zeit nicht ausgelöscht, aber doch verdeckt. Die Zerstreuungen unsers Lebens, die Bekanntschaft mit neuen Gegenständen, kurz jede Veränderung unseres Zustands tun unserm Herzen Das, was Staub und Rauch einem Gemälde tun; sie machen die feinen Züge ganz unkenntlich und die starken weniger sichtbar, und Das so unmerklich, daß man nicht weiß, wie es zugeht. Tausend Dinge erinnern mich an Sie; ich sehe tausendmal Ihr Bild, aber so schwach und oft mit so wenig Empfindung, als wenn ich an jemand Fremdes gedächte.

Und dabei verbarg er doch seinen Kummer nicht, daß er sie einem Andern gönnen mußte:

Ich bitte Sie, mir nicht mehr zu antworten. Lassen Sie mir's durch meinen Freund sagen, wenn Sie noch was an mich haben sollten. Es ist Das eine traurige Bitte, meine Beste, meine Einzige von Ihrem Geschlechte, die ich nicht »Freundin« nennen mag, denn Das ist ein nichtsbedeutender Titul gegen Das, was ich fühle. Ich mag Ihre Hand nicht mehr sehen, so wenig als ich Ihre Stimme hören möchte! Es ist mir leid genug, daß meine Träume so geschäftig sind.

Ja, zuweilen kam ihm der Gedanke, ob es sich in diesem wunderlichen Leben nicht ereignen könnte, daß Käthchen den gegenwärtigen Bräutigam irgendwie verlöre oder aufgäbe und dann die Seinige würde. Er sah sich schon als Doctor juris, denn diesen Titel wollte er sich demnächst in Straßburg erwerben; dann könnte Käthchen statt Frau Dr. C. eine Frau Dr. G. werden! In einem Anfalle von Lustigkeit schrieb er ihr Das sogar,[34] und dabei spottete er über Konstantie Breitkopf und Horn, deren Treue immer noch anhielt.

Stenzel liebt noch den Riepel, den Pegauer,[35] zum Sterben. Mir kömmt es einfältig vor und ärgerlich. Sie können Sich denken, warum! Die Trauben sind sauer, sagte der Fuchs. Es könnte wohl noch gar am Ende eine Ehe geben, und Das wäre ein Spektakel. Aber ich wüßte doch noch eine Ehe, die ein noch größeres Spektakel wäre, und doch ist sie nicht unmöglich, nur unwahrscheinlich. ...

Wir haben uns hier schon eingericht'. Wir haben ein ganzes Haus, und wenn meine Schwester heuratet, so muß sie fort: ich leide keinen Schwager! Und wenn ich heurate, so teilen wir das Haus, ich und meine Eltern, und ich kriege 10 Zimmer, alle schön und wohl möbliert im Frankfurter Gusto.

Nun, Käthchen, es sieht doch aus, als wenn Sie mich nicht möchten. Freien Sie mir eine von Ihren Freundinnen, die Ihnen am ähnlichsten ist! Denn was soll das Herumfahren! In zwei Jahren bin ich wieder da. Und hernach? Ich habe ein Haus, ich habe Geld: Herz, was begehrst Du? Eine Frau!

Adieu, liebe Freundin! Heut war ich einmal lustig.

Ende März fuhr Goethe ins Elsaß; Freund Horn begleitete ihn bis Mainz. Auf das Studieren und Promovieren in Straßburg sollte ein langer Besuch in Paris folgen. Neue Bilder, neue Hoffnungen stiegen vor dem so lange Eingeschlossenen auf.

IV. In Straßburg und Sesenheim. April 1770 bis August 1771.

Goethe um 1772. Schattenriß

In seinen ersten zwanzig Jahren hatte Goethe immer in Familien gelebt, also mit Frauen und Mädchen ebensoviel wie mit Männern, Jünglingen und Knaben. Als er nach Straßburg kam, trat er auch sogleich in ein paar fromme Familien ein, an die ihm Grüße von Frankfurter Freunden mitgegeben waren; er selber hatte ja mit dem Herrgott und mit seinem lieben Sohn Jesu Christo jetzt einen guten Stand [36] und wandte sich also herzlich-vertrauend an die ihm genannten Glaubensgenossen. »Aber es ist, als wenn es nicht sein sollte« mußte er der Fräulein v. Klettenberg nach ein paar Monaten melden; »sie sind so von Herzen langweilig.« So kam es, daß Goethe jetzt zum ersten Male ganz auf den Verkehr mit Männern angewiesen war.

Wie in Leipzig, so wurde in Straßburg der Mittagstisch der Ausgangs- und Mittelpunkt seiner gesellschaftlichen Unterhaltungen. Hier aber, bei den alten Schwestern Lauth, zogen nur die andern Tischgäste seine Aufmerksamkeit auf sich. Es waren Männer von Kenntnissen und Eigenart, aus deren Gesprächen manches Neue zu ihm klang; auf das gemeinsame Essen folgten kleine und große Spaziergänge, durch die er die merkwürdige alte Stadt, wo sich deutsches und französisches Wesen wunderlich begegneten, und ebenso ihre schönen Umgebungen rasch kennen lernte. Schon seiner Gesundheit wegen mußte sich Goethe viel Bewegung machen; er war jetzt alle paar Wochen zu einer Reise – zu Fuß oder zu Pferde – bereit; die Kameraden fand er am Mittagstische oder in der weiteren Bekanntschaft des vortrefflichen Aktuars Salzmann, der als Haupt dieser Tischgesellschaft galt und an den sich gerade Goethe mit herzlichem Vertrauen anschloß.

Wie in seinem ersten Semester zu Leipzig, so sah er auch jetzt wieder die neuen Mädchen und Frauen an sich vorübergleiten, ohne daß dieser Anblick ihn viel erregte. Die Gestalten der Erinnerung, deren Inneres er kannte, blieben zunächst stärker als die Töchter

Straßburgs. In einsamen Stunden dachte er an seine früheren
Zustände zurück, an seine Gebundenheit durch Käthchen, an das
Geniertsein, d. h. an den Zwang und die Quälerei, die mit aller tiefe-
ren Liebe verbunden ist. Und neben Käthchen stellte er dann solche
Mädchen, die uns immer angenehm sind und uns niemals wehtun;
so ein Mädchen war ihm zuletzt in Frankfurt noch Franziska Crespel, die Schwester eines Freundes, gewesen.[37] Und er wußte nicht,
ob die ernstliche Liebe ein Gut oder ein Übel sei.

*Welch' ein Glück ist's, ein leichtes und freies Herz zu haben! Mut treibt
uns an Beschwerlichkeit, an Gefahren; aber große Freuden werden nur
mit großer Mühe erworben. Und Das ist vielleicht das Meiste, was ich
gegen die Liebe habe. Man sagt, sie mache mutig. Nimmermehr! Sobald
unser Herz weich ist, ist es schwach. Wenn es so ganz warm an seine
Brust schlägt und die Kehle wie zugeschnürt ist und man Tränen aus
den Augen zu drücken sucht und in einer unbegreiflichen Wonne dasitzt,
wenn sie fließen, o, da sind wir so schwach, daß uns Blumenketten
fesseln. Nicht weil sie durch irgend eine Zauberkraft stark sind, sondern
weil wir zittern, sie zu zerreißen!*

*Mutig wird wohl der Liebhaber, der in Gefahr kömmt, sein
Mädchen zu verlieren, aber Das ist nicht mehr Liebe: Das ist Neid.
Wenn ich Liebe sage, so versteh' ich die wiegende Empfindung, in der
unser Herz schwimmt, immer auf einem Fleck sich hin und her bewegt,
wenn irgend ein Reiz es aus der gewöhnlichen Bahn der Gleichgültigkeit
gerückt hat. Wir sind, wie Kinder auf dem Schaukelpferde, immer in
Bewegung, immer in Arbeit und nimmer vom Fleck. Das ist das wahrste
Bild eines Liebhabers! Wie traurig wird die Liebe, wenn man so geniert
ist – und doch können Verliebte nicht leben, ohne sich zu genieren. ...
Ich habe (mein Fränzchen) viel lieb, und ich ärgerte mich oft, daß sie
mich so wenig genierte. Man will gebunden sein, wenn man liebt.*[38]

Über die leidige Tatsache, daß seine erste Geliebte sich von ihm
abgelöst hatte und nun die Küsse eines andern Mannes mit gleicher
Lust erwiderte wie sonst die seinen, kam er jetzt langsam hinweg.
Aber nicht völlig und nur durch eine ebenso leidige Erkenntnis. Die
Liebe entsteht, flammt auf, glüht und erlischt wie ein Feuer: wer darf
das Feuer schelten, weil es sich selbst verzehrt! Das Verkohlen der
Liebe gehört zu ihrem Wesen so gut wie das erste Aufleuchten.
Mädchen sind Mädchen, und ein Mann ist ihnen ein Mann. Wen

die Liebe just beglückt, Der soll sich deshalb nicht einbilden, eine
Geliebte könne mehr geben als den gegenwärtigen Genuß.[39]
Er dachte sich einen Roman aus, worin er seine eigenen Erlebnisse
verallgemeinerte, steigerte und als Regel schilderte. Er nahm an, daß
er nach Käthchens (oder Nettens, oder Nellys) Verlust sich in den
Armen einer Wetty getröstet habe; nach einiger Zeit sei auch Diese
seiner so weit müde geworden, daß sie ihn vom Geliebten zum
Freunde auf- oder abrücken ließ, worauf sie denn alsbald seinen
Freund Walter mit ihrer Liebe beglückte. Als dann auch dieses Feuer
in Asche versank und auch Walter in Freundschaft eingesalzen
werden sollte, stellte sich Dieser ungeberdig, denn er war noch ein
Neuling; Goethe aber – Arrianne nannte er sich im Romane – lachte
dazu, und zugleich rührte ihn in dem bald tobenden, bald verzagen-
den Freunde sein eigenes früheres Bild.

*Ich habe Mitleiden mit ihm. Mitleiden, wie man es mit einem Kranken
hat, dem man, um größere Schmerzen zu lindern, Blasen ziehen muß.
Ich bin ruhig, wie er bewegt ist, und doch war eine Zeit, da ich bewegter
war, als er ist. Eh nun! Die Zeit wird auch den Sturm in seinem Herzen
legen, die Zeit – und, wenn er klug ist – ein ander Mittel, das noch
probater gefunden wird.*

Er schrieb diese Zeilen an Wetty, die vor dem Freunde ihn beglückt
hatte, und dachte zugleich an die Geliebte, die er vor Wetty schon
besessen und verloren hatte.

*Ich bin auch verlassen worden; manche Träne, manches Lied hat mich
mein Unglück gekostet. Aber wieviel Dank bin ich Ihnen schuldig, daß
Sie mich an Ihrem Busen allen Trost finden ließen, den ein Verlaßner
wünschen kann. ... Denn was konnte ich verloren haben, da die liebenswürdige (Wetty), in die feurigsten Umarmungen versunken, auf meinem
Schoße zitterte. Nelly war mein süßes Mädchen, das einzige, das ich
geliebt habe; aber gewiß, meine Freundin, unsere gestohlenen freundschaftlichen Augenblicke in der dämmernden kleinen Stube haben mich
überzeugt, daß ich Netten verzeihen muß, wenn sie mich in den Armen
eines Andern vergißt! Und Sie hatten mich auch so vergessen: Das war
natürlich. Mein Freund war mein Nachfolger. Das war mir angenehm,
aber leid war mir's, daß Sie ihm eine ewige Liebe hoffen ließen; ich
dächte doch, Sie hätten Ihr Herz besser kennen sollen.*

So hatte sich der Einundzwanzigjährige zum leichten Sinn entschlossen. Aus Dem, was er selbst erlebte und von andern jungen Menschen wußte, ergab sich die Lehre, daß unserem Herzen sein künftiges Verhalten nicht vorgeschrieben werden kann. Der Liebende, der Geliebte freue sich seines Glückes, solange es währt. Schwindet ihm dies Glück, verwelkt die Blume in seiner Hand, so richte er sein Auge auf andere Gegenstände und ziehe weiter auf seiner Bahn: viel Schönes ist ihm geblieben, viel Schönes wird aus dem Dunkel der Zukunft ihm entgegentreten, wenn er sich nähert.

Dieser Entschluß zum leichten Sinn war zugleich ein Übergang zum Fatalismus. Nicht wir können unsere Zukunft bestimmen, sondern das Schicksal nimmt seinen Lauf: lassen wir also das Schicksal walten! Ob ein Mann und ein Weib sich lieben, ob sie auseinandergerissen werden oder für das ganze Leben beisammen bleiben, Das alles bestimmt eine höhere Macht, vor der wir uns beugen, damit sie uns nicht breche. Goethe fing jetzt an, statt vom Gottvater und seinem lieben Sohne öfters vom Schicksal zu reden, wie wenn Gott und Schicksal das Gleiche bedeuteten. Er wich damit vom vorigen Glauben nicht allzusehr ab. Seine frommen Freunde und Freundinnen ließen in wichtigen Lebensfragen das Los entscheiden und nahmen die zufällig aufgeschlagene Stelle der Bibel oder eines Andachtsbuches für Gottes Stimme, und so haben ja auch die Frommen der alten Zeiten oft auf eigene Wahl und eigenen Entschluß verzichtet, selbst da, wo es sich um Liebe und Ehe handelte. Abraham sandte seinen obersten Knecht aus, daß er seinem Sohne Isaak ein Weib im alten Vaterlande gewinne, und der fromme Knecht überließ dann wieder, als er am Ziele war, die Wahl der Braut ganz der göttlichen Entscheidung: »Herr, du Gott meines Herrn Abrahams, begegne mir heute! Siehe, ich stehe hier bei dem Wasserbrunnen, und der Leute Töchter in dieser Stadt werden herauskommen, Wasser zu schöpfen; wenn nun eine Dirne kommt, zu der ich spreche: ›Neige deinen Krug und laß mich trinken‹ und sie sprechen wird: ›Trink, ich will deine Kamele auch tränken‹, daß sie Die sei, die du deinem Diener Isaak bescheret hast.«

Jener Augustin Trapp in Worms, den wir kennen, hatte so viel Zutrauen zu seines Freundes Weisheit und Frömmigkeit, daß er ihn im Sommer 1770 um Rat fragte, ob er heiraten oder ledig bleiben solle. Der kaum einundzwanzigjährige Philosoph Goethe antwortete ärgerlich, aber doch grundsätzlich und bekennend:

April 1770 bis August 1771

Nichts weiß ich! Das wissen Sie, dächt' ich, lang und fragen doch immerzu. ...

Ich lebe etwas in den Tag hinein und danke Gott dafür – und manchmal auch seinem Sohne, wenn ich darf –, daß ich in solchen Umständen bin, die es mir aufzulegen scheinen. Wie wollen Sie nun, daß ich Ihnen raten soll? In einer Angelegenheit raten soll, die so weit über meine Erfahrung geht! Und noch dazu, da ich nicht weiß, wie, noch welche Person.

Was bliebe mir also übrig? Abzuhandeln, ob es gut sei, sich zu verheiraten oder nicht? Lieber Freund, diese allgemeinen Betrachtungen machen weder den Einen, noch den Andern gescheuter, als er ist. Und Ihren Spezialfall kenne ich viel zu wenig, um nur einen richtigen Gedanken haben zu können. Überhaupt ist Dieses eine von denen Gelegenheiten, wo unsre Klugheit, Weisheit, Grübelei oder Unglauben, wie Sie es nennen wollen, am wenigsten ausrichtet. Wer nicht wie Eliesar mit völliger Resignation in seines Gottes überall einfließende Weisheit das Schicksal einer ganzen zukünftigen Welt dem Tränken der Kamele überlassen kann, Der ist freilich übel dran, Dem ist nicht zu helfen. Denn wollte Dem zu raten sein, der sich von Gott nicht will raten lassen? ...

Unsere Neigungen? Was wir tun sollen in Absicht auf sie? Narren sind diese unreifen Bewegungen unseres Herzens! Und Sie wissen ja, was geschieht, wenn man sich von solchen Kompagnons bei der Nase herumführen läßt!

Am 13. Oktober[40] führte ein neuer Ausflug über Sonntag unsern lebhaften und lehrhaften Studenten nach Sesenheim; sein Begleiter, der Student der Medizin Friedrich Leopold Weyland aus Buchsweiler, mit dem er schon viel unterwegs gewesen, war mit der dortigen Pfarrfrau verwandt und durfte gern einen Freund mitbringen.

Sesenheim ist ein größeres Dorf in der Rheinebene zwischen Straßburg und Hagenau, etwa fünf Meilen nördlich von Straßburg, gelegen. Das Land (über altem Flußkies) war ziemlich fruchtbar; man sah viel Wiesen und Gebüsch. Ein Arm des Rheins war nahe; auf der andern Seite des Flusses grüßten die Schwarzwaldberge hinter Rastatt und Baden; diesseits waren die nördlichen Höhen der Vogesen in den Bezirken von Niederbronn, Buchsweiler und Zabern zu unterscheiden. Der Pfarrer war hier ein halber Bauer; er brachte sein Leben fern der Stadt zu, und hatte auch sein Einkommen aus dem großen Landbesitz, der zur Stelle gehörte. Unsere Studenten traten

Im Pfarrhause zu Sesenheim

Pfarrhof in Sesenheim. Zeichnung von Goethe, 1770/71

bei ihm also auf einen bäuerlichen Hof; die Tür führte neben dem Wagentore hinein; vor ihnen lag die Scheune, dahinter und daneben lugte der Obstgarten herüber; links stand das Wohnhaus, ein alter Fachwerkbau mit niedrigem Obergeschoß, halb überwachsen von Reben und Spalierobst. Einen Ziehbrunnen mit ungeheurem Balken sah man im Winkel zwischen dem Hause und den Planken, die den Hof von der Straße abschlossen; hinter dem Brunnen, zwischen dem Hause und der Straße, erfreute ein Blumengärtchen die Vorübergehenden.

Pfarrer Brion war ein Mann von 53 Jahren, die Pfarrerin zählte 46. Von zehn Kindern war nur noch die Hälfte am Leben, und die älteste Tochter hatte bereits als eine neue Pfarrfrau das Haus verlassen. Drei Mädchen und ein Knabe lebten bei den Eltern: Salomea oder ›Selmel‹, 21 Jahre alt, Friederike 18, Sophie 14 und schließlich Christian, der siebenjährige Stmamhalter.

Von der ersten Stunde an fühlte sich Goethe in dieser Familie wohl. Die Eltern gar angenehm, die Töchter fröhlich und freundlich, die Gegend heiter, der Himmel voll Sonne – es war ihm, wie wenn alle guten Geister in seinem Herzen aufwachten, als ob jede freundliche Erinnerung hier bei ihm sei.[41] Und Alles neu! Um ihn herum ward nur nach Mundart geredet; die Frauen und Mädchen gingen in Volkstracht; ihre Arbeiten, ihre Gedanken richteten sich immer wieder auf ländliche Geschäfte. Unter den drei Töchtern suchten

April 1770 bis August 1771

Erste Begegnung Goethes mit Friederike Brion in Sesenheim. Holzstich, um 1875

seine Augen am liebsten das achtzehnjährige Riekchen. Sie war ziemlich groß, von schlankem Wuchs und hübschem Kopfe; das Gesicht blaß und um so schöner errötend, heitere, blaue Augen, ein Stumpfnäschen, reiches, blondes Haar in Flechten; in allen ihren Bewegungen leicht und anmutig. Mieder und Rock trug sie von weißer Farbe, darüber eine schwarze Taffetschürze; der Rock ließ Füße und Knöchel sichtbar. Man merkte wohl, daß sie von allen Leuten im Dorfe gern gesehen wurde. Ihre ältere Schwester war derber, stärker; Riekchen war wohl zu schnell gewachsen und hatte es deshalb »auf der Brust«; man erwartete von ihr keine anstrengenden Arbeiten und verwehrte sie ihr. Sie konnte mit Vetter Weyland und dem Herrn Goethe herumstreifen, indem Mutter und Schwester in Haus und Garten das Nötige besorgten.

Goethe war im Pfarrhause ebenso gern gesehen, wie er selber hier um sich schaute. Der Gast, der von Straßburg, Frankfurt und Leipzig erzählte, der so viel Scherze, Spiele, Geschichten, Märchen wußte, der immer so lebhaft und gesprächig herumging, der seine Augen blitzen ließ und wenn er mit seiner wohltönenden Stimme erzählte, zugleich Gesichter schnitt und mit allen Gliedern agierte, wie es der beste Komödiant nicht konnte, ein solcher Gast war für das Haus, wo es sonst so gleichmäßig-langweilig herging, ein Fest. Mit dem

Vater konnte er über theologische Dinge oder über den von ihm gewünschten Neubau des Pfarrhauses hin und her reden, wie wenn er sowohl Pfarrer wie Baumeister wäre; trat er aber an die Dorfmädchen heran, die auf dem Hofe den selbstgeernteten Mais des Pfarrers und den ihm als Zehnten gelieferten für die Aufbewahrung zubereiteten, so machte er sie durch seine Späße so viel lachen, daß sie zum Welschkornbasten noch öfter wiederkommen mußten.

Man nötigte ihn aufrichtig zum Dableiben und zur Wiederholung des Besuchs. »Ja freilich« mußte man hinzufügen, »in Straßburg ist's viel schöner; Sie werden sich nicht in's Dorf sehnen, zu denen dummen Bauern, und jetzt kommt auch bald der Winter, da schneien wir ein, und Niemand findet uns mehr.« So ungefähr redete auch Mamsell Riekchen und wollte es nicht glauben, wenn Herr Goethe versicherte, er bliebe am liebsten den ganzen Winter hier, um ihr zuzusehen und zuzuhören, und ganz gewiß komme er bald wieder. Und ein paar Schattenbilder von den lieben Leuten nahm er, sorgfältig eingerollt, mit; er hatte sie wohl selber an der Wand umrissen.

Kaum waren die Studenten ein paar Tage fort, so hatte Riekchen auch schon einen Brief vom Herrn Goethe.

Str. am 15. Ocbr.
Liebe, liebe Freundin! Ob ich Ihnen was zu sagen habe, ist wohl keine Frage; ob ich aber just weiß, warum ich eben jetzo schreiben will und was ich schreiben möchte, das ist ein Anderes. Soviel merk' ich an einer gewissen innerlichen Unruhe, daß ich gerne bei Ihnen sein möchte, und in dem Falle ist ein Stückchen Papier so ein wahrer Trost, so ein geflügeltes Pferd, für mich, hier, mitten in dem lärmenden Straßburg, als es Ihnen in Ihrer Ruhe nur sein kann, wenn Sie die Entfernung von Ihren Freunden recht lebhaft fühlen.

Die Umstände unserer Rückreise können Sie Sich ohngefähr vorstellen, wenn Sie mir beim Abschiede ansehen konnten, wie leid er mir tat; und wenn Sie beobachteten, wie sehr Weyland nach Hause eilte, so gern er auch unter anderen Umständen bei Ihnen geblieben wäre. Seine Gedanken gingen vorwärts, meine zurück, und so ist natürlich, daß der Diskurs weder weitläufig noch interessant werden konnte.

Zu Ende der Wanzenau machten wir Spekulation, den Weg abzukürzen, und verirrten uns glücklich zwischen den Morästen. Die Nacht brach herein, und es fehlte nichts, als daß der Regen, der einige Zeit nachher ziemlich freigebig erschien, sich um etwas übereilt hätte; so würden wir alle Ursache gefunden haben, von der Liebe und Treue unsrer Prinzessinen vollkommen überzeugt zu sein.

Unterdessen war mir die Rolle, die ich aus Furcht, sie zu verlieren, beständig in der Hand trug, ein rechter Talisman, der mir die Beschwerlichkeiten der Reise alle hinwegzauberte. Und noch? O, ich mag nichts sagen: entweder Sie können's raten, oder Sie glauben's nicht.

Endlich langten wir an, und der erste Gedanke, den wir hatten, der auch schon auf dem Weg unsre Freude gewesen war, endigte sich in ein Projekt, Sie balde wiederzusehen.

Es ist ein gar zu herziges Ding um die Hoffnung, wiederzusehen. Und wir Andern mit denen verwöhnten Herzchen, wenn uns ein bißchen was leid tut, gleich sind wir mit der Arzenei da und sagen: Liebes Herzchen, sei ruhig, du wirst nicht lange von ihnen entfernt bleiben, von denen Leuten, die du liebst; sei ruhig, liebes Herzchen! Und dann geben wir ihm inzwischen ein Schattenbild, daß es doch was hat, und dann ist es geschickt und still wie ein kleines Kind, dem die Mama eine Puppe statt des Apfels gibt, wovon es nicht essen sollte.

Genug, wir sind hier, und sehen Sie, daß Sie Unrecht hatten! Sie wollen nicht glauben, daß mir der Stadtlärm auf Ihre süße Landfreuden mißfallen würde.

Gewiß, Mamsell, Straßburg ist mir noch nie so leer vorgekommen als jetzo. Zwar hoff' ich, es soll besser werden, wenn die Zeit das Andenken unsrer niedlichen und mutwilligen Lustbarkeiten ein wenig ausgelöscht haben wird, wenn ich nicht mehr so lebhaft fühlen werde, wie gut, wie angenehm meine Freundin ist. Doch sollte ich Das vergessen können oder wollen? Nein, ich will lieber das wenig Herzwehe behalten und oft an Sie schreiben.

Und nun noch vielen Dank, noch viele aufrichtige Empfehlungen Ihren treuen Eltern; Ihrer lieben Schwester, viel hundert – was ich Ihnen gerne wiedergäbe.[42]

Nun gingen Briefe und kleine Geschenke hin und her; schon zur Zeit der Weinlese sagte er ihr in der zarteren und kühneren Sprache der Poesie, wie gern er zu ihr eilen möchte, obwohl man ihm von der zu erwartenden Lust in den näheren weinbauenden Dörfern vorgeschwärmt hatte.

>Ein grauer trüber Morgen
>Bedecke mein liebes Feld;

Brief an die neue Freundin

> Im Nebel tief verborgen
> Liegt um mich her die Welt.
> Ob liebliche Friedrike,
> Dürft' ich nach dir zurück!
> In einem deiner Blicke
> Liegt Sonnenschein und Glück.
>
> Der Baum, in dessen Rinde
> Mein Nam' bei deinem steht,
> Wird bleich vom rauhen Winde,
> Der jede Lust verweht.
> Der Wiesen grüner Schimmer
> Wird blaß wie mein Gesicht:
> Sie sehn die Sonne nimmer,
> Und ich Friedriken nicht.
>
> Bald geh ich in die Reben
> Und herbste Trauben ein:
> Umher ist Alles Leben,
> Es strudelt neuer Wein!
> Doch in der öden Laube
> Ach! denk' ich, wär' sie hier!
> Ich brächt' ihr diese Traube,
> Und sie – was gäb' sie mir?

Neue Einladungen waren die Antwort, und Selmel half der Schwester, den Herrn Goethe zu einem neuen Ritt in ihre Einsamkeit aufzumuntern. Auch wenn Weyland nicht mitkommen wolle. Darauf hatte er nur gewartet:

> Ich komme bald, ihr gold'nen Kinder!
> Vergebens sperret uns der Winter
> In uns're warmen Stuben ein!
> Wir wollen uns zum Feuer setzen
> Und tausendfältig uns ergötzen,
> Uns lieben wie die Engelein.
> Wir wollen kleine Kränzchen winden,
> Wir wollen kleine Sträußchen binden
> Und wie die kleinen Kinder sein.

An Freund Horn schrieb er jetzt und verbarg ihm nicht, was in seinem Herzen vorging. Jetzt war er wieder gebunden, wieder ging er wie im Traum und süßen Taumel umher.[43] Riekchen erwiderte seine Liebe; die Eltern sahen den jungen Leuten ohne Sorge zu. Goethe war von Herzen glücklich.

> Jetzt fühlt der Engel, was ich fühle!
> Ihr Herz gewann ich mir beim Spiele,
> Und sie ist nun von Herzen mein!
> Du gabst mir, Schicksal, diese Freude:
> Nun laß auch morgen sein wie heute
> Und lehr' mich ihrer würdig sein!

Es war damals Mode, seidene Bänder, wie sie die Mädchen zum Putz wohl brauchen können, zu bemalen; Goethe hatte früher seine bei Oeser erlernten Künste für Käthchen gebraucht; jetzt verzierte er für sein Landmädchen ein Band mit Rosen, Knospen und Blättern:

> Kleine Blumen, kleine Blätter
> Streuen mir mit leichter Hand
> Gute junge Frühlingsgötter
> Tändelnd auf ein lustig Band.
>
> Zephir nimm's auf deine Flügel!
> Schling's um meiner Liebsten Kleid!
> Und dann tritt sie für den Spiegel
> Mit zufriedener Munterkeit,
>
> Sieht mit Rosen sich umgeben,
> Sie, wie eine Rose jung!
> – Einen Kuß, geliebtes Leben,
> Und ich bin belohnt genung!
>
> Schicksal, segne diese Triebe,
> Laß mich ihr und laß sie mein!
> Laß das Leben unsrer Liebe
> Doch kein Rosenleben sein!

> Mädchen, das wie ich empfindet,
> Reich' mir deine liebe Hand!
> Und das Band, das uns verbindet,
> Sei kein schwaches Rosenband!

Riekchen hatte eine hübsche Stimme und sang recht gern, allerdings lieber im Freien, im Gehen, als in der Stube am Klavier; sie war auf neue Lieder begierig. Überall hörte sie nur das abgeleierte »Ich liebte nur Ismenen«; Goethe dagegen wußte alte Gesänge, die sie noch nicht gehört hatte, und dichtete ihr neue, die auf bekannte Melodien paßten. Und schickte sie und war viel lieber sein eigener Bote.

> Balde seh' ich Riekchen wieder,
> Balde, bald umarm ich sie!
> Munter tanzen meine Lieder
> Nach der süß'ten Melodie.
>
> Ach, wie schön hat mir's geklungen,
> Wenn sie meine Lieder sang!
> Lange hab' ich nicht gesungen,
> Lange, liebe Liebe! lang!
>
> Denn mich ängsten tiefe Schmerzen,
> Wenn mein Mädchen mir entflieht,
> Und der wahre Gram im Herzen
> Geht nicht über in ein Lied.
>
> Doch jetzt sing' ich und ich habe
> Volle Freude süß und rein.
> Ja, ich gäbe diese Gabe
> Nicht für aller Klöster Wein!

Und er fuhr fort, solche Liederchen aufzuschreiben, wenn er bei den lieben Leuten in Sesenheim zu Besuch sein durfte. Eines Morgens war er ganz früh, noch vor Tage, aufgestanden. Da konnte er sein Mädchen als Langschläferin necken:

> Erwache, Friederike,
> Vertreib' die Nacht,

Die einer deiner Blicke
Zum Tage macht!
Der Vögel sanft Geflüster
Ruft liebevoll,
Daß mein geliebt Geschwister
Erwachen soll!

Es zittert Morgenschimmer
Mit blödem Licht
Errötend durch die Zimmer
Und weckt dich – nicht!
Am Busen deiner Schwester,
Der für dich schlagt,
Entschläfst du immer fester,
Je mehr es tagt!

Die Nachtigall im Schlafe
Hast du versäumt:
So höre nun zur Strafe,
Was ich gereimt!
Schwer lag auf meinem Busen
Des Reimes Joch:
Die schönste meiner Musen,
Du – schliefst ja noch!

Sie genossen schönste Frühlingstage zusammen und durften durch die lachenden Gefilde streifen, unter den blühenden Bäumen, zwischen den bunten Wiesen:

Es dringen Blüten
Aus jedem Zweig,
Und tausend Stimmen
Aus dem Gesträuch.
O Mädchen, Mädchen,
Wie lieb' ich dich!
Wie blickt dein Auge,
Wie liebst du mich!
So liebt die Lerche

Gesang und Luft.
Und Morgenblumen
Den Himmelsduft,
Wie ich dich liebe
Mit warmem Blut,
Die du mir Jugend
Und Freud' und Mut
Zu neuen Liedern
Und Tänzen gibst!
Sei ewig glücklich,
Wie du mich liebst!

Goethe und Friederike Brion auf einem ihrer
Spaziergänge. Holzstich, 19. Jh.

»Sei ewig glücklich!« Zuweilen rann dem Dichter ein eiskaltes Entsetzen über's Herz, wenn er seinen alten Gedanken dachte, daß die Gefühle vergänglich sind, daß wir keine Dauer fordern dürfen. Nur der Augenblick gehört uns! Seine große Krankheit hatte ihm tief eingeprägt, daß wir auf Erden nur eine kurze Zeit verweilen; der Bote, der uns abruft, kann schon vor der Tür stehen. Sein Aufenthalt hier im Elsaß war nur wie ein Besuch gemeint, und in dem Hause, wo Friederike aufgewachsen war, konnte er sich erst recht nur als Gast empfinden. Wenn er am seligsten war, kroch doch immer die Abschiedsstunde näher. Dann war sie da; sein Mädchen hatte die Tränen im Auge und hing sich noch zärtlicher an ihn; aber zwischen alle die warmen Gefühle drang die harte Stimme des Verstandes, und in die Poesie hinein klang die höchst prosaische Mahnung, daß er jetzt fortreiten müsse, um seinen eigentlichen Wohnort noch vor Nacht zu erreichen. Riekchen ging dann mit ihm noch ein Stück aus dem Dorfe heraus, ehe er zu Pferde stieg; aber bald war die Stelle erreicht, wo sie umkehren und er fortreiten mußte. Er wandte sich auf dem Sattel um und blickte ihr nach, wie sie sich entfernte. Was war Das nun? Ein Erlebnis ohne Bedeutung? Oder ein Vorbild und Sinnbild innerlichen und endgültigen Scheidens?

> Es schlug mein Herz. Geschwind, zu Pferde!
> Und fort! Wild wie ein Held zur Schlacht!
> Der Abend wiegte schon die Erde,
> Und an den Bergen hing die Nacht.
> Schon stund im Nebelkleid die Eiche
> Wie ein getürmter Riese da,
> Wo Finsternis aus dem Gesträuche
> Mit hundert schwarzen Augen sah.
>
> Der Mond von einem Wolkenhügel
> Sah schläfrig aus dem Duft hervor;
> Die Winde schwangen leise Flügel,
> Umsausten schauerlich mein Ohr;
> Die Nacht schuf tausend Ungeheuer –
> Doch tausendfacher war mein Mut:
> In meinen Adern welches Feuer!
> In meinem Herzen welche Glut!
> Dich sah ich! und die milde Freude
> Floß aus dem süßen Blick auf mich;
> Ganz war mein Herz an deiner Seite,
> Und jeder Atemzug für dich!
> Ein rosenfarbes Frühlingswetter
> Lag auf dem lieblichen Gesicht,
> Und Zärtlichkeit für mich – ihr Götter,
> Ich hofft' es, ich verdient' es nicht!
>
> Der Abschied, wie bedrängt, wie trübe!
> Aus deinen Blicken sprach dein Herz.
> In deinen Küssen welche Liebe!
> O welche Wonne, welcher Schmerz!
> Du gingst, ich stund und sah zur Erden
> Und sah dir nach mit nassem Blick –
> Und doch, welch' Glück, geliebt zu werden!
> Und lieben, Götter, welch ein Glück!

Aufenthalt im Pfarrhause

Trotz tiefer Verbundenheit wurde kein Paar aus ihnen: Goethe und Friederike Brion in der Laube.
Holzstich von R. Bong
nach einer Zeichnung von H. Kaulbach, 19. Jh.

Zu Pfingsten (1771) ward Goethe zu einem längeren Besuche in's Pfarrhaus geladen. Ihm und Friederiken war zu gönnen, daß sie eine Zeitlang ruhig neben einander lebten, ehe die weitere Entfernung ein häufiges Wiedersehen verbot. Und Goethe bedurfte des gesünderen Landlebens zur Kur; man mußte nicht vergessen, wie sehr krank er schon gewesen war.

Pfingsten fiel auf den 19. Mai. Am Morgen vor dem Feste ritt er die nun schon bekannte Straße. »In meiner Seele ist's nicht ganz heiter« hatte er dem Freund Salzmann am Abend vorher gestehen müssen; »ich fühl's, daß ich nach Schatten greife.« Er traf es diesmal nicht gut in Sesenheim. Riekchen kränkelte mehr als sonst; er selber war stark erkältet: Schnupfen und Fieber. Am Pfingstmontag zwar verlangte die Jugend ihr Recht; man zog nach Röschwoog zum Tanz in einen Saal, den der Amtsschulz hergegeben; gute Musikanten spielten auf, und Goethe tanzte sein Fieber weg, von zwei Uhr mittags bis zwölf Uhr nachts, aber nicht mit dem kranken Riekchen, sondern mit ihrer festeren Schwester. Er hatte sich wohl noch nie so sehr dem Tanzen hingegeben, alles Andere, selbst die Tänzerin vergessend. Die nächsten Tage waren um so verdrießlicher; die Erkältung ließ ihm, dem immer noch Lungenschwachen, einen starken Husten zurück. Aber ängstlicher war der Gedanke an Riekchen. Wie soll Das enden? War es recht, daß er hier unter den guten, vertrauenden Menschen wie ein Sohn und Bruder lebte? Riekchen liebte in ihm den ihr vom Himmel Bestimmten: ja, war denn wirklich über ihn das Los geworfen? Am 29. Mai schrieb er seinem Beichtvater-Freunde in Straßburg:

Nun geht's freilich so ziemlich gut; der Husten hat sich durch Kur und Bewegung ziemlich gelöst, und ich hoffe, er soll bald ziehen. Um mich herum ist's aber nicht sehr hell! Die Kleine fährt fort, traurig krank zu sein, und Das gibt dem Ganzen ein schiefes Ansehen. Nicht gerechnet conscia mens, und leider nicht recti, die mit mir herumgeht.[44] *Doch ist's immer Land.*

Ob ihm Salzmann nicht eine Schachtel Zuckerbäcker-Ware herausschicken könne, fragte er; dann gäbe es hier doch süßere Mäuler, »als wir seit einiger Zeit Gesichter zu sehen gewohnt sind.« Er erzählte von der Tanzlust am Pfingstmontag.

Und doch, wenn ich sagen könnte: ich bin glücklich, so wär' Das besser als Das alles. »*Wer darf sagen: ich bin der Unglückseligste*« *sagt Edgar.*[45] *Das ist auch ein Trost, lieber Mann!*
  Der Kopf steht mir wie eine Wetterfahne, wenn ein Gewitter heraufzieht und die Windstöße veränderlich sind.

Als er schon die dritte Woche draußen verbrachte, war sein Husten noch immer schlimm.

Man lebt nur halb, wenn man nicht Atem holen kann. Und doch mag ich nicht in die Stadt. Die Bewegung und freie Luft hilft doch wenigstens, was zu helfen ist, nicht gerechnet. ...

Ja, das Glück der Liebe. Wie gut war Riekchen, wie labte ihn ihr Tun und Treiben jede Stunde, wenn sie sich wohl fühlte. Die Welt ist so schön, so schön, dachte er dann. Und die Erkenntnis, daß uns nur der Augenblick gehört, ward ihm dann zur Mahnung, daß wir in schönen Stunden nicht nach der Zukunft schielen dürfen. Jetzt gönnte ihm das Glück, ganze Wochen an der Seite des besten Geschöpfes zu verbringen.

Wer's genießen könnte! Ich bin manchmal ärgerlich darüber und manchmal halte ich mir erbauliche Erbauungsstunden über das Heute, über diese Lehre, die unserer Glückseligkeit so unentbehrlich ist und die mancher Professor der Ethik nicht faßt und keiner gut vorträgt.

Auch in der nächsten Woche schrieb er noch aus Sesenheim. »Es ist kein Wunder, wenn ich Mädchennatur annehme« scherzte er und meinte die Satzzeichen im Briefe. »Die Mädchen machen weder Komma noch Punktum.« Aber weiblich war auch sein Schwanken in Stimmungen und Gefühlen. Es ging ihm wie vorher: selige Stunden wechselten mit trüben; er las den Homer griechisch und freute sich, daß er ihn beinahe ohne die Übersetzung verstehen konnte; als geschickter Maler putzte er die alte Kutsche des Pfarrers mit Blumen und Ranken auf und ließ sich den Spaß nicht gereuen, wenn er sein Werk durch einen falschen Lack verdarb; er plauderte und herzte sich mit dem süßen Maidle: aber dazwischen gab's graue Stunden.

Es regnet draußen und drinne, und die garstigen Winde am Abend rascheln in den Rebblättern vorm Fenster. Und meine animula vagula [46] *ist wie's Wetterhähnchen drüben auf dem Kirchturm.*

Und wieder eine Woche später:

Nun wär' es wohl bald Zeit, daß ich käme. Ich will auch – und will auch – aber was will das Wollen gegen die Gesichter um mich herum. Der Zustand meines Herzens ist sonderbar, und meine Gesundheit schwankt wie gewöhnlich durch die Welt, die so schön ist, als ich sie lang' nicht gesehen habe.

Die angenehmste Gegend – Leute, die mich lieben – ein Zirkel von Freunden! Sind nicht die Träume deiner Kindheit alle erfüllt? frage ich mich manchmal, wenn sich mein Aug' in diesem Horizont von Glückseligkeiten herumweidet. Sind Das nicht die Feengärten, nach denen du dich sehntest? Sie sind's! sie sind's! Ich fühl' es, lieber Freund, und fühle, daß man um kein Haar glücklicher ist, wenn man erlangt, was man wünschte. Die Zugabe! die Zugabe, die uns das Schicksal zu jeder Glückseligkeit dreinwiegt!

Lieber Freund, es gehört viel Mut dazu, in der Welt nicht mißmutig zu werden.

Ganze fünf Wochen wurden es, ehe Goethe Sesenheim verließ. Bald danach, am 6. August, promovierte er zum Lizentiaten der Rechtswissenschaft; damit konnte er in seinem Vaterlande zur Not als Dr. juris gelten. In der Mitte August verließ er Straßburg, und das arme Riekchen wußte oder ahnte, daß er auch von ihr und auf immer scheide.

V. In Frankfurt und Darmstadt. September 1771 bis Mai 1772.

Goethe um 1773.
Gemälde von Johann Daniel Bager

An dem Tage, wo er sein dreiundzwanzigstes Jahr begann, erbat der nunmehrige Lizentiat Goethe vom Magistrat seiner Vaterstadt die Zulassung in die Reihe Advocatorum ordinariorum. Ernst aber war es ihm mit diesem Berufe, als er ihn ausüben durfte, nicht. Sein Kopf war voll von Shakespeare und Homer, von gotischer Baukunst und Ossian, von Sokrates, Anakreon und Pindar, von Oliver Goldsmith und Lawrence Sterne, vom Koran und von der Bibel, von deutschen Volksliedern, von Herders gelehrten Phantasien. Und damit es noch etwas bunter darin zugehe, dichtete er jetzt sein erstes großes Trauerspiel – die Heldengestalt des Götz v. Berlichingen begeisterte ihn dazu – und träumte er davon, ein großer Maler zu werden. Für Mädchen und Frauen war jetzt in seiner Seele kein Raum (abgesehen von den Gestalten seiner dichtenden Vorstellung); auch fühlte er, daß ein so unruhiger, gärender Mensch wie er noch an keine bleibende Stätte denken und keinem Mädchen den Gedanken, seine Hausfrau zu werden, einflößen durfte. Er mußte vorsichtiger, zurückhaltender sein, als er in Sesenheim gewesen. Mit ihm spielte noch das Schicksal oder sein Genius oder ein unbekannter Dämon, wie man es nun nennen wollte. Er fühlte sich nicht als ein Bürger, obwohl er doch unter den Seinen einen bürgerlichen Beruf ausübte, sondern als Fremdling und Wanderer. Er war noch ziellos auf der Straße, schritt noch nicht der künftigen Heimat zu.

Wohl empfand er zuschauend das Glück der andersartigen Menschen mit, die als bescheidene Kinder der Natur auf ihrem Fleckchen verharren, im engsten Kreise ihre Nahrung gewinnen und ihre Lust daran haben, ein neues Geschlecht hervorzubringen und aufzuziehen. »Ein zärtlich-jugendlicher Kummer Führt mich in's öde Feld« so dichtete es in ihm an einem Wintermorgen; »Und die Natur ist ängstlich-still und trauernd, Doch hoffnungsvoller als mein Herz.« Sie ahnt ja den Frühling schon.

> ... und zu Tänzen
> Auf neuen Wiesen schickt
> Der Jüngling sich und schmückt
> Den Hut mit Bändern, und das Mädchen pflückt
> Die Veilchen aus dem jungen Gras, und bückend sieht
> Sie heimlich nach dem Busen, sieht mit Seelenfreude
> Entfalteter und reizender ihn heute,
> Als er vorm Jahr am Maienfest geblüht,
> Und fühlt und hofft.

Er malte sich ein solches Paar aus, wie es sich ansiedelt, wie es lebt auf den Trümmern der Vergangenheit, ganz der Gegenwart und der nächsten Zukunft hingegeben. Er trat als Wanderer zu dem Weibe:

> »Gott segne dich, junge Frau,
> Und den saugenden Knaben
> An deiner Brust!«

Er läßt sich in ihr Häuslein führen und hört ihre kleine Lebensgeschichte:

> «Die Hütte baut' mein Vater noch
> Aus Ziegeln und des Schuttes Steinen.
> Hier wohnen wir.
> Er gab mich einem Ackersmann
> Und starb in unsern Armen.»

Und er labt sich an Brot und Wasser und fragt nach seinem nächsten Ziele. Am Ende der Wanderschaft freilich sieht er das gleiche Bild, das er jetzt verläßt. Denn das »Schicksal« oder die »Natur« wird es ihm zuletzt doch gönnen;

> O leite meinen Gang,
> Natur, den Fremdlings-Reisetritt,
> Den über Gräber
> Heiliger Vergangenheit
> Ich wandele!
> Leit' ihn zum Schutzort, vor'm Nord geschützet,
> Wo dem Mittagsstrahl ein Pappelwäldchen wehrt!

> Und kehr' ich dann am Abend heim
> Zur Hütte, vergüldet
> Vom letzten Sonnenstrahl,
> Laß mich empfangen solch' ein Weib,
> Den Knaben auf dem Arm!

Als Antwort auf solche Wünsche hörte er dann die Stimme des Philisters oder des natürlichen Menschen oder des »gesunden Menschenverstandes«: In deines Vaters Hause wäre ja Raum für dein Weib und deine Kinder, und es könnte euch nicht fehlen an Speis' und Trank. Warum suchst du in weiter Ferne, was du morgen am nächsten Wege finden kannst?

Auf solche verständige Mahnung antwortet wieder ein altes Lied: »Liebe Leut', ich bin nun so, Keiner kann mich anders machen.« Der junge Dichter aber erwiderte diesmal mit einer Tierfabel: Ein Adler ward vom Pfeil eines Jägers getroffen und stürzte hinab; er blieb am Leben und ward gesund, aber ach! »die Schwingkraft weggeschnitten!« So hockt er unglücklich und sehnt sich nach oben.

> Da kömmt mutwillig durch die Myrtenäste
> Hergerauscht ein Taubenpaar,
> Läßt sich herab und wandelt nickend
> Über goldnen Sand am Bach
> Und ruckt einander an.
> Ihr rötlich Auge buhlt umher,
> Erblickt den Innig-Trauernden.
> Der Täuber schwingt neugiergesellig sich
> Zum nahen Busch und blickt
> Mit Selbstgefälligkeit ihn freundlich an.
> »Du trauerst« liebelt er,
> »Sei guten Mutes, Freund!
> Hast du zur ruhigen Glückseligkeit
> Nicht Alles hier?
> Kannst du dich nicht des goldnen Zweiges freu'n,
> Der vor des Tages Glut dich schützt?
>
> Kannst du der Abendsonne Schein
> Auf weichem Moos am Bache nicht
> Die Brust entgegenheben?

Du wandelst durch der Blumen frischen Tau,
Pflückst aus dem Überfluß
Des Waldgebüsches dir
Gelegne Speise, letzest
Den leichten Durst am Silberquell, –
O, Freund, das wahre Glück
Ist die Genügsamkeit!
Und die Genügsamkeit
Hat überall genug!« –

»O Weise!« sprach der Adler, und tief ernst
Versinkt er tiefer in sich selbst,
»O, Weisheit! Du red'st wie eine Taube!«

In Straßburg war Goethe mit dem sechsundzwanzigjährigen Prediger und Schulmann Herder bekannt geworden, dessen Braut in Darmstadt wohnte; bald nach seiner Heimkehr aus Straßburg wurde er mit dem Kriegszahlmeister Merck aus Darmstadt zusammengeführt, der, wie Herder, viel Liebe und auch viel kritischen Sinn für die schöne und die gelehrte Literatur hatte. Durch ihn kam Goethe im Frühjahr 1772 nach Darmstadt und ward sehr rasch gut Freund mit den Mädchen und Frauen aus Mercks Kreise. Es waren namentlich Herders Braut Karoline Flachsland, eine blonde, blauäugige Elsässerin; sodann deren verheiratete Schwester, die schöne Geheimrätin Hesse, und zwei Hofdamen: die sehr kränkliche Fräulein v. Roussillon und Fräulein v. Ziegler. Sie waren alle empfindsam, zu Zeiten höchst empfindsam; der »Wanderer« blickte hier in weibliche Seelen, wie er sie noch nicht gekannt, und gewann einen neuen Begriff vom Frauentum. Diese neuen Freundinnen hatten ihre Schwächen so gut wie die vorigen; aber sie waren ehrliche Idealistinnen; sie standen unter dem Einfluß von Gedichten und Romanen und suchten sich zu ihren Helden und Heldinnen emporzubilden. Es begann jetzt eine Zeit, wo die von sittlicher Phantasie geschaffenen weiblichen Gestalten der Künstler als lockende, ermunternde und mahnende Geister das Fühlen und Handeln beider Geschlechter mitbestimmten. Freilich nur der »empfindsamen«, der »schönen« Seelen.

Ähnliche Naturen kannte Goethe schon von den Pietisten und Mystikern her und verehrte seine mütterliche Freundin Susanne

v. Klettenberg längst als eine »schöne Seele«; aber es reizte ihn doch sehr, eine Gemeinde der Heiligen nun auf weltlichem Gebiete und unter jüngeren Menschen anzutreffen. Ihre Gesinnungen gingen vornehmlich auf drei Dichter zurück, auf Richardson, Rousseau und Klopstock; sie liebten die Natur, die Einfachheit, die Einsamkeit, die Unschuld, die Tugend; zu allererst aber unterschieden sie sich durch die Fühlbarkeit oder Empfindsamkeit von den groben und stumpfen Menschen, die, den sinnlichen Lüsten ergeben, ein eigensüchtiges Dasein führen. Aber auch von vielen Verfeinerten sonderten sie sich ab; von den Französlingen, den Galanten, den oberflächlichen Vornehmen, die mit Putz, Eitelkeit, Nichtigkeiten ihr Leben füllen. Sie träumten sich in Strohhütten und Einsiedeleien, hätten ihren Hunger und Durst gern nur mit Wasser und Milch, Brot und Beeren gestillt; ihre süßeste Seelenspeise war die Freundschaft, und auch die Liebe zwischen Mann und Weib dachten sie sich gern als zärtliche Freundschaft unschuldiger Herzen. Sie betrachteten beständig den Zustand ihres Inneren, schrieben für einander lange Briefe oder ausführliche Tagebücher und gedachten, sich durch Selbsterkenntnis noch immer mehr zu veredlen. Sie vertrauten dem Artverwandten in der ersten Stunde und waren rasch bereit zu Umarmungen, Küssen und Tränen der Rührung. Zwischendurch zeigten sie sich als Menschen wie Andere auch, und nach einiger Zeit konnte man unterscheiden: die nur Angesteckten, die die Empfindsamkeit wie eine kurze Krankheit durchmachten, und die echten Gefühlsschwelger, die nicht müde wurden, ihre Herzchen zu liebkosen und in einer schöneren künstlichen Welt spazieren zu gehen.

Am 9. März 1772 schrieb Karoline Flachsland ihrem entfernten Bräutigam über Goethes ersten Besuch in Darmstadt: er habe mit Schlosser einige Tage bei Merck gewohnt und recht mit Begeisterung von Herder gesprochen.

Ich habe ihn von diesem Augenblicke an recht lieb gewonnen. Den zweiten Nachmittag haben wir auf einem hübschen Spaziergang und in unserm Haus bei einer Schale Punsch zugebracht. Wir waren nicht empfindsam, aber sehr munter, und Goethe und ich tanzten nach dem Klavier Menuetten. Und darauf sagte er uns eine vortreffliche Ballade von Ihnen her, die ich noch nie gehört: »Dein Schwert, wie ist's vom Blut so rot, Edward, Edward!« – – – –

Herr Schlosser ist ein guter, sehr guter Mann, nur ein wenig zu viel

Weltfirnis. Er hat mich sehr lieb und mehr, dünkt mich's, als Goethe, das mir doch leid ist.

Herder hatte nicht gern Götter neben sich und antwortete herablassend: »Goethe ist wirklich ein guter Mensch, nur äußerst leicht und spatzenmäßig«; seine Flachsland erfreute sich aber schon im Anfang April wieder am Besuch Goethes.

Wir waren alle Tage beisammen und sind in den Wald zusammen gegangen und wurden auch zusammen durch und durch beregnet. Wir liefen alle unter einen Baum, und Goethe sang uns ein Liedchen, das Sie aus dem Shakespeare übersetzt: »Wohl unter grünen Laubes Dach.« ... Das zusammen ausgestandene Leiden hat uns recht vertraut gemacht. Er hat uns einige der besten Scenen aus seinem ›Gottfried v. Berlichingen‹ vorgelesen. ... Wir sind darauf auf dem Wasser gefahren, von dem ich Ihnen neulich gesagt; es war aber rauh Wetter. Goethe steckt voller Lieder.

Goethe sprach zu den neuen Freundinnen auch von seinem ausgestandenen Liebeskummer, und sie zeigten ihm dagegen das Innere ihrer Welt. Von ›Lila‹ ward ihm viel erzählt; damit war Luise v. Ziegler gemeint, die abwechselnd an den Höfen zu Darmstadt und Homburg sich aufhielt; von ihr schrieb ›Psyche‹ – so nannte man die Flachsland – auch ihrem Herder immer wieder. »Goethe und meine Lila sind wieder hier« heißt es Ende April; »mit Goethe waren wir gestern bei meinem Fels und Hügel. Er hat sich einen großen prächtigen Fels zugeeignet und geht heute hin, seinen Namen hineinzuhauen.«

Der Gast ging bereitwillig in alle Mädchenträume ein und dichtete Gesänge an Psyche, Lila und Urania; »Uns gaben die Götter Auf Erden Elysium« sang er der Letzteren, der kranken Roussillon, zu, als er und Merck nach Homburg gereist waren und auch Lila dort besuchten:

> Wie du das erstemal
> Liebahnend dem Fremdling
> Entgegentratst
> Und deine Hand ihm reichtest,
> Fühlt' er Alles voraus,

Was ihm an Seligkeit
Entgegenkeimte;
Uns gaben die Götter
Auf Erden Elysium!
Wie du den liebenden Arm
Um den Freund schlangst,
Wie ihm Lilas Brust
Entgegenbebte,
Wie ihr, euch rings umfassend,
In heiliger Wonne schwebtet
Und ich, im Anschau'n selig,
Ohne sterblichen Neid
Darneben stand:
Uns gaben die Götter
Auf Erden Elysium!
Wie durch heilige Täler wir,
Händ' in Hände wandelten
Und des Fremdlings Treu
Sich euch versiegelte,
Daß du dem Liebenden,
Stille Sehnenden
Die Wange reichtest
Zum himmlichen Kuß –
Uns gaben die Götter
Auf Erden Elysium!

An Psyche dagegen sandte er den Gesang, mit dem er den Fels weihte, den er, ihr nachahmend, für sich erwählt. So sprach er zu diesem Felsen:

Veilchen bring' ich getragen,
Junge Blüten zu dir,
Daß ich dein mosig Haupt
Ringsum bekränze,
Ringsum dich weihe,
Felsen des Tals!
Sei du mir heilig!
Sei den Geliebten
Lieber als andere

Felsen des Tals!
Ich sah von dir
Der Freunde Seligkeit,
Verbunden Edle
Mit ewigem Band.
Ich irrer Wandrer,
Fühlt' erst auf dir
Besitztumsfreuden
Und Heimatsglück.
Da, wo wir lieben,
Ist Vaterland;
Wo wir genießen,
Ist Hof und Haus!

Am freiesten aber sprach er zu Lila; sie war die Schönste und Schwärmerischste im Kreise; es fehlte ihr nicht an Bewerbern, aber keinem hatte sie sich verpflichtet. Eines Morgens fuhr Goethe durch Homburg und an dem Schloßturme vorbei, wo die dortige Hofdame wohnte; er hätte gern ihr Fenster noch einmal begrüßt:

Morgennebel, Lila,
Hüllen deinen Turm um:
Soll ich ihn zum
Letzten Mal nicht sehen?
Doch mir schweben
Tausend Bilder
Seliger Erinnerung
Heilig warm um's Herz:
Wie er so dastand,
Zeuge meiner Wonne,
Als zum ersten Mal
Du dem Fremdling
Ängstlich-liebevoll
Begegnetest
Und mit einem Mal
Ew'ge Flammen
In die Seele ihm warfst!

Zische, Nord,
Tausend-schlangen-züngig
Mir ums Haupt!
Beugen sollst du's nicht!
Beugen magst du
Kind'scher Zweige Haupt,
Von der Sonne
Muttergegenwart geschieden.

Allgegenwärt'ge Liebe,
Durchglühst mich,
Beutst dem Wetter die Stirn,
Gefahren die Brust!
Hast mir gegossen
In's frühwelkende Herz
Doppeltes Leben:
Freude zu leben
Und Mut!

›Pilgers Morgenlied‹ nannte er den Gesang: der Pilger bekennt sich zur Liebe, aber er darf an der schönsten Stätte nicht bleiben, muß von den besten Menschen weiterziehn. Psyche hätte aus ihrer Lila – »sie ist ein Engel von Empfindung« – und dem jungen Dichter aus Frankfurt gar gern ein Paar gemacht:

Wenn Goethe von Adel wäre, so wollte ich, daß er sie vom Hof wegnähme – aber so geht's nicht. Goethe ist ein äußerst guter Mensch, und sie wären sich einander wert.

Ein jedes empfindsame Herz wird von dem Engelsmädchen angesteckt, und mich dünkt, Goethe denkt darüber ernstlich nach.[47]

Auch Fräulein v. Ziegler selbst rechnete den Dr. Goethe zu den mehreren armen Menschen, die unglücklich werden müßten, sobald sie sich für einen andern Mann entschiede. Und als sie schließlich einem preußischen General v. Stockhausen das Jawort gab, dachte sie auch seiner mit einem gefühlten Seufzer und fragte: »Was macht Goethe, der liebe Pilgrim?«[48]

VI. Wetzlar und Frankfurt. Mai 1772 bis Mai 1773.

Goethe um 1773. Schattenriß

Im Mai 1772 ließ der junge Advokat Goethe seine eben begonnene und noch unerhebliche Praxis im Stich, um noch einmal zu studieren; der Vater meinte, am Reichskammergericht zu Wetzlar könne sein Sohn die jetzt noch fehlende Neigung zu Rechtsgeschäften bekommen und überdies zu einflußreichen Fachgenossen Beziehungen gewinnen. Diese Hoffnung ging nicht in Erfüllung, denn Wolfgang nahm gar zu wenig guten Willen für solche Zwecke nach Wetzlar mit; er suchte dort eigentlich nur Abwechslung. In seinem Innern fühlte er sich als Dichter, Denker und Maler; sein Studium waren die Griechen, vor allem Homer; als seine beste bisherige Leistung betrachtete er nicht die paar Prozesse, die er geführt, sondern eine Handschrift, die er eben zum Drucke bereitet hatte: ›Götz v. Berlichingen mit der eisernen Hand‹. Seine Brüder und Freunde waren nicht die andern Rechtskundigen, sondern die »schönen Geister« und unter ihnen zunächst die Herausgeber der ›Frankfurter Gelehrten Anzeigen‹: Merck und Schlosser und ihre Mitarbeiter, zu denen er selber auch gehörte. In Wetzlar nahm man ihn denn auch für einen wohlhabenden jungen Mann, der es sich leisten konnte, den Musen zu opfern und seinen Neigungen nachzugehen.

Er mußte hier einige Verwandte aufsuchen: man gefiel sich aber nur so halbwegs. Er traf zufällig auch Bekannte aus Leipzig wieder: Born, den Sohn des Leipziger Bürgermeisters, und Jerusalem, dessen Vater ein berühmte Geistlicher in Braunschweig war. Mit Born freundete er sich hier erst an; Jerusalem hielt sich zurück und mochte ihn nicht. »Er war zu unserer Zeit in Leipzig ein Geck« urteilte er über Goethe: »jetzt ist er noch außerdem Frankfurter Zeitungsschreiber.«[49]

Er hatte viel Zeit sich umzusehen; das Wetter war anfangs unbehaglich kühl und regnerisch; dann folgte ein recht warmer Juni; die Hitze verführte viele Leute zum Baden. Das alte Städtchen liegt an der Lahn, zwischen Hügeln und an deren Hängen. Die Gassen sind eng und krumm, so daß sich Sonne und Mond fast mehr durch Schatten als durch ihr Licht offenbaren; vielfach sind die Gassen untereinander oder die Häuser mit den Gassen durch hohe Steintreppen verbunden. Die meisten Häuser waren Fachwerk aus Holz und Lehm, die Giebel der Straße zugekehrt, die hohen Dächer mit Schiefer gedeckt. Aber auch ein paar größere Plätze fehlten nicht, wo die Brunnen rauschten, und einige steinerne Gebäude waren aus den Ritterzeiten übriggeblieben. Draußen vor den Wällen und Toren lockte eine herrliche Landschaft bei schönem Wetter in's Freie: der Fluß, sein freundliches Tal, unzählige Höhen, Wälder, Dörfer, Mühlen, Jagdhäuser, auch Schlösser und Klöster; manche der Berge waren wie gekrönt von den Trümmern alter Burgen.

Goethe strich lieber auf diesen Höhen und in ihren Tälern herum als in dem seltsamen Städtchen, von dessen fünftausend Bewohnern sich tausend und mehr vom Reichskammergericht und dessen Mißbräuchen ernährten. Ein paar angenehme Begleiter fand er am Mittagstische im ›Kronprinzen‹. Die Wetzlarer Damen hatten zunächst keinen Reiz für ihn. Sie galten für recht vergnügungssüchtig; das Knopfmachen ward sehr lebhaft und wie etwas Alltägliches und Selbstverständliches betrieben: »Knopf machen« sagte man hier, wie man anderwärts »Hof machen« oder »cour schneiden« sagte. Die verheirateten dames gehörten so gut wie die ledigen zur »Knopfmacherzunft«; sie hatten ganz nach Art der Französinnen neben dem Ehemann noch einen Galan; die Männer nahmen Das als Sitte und Regel.

In den ersten Wochen war unser Dichter oft melancholisch gestimmt: schlechtes Wetter, keine nötige Arbeit, keine ernstlich übernommene Aufgabe; unter vielen Fremden nur ein paar Halbfreunde; das Frauenzimmer oberflächlich und spielerisch, so ganz anders wie seine warm fühlenden Freundinnen in Darmstadt und Homburg, die ihn jetzt wie einen Verbannten beklagten: »Jetzt sitzt er in Wetzlar, einsam, öde und leer.«[50]

Am 9. Juni nahm ihn seine Großtante, die Hofrätin Lange, zu einem Balle mit, den sie und ihre Freunde auf dem Lande, in einem Jagdhause zu Volpertshausen, veranstalteten. Zwölf chapeaux und dreizehn dames fuhren oder ritten gegen Abend hinaus; Goethe saß im

Goethes Liebe zu ihr blieb unerfüllt: Charlotte Buff. Sie diente ihm als Vorbild für seine Lotte im »Werther«. Pastell von J. H. Schröder

Wagen der Hofrätin; mit ihnen fuhr aber auch die neunzehnjährige Demoiselle Charlotte Buff, eine Tochter des Deutschordens-Amtmanns, und dies Mädchen ward ihm lieb, noch ehe sie das Ziel – zwei Stunden von der Stadt – erreichten. Sie war frisch und unbefangen, ganz frei von Prüderie oder Koketterie; sie freute sich ehrlich auf den Tanz und um so mehr genoß sie vorher die Schönheit der Landschaft. Goethe machte aus der Natur und ihrer Wiedergabe geradezu ein Studium; jetzt entzückten ihn die frohen Ausrufe des Mädchens; er mußte ihren hellen Blick für alles Schöne und Merkwürdige bewundern. Sie selbst war nur bescheiden geputzt, aber sie bedurfte auch keiner Nachhilfe: schlank gewachsen, gesund, blaue Augen, blondes Haar, freundliche Miene, gute Laune, bereit zum Scherz und schlagfertig mit Mutterwitz. Ein sonniges Geschöpf in der sonnigen Natur!

Der Tanz dauerte die ganze Sommernacht, und Goethe war ausgelassen lustig. Lotte Buff eroberte ihn ganz, obwohl sie gar nicht darauf ausging, sondern sich nur der Lust des Tanzens und Scherzens hingab.

Am Nachmittage stattete er im Deutschen Hause seinen ersten Besuch ab. War ihm das Mädchen in der festlichen Nacht als die Fröhlichste erschienen, jetzt stand sie vor ihm wie ein wunderbares Wesen: als die jungfräuliche Mutter.

Der Amtmann Buff, Verwalter der Güter und Rechte, die der Deutsche Ritter-Orden in und bei Wetzlar besaß, war jetzt ein Mann von 62 Jahren; mit vierzig Jahren hatte er die zwanzigjährige Tochter eines darmstädtischen Majors Fegler, das schönste und bravste weibliche Wesen, heimgeführt. Sie gebar ihm sechzehn Kinder; dann starb sie, in ihrem vierzigsten Jahre: sieben Söhne und fünf Töchter weinten mit dem Vater an ihrem Sarge; von den Knaben zählte der älteste erst vierzehn, und von den Mädchen waren auch nur zwei erwachsen. Eine Hausmutter konnte man in dieser großen Wirtschaft und Kinderschar keinen Tag entbehren. Karoline, die Zwanzigjährige, war die älteste Tochter; trotzdem war es ohne weiteres ausgemacht, daß die um zwei Jahre jüngere Lotte ihrer Mutter Stelle vertreten müsse. Es ward nicht darüber gesprochen, aber der Vater, die älteste Schwester selbst, die jungen und jüngsten Geschwister, die Dienstboten und die Freunde des Hauses erwarteten nun von ihr die Anordnungen, die sonst die Mutter gab, und die Arbeiten, die sie geleistet hatte.

So stand sie nun vor dem Doktor Goethe, schon ganz eingewöhnt im Hausmutter-Amt. Sie fütterte die Hungrigen, tröstete die Weinenden, hielt die Trägen zur Arbeit an, erzwang den Frieden zwischen den Streitenden und putzte den Kleinsten die Nase, wenn die »Glockensäuler« heraushingen. Und ihr ganzes Volk war munter und gesund. »Morgens, mittags und abends essen wir, des Nachts schlafen wir«: so faßte Hans, der älteste der Knaben, das Familienleben in wenige Worte. Um das Getümmel der Jugend noch etwas zu vermehren, hatte das Schicksal den Prokurator Brand in einem andern Flügel des Ordenshauses Wohnung nehmen lassen: aus seiner ersten Ehe hatte dieser brave Mann elf Kinder gehabt; nun zeugte er mit seiner zweiten Frau noch neun hinzu: die kleinen Buffs und Brands kamen des Morgens zusammen auf den Hof und mußten zu Mittag und Abend auseinandergelesen werden.

Einen lieberen Anblick konnte sich Goethe nicht denken als die Lotte unter ihren Geschwistern. Aber ein Mehltau fiel sogleich auf die Frühlingsknospen seiner bewundernden Liebe: dies Mädchen war schon versprochen!

Ein vortrefflicher junger Mann, der bremische Legationssekretär Christian Kestner, den Goethe seit kurzem kannte, hatte das Mädchen schon seit ihrem fünfzehnten Jahre ausgezeichnet; es war keine förmliche Verlobung geschehen, aber Kestner gehörte seitdem zum ›Teutschen Hause‹ wie ein Sohn und Bruder. Er kam zwei- oder dreimal täglich, nachmittags zwischen Zwei und Drei und abends zwischen Neun und Elf: Das waren seine und Lottens Feierstunden. Das junge Mädchen bildete sich an diesem Freunde, der zwölf Jahre älter war, und lernte die weitere Welt, auch die Wissenschaften und Künste, mit seinen Augen sehen. Sie war nicht so ernsthaft wie er, aber sie paßten vollkommen zusammen als zwei höchst tätige, tüchtige, gute Menschen. Da sie sich für einander schon bestimmt hatten, ehe an Heiraten gedacht werden konnte, so zeigten sie sich außerhalb, also auch auf jenem Balle in Volpertshausen, nur als gute Freunde. Sie waren immer noch nicht verlobt, aber sie waren im Innern miteinander verwachsen.

Das mußte nun Goethe nehmen, wie es war. Das Teutsche Haus konnte er trotzdem oft besuchen, denn dort ging es von jeher sehr gesellig zu, und die Gäste unterhielten sich ja auch mit Lottes Schwestern und Brüdern. Goethe zumal gab sich sehr gern mit den Kindern ab, erzählte ihnen Geschichten, tollte mit ihnen, kaufte ihnen Berge von Kirschen und Kuchen. In diesem Hause, wo so viel zu tun war, hörte die Arbeit keineswegs auf, wenn ein Freund eintrat, und nicht selten setzte sich auch der Gast zum Erbsenausläufeln oder Bohnenschnippeln oder hat draußen im Garten beim Obstabnehmen und noch weiter draußen beim Heumachen.

⁂

Goethe lebte jetzt mit dieser Familie ganz ähnlich wie Kestner; er verbarg seine Bewunderung Lottens durchaus nicht: sollte man ein vorzügliches Mädchen nicht lieben und bewundern dürfen, wenn sie einem Andern versprochen ist? Gewiß, der Andere muß solche Nebenfreunde ertragen können. – Der Ruf des Mädchens leidet darunter? Solche Besorgnis wäre schon eine Verdächtigung; sie setzt ein Mißtrauen voraus. Lotte ward überall als brav gepriesen und hatte sich bei aller Lust zum Spaßmachen immer tugendhaft gezeigt; wie konnte man da den Gedanken wagen, daß sie ihren wackern Bräutigam betrüge? »Wird Zwei zu Drei, gibt's Teufelei« lautet ein alter Spruch, aber wie könnte Teuflisches unter guten Menschen entstehen?

Freund Born kam einmal mit Goethe auf seine vielen Besuche im Amtmannshause zu sprechen. »Wenn ich Kestner wäre« meinte er, »mir gefiel's nicht. Worauf kann Das hinausgehn? Du spannst sie ihm wohl gar ab?«

Goethe ward fast zornig. »Ich bin nun der Narr« antwortete er; »ich bin nun der Narr, das Mädchen für was Besonderes zu halten! Irre ich mich und wäre sie ordinär wie manche Andere, hätte sie den Kestner zum Fond ihrer Handlung, um desto sicherer mit ihren Reizen zu wuchern: der erste Augenblick, der mir Das entdeckte, der erste, der sie mir näher brächte, wäre der letzte unserer Bekanntschaft! Das beschwör' ich mit tausend Eiden.«

Erst recht vertraute Kestner dem Mädchen, das er seit vier Jahren wie eine klare Quelle durchschaute; er vertraute auch Goethen, nachdem er ihn in Gesprächen erforscht hatte. Er fühlte sich gegen diesen Dreiundzwanzigjährigen, der noch herumtastete, als ein fertiger Mann; er wußte sich tüchtig in den Geschäften, zu denen Goethe nicht einmal Lust hatte. Kestners Arbeitskraft und Kenntnisse wurden gebraucht, also ging er seinen sicheren Weg und hatte einem Mädchen Besseres zu bieten als der trotz seines väterlichen Vermögens und trotz seiner unzweifelhaft großen Gaben noch recht unzuverlässige Goethe.

So lebten die drei jungen Menschen gut und lieb miteinander, und nur ein Umstand war bedenklich: Goethe war hier in Wetzlar doch eigentlich ein Müßiggänger, also auch ein Grillenfänger, ein Träumer, der gar zu viel Zeit hatte, auf die Stimmen seiner Gefühle zu lauschen. Schon der Mangel an nötiger Arbeit trieb ihn gar zu oft zu Lotten, während Kestner für einen Bräutigam übermäßig an den Schreibtisch gefesselt war. Goethe und Kestner waren Freunde und dennoch einander im Wege. Der klar blickende Kestner schrieb es schon Ende Juli in sein Tagebuch, worin er mittags, nachmittags und abends Eintragungen zu machen pflegte:

Nachher und wie ich meine Arbeit getan, geh' ich zu meinem Mädchen; ich finde den Dr. Goethe da. ... Er liebt sie, und ob er gleich ein Philosoph und mir gut ist, sieht er mich doch nicht gern kommen, um mit meinem Mädchen vergnügt zu sein. Und ich, ob ich ihm gleich recht gut bin, so sehe ich doch auch nicht gern, daß er bei meinem Mädchen allein bleiben und sie unterhalten soll. – Ich muß gehen. Zum Glück kommt der Vater. Ich gehe schon ruhiger.

Zu Haus bekomme ich vom Gesandten für den Posttag zu tun; zwischendurch lese ich, gehe ein wenig durch den Garten, esse abends meinen Salat und Butterbrot. Der Posttag dauert bis 10 1/4 Uhr. Hätte ich doch mein Mädchen noch einen Augenblick sehen können! Aber es ist schon zu spät.[51]

So ging es manchen Tag. Gar zu häufig wanderten Goethes Gedanken zur lieben Lotte, und seine Füße folgten. Früher hatte er wenig Respekt vor dem andern Geschlecht gehabt, Herder hielt ihn sogar

für einen kalten Weiberhasser;⁵² jetzt fand Kestner, daß Goethe für
das weibliche Geschlecht sehr viele Hochachtung habe; in Wahrheit
unterschied er unter den Frauen wie unter den Männern die seltenen
Meisterwerke der Schöpfung von den gewöhnlichen Mitgliedern des
großen Haufens. Und wie er sich selber als einen Abgesonderten
fühlte, so streckte er seine Arme nach einer weiblichen Hochgestalt
aus. Das bedeutete zugleich, daß er weder mattherzig, noch tierisch
lieben und geliebt sein mochte, wie so gewöhnlich die Paare zusam-
men- und auseinanderlaufen; er sehnte sich nach einer starken,
reinen, tiefen, geistigen Liebe.

Es konnte nicht ausbleiben, daß Lottchen das heiße Verlangen
Goethes spürte, daß sie seine Huldigung dankbar und mit Wohlgefallen aufnahm, und daß ihr der seltsame Mensch mit jeder Woche
lieber wurde. Aber auch Kestner sah, was vorging, und prüfte sich als
gewissenhafter Mann, ob er seiner Geliebten jetzt die Freiheit einer
neuen Wahl geben müsse. Nach einam kurzen Wortwechsel über ihr
beständiges Beisammensein mit dem Dr. Goethe schrieb er ihr einen
langen Brief: er fühlte sich in seinem Herzen unfähig, jemals von ihr
zu lassen, aber wenn es ihr Glück erfordere, müsse er trotzdem sein
Recht auf sie zurückgeben. Treue aus bloßem Pflichtgefühl könne er
nicht wünschen: »Denn was ist Zuneigung, was Liebe aus Pflicht? Sie
würden sich zwingen, ich würde den Zwang merken, und wir
würden beide unglücklich. ...« Dann aber warnte er sie vor einer
Überschätzung Goethes.⁵³

*Jedoch aber muß ich Ihnen als Freund sagen, daß nicht Alles Gold ist,
was da glänzt;*

*daß man sich auf die Worte, welche vielleicht aus einem Buche nach-
gesagt, aber nur darum gesagt werden, weil sie glänzend sind, nicht
verlassen kann, und daran das Herz oft keinen Teil haben kann;*

*daß es (bei) einer Mannsperson schwer wird, sie ganz kennen zu
lernen, wenn man sie nicht in einer ziemlichen Zeit und in mancherlei
Situationen und Begebenheiten handeln gesehen hat, denn auf das
Handeln kommt es an, nicht auf die schönen Worte;*

*daß eine Mannsperson, welche man nur selten gesehen hat, vielleicht
in denen von Dieser selbst gewählten, ihr vorteilhaften Stunden darum
noch nicht vorzüglicher sein kann;*

*daß bei einer Mannsperson schwer zu entscheiden ist, wann sie kei-
ner Veränderung, keinem Wankelmut mehr unterworfen ist, zumal wenn*

sie noch an keine gewisse Lebensart oder Beschäftigung gebunden ist;
 daß es keine Kunst ist, munter und unterhaltend zu sein, wenn man völlig sein eigener Herr ist, wenn man tun und lassen kann, was man will, daß Jenes sich aber in ein mürrisches Wesen verändern kann, wenn Dieses wegfällt und eine vielleicht unangenehme Beschäftigung gewählt werden muß.
 Ich will aber keine Verachtung erwecken. Dies würde wider meine itzige Überzeugung oder Vermutung sein, sondern nur Zweifel angeben und zur Prüfung und Überlegung Stoff geben.

Und er fügte hinzu:

Sie werden gestehen müssen, daß ich seit einiger Zeit, da ich einmal sicher war, da ich zu Ihnen ein unumschränktes Zutrauen gefaßt hatte, mich nicht durch Kleinigkeiten beunruhigen lasse. Ich kann auch unmöglich darüber unzufrieden sein, wenn Sie Anderen gefallen, und ein freundlicher Umgang mit Anderen, welcher bei der Unterhaltung des Verstandes stehen bleibt, ist nie zu tadeln. Allein sobald das Herz daran Anteil nimmt, sobald ich Dieses befürchten muß, so entsteht gegründete Ursache zur Unruhe. Die Freundschaft nur läßt mehrere Gegenstände zu, obgleich auch da der Vorzug unangenehm ist; die Liebe leidet aber nur einen Gegenstand mit Ausschließung aller andern und ohne alle Einschränkung. Hier ist auch eine kleine Gefälligkeit von Wichtigkeit, und das bloße Annehmen, auch ohne Erwiderung, ist schon gefährlich! Die Tugend muß sich nicht in Gefahr setzen: besser die Flucht als ein ungewisser Kampf!

Zu gleicher Zeit schrieb auch Goethe seine Gedanken über die Liebe nieder, freilich mit weniger Überlegung und mehr Leidenschaft, obwohl der Anlaß sehr viel gleichgültiger war. Man hatte ihm ein Heft gesandt: ›Gedichte von einem polnischen Juden‹, damit er es für die Frankfurter Gelehrten Anzeigen beurteile. Ein polnischer Jude, der deutsche Gedichte machen konnte, Das war eine Merkwürdigkeit; ein solcher Fremdling mußte neue Töne mitbringen. Aber ach! dieser Isaschar Falkensohn Behr war auch nur eine Kopie von andern Kopien; selbst wenn er von seiner Liebe dichtete, hörte man keine Stimme der wilden Natur und noch weniger einen Schrei nach hohem Leben.

Tanzendes Paar und der Gartengott Priapus mit Phallussymbol. Die Zeichnung von Friedrich Bury erwarb Goethe für seine Grafiksammlung.

Er ist an den lieben Geschöpfen so hingestrichen, hat sie einmal amüsiert, einmal ennüyiert, geküßt, wo er ein Mäulchen erwischen konnte: über diese wichtige Erfahrungen am weiblichen Geschlecht ist er dann zum petit volage geworden. Und nun, wenn er mehr Zurückhaltung bei einem Mädchen antrifft, beklagt er sich bitterlich, daß er nur den Handschuh ehrerbietig kosten, sie nicht beim Kopf nehmen und weidlich anschmatzen darf. Und Das alles so ohne Gefühl von weiblichem Wert, so ohne zu wissen, was er will.

Und Goethe schrieb nun, wie es eigentlich sein sollte: der Jüngling, das Mädchen, die Liebe. Und schrieb sein eigenes Fühlen und Handeln, sein Lieben und Sehnen in eine Buchrezension.[54] Er sah im Geiste den echten und stolzen Dichter der Liebe:

Laß, o Genius unseres Vaterlands, bald einen Jüngling aufblühen, der, voller Jugendkraft und Munterkeit, zuerst für seinen Kreis der beste Gesellschafter wäre, das artigste Spiel angäbe, das freudigste Liedchen sänge, im Rundgesange den Chor belebte, dem die beste Tänzerin freudig die Hand reichte, den neusten, mannigfaltigsten Reihen vorzutanzen, den zu fangen die Schöne, die Witzige, die Muntere alle ihre Reize ausstellten, dessen empfindendes Herz sich auch wohl fangen ließe, sich aber stolz im Augenblick wieder losrisse, wenn er aus dem dichtenden Traum erwachend fände, daß seine Göttin nur schön, nur witzig, nur munter sei; dessen Eitelkeit durch den Gleichmut einer Zurückhaltenden beleidigt, sich Der aufdrängte, sie durch erzwungne und erlogne Seufzer und Tränen und Sympathien, hunderterlei Aufmerksamkeiten des Tags, schmelzende Lieder und Musiken des Nachts endlich auch eroberte und – auch wieder verließe: weil sie nur zurückhaltend war; der uns dann all seine Freuden und Siege und Niederlagen, all seine Torheiten und Resipiscenzen mit dem Mut eines unbezwungenen Herzens vorjauchzte, vorspottete! Des Flatterhaften würden wir uns freuen, dem gemeine, einzelne weibliche Vorzüge nicht genugtun.

Aber dann, o Genius, daß offenbar werde: nicht Fläche, Weichheit des Herzens sei an seiner Unbestimmtheit schuld, laß ihn ein Mädchen finden seiner wert!

Wenn ihn heiligere Gefühle aus dem Geschwirre der Gesellschaft in die Einsamkeit leiten, laß ihn auf seiner Wallfahrt ein Mädchen entdecken, deren Seele ganz Güte, zugleich mit einer Gestalt ganz Anmut, sich in stillem Familienkreis häuslicher, tätiger Liebe glücklich entfaltet hat, die Liebling, Freundin, Beistand ihrer Mutter, die zweite Mutter ihres Hauses ist, deren stets liebwirkende Seele jedes Herz unwiderstehlich an sich reißt, zu der Dichter und Weise willig in die Schule gehen, mit Entzücken schauten: eingeborne Tugend, mitgebornen Wohlstand und Grazie! – Ja, wenn sie in Stunden einsamer Ruhe fühlt, daß ihr bei all dem Liebeverbreiten noch Etwas fehlt: ein Herz, das jung und warm wie sie, mit ihr nach fernern, verhülltern Seligkeiten dieser Welt ahndete, in dessen belebender Gesellschaft sie nach all den goldnen Aussichten von ewigem Beisammensein, dauernder Vereinigung, unsterblich webender Liebe fest angeschlossen hinstrebte.

Laß die Beiden sich finden! Beim ersten Nahen werden sie dunkel und mächtig ahnden, was Jedes für einen Inbegriff von Glückseligkeit in dem Andern ergreift, werden nimmer von einander lassen.

❧

Goethe schuf sein Ideal nach Lottens Bilde: kein Wunder, daß die lebendige Lotte immer stärker über ihn wurde. War sie gut zu ihm, so wuchs seine Liebe; hielt sie sich zurück, um Kestner nicht zu verletzen, so reizte ihn die unerwartete Kälte fast noch mehr. Nicht selten behandelte ihn Lotte auch schlecht aus weiblicher Lust an der Neckerei und um die Grenzen ihrer Macht zu erproben. Dorthel Brand, die zuweilen dabei war, lachte den geduldigen Hiob aus, aber Goethe hatte bei Lotten wirklich auch an ihren Unarten Wohlgefallen. Und wenn sie oder ein Andrer ihn fragte, ob er ihr denn heute beim Erbsen-Ausläufeln oder Johannisbeeren-Pflücken wieder als Magd dienen wolle, so antwortete er: »Heute, morgen, übermorgen und mein ganzes Leben.« Und wenn sie später Jemand brauchte, die Obstbäume zu schütteln, war er wieder bereit: »Heute, morgen, übermorgen und mein ganzes Leben.« Und er begleitete sie unermüdlich, wohin sie ihre Geschäfte führten, zum Krautland und Baumgarten, auf den Acker und die Wiesen.

Lotte verbrachte im Anfang August einige Tage in Atzbach, um die schwerkranke Frau des Rentmeisters Rhodius zu pflegen. Goethe konnte es nicht lassen, sie auch dort zu besuchen. Sie empfing ihn nicht eben freudig und schickte ihn recht schnell weg: er solle einen Gruß an Kestner und zugleich bestellen, daß sie morgen in aller Frühe heimkommen werde. Am andern Morgen um Fünf wanderte Goethe mit Kestner ihr entgegen bis Garbenheim, wohin sie Rhodius gebracht hatte; und der gute Bräutigam notierte nachher: »Wir tranken Kaffee, gingen herein, vergnügt, daß wir unser Lottchen wieder hatten.« Nachmittags sahen sich beide Freunde Lottens schon wieder im Teutschen Hause und pilgerten noch einmal nach Garbenheim.

Unterwegs handelten wir ein ganz System von des Menschen Bestimmung hier und dort ab. Eine merkwürdige, wichtige Unterredung.

Als die Andern von Garbenheim abgingen, folgten wir etwas nach, setzten uns an den Weg, unterhielten uns ferner. Dann kehrten wir wieder nach der Stadt zurück, kamen zum Lottchen, wo er bald wegging und ich blieb.

Das war Kestners Eintragung am 9. August. Einige Tage später kam es jedoch zu Erklärungen in eigensten Angelegenheiten; dasselbe Tagebuch deutet sie an.

13. August war ich in Gießen ... Über [den] Schifferberg kehrte ich zurück. Lottchen, Goethe und Mlle Dorthchen Brand kamen mir entgegen. – Abends das Geständnis von einem Kuß. Kleine Brouillerie mit Lottchen, welche andern Tages wieder vorbei war.

14. August. Abends kam Goethe von einem Spaziergange vor den Hof. Er ward gleichgiltig traktiert, ging bald weg.

15. ward er nach Atzbach geschickt, eine Aprikose der Rentmeisterin zu bringen. Abends um 10 Uhr kam er und fand uns vor der Tür sitzen. Seine Blumen wurden gleichgiltig liegen gelassen; er empfand es, warf sie weg, redete in Gleichnissen. Ich ging mit Goethe noch nachts bis zwölf Uhr auf der Gasse spazieren. Merkwürdiges Gespräch, da er voll Unmut war und allerhand Phantasien hatte, worüber wir am Ende, im Mondschein an eine Mauer gelehnt, lachten.

Den 16. bekam Goethe von Lottchen gepredigt. Sie deklarierte ihm, daß er nichts als Freundschaft hoffen dürfe. Er ward blaß und sehr niedergeschlagen. Wir gingen aus dem Neustädter Tor spazieren. Hernach in Bostels Gesellschaft, ich und Goethe. Abends Bohnen geschnitten.

❧

Am nächsten Tage reiste Lotte nach Gießen; zwei Tage später ging auch Goethe dahin, diesmal aber nicht als Lottens treuer Schatten, sondern zu einer längst verabredeten Zusammenkunft mit dem dortigen Professor Höpfner und seinem Darmstädter Freunde Merck. Diesem hatte er schon viel über seine neue Freundin geschrieben; nun sah Merck die Vielgerühmte mit eigenen scharfen Augen. Merck ward auch nach Wetzlar geführt, und dann verbrachten beide Freunde noch ein paar Tage in Gießen zusammen. Sie fühlten sich als Bundesgenossen in literarischen, wissenschaftlichen und künstlerischen Dingen; Merck versah bei Goethe aber auch das Amt des älteren Ratgebers und Beichtvaters, das in Leipzig Behrisch, in Straßburg Salzmann verwaltet hatten. Seinem Blicke entging so leicht keine kranke Stelle, und seine Zunge scheute nicht vor schneidenden Reden. Er gestand dem Freunde zu, daß die Demoiselle Buff alles Lob verdiene; er sprach aber auch die drei harten Worte aus: »Du mußt fort!« Am liebsten hätte ihn Merck jetzt gleich nach Frankfurt und Darmstadt mitgenommen; er erreichte wenigstens, daß man sich demnächst bei der gemeinsamen Freundin Sophie v. La Roche in Koblenz treffen wolle.

Mit der Absicht, in wenigen Tagen Wetzlar zu verlassen, kam Goethe von Gießen heim. Er erzählte Kestnern von seiner baldigen Reise nach Koblenz. »Ich werde keinen Abschied von euch nehmen« fügte er hinzu; »eines Tages, wenn ihr nach mir fragt, bin ich hinter den Bergen.«

Kestner und Goethe hatten denselben Geburtstag; Kestner vollendete am 28. August sein 31., Goethe sein 23. Jahr. Am Tage vorher saß Goethe fast den ganzen Tag bei Lotten; der Bräutigam Kestner, dem sein Vorgesetzter immer neue Arbeit auflud, kam erst abends. Da wurden wieder einmal Bohnen geschnitten für die vielen hungrigen Mäuler des Deutschen Hauses, und diesmal blieb man bis Mitternacht zusammen. Lotte kochte Tee, und als die Glocke Zwölf schlug, beglückwünschte das liebe Mädchen ihre beiden Geburtstagsmänner.

Goethes Entschluß zur Flucht

Es vergingen noch ein paar Tage. Goethe hatte die Abreise beschlossen, aber er konnte es nicht über sich gewinnen, sie auf heute oder morgen festzusetzen. Am 10. September aß er mit Kestner in dessen Garten zu Mittag; nachher vertraute er seinem andern Freunde Born, der zugleich sein Hausgenosse war, an, daß er morgen in aller Frühe die Stadt verlassen werde. Abends ging er wieder ins Teutsche Haus; Kestner stellte sich auch ein. Das Gespräch kam auf das Leben nach dem Tode – Lottchen fing es an – auf das Weggehen von dieser Erde, das Wiederkommen, das Sichkundgeben der nur noch geistig Herumschwebenden. »Wer zuerst von uns stirbt« schlug Lottchen vor, »soll, wenn er irgend kann, den Andern eine Nachricht vom Zustand jenes Lebens geben.«

Goethe war sehr erregt, ohne daß er's zeigte. Wer zuerst stirbt, weiß man nicht, aber er war Derjenige, der diese Menschen, dies Haus zuerst verlassen mußte. Sein Herz schwoll ihm zur Kehle hinauf; rasch wünschte er Gutenacht und ging. Der alte Amtmann begleitete ihn über den Hof zur Straßentür.

Als er dann allein in seiner Stube war, blickte er über die wenigen Sachen, die ihm darin gehörten. Er setzte sich an den Tisch und nahm ein paar Blätter. Zuerst schrieb er an Kestner. Nur ein paar Zeilen.

Er ist fort, Kestner, wenn Sie diesen Zettel kriegen: Er ist fort. Geben Sie Lottchen inliegenden Zettel! Ich war sehr gefaßt, aber Euer Gespräch hat mich auseinander gerissen. Ich kann Ihnen in dem Augenblick nichts sagen als: leben Sie wohl! Wäre ich einen Augenblick länger bei Euch geblieben, ich hätte nicht gehalten!
Nun bin ich allein, und morgen geh' ich. O mein armer Kopf!

Sodann an das Mädchen.

Wohl hoff' ich, wiederzukommen, aber Gott weiß: wann! Lotte, wie war mir's bei Deinem Reden um's Herz, da ich wußte: es ist das letzte Mal, daß ich sie sehe. Nicht das letzte Mal, und doch geh' ich morgen fort. Fort ist er.
Welcher Geist brachte Euch auf den Diskurs! Da ich Alles sagen durfte, was ich fühlte! Ach, mir war's um Hienieden zu tun, um die Hand, die ich zum letzten Mal küßte! Das Zimmer, in das ich nicht wiederkehren werde, und der liebe Vater, der mich zum letzten Mal begleitete!

Ich bin nun allein und darf weinen. Ich lasse Euch glücklich. Und gehe nicht aus Euern Herzen. Und sehe Euch wieder. Aber nicht-morgen ist nimmer!

Sagen Sie meinen Buben: er ist fort!

Ich mag nicht weiter.

Nach einer kurzen Nacht legte er, noch bei Kerzenschein, seine Sachen zusammen. Dann schrieb er noch einen Zettel zum vorigen.

Gepackt ist's, Lotte, und der Tag bricht an; noch eine Viertelstunde, so bin ich weg. Die Bilder, die ich vergessen habe und die Sie den Kindern austeilen werden, mögen Entschuldigung sein, daß ich schreibe, Lotte, da ich nichts zu schreiben habe. Denn Sie wissen Alles, wissen, wie glücklich ich diese Tage war.

Und ich gehe zu den liebsten, besten Menschen. Aber warum von Ihnen? Das ist nun so, und mein Schicksal, daß ich »heute, morgen und übermorgen« nicht hinzusetzen kann, was ich wohl oft im Scherz dazusetzte.

Immer fröhlichen Muts, liebe Lotte! Sie sind glücklicher als Hundert, nur nicht gleichgültig. Und ich, liebe Lotte, bin glücklich, daß ich in Ihren Augen lese: Sie glauben, ich werde mich nie verändern.

Adieu, tausendmal adieu!

Goethe.[55]

Jetzt wurden die Andern im Hause munter. Born kam, der ihn ein Stück begleiten wollte, und Goethe ging hinunter zum Hausherrn, dem Prokurator Ludolf, und sagte ihm, daß er abreise, und fragte, was er noch schuldig sei. »Wo wollen Sie denn hin?« fragte Ludolf ganz überrascht. »Ich reise fort« versetzte Goethe, »nach Koblenz, Köln und so weiter« und drängte zur Eile.

Um 7 Uhr ritt er ab; Born begleitete ihn bis gegen Braunfels.

Als Kestner mittags nach Haus kam, brachte man ihm Bücher und einen Brief: »Herr Dr. Goethe hat Dieses um 10 Uhr geschickt.« Kestner verstand sogleich, was es bedeute; er hatte die plötzliche Abreise des Freundes erwartet und war dennoch nicht darauf vorbereitet. Es war gut so, aber er konnte sich der Traurigkeit nicht erwehren. Born kam zu ihm: Goethe sei sehr niedergeschlagen gewesen und habe viel vom gestrigen Abendgespräch geredet.

Die Hofrätin Lange wußte die Neuigkeit als eine der Ersten und war sehr böse, daß Goethe ihr als seiner Großtante nichts vorher gesagt hatte. Sie schickte eine Magd ins Teutsche Haus mit irgend einer Bestellung und »es wäre doch sehr ungezogen, daß Dr. Goethe so, ohne Abschied zu nehmen, weggereist sei.« Lottchen wußte noch nichts, aber sie verbarg ihre Überraschung und erwiderte den Vorwurf, indem sie fragen ließ, warum die Rätin ihren Neveu nicht besser erzogen hätte. Gegen Mittag ließ Madame Lange wieder bestellen: »sie werde es an des Dr. Goethe Mutter schreiben, wie er sich aufgeführt habe.«

Lottchen konnte es auf die erste Nachricht noch nicht glauben, daß ihr Freund wirklich entflohen sei. Und nach listiger Frauenart schickte sie einen Kasten, den sie von Goethe hatte, nach seiner Wohnung und ließ ihm ein schönes Kompliment bestellen. Die Magd kam wieder mit dem Kasten, und nun hieß es überall im Teutschen Hause: »Dr. Goethe ist fort! Er ist ganz fort.«

Der vierzehnjährige Hans sprang hinüber zum »reformierten Treppchen«, wo Kestner beim Pfarrer Lorsbach wohnte: »Ist er gewiß weg?« Und Kestner nickte und ließ bestellen, daß er nachher komme. »Nachmittags brachte ich die Billets von Goethe an Lottchen« schrieb der brave Mann abends in sein Tagebuch.

Sie war betrübt über seine Abreise; es kamen ihr die Tränen beim Lesen in die Augen. Doch war es ihr lieb, daß er fort war, da sie ihm Das nicht geben konnte, was er wünschte. Denn er war sehr verliebt in sie und bis zum Enthusiasmus. Sie hatte Solches aber immer von sich entfernt und ihm nichts als Freundschaft eingeräumt, auch förmlich deklariert.

Wir sprachen nur von ihm; ich konnte auch nichts anders als an ihn denken; verteidigte die Art seiner Abreise, welche von einem Unverständigen getadelt wurde; ich tat es mit vieler Heftigkeit.

Die Unverständigen hatten auch in den nächsten Tagen noch das Wort, und das Urteil über den Dr. Goethe lautete zumeist: »Er hat einen Schuß.«[56] Einige sprachen auch mit Liebe von ihm; selbst draußen zwischen Garbenheim und Atzbach ward Lottchen angeredet, warum der Herr, der letzthin bei ihr war, sie heute nicht begleite.

»Der ist fort und kömmt nicht wieder.«

»Ei, Der ist fort?«

»Ja, habt ihr etwas an ihn zu bestellen, so will ich es durch Jemand schreiben lassen.«

»O! Dem hätte ich einen ganzen Wagen voll zu schreiben.«

So tönte es ein paar Tage: Er ist fort! Dann gab's neuere Neuigkeiten.

Goethe saß nun wieder zu Hause. Sein Vater bemühte sich von neuem, ihn zu einem tüchtigen »Geschäftsmann« zu machen, zu einem Mitregenten der vaterstädtischen Republik. Und seine Schwester war jetzt Braut mit einem eifrigen Rechtsgelehrten und Volksfreunde, mit Georg Schlosser. Goethe sah also daheim einem verliebten Paare zu, und seine Gedanken weilten am häufigsten bei dem andern Brautpaare in Wetzlar. Gegen seine Vertrauten konnte er Lotte und Kestner nicht genug rühmen; auch gegen die Halbfreunde sprach er gern über sie. »Wo habt ihr euch denn hingehalten?« fragte ihn so ein Halbfreund, der in Wetzlar Bescheid wußte.

»In's Teutsche Haus« erwiderte Goethe.

»Doch nicht zu Brands?«

»Freilich zu Brands, warum denn nicht?«

»Ihr kennt also auch Amtmanns?«

»Jawohl.«

»Die Lotte ist ein sehr angenehmes Mädchen.«

»Sie geht so mit« heuchelte Goethe und freute sich, daß nun der Andere sie herausstrich.

Als er erst einige Tage in Frankfurt zurück war, besuchte ihn Merck, und die beiden gingen zu Schlosser. Wie sie dort saßen, trat plötzlich Kestner herein: Goethe fiel ihm um den Hals und erdrückte ihn fast, und auch Kestner fühlte eine unbeschreibliche Freude, den braven Freund zu sehen, noch ehe er ihn hatte aufsuchen können. Er hatte den Freiherrn v. Hardenberg[57] und zwei andere Wetzlarer nach Frankfurt begleitet. Man ging nun zusammen spazieren und zu Goethes Eltern, die den Herrn Kestner herzlich aufnahmen; Kornelie aber bat, er möge doch auch die Lottchen nach Frankfurt bringen: man habe sie schon aus der Ferne lieb. Bis in den dritten Tag blieb Kestner, und als er weg war, hatte Goethe noch allerlei kleine Besorgungen für Lotte und ihre Geschwister.

Mit ihrem Bräutigam wechselte er viele Briefe; der Entfernte brauchte seine Liebe zu Lotten nicht zu verdecken und zu bekämpfen; die Zeit werde seine Wunde heilen, glaubte er selber, und in Wetzlar vertraute man gleichfalls auf die stille Wirkung der neuen Eindrücke. Lottchen schickte ihm sogar die Schleife, die sie auf jener ersten Fahrt nach Volpertshausen getragen hatte; ihren Schattenriß hatte er längst an seiner Wand hängen: jetzt erfreute ihn dies Andenken im Innersten.

Heut, eh ich zu Tisch ging, grüßt' ich Ihr Bild herzlich, und bei Tisch – ich wunderte mich über den seltsamen Brief, brach ihn auf und steckt' ihn weg. O liebe Lotte: seit ich Sie zum ersten Mal sah, wie ist Das alles so anders! Es ist noch eben diese Blütenfarbe am Band, doch verschossener kommt mir's vor, als im Wagen; ist auch natürlich. Dank Ihrem Herzen, daß Sie mir noch so ein Geschenk machen können!

Der gewöhnliche Schluß aber war: »ich wollt', ich wär' eine Stunde bei Ihnen« oder »Wollte, ich säße noch zu Lottens Füßen, und die Jungen krabbelten auf mir herum.« Zwischendurch versicherte er, er werde sich demnächst verlieben und dadurch die Plage, immer an Lotten denken zu müssen, loswerden. Er fragte sich auch wohl, ob er sie nicht allzu sehr in seiner Einbildungskraft verherrliche.

Manchmal steigt mir ein Zweifel auf, und ich denke mir Lotten en panier, wie sie all' sind: doch bald fällt sie mir wieder in blaugestriefter Nachtjack ein und ihrer ingénuen Güte, die sie allein hat, und dann hoff' ich, in ihrer Seele nicht unter der großen, unbedeutenden Anzahl verloren zu gehen.[58]

Kestner schrieb ihm im Anfang Oktober, ein gemeinsamer Bekannter, v. Goué aus Hildesheim, habe sich in Göttingen getötet. »Ich ehre auch solche Tat und bejammere die Menschheit« erwiderte Goethe, »aber« fügte er hinzu: »ich hoffe nie meinen Freunden mit solch' einer Nachricht beschwerlich zu werden.«

Das Gerücht war falsch; am 30. Oktober erschoß sich jedoch ein Anderer aus dem Wetzlarer Kreise und zwar in Wetzlar selbst und mit einer Waffe, die er von Kestner geliehen: der braunschweigische Legationssekretär Jerusalem. Unglückliche Liebe zu einer verheirateten Frau war die letzte Ursache; melancholisch war er längst gewesen, und der zarte, hochstrebende Mann hatte von gröberen Vorgesetzten manche Kränkungen erduldet. Goethe war sehr erschüttert.

Der arme Junge! Wenn ich zurückkam vom Spaziergang und er mir begegnete, hinaus im Mondschein, sagt' ich: er ist verliebt! Lotte mußte sich noch erinnern, daß ich drüber lächelte. Gott weiß, die Einsamkeit hat sein Herz untergraben.

Wenige Tage nachher, am 6. November, erschien Goethe ebenso plötzlich in Wetzlar, wie vor kurzem Kestner in Frankfurt. Sein Freund und künftiger Schwager Schlosser hatte in Friedberg und Wetzlar zu tun, er selber auch ein wenig in Friedberg, und so wagte er, in dieser Gesellschaft und durch sie beschützt und entschuldigt, die Wiederkehr, wo er vor wenigen Wochen entflohen war. Es war ihm freilich nicht behaglich zu Mute, als er sich dem alten Städtchen näherte. Sein Herz war voll Liebe und guten Willens: um so schmerzlicher würde es sein, wenn ihn die Andern vielleicht kalt und verdrießlich empfingen! »Das Unglück ist mir schon oft widerfahren« sagte er sich. Aber es ging recht gut: Lotte, Kestner, der alte Papa, die Buben, die Mädel und nebenan die Töchter und Söhne vom Stamme Brand freuten sich herzlich, den Dr. Goethe wieder ein paar Tage zu haben.

Früh am 10. November fuhren die Frankfurter wieder ab, und schon nachmittags schrieb Goethe an seinen lieben Kestner.

Gestern Abend war ich noch bei Euch und jetzo sitz' ich im leidigen Friedberg ... Der Weg hierher ward mir sehr kurz, wie Ihr denken könnt. Und wie ich heut vom ›Kronprinzen‹ hinauffuhr und ich die Deutschhaus-Mauern sah und den Weg, den ich so hundertmal, und es dann rechts ein in die Schmidgasse lenkte – – – Ich wollte, ich hätte gestern Abend förmlich Abschied genommen: es war ebensoviel, und ich kam um einen Kuß zu kurz, den sie mir nicht hätte versagen können. Fast wär' ich heute früh noch hingegangen, Schlosser hielt mich ab; dafür spiel' ich ihm nächstens einen Streich, denn ich will doch nicht allein leiden.
Gewiß Kestner, es war Zeit, daß ich ging. Gestern Abend hatt' ich rechte hängerliche und hängenswerte Gedanken auf dem Kanapee.

Er hätte gern sein Herz mit einem andern Bilde erfüllt und versäumte auch nicht, zu den Freundinnen, die er schon hatte, noch neue zu gewinnen. In Tal-Ehrenbreitstein fühlte er sich im Hause der Sophie v. La Roche, der gleichfalls dichtenden Base und einstigen

Braut Wielands, gar wohl; er verehrte die Mutter und küßte auch den beiden Töchtern gern die Hand; die ältere dieser Töchter, die Maxe, bat er um Briefe. In Homburg kehrte er auch wieder ein und war glücklich, »da das Erscheinen solch eines Elenden so trefflichen Geschöpfen Freude machen kann.«[59] Darmstadt war ihm fast eine zweite Heimat. Hier lebte er mit Merck; das Zeichnen war ihre Hauptbeschäftigung, aber mit den Mädchen wurde auch viel geschwätzt. »Euer Gruß an die Flachsland hat mir einen Kuß getragen« erzählte er Kestnern: »ich bitte Euch, grüßt öfter!« Und er fuhr fort:

Ich soll Euch sagen, daß sie Euch tausendfaches Liebesglück wünscht, und Alle möchten Lotten kennen. Ich pflege viel von ihr zu erzählen, da dann die Leute lächeln und argwöhnen, es möchte meine Geliebte sein, bis Merck versichert: von der Seite sei ich ganz unschuldig.

An den Bräutigam der Flachsland aber schrieb er: »Meine Schwester Karoline ist ein Engel«; die ›Schwester Karoline‹ rühmte den Freund Goethe gleichfalls gegen Herder:

Unser guter Goethe ist hier, lebt und zeichnet, und wir sitzen beim Wintertisch um ihn herum und sehen und hören.
 Mich dünkt, er ist überhaupt etwas stiller und geläuterter worden.
 Uns Mädchen und Weibern ist er auch besser als sonst und ist uns herzlich gut. Aber überhaupt lieben – dazu liegt noch zuviel Asche von seiner ersten Liebe in seinem Herzen, und Das scheint natürlich. Wir haben ihn hier alle lieb.

Auch in der Vaterstadt kannte er ein paar liebe Geschöpfe. Als Kestner ihn damals in Frankfurt wiedersah, ereignete es sich, daß der herumspazierenden Gesellschaft ein Mädchen entgegenkam, der die Freude aus dem Gesicht leuchtete, als sie den Dr. Goethe erkannte. Plötzlich lief sie auf ihn zu und in seine Arme; sie küßten sich herzlich. Es war eine Mamsell Gerock; sie hatte ein ungewöhnliches Recht zu solcher Zärtlichkeit, denn sie hatte einst mit Goethe zusammen an der Brust derselben Amme die erste Nahrung getrunken. Dem Kaufmann Gerock am Markt waren vier Töchter erwachsen: Nanne, Lotte, Käthchen und Nette; Goethe besuchte die Mädchen oft und ging gern mit ihnen in der Stadt herum, auf den Wall und über den Main. Auch von ihnen erzählte er Kestnern und Lotten gern.

(28. Januar 1773.) Gestern Abend putzt' ich meine Freundinnen auf den Ball, ob ich gleich nicht selbst mitging. Der einen hatt' ich aus der Fülle ihres Reichtums eine Aigrette von Juwelen und Federn zusammengestutzt und sie herrlich geziert. ...

Dann ging ich mit Antoinetten und Nannen auf die Brücke einen Nachtspaziergang. Das Wasser ist sehr groß, rauschte stark und die Schiffe alle versammelt ineinander. Und der liebe trübe Mond ward freundlich gegrüßt. Und Antoinette fand Das alles paradiesisch schön und alle Leute so glücklich, die auf dem (freien) Lande leben und auf Schiffen und unter Gottes Himmel. Ich laß' ihr die lieben Träume gern, macht' ihr noch mehr dazu, wenn ich könnte.

Wir gingen nach Hause, und ich übersetzt' ihnen Homer, das jetzt gewöhnliche Lieblingslektüre ist. Die Andern waren gefahren, zu tanzen.

Bei den Mamsell Gerocks fühlte er sich am heimischsten; aber er hatte noch eine Reihe anderer Freundinnen oder Halbfreundinnen: die Schwestern Crespel, die Schwestern Moritz, die Schwestern Münch und einige Andere; auch Lisette Runkel war noch in der Stadt; sie hatte ihren reichen alten Anbeter fahren lassen, um einen reichen jungen Mann zu erwarten. Die ältere Tochter des Kaufmanns Münch, Susanne Magdalene, war im gleichen Jahre und am gleichen Tage wie Lotte Buff geboren: Das war für Goethe Grund genug, ihr mit besonderer Aufmerksamkeit zuzusehen. Er hatte sie aufrichtig lieb, und sie war noch frei; wenn er sich beeilte, konnte sie zu gleicher Zeit mit ihm zum Altar treten wie Lotte mit ihrem Christian Kestner. »Wenn ich zu heiraten hätte, griff ich sie gewiß vor allen Andern« sagte sich Goethe, und: »Wer weiß, was Gottes Wille ist« fuhr er fort.[60] Es schien wirklich in den Sternen geschrieben zu sein, daß sie zusammenkämen; einmal waren sie in einer Gesellschaft, wo die jungen Leute sich damit vergnügten, die künftigen Paare durch den Würfelbecher zu bestimmen; als Goethe ausgewürfelt wurde, mußten mindestens 17 Punkte geworfen werden: Mamsell Münch schüttete aus, und siehe, alle drei Steine hatten die Sechs oben. Von nun an nannte sie Goethe: »mein liebes Weibchen« oder »meine liebe Frau.«

Ach, daß er alle Mädchen mit Lotte vergleichen mußte! »Hätten wir einander so lieb wie Ihr Zwei« schrieb er an sie und Kestner und meinte sich und die Münch. Überall redete er noch von Lotten. »Ob denn Kestner sie nicht bald herüberbrächte« fragte sein Vater,

»daß man sie doch auch kennen lernte!« Und wenn die Freundinnen seinen ersten gelingenden Versuchen im Bildnismalen zusahen, da sagten die Mädchen: »Wenn Sie Das nur in Wetzlar getrieben hätten und hätten uns Lotten mitbracht!« Und er antwortete, daß er ehestens nach Wetzlar reise, um dort alle lieben Gesichter abzumalen.

»Daß ich sie so lieb habe, ist von jeher uneigennützig gewesen«[61] durfte er sich gestehen; jetzt liebte er gewissermaßen ihr Bild, sowohl ihr Bild in seinem Innern, wie den Schattenriß in seiner Mansardenstube. Dieser schwarze Kopf gab ihm viel Unterhaltung. Er war ja ein geborener Schauspieldichter und konnte sich leicht ein paar Andere in seine Gesellschaft hineindenken.

Gestern Abend, lieber Kestner, unterhielt ich mich eine Stunde mit Lotten und Euch in der Dämmerung; darüber ward's Nacht; ich wollte zur Tür hinaustappen und kam einen Schritt zu weit rechts, tappte Papier: es war Lottens Silhouette! Es war doch eine angenehme Empfindung. Ich gab ihr den besten Abend und ging.

Auch von Lenchen Buff mußte man ihm einen großen Schattenriß schicken: diese jüngere Schwester, eine Sechzehnjährige, war nicht in Wetzlar gewesen, als Goethe sich dort aufhielt, und nun zurückgekehrt. Goethe liebte auch diese Niegesehene wie überhaupt Alles, was im Teutschen Hause atmete. Weihnachten hatte er also auch Helenens Bild an der Wand.

Gestern Nacht versprach ich schon meinen lieben zwei Schattengesichtern, Euch zu schreiben: sie schweben um mein Bett wie Engel Gottes. Ich hatte gleich bei meiner Ankunft Lottens Silhouette angesteckt; wie ich in Darmstadt war, stellen sie mein Bett herein, und siehe: Lottens Bild steht zu Häupten. Das freute mich sehr. Lenchen hat jetzt die andere Seite.

Das erste Grau des Tags kommt mir über des Nachbars Haus, und die Glocken läuten eine christliche Gemeinde zusammen. Wohl! ich bin erbaut hier oben auf meiner Stube, die ich lang nicht so lieb hatte als jetzt. Sie ist mit den glücklichsten Bildern ausgeziert, die mir freundlichen guten Morgen sagen. Sieben Köpfe nach Rafael, eingegeben vom Lebendigen Geiste. ... Aber meine lieben Mädchen!

Wie steht's Eurem Engel? Ich habe ein großes Kommerz mit ihr: ihre Silhouette ist mit Nadeln an die Wand befestigt, und ich verliere meist alle Nadeln, und wenn ich bei dem Anziehen eine brauche, borg' ich meist eine von Lotten und frage auch erst um Erlaubnis pp.

❧

Als der Winter zu Ende ging, empfand Goethe sein sonderbares Schicksal tiefer denn je: die Freunde gründeten sich ihr Haus, und er blieb der Einsame, der Wanderer, der Unnütze. Kestner teilte ihm mit, daß er zu Ostern Hochzeit halten wolle; um dieselbe Zeit war der Hofprediger Herder aus Bückeburg zu erwarten, der endlich die treue Flachsland zu sich abholen konnte; Schlosser aber erwartete nur eine sichere Anstellung in baden-durlachischen Diensten, dann verließ auch Kornelie die Eltern und den Bruder. »Meine arme Existenz starrt zum öden Fels« schrieb Goethe an Kestner.

Diesen Sommer geht Alles. Merck mit dem Hofe nach Berlin, sein Weib in die Schweiz, meine Schwester, die Flachsland, Ihr, Alles! Und ich bin allein. Wenn ich kein Weib nehme oder mich erhänge, so sagt: ich habe das Leben recht lieb.

Goethe glaubte, daß Lottes Hochzeit, zu der er selber die Ringe besorgt hatte, gerade am Ostersonntag sein werde: da wollte er am Karfreitag ihre Silhouette von der Wand nehmen und so gut verpacken, daß sie ihm so leicht nicht wieder vor Augen komme. Aber ehe er diese sinnbildliche Handlung vollzog, empfing er die Nachricht, daß die Trauung schon am Palmsonntag geschehen sei. »So hängt sie noch« entschied er nun, »und soll denn auch hängen, bis ich sterbe.« Es war ihm gar weh um's Herz, als er seinen Glückwunsch sandte.

Gott segn' Euch, denn Ihr habt mich überrascht. ... Lebt wohl, grüßt mir euren Engel. ...
   Ich wandre in Wüsten, da kein Wasser ist; meine Haare sind mir Schatten, und mein Blut mein Brunnen.
   Und Euer Schiff doch mit bunten Flaggen und Jauchzen zuerst im Hafen freut mich. Ich gehe nicht in die Schweiz. Und unter und über Gottes Himmel bin ich euer Freund und Lottens.

Gleich nach Ostern kam Anna Brand nach Frankfurt und erzählte ihm viel von dem jungen Paare. Nun hatte er gleich wieder viel nach Wetzlar zu schreiben:

Annchen ist lieb und brav, hat mir Lottens Brautstrauß mitgebracht, wohlkonserviert, und ich hab' ihn heut vorstecken. Ich höre, Lotte soll noch schöner, lieber und besser sein als sonst. – –

Ich war mit Annchen in der Komödie. Es ist gut, daß ich morgen nach Darmstadt gehe: ich verliebte mich wahrlich in sie. Ihre Gegenwart hat alles Andenken an Euch wieder aufbrausen gemacht, mein ganzes Leben unter Euch. Ich wollt' Alles erzählen: bis auf die Kleider und Stellungen so lebhaft. ...

Ich gehe morgen zu Fuße nach Darmstadt und hab' auf meinem Hut die Reste ihres Brautstraußes. ...

Gute Nacht, Lotte! Annchen sagte heut, ich hätte den Namen Lotte immer so schön ausgesprochen. »Ausgesprochen!« dachte ich.

Vom 16. April bis zum 3. Mai war er in Darmstadt bei Merck. »Er ist rückhaltender als jemals« urteilte Karoline Flachsland jetzt; in Gegenwart Mercks spreche er in einem wunderlichen Tone mit ihr: »wenn ich ihn allein spreche, ist er gut, sehr gut.« Eine andere der empfindsamen Freundinnen, die längst kränkelnde Helene v. Roussillon, starb gerade, als er nach Darmstadt kam, und Goethes Gedanken weilten viel an ihrem Grabe. Am 2. Mai war er noch immer in jener kleinen Residenz und machte den Zeugen, als Karoline vor dem Altare ihrem Herder sich antraute. Den nächsten Tag pilgerte er wieder nach Frankfurt.

Dort sah er dann das neue Paar auf der Reise nach Bückeburg noch einmal. Er sah Merck im Gefolge der Landgräfin von Hessen auf eine lange Reise nach Norden abfahren – die Landgräfin wollte ihre heiratsfähigen Prinzessinen an den Höfen zu Weimar, Berlin und Petersburg vorstellen – und schließlich, ehe der Mai verging, zogen auch Kestners nach Hannover. Nun schrieb er dahin, daß er immer noch von Lotten träume.

Und so träum' ich denn und gängle durchs Leben, führe garstige Prozesse, schreibe Dramata und Romane und dergleichen, zeichne und bossiere und treibe es so geschwind, wie es gehn will. Und Ihr seid gesegnet wie der Mann, der den Herrn fürchtet. Von mir sagen die Leute: der Fluch Kains läge auf mir. Keinen Bruder hab' ich erschlagen, und ich denke, die Leute sind Narren.

VII. In Frankfurt. Juni 1773 bis Ende 1774.

Goethe um 1774.
Relief von Johann Peter Melchior

Im Juni 1773 änderten sich Goethes äußere Stellung und sein innerer Zustand: nicht sichtbarlich-handgreiflich und dennoch wesentlich. Bisher hatte er sich damit beschäftigt, die Zeit zu verderben: so drückte er selber es aus, wenn er sich mit seinen Freunden verglich, die ihr Brot verdienten, ihre Ämter besorgten oder einträglichen Geschäften nachgingen. Wohl war er Sachwalter und als solcher zuweilen tätig; im Ganzen betrieb er diesen Beruf aber doch nur obenhin und nebenbei, dem Vater zuliebe.

Der Vater suchte ihn auch in die städtischen Angelegenheiten einzuflechten; er wehrte sich nicht, tat aber auch nichts dazu. Zwar war er gar nicht träge, aber sein Eifer ging auf Dinge, die weder Brot, noch Ehren einzubringen schienen, auf Dichten, Schriftstellern, Zeichnen, Malen und namentlich auch auf Lernen und Forschen. Und Das geschah nur zu eigenem Vergnügen und für wenig Freunde. Er ließ ein paar Schriften drucken: eine über deutsche Baukunst, zwei über biblische Fragen und rechte Frömmigkeit: diese ersten zagenden Schritte in die Öffentlichkeit brachten ihm Papier- und Druckerrechnungen und hatten weiter keine Folgen. Als einzige Entschuldigung dafür, daß ein so begabter junger Mann aus wohlhabendem Hause noch nichts Rechtes ergriffen hatte, konnte man seinen Gesundheitszustand aufführen; denn wenn er auch seit Jahren nicht mehr krank lag, so war er doch mehr ein Genesender als ein Gesunder. Vor einem Rückfall in sein früheres bedrohliches Leiden konnte er sich als Privatmann und Haussohn am besten schützen. Gegen einen Freund, der ihn seinerzeit in Leipzig mitgepflegt und ihn dann ein Jahr später in Frankfurt besucht hatte, entschuldigte sich der Dreiundzwanzigjährige selber mit seiner körperlichen Zartheit:

Meine Gesundheit nahm, seitdem Sie mich verließen, immer zu; aber weil sie mir doch nicht erlauben wollte, im bürgerlichen Leben meine

Erster Erfolg des Dichters

Rolle zu spielen, wie ich wohl wünschte, so hab' ich dem Trieb der Wissenschaften und Künste gefolgt.

Das blieb auch nach dem Juni 1773 noch eine Weile so; aber während er auf dem gleichen Flecke verharrte, stand jetzt ein Neues hinter ihm als Glorie und Rückendeckung: der Erfolg.

Von Freund Merck ermutigt, hatte er auf eigene und Mercks Kosten seinen ›Götz‹ drucken lassen und in die Welt geschickt. Geld brachte ihm dieser Ritter mit der eisernen Faust auch nicht ins Haus, aber Freunde, Bewundrer und Ruhm. In allen deutschen Ländern nannten jetzt viele und edle Menschen seinen Namen mit Achtung, Neigung und Hoffnung. Von fernher kommende Fremde, die durch Frankfurt reisten, suchten ihn auf, dankten ihm für sein Werk, bestellten ihm Grüße von angesehenen Männern ihrer Heimat und baten ihn um Mitteilung seiner neuesten Gedichte. Bisher hatte er für seine nächsten Bekannten geschrieben, aus Liebhaberei; jetzt gehörte er zu den Dichtern Deutschlands. Seine Bekanntschaften und Freundschaften hatte er bisher unter Kaufleuten, Advokaten und sonst im bürgerlichen Mittelstande gehabt; jetzt wurden auch die Vornehmen aufmerksam auf ihn. Die Fremden, die seine Bekanntschaft machten, berichteten über ihn in ihren Briefen und verbanden ihn mit andern wichtigen Menschen. So kam Schönborn, ein Freund der Dichter Klopstock, Gerstenberg, Boje und Claudius, auch ein Freund der jungen, für Dichtkunst und Vaterland begeisterten Grafen Stolberg, nach Frankfurt und machte nun den Verfasser des ›Götz‹ für seine Freunde zu einer lebendigen Gestalt:

Er ist ein magerer junger Mann ... Er sieht blaß aus, hat eine große, etwas gebogene Nase, ein längliches Gesichte und mittelmäßige schwarze Augen und schwarzes Haar. Seine Miene ist ernsthaft und traurig, wo doch komische, lachende und satirische Laune mit durchschimmert.

Er ist sehr beredt; er strömt von Einfällen, die sehr witzig sind. In der Tat besitzt er, soweit ich ihn kenne, eine ausnehmend anschauende, sich in die Gegenstände durch und durch hineinfühlende Dichterkraft, so daß Alles lokal und individuell in seinem Geiste wird. Alles verwandelt sich gleich bei ihm in's Dramatische ... Er scheint mit ausnehmender Leichtigkeit zu arbeiten ...

Er zeichnet und malt auch. Seine Stube ist voller schöner Abdrücke der besten Antiken. Das von ›Deutscher Baukunst‹ ist von ihm ...

Er will nach Italien gehen, um sich recht in den Werken der Kunst umzusehen.

Vater und Mutter freuten sich herzlich, daß ihr Sohn nun einen berühmten Namen hatte, und auch die bisherigen Freunde wurden in ihrer guten Meinung erheblich gestärkt. Zwar Georg Schlosser, der im November 1773 seine Braut heimführen konnte, liebte den nunmehrigen Schwager weniger als früher; aber er erkannte seine Größe jetzt doch noch besser: »Es gehört eine gewisse Stärke der Seele dazu, sein Freund zu bleiben« meinte er gegen Lavater, aber:

Sein Herz ist so edel als eines. Wenn er einmal in der Welt glücklich wird, so wird er Tausende glücklich machen; und wird er's nie, so wird er immer ein Meteor bleiben, an dem sich unsere Zeitgenossen müde gaffen und unsere Kinder wärmen werden.

ଽ

Durch den jungen Ruhm waren die Aussichten des Vierundzwanzigjährigen auf ein glückliches, behagliches Leben leider noch nicht verbessert. Ganz abgesehen davon, daß der Erfolg gewöhnlich Neider und Feinde erweckt: Goethe machte sich auch mutwillig Feinde. Das Kraftgefühl kam jetzt wie ein Rausch über ihn; er hätte am liebsten mit andern Starken gerauft. Er setzte sich jetzt mit Andersdenkenden oder Andersgearteten, die ihn innerlich reizten, auseinander, indem er Spottgedichte auf sie machte: so mit Wieland, mit Herder, mit Bahrdt, mit Fritz und Georg Jacobi, mit Leuchsenring. Ein Teil dieser Spottschriften wurde bekannt und sogar gedruckt; er stand also auf der Streitbahn, wo man Stöße austeilt und Stöße erleidet.

Das Herz des jungen Dichters war frei. Er ließ seinen ›Götz‹ durch Salzmann auch nach Sesenheim »an Mamsell Brion, ohne Vornamen« schicken und meinte leichthin: »Die arme Friederike wird einigermaßen sich getröstet finden, wenn der Untreue vergiftet wird.« Er schickte ihn zu Kestners: »Ich wollt', Lotte wäre nicht gleichgültig gegen mein Drama,« und er freute sich herzlich, daß auch der alte Vater in Wetzlar das Ritterstück gern las. Die Frankfurter Schönen lockten ihn wohl einmal an, aber sie hielten ihn nicht fest; und wenn er ja einmal Lust spürte, sich zu verlieben, so fügte er dem ersten Bewußtsein gleich ein »Davor doch Gott sei!« hinzu und wich zurück.

Neue Freundschaften

Bei Gerocks gewann er in diesem Jahre 1773 drei neue Freundinnen, drei Düsseldorferinnen und Nächste der Brüder Jacobi, die er nicht leiden konnte: Johanna Fahlmer, Charlotte Jacobi und deren Schwägerin, Madame Betty Jacobi. »Tantchen« redete er die Fahlmer, »Lolo« die Mamsell Jacobi und »Mamachen« die Frau Kammerrat Jacobi an; für sie aber war er »der böse Mensch mit dem guten Herzen.«[62] Er hielt auch weitere Freundschaft mit Madame La Roche und ihren Töchtern, aber im Innern seines Herzens wohnte doch nur die liebe Lotte, Kestners Frau. »Meine Lotte« nannte er sie sogar in den Briefen an ihren Eheherrn; »ich bin gescheut – bis auf diesen Punkt« meinte er dann selber. Die Rechte des zärtlichen Freundes, des sorgenden Bruders ließ er sich nicht nehmen. Er hatte nach ihrem »blaugestreiften Nachtjäckchen« gefragt, ob sie es noch trage; es sei nicht mehr heil, war die Antwort, und die Flicken seien in der Heimat geblieben. Da ließ er sich heimlich diese Flicken nach Frankfurt kommen und schickte sie mit, als er nach Hannover ein größeres Paket fertig machte; es war sechs Monate nach Lottens Hochzeit.

Ich weiß nicht, liebe Lotte, ob meine Mutmaßung Grund hat, daß Sie in kurzem ein Negligee brauchen werden; wenigstens kommt mir's so vor, und da ich über diesen wichtigen Punkt nachdachte, sprach ich zu mir selbst: »Sie geht gerne weiß; alles Nesseltuch ist verbannt im Winter, außer gesteppt, und da sieht sie zu altmütterlich drin aus usw.« Hierüber trat die vorsichtige Göttin der Mode zu mir und überreichte mir beikommendes Zeug, das (außer der Dauer) alle Qualitäten hat. Es ist Nesseltuch, hat also alle dessen Tugenden; die Atlasstreifen machen es zur Wintertracht. Kurz und gut: zum Schneider mit! Daß Der aber fein säuberlich verfahre! Nota bene: es darf mit keiner andern Farbe als weiß gefüttert werden. Die ich gesehen habe, hatten weiß Leinwand drunter. Das Stück gibt just ein Negligee, über Poschen [Falten].

Zugleich überschicke auch die hinterlassnen Läppchen des blau und weißen Nachtjäckchens und bitte über die neu angekomme vornehme Freundschaft die alte treue nicht zu vergessen. Adieu, liebe Lotte, grüßen Sie mir das Männchen! Erinnern Sie Sich der alten Zeit wie ich!

In gleichem Tone klang es auch noch im nächsten Frühjahr:

Ich bin immer der Alte, und Deine Silhouette ist noch in meiner Stube angesteckt, und ich borge die Nadeln davon wie vor alters. Daß ich ein

Juni 1773 bis Ende 1774

Tor bin, daran zweifelst Du nicht, und ich schäme mich, mehr zu sagen. Denn wenn Du nicht fühlst, daß ich Dich liebe, warum lieb' ich Dich?

❧

Unterdessen aber hatte es das Schicksal gefügt, daß Goethe noch zu einem zweiten Paare als Dritter hinzutrat.

Madame v. La Roche träufelte als Schriftstellerin und ebenso auch im Umgang mit Freunden immer nur edle Gesinnungen von sich; aber sie war mehr Wachsfigur als Weib; vor starken und echten Gefühlen schonte sie sich. Sie lehrte, daß zu wahrem Glücke kein Reichtum nötig sei, aber sie gab ihre Töchter nur an sehr reiche Schwiegersöhne. So kam die »Maximiliana Euphrosyna« im Januar 1774 an den Italiener Peter Anton Brentano nach Frankfurt, einen Witwer mit fünf Kindern, Italiener im doppelten Sinne des Wortes, denn er war jenseits der Alpen geboren und führte einen Italienerladen, d. h. er verkaufte südländische und Kolonialwaren. Sehr bald merkte die Mutter, daß sie sich selber und ihre Tochter in unerquickliche Verhältnisse gebracht hatte; es war nun der feinen Dame und zartbesaiteten Dichterin recht verdrießlich, daß die vornehmen Leute, die sie in Frankfurt bei der Tochter aufsuchten, durch Härings- und Ölfässer den Weg nehmen mußten, daß es im ganzen Hause nach Käse und andern Handelswaren roch, und daß die Gesellschaft, mit der man umgehen mußte, aus Handelsleuten bestand, die, wenn man ihnen mit höheren Ansichten kam, sich gewissermaßen auf den Geldsack setzten und selbstbewußt die schönen Seelen angrinsten. Brentano im besonderen war gewiß »ein angesehener Handelsmann«, hatte aber wenig Geist und schlechte Manieren. Da war es der Mutter denn doch sehr lieb, daß ihre Maxe in dem guten Dr. Goethe einen geistig-lebendigen Freund haben konnte, und Dieser war auch ganz bereit, dem jungen Weibchen den Übergang in so neue und schwierige Verhältnisse zu erleichtern. »Goethe ist schon der Freund des Hauses« berichtete Merck seiner Frau Ende Januar; »er spielt mit den Kindern und begleitet Madame, wenn sie Klavier spielt, mit dem Baß. Monsieur Brentano ist für einen Italiener zwar ziemlich eifersüchtig, hat ihn aber doch gern und will durchaus, daß er oft kommt.«[63]

Zunächst fühlte sich Goethe in diesem Hause der kleinen italienischen Kolonie ganz wohl; er blickte in eine neue Welt; es war für ihn das erste Heimischwerden in katholischen Familien. Die »Max«

schrieb er an Betty Jacobi, »ist noch immer der Engel, der mit den simpelsten und wertesten Eigenschaften alle Herzen an sich zieht.«

Und das Gefühl, das ich für sie habe, worin ihr Mann keine Ursache zur Eifersucht finden wird, macht nun das Glück meines Lebens. Brentano ist ein würdiger Mann, eines offenen, starken Charakters, viel Schärfe des Verstandes, und der Tätigste zu seinem Geschäft. Seine Kinder sind einfach, munter und gut.

Einige Wochen dauerte diese allgemeine Freundschaft. »Von Ihrer Max kann ich nicht lassen, so lang ich lebe« versicherte Goethe der Mutter la Roche, »und ich werde sie immer lieben dürfen.« Aber noch im gleichen Monat März fühlte er das Gefährliche seiner Besuche. »Ihre Lieben habe ich einige Zeit nicht gesehen« berichtete er nach Ehrenbreitstein; »ich hatte mein Herz verwöhnt.« Und so hielt er es auch ferner. »Die liebe Max seh' ich selten« heißt es Ende Mai, »doch wenn sie mir begegnet, ist's immer eine Erscheinung vom Himmel.«

Die besorgte Mutter hätte ihn gern bewogen, wieder regelmäßig zu Brentanos zu gehen, zugleich als ihr eigener Vertrauensmann wie als Tröster und Beschützer der unglücklichen jungen Frau. Aber Goethe war weise genug, sich nicht in diese Ehe zu mischen, die nicht er gestiftet hatte.

Glauben Sie mir, daß das Opfer, das ich Ihrer Max mache, sie nicht mehr zu sehen, werter ist als die Assiduität des feurigsten Liebhabers, daß es im Grunde doch Assiduität [64] *ist. Ich will gar nicht anrechnen, was es mich gekostet hat; denn es ist ein Kapital, von dem wir beide Interessen ziehn.*

So am 16. Juni und im nächsten Briefe:

Wenn Sie wüßten, was in mir vorgegangen ist, eh' ich das Haus mied, Sie würden mich nicht zurückzulocken denken, liebe Mama. Ich hab in denen schrecklichen Augenblicken für alle Zukunft gelitten; ich bin ruhig, und die Ruhe laßt mir! Daß ich Sie nicht drinnen sehn würde, was die Leute sagen usw.: Das hab' ich alles überstanden. Und Gott bewahr' ihn vor dem einzigen Fall, in dem ich die Schwelle betreten würde!

Wieviel erfreulicher war der Gedanke an das Kestnersche Paar! Sie verstanden seine reine Liebe und erwiderten sie mit ganzem Herzen. Im Anfang Mai kam von ihnen die erwartete Nachricht: Lotte hatte einen Knaben geboren, und Goethe sollte Pate sein. Er verstand's in seiner Freude dahin, daß der neue Weltbürger auch seinen Namen tragens solle, so war es nun nicht gemeint – aber es würden ja wohl noch andere Buben folgen und darunter ein Wolfgang, nachdem bei dem Stammhalter die nächste Verwandtschaft ihr Recht bekommen hatte.

Mitte Juni besuchten ihn Freunde der Kestners aus Hannover, die nach Ems weiterreisen wollten; Hofrat und Kammersekretär Meyer mit Frau und Schwägerin. Er liebte die Leute vom ersten Augenblick.

O Lotte, was ich ein Kind bin! Wie mich's gleichsam überraschte, da mir die Meyern sagte, daß Du noch an mich denkst! Sagen mir Das nicht Kestners Briefe? Sagt mir's nicht mein Herz? Und doch war mir's so ganz neu, da mir das liebe Weibchen mit der wahren Stimme des Anteils sagte, daß Du noch an mich denkst. ...

Sollte ich denn niemals wieder, niemals wieder Deine Hand halten, Lotte? Ich habe der Meyern viel erzählt von Dir; sie war mit mir im Wald und versprach mir, Dich auf der Ellrie [65] *von mir zu unterhalten. Ja, Lotte, ich hab' lang' so keine Freude gehabt!*

Gerad' so eine Freude hatte er wieder am 26. August und wieder teilte er sie sogleich mit der fernen Freundin:

Wer geht den Augenblick aus meiner Stube? Lotte, liebe Lotte, Das rätst Du nicht! Rätst eher von berühmten und unberühmten Leuten eine Reihe als: die Frau Katrin Lisbet, meine alte Wetzlarer Strumpfwaschern, die Schwätzern, die Du kennst, die Dich lieb hat wie Alle, die um Dich waren Dein Lebenlang, [die] sich nicht mehr in Wetzlar halten kann, der meine Mutter einen Dienst zu schaffen hofft.

Ich hab' sie mit heraufgenommen in meine Stube; sie sah Deine Silhouette und rief: »Ach, das herzelieb Lottchen!« in all ihrer Zahnlosigkeit voll wahren Ausdrucks. Mir hat sie zum Willkomm in voller Freude Rock und Hand geküßt. Und mir erzählt von Dir, wie Du so garstig warst und ein gut Kind hernach und nicht verschwätzt hättest, wie sie um Dich hätte Schläge gekriegt, da sie Dich zum Leutnant

Meyer führte, der in Deine Mutter verliebt war und Dich sehn und Dir was schenken wollte, das sie aber nicht litt usw., Alles, Alles.

Du kannst denken, wie wert mir die Frau war und daß ich für sie sorgen will. Wenn Beine der Heiligen und leblose Lappen, die der Heiligen Leib berührten, Anbetung und Bewahrung und Sorge verdienen, warum nicht das Menschengeschöpf, das Dich berührte, Dich als Kind auf'm Arm trug, Dich an der Hand führte, das Geschöpf, das Du vielleicht um Manches gebeten hast. Du, Lotte, gebeten! Und das Geschöpf sollte von mir bitten? Engel vom Himmel!

Liebe Lotte, noch Eins: Das macht mich lachen! Wie Du sie oft geärgert hast mit denen Schlockerhändchen, die Du so machst, auch wohl noch – sie machte sie mir vor, und mir war's, als wenn Dein Geist umschwebte! Und vom Karlinchen, Lenchen, Allen und was ich nicht gesehn und gesehn habe, und am endlichen Ende war doch Lotte und Lotte und Lotte und Lotte und Lotte, und ohne Lotte: Nichts und Mangel und Trauer und der Tod.

Er war so glücklich in seiner Liebe aus der Ferne. Eine Möglichkeit, daß diese reine Verbindung zerstört oder verdorben werden könne, schien nicht denkbar zu sein, und doch hatte er selber unbewußt schon eine Tat begangen, die Lottens Freundschaft in Zorn und Abneigung verwandeln konnte. Er war als Dichter ein großes Kind; er schrieb unbekümmert nieder, was ihn innerlich stark beschäftigte, und formte es nur nach Dichterart um. Er fragte nicht, was die Sprachmeister und Anstandslehrer für geziemend halten, sondern behagte sich im Volksmäßigen, Natürlichen, Derben, zwischendurch auch im Unflätigen und Zotigen. Er fragte ebenso wenig, ob Dieser oder Jener durch seine Schreiberei verletzt oder beleidigt werde; er dachte überhaupt nicht an die Folgen seiner Gedichte, seiner Dramata oder Romane. Das war nun recht und gut, so lange er damit in seiner Stube blieb und nur ein paar Freunde sich mit ihm an seinen Einfällen ergötzten. Aber jetzt war er vor die ganze deutsche Leserschaft als ein neuer, starker Dichter hingetreten; jetzt kamen seine Werke vor ein anderes Gericht!

Im Februar und März 1774 schrieb er mit völliger Hingebung einen Roman in Briefen: ›Die Leiden des jungen Werthers‹. Darin gestaltete er einen großen Teil seiner Erlebnisse, seiner Beobachtungen, seiner Gedanken und Vorstellungen in Wetzlar und in der nachfolgenden Frankfurter Zeit. Er dachte dabei an Lotte und das Teutsche Haus, an Kestner und sich selbst als den hinzutretenden Dritten, dann an des unglücklichen Jerusalems allmähliches Reifen zum freiwilligen Tode, aber auch an das Haus Brentano, das er eben jetzt mied, um die arme junge Frau vor weiterem Unheil zu bewahren. Er nannte seine weibliche Hauptperson Lotte, denn von diesem geliebtesten Namen konnte er sich nicht trennen; die beiden wichtigsten Männer hießen Albert und Werther; der Schauplatz war Wetzlar und das Land ringsum. Einige Freunde lasen die Handschrift und waren ergriffen davon. Sie ward gedruckt; zur Herbstmesse sollte das Buch herauskommen. Kurz vorher sandte Goethe einen der ersten fertigen Abdrücke an Kestners. Er glaubte ihnen eine recht große Freude zu machen: »Lotte, wie lieb mir das Büchelchen ist, magst Du im Lesen fühlen!«

Letzte Begegnung von Werther und Lotte. Sein »Werther« brachte Goethe beinahe um die Freundschaft mit Charlotte Buff, verheiratete Kestner. Kupferstich von Charles Knight, 1784

Der Poet ist oft mit einem Berauschten verglichen worden. Hier hatte Goethe in seiner Trunkenheit nicht bedacht, daß kein Zartsinniger mit seinen innern, häuslichen Angelegenheiten vor fremde Gaffer und Krittler gezerrt werden mag, und daß wir unser Abbild, wenn es ja öffentlich ausgestellt werden muß, nur insofern ertragen können, als es richtig ist. Jeder fremde Zug ist uns widerwärtig, zumal wenn er uns minder schön erscheinen läßt, als wir zu sein glauben. Goethe erfuhr nun sehr bald, daß seine Art, Dichtung und Wahrheit zu verflechten, bei den Betroffenen Ärgernis erregte. Und doch hielt der tief gekränkte Kestner mit seinem Tadel noch sehr an sich; er zweifelte ja nicht an des Freundes Wohlmeinen. So schrieb er:

Euer ›Werther‹ würde mir großes Vergnügen machen können, da ich mich an manche interessante Scene und Begebenheit erinnern könnte; so aber, wie er da ist, hat er mich in manchem Betracht schlecht erbaut. Ihr wißt, ich rede gern, wie mir ist.

Ihr habt zwar in jede Person etwas Fremdes gewebt oder mehrere in eine geschmolzen: Das ließ' ich schon gelten. Aber wenn Ihr bei dem Verweben und Zusammenschmelzen Euer Herz ein wenig mitraten lassen, so würden die wirklichen Personen, von denen Ihr Züge entlehnet, nicht dabei so prostituiert sein. Ihr wolltet nach der Natur zeichnen, um Wahrheit in das Gemälde zu bringen, und doch habt Ihr soviel Widersprechendes zusammengesetzt, daß Ihr gerade Euren Zweck verfehlt habt. Der Herr Autor wird sich hiergegen empören, aber ich halte mich an die Wirklichkeit und an die Wahrheit selbst, wenn ich urteile, daß der Maler gefehlt hat.

Der wirklichen Lotte würde es in vielen Stücken leid sein, wenn sie Eurer da gemalten Lotte gleich wäre. Ich weiß es wohl, daß es eine Komposition sein soll: allein die H.[66], welche Ihr zum Teil mit hineingewebt habt, war auch zu Dem nicht fähig, was Ihr Eurer Heldin beimesset. Es bedurfte aber des Aufwandes der Dichtung zu Eurem Zwecke und zur Natur der Wahrheit gar nicht, denn ohne das eine Frau, eine mehr als gewöhnliche Frau, immer entehrende Betragen Eurer Heldin erschoß sich Jerusalem.

Die wirkliche Lotte, deren Freund Ihr doch sein wollt, ist in Eurem Gemälde, das zuviel von ihr enthält, um nicht auf sie stark zu deuten, ist, sag' ich – – doch nein, ich will es nicht sagen: es schmerzt mich schon zu sehr, da ich's denke. Und Lottens Mann! Ihr nanntet ihn Euren Freund, und Gott weiß, daß er es war – ist mit ihr – –

Und das elende Geschöpf von einem Albert! Mag es immer ein eigenes, nicht kopiertes Gemälde sein sollen, so hat es doch von einem Original wieder solche Züge (zwar nur von der Außenseite und, Gott sei's gedankt, nur von der Außenseite), daß man leicht auf den wirklichen fallen kann. Und wenn Ihr ihn so haben wolltet, mußtet Ihr ihn zu so einem Klotze machen, damit Ihr etwa auf ihn stolz hintreten und sagen könntet: seht was ich für ein Kerl bin!

Goethe war überrascht, betroffen, niedergeschmettert. Er verteidigte sich nicht, sondern bat um Verzeihung, und mehr noch um Geduld. Da er sein Werk in bester Gesinnung gegen seine Freunde geschrieben hatte, konnte es ihnen doch unmöglich schaden?

Ja, meine Besten, ich, der ich so durch Lieb' an Euch gebunden bin, muß noch Euch und Euern Kindern ein Schuldner werden für die bösen Stunden, die Euch meine – nennt's wie Ihr wollt – gemacht hat. Haltet, ich bitt' Euch, haltet stand! Gott im Himmel, man sagt von dir: du kehrest Alles zum besten.

Unterdessen war das Buch ausgegeben: es erregte mehr Aufsehen als irgend ein deutsches Buch vorher, mehr Bewunderung sogar als Klopstocks erste Messias-Gesänge. Und namentlich ward die Lotte von den Lesern geliebt und verehrt, und dadurch fühlte sich nun der Dichter vor seinen beleidigten Freunden gerechtfertigt. Kestner schrieb ihm freundlicher; Goethe erwiderte ihm so herzlich wie immer, aber stolzer und siegesgewisser.

Nur in der Darstellung von Lottens Gatten fühlte er sich noch schuldig; er versprach ihm ein neues Buch zu seiner Ehrenrettung; unterdessen ehrte er den wackeren Kestner durch das stärkste Geständnis:

Wenn ich noch lebe, so bist Du's, dem ich's danke.

❧

Zu gleicher Zeit sah Goethe das Ehe-Elend der armen Maxe noch weiter mit an, zumeist aus der Ferne, denn er mied ihr Haus; aber er erfuhr doch Manches, das ihm das Herz schwer machte. Am dritten Ort, im Konzert, bei gemeinsamen Freunden, sprach er zuweilen mit ihr. Er konnte dazu helfen, daß sie eine Zeit lang zu ihrer Erholung bei der Mutter und sonst am Rhein weilen durfte; aber auch dort wurde ihr die Stimmung durch das Bewußtsein, an Brentano gekettet zu sein, verdorben. Die Geheimderätin La Roche verzweifelte fast, wenn sie sich sagte, daß sie diese Ehe gestiftet hatte, und suchte die Schuld auf ihre Berater und Gehülfen zu schieben.

O Goethe, wohin, ach wohin hat mich der Aberglaube an Freundschaft, an Edelmütigkeit und Tugend geführt! Die bestätigte Vergiftung des Papstes[67] hat mich wünschen machen, daß der Ehrgeizige, dem das arme Kind im Weg zu sein schien, auch eher dieses Mittel möchte ergriffen haben, ehe das unglückliche Band von den Händen geknüpft wurde, die meine Max elend und meine andern Kinder um so viel ärmer machten und mir zuerst, dann noch dem La Roche das Herz brach. …

O Goethe, Gift ist ein Labetrunk dagegen! Ruhe und Glück meines Herzens ist ermordet. ...

Verzeihen Sie mir Dieses! Heute lag ein ganz schweres, schwarzes Gewicht auf mir. Ich mußte die Pressung meines Herzens über der Hand eines Freundes ausweinen. Mißgönnen Sie mir's nicht und zürnen Sie nicht, daß ich Sie wählte!

Der junge Dichter erhielt diesen Aufschrei der bereuenden Mutter gerade, als er selber unter den Vorwürfen der gekränkten Freunde in Hannover litt. Er mußte sich selber wie die Briefschreiberin ermahnen, an eine bessere Zukunft zu glauben.

VIII. In Frankfurt. Neujahr bis November 1775.

Goethe um 1775.
Relief von Johann Peter Melchior

Wenn Goethe am Neujahrstage 1775 auf das verflossene Jahr zurückblickte, so konnte er als dessen Gewinn seinen jungen Ruhm und viele neue Bekanntschaften mit Männern von Bedeutung buchen. Die Jacobis in Düsseldorf, die er vor kurzem noch verspottet, waren ihm jetzt Freunde; er war mit Wieland ausgesöhnt; mit Bürger wechselte er Briefe; Lavater und Basedow hatten ihn besucht, ebenso Boje, der Herausgeber des Musen-Almanachs, und auch der Angesehenste auf dem deutschen Parnaß, Klopstock, war bei seinen Eltern abgestiegen, als er auf einer Reise nach Karlsruhe durch Frankfurt kam. Karl v. Knebel, ein Dichter und Dichterfreund, seit kurzem weimarischer Hofkavalier, hatte ihn mit dem Erbprinzen Karl August von Weimar zusammengeführt, und so waren viele neue Verbindungen entstanden, die Folgen haben mußten. Ein paar von diesen Freundschaften waren so zärtlich und innig, daß sie ihn kräftigten und beseligten wie Frauenliebe. Die Verhältnisse zu Lavater und Fritz Jacobi waren beinahe mehr Liebschaften als Männerfreundschaften.

Der Fünfundzwanzigjährige hatte die Vollkraft erreicht und war sich ihrer bewußt. Mit zwei ganz verschiedenartigen Werken hatte er die Lesenden und Fühlenden im Publikum zur Bewunderung gezwungen. In seinem Pulte lag noch eine Menge Handschriften, die wiederum ganz verschieden von den vorigen Werken waren, und in seinem Kopfe gärten noch viele Pläne zu Gedichten, Romanen, Possen, Trauerspielen und Opern. Die größten oder merkwürdigsten Menschen der Vergangenheit waren lebendig in seiner Vorstellungswelt und verlangten Verkörperung von ihm: Prometheus, Caesar, Mahomet, der ewige Jude, Doktor Faustus. Dazu kamen dann die Gedanken und Eindrücke, die der Tag von Nah und Fern bringt, das Mitleben mit den Freunden, die Hülfe an ihren Werken – so bei Lavater, Salzmann, Jung-Stilling und der Sophie v. La Roche – kein

Neue Freunde

Wunder, daß ihm all das Treiben zuweilen ein Gebraus in seinem Gehirn machte, daß er hastig wurde oder »so huy«, wie er es nannte, daß er den Freunden oft nur halbe Sätze, halbe Gedanken und halbe Nachrichten hinwarf, daß auch seine Dichtungen gewöhnlich nur als Bruchstücke auf das Papier kamen.

»So geht's mit mir, immer unterst oder öberst« bezeichnete er selber seinen Zustand oder: »ich war sehr dumm und toll« oder: »ich brüte über allerlei Eiern, worunter auch Kuckucke und Basilisken« oder: »ich tanze auf dem Drahte, fatum congenitum [68] genannt, mein Leben so weg« oder: »mir ist, als wenn ich auf Schrittschuhen zum erstenmal allein liefe und tummelte auf dem Pfade des Lebens und sollte schon um die Wette laufen um Das, wohin meine Seele strebt.«

In seinem Zustande gab es jetzt wie früher einen bösen oder kranken Punkt. Auch sein Dichtererfolg änderte nichts an der Tatsache, daß er unter den Mitbürgern als ein Unfertiger, als ein Jüngling ohne Amt und Beruf dastand, der aus seines Vaters Tasche lebte, der bei all seinen Talenten nicht wußte, womit er zugleich sein Brot gewinnen, seinen Mitmenschen nützlich werden und doch auch seinen Neigungen genugtun könnte. Und wie er keinen Beruf ergriff, so brachte er es auch nicht fertig, sich für ein Mädchen als seine Lebensgenossin zu entscheiden. Seine Freunde Herder, Kestner, Schlosser berichteten glückselig über die ersten Buben und Mädel ihrer Weibchen; er aber war noch der Haussohn. Unter seinen vielen Gaben fehlte leider die Fähigkeit, einen Entschluß zu fassen.

So voll er den Kopf hatte, fühlte er doch oft genug die Leere des Herzens. Lotte Kestner stand nach der unerwünschten Umstrahlung, die er ihr bereitet, ihm merklich ferner als vorher. Sie war ihm nicht böse; wenn man auf diesen Freund zu reden kam, errötete sie, scheute sich aber nicht, die Unterredung fortzuführen und viel Gutes von Goethe zu sagen. Dieser aber hatte nicht mehr wie sonst eine reine Freude im Denken an sie. Die unglückliche Maxe verlangte nach ihm; aber er hatte sich und ihr geschworen, daß er ihr Haus nicht betreten würde, bis sie erklären konnte, daß sie mit ihrem Gatten gut lebe und ihm eine treue Hausfrau und Kindererzieherin sein wolle. Bisher konnte ihm Brentano keinen Vorwurf mit Recht machen, und er wollte seinen Schild gegen diesen Mann rein erhalten. Eine einzige Nah-vertraute hatte er jetzt: Johanna Fahlmer, die seit zwei Jahren in Frankfurt bei ihrer tauben Mutter lebte; sie war fünf Jahre älter als er; an seinen fertigen und entstehenden Gedichten nahm sie den größten Anteil; oft war sie seine Abschreiberin. »Häßlich, aber artig, verständig, wohlgebaut und nett gekleidet«: so zeichnet sie ein Reisender in seinem Tagebuche. Sie war eine von Denen, die man nicht zu Heldinnen, sondern zu Mitwisserinnen von Liebeserlebnissen wählt.

Das neue Liebes-Erlebnis brachte dem verwaisten Herzen bald nach Neujahr die Karnevalszeit. Der eigenwillige Dichter, der sonst Alles auf eine ganz besondere Weise tat, verliebte sich diesmal wie ein anderer junger Mann in eine der jüngsten, schönsten, fröhlichsten und wohlhabendsten Tänzerinnen. Aber damit es doch nicht ganz mit rechten Dingen zugehe, verliebte er sich jetzt nicht nur in dies wirkliche Mädchen von Fleisch und Blut, sondern zugleich auch in eine Phantasiegestalt, die aus weiter Ferne in Briefen mit ihm sprach. Hinter dieser Zweiten stand zwar auch ein fühlendes, sehnendes Mädchen, aber von ihrer Leiblichkeit erreichte ihn nichts als der Schatten, den die Lampe auf die Wand wirft und ein Freund auf dem Papiere nachzieht. Eben deshalb konnte er dies Mädchen zu einer Phantasiegestalt umschaffen, alle störende Prosa wegdenken und sein Verlangen nach reiner, uneigennütziger Liebe bei ihr stillen.

Sie schrieb ihm zuerst, ohne sich zu nennen, durch einen gemeinsamen Freund; sie dankte ihm für seine poetischen Schöpfungen und fragte nach seinem Zustande: die Art aber, wie sie zu ihm redete, entzückte ihn. Seine Antwort zeugte deutlich von der Spannung, Überspannung, in der er lebte.

Meine teure – ich will Ihnen keinen Namen geben: denn was sind die Namen Freundin, Schwester, Geliebte, Braut, Gattin oder ein Wort, das einen Komplex von allen den Namen begriffe, gegen das unmittelbare Gefühl, zu dem – – –

Ich kann nicht weiter schreiben. Ihr Brief hat mich in einer wunderlichen Stunde gepackt. Adieu, gleich den ersten Augenblick!

Ich komme doch wieder. Ich fühle, Sie können ihn tragen, diesen zerstückten, stammelnden Ausdruck, wenn das Bild des Unendlichen in uns wühlt. Und was ist Das als Liebe? Mußte Er Menschen machen nach seinem Bilde, ein Geschlecht, das ihm ähnlich sei: was müssen wir fühlen, wenn wir Brüder finden, unser Gleichnis, uns selbst verdoppelt!

Und so soll's weg! So sollen Sie's haben, dieses Blatt. Obiges schrieb

Gräfin Auguste zu Stolberg

ich wohl vor acht Tagen, unmittelbar auf den Empfang Ihres Briefes. Haben Sie Geduld mit mir! Bald sollen Sie Antwort haben. Hier indes meine Silhouette. Ich bitte um die Ihrige, aber nicht ins kleine: den großen, von der Natur genommenen Riß bitt' ich. Adieu, ein herzliches Adieu. Frankfurt, den 26. Januar 1775.

Der Brief ist wieder liegen geblieben. O haben Sie Geduld mit mir! Schreiben Sie mir, und in meinen besten Stunden will ich an Sie denken. Sie fragen, ob ich glücklich bin? Ja, meine Beste, ich bin's; und wenn ich's nicht bin, so wohnt wenigstens all das tiefe Gefühl von Freud und Leid in mir. Nichts außer mir stört, schiert, hindert mich. Aber ich bin wie ein klein Kind, weiß Gott! Noch einmal Adieu!

Sehr bald hatte er auf diese erregten Sätze eine große Antwort, und nun verriet ihm auch der Vermittler den Namen der Briefschreiberin. Sie war ein junges Fräulein aus dem alten Reichsgrafengeschlechte v. Stolberg. Manchmal hielt sie sich in Hamburg in der Nähe Klopstocks auf, zumeist wohnte sie in dem holsteinischen Städtchen Utersen oder vielmehr in einem nahegelegenen Kloster, wo sie Stiftsdame war; sie zählte jetzt einundzwanzig Jahre und war von zarter Gesundheit. Die beiden Grafen Stolberg, die kürzlich in Göttingen studiert und sich mit den dortigen Dichtern verbündet hatten, waren ihre Brüder; eine Schwester war an den dänischen Minister Grafen Andreas Peter Bernstorff verheiratet; zwei andere waren noch ledig wie sie.

Am 13. Februar schrieb ihr Goethe zum zweiten Male; es war ihm eine Lust, seinen Zustand vor dieser liebenden Unbekannten auszubreiten.

Wenn Sie Sich, meine Liebe, einen Goethe vorstellen können, der im galonierten Rock, sonst von Kopf zu Fuß auch in leidlich konsistenter Galanterie, umleuchtet vom unbedeutenden Prachtglanze der Wandleuchter und Kronenleuchter, mitten unter allerlei Leuten, von ein paar schönen Augen am Spieltische gehalten wird, der in abwechselnder Zerstreuung aus der Gesellschaft ins Konzert und von da auf den Ball getrieben wird und mit allem Interesse des Leichtsinns einer niedlichen Blondine den Hof macht: so haben Sie den gegenwärtigen Fastnachts-Goethe, der Ihnen neulich einige dumpfe, tiefe Gefühle vorstolperte, der nicht an Sie schreiben mag, der Sie auch manchmal vergißt, weil er sich in Ihrer Gegenwart ganz unausstehlich fühlt.

Aber nun gibt's noch einen: Den im grauen Biber-Frack, mit dem braunseidnen Halstuch und Stiefeln, der in der streichenden Februarluft schon den Frühling ahndet, dem nun bald seine liebe weite Welt wieder geöffnet wird, der immer in sich lebend, strebend und arbeitend, bald die unschuldigen Gefühle der Jugend in kleinen Gedichten, das kräftige Gewürze des Lebens in mancherlei Dramas, die Gestalten seiner Freunde und seiner Gegenden und seines geliebten Hausrats mit Kreide auf grauem Papier, nach seiner Maße, auszudrücken sucht, weder rechts noch links fragt: was von Dem gehalten werde, was er machte, weil er arbeitend immer gleich eine Stufe höher steigt, weil er nach keinem Ideale springen, sondern seine Gefühle sich zu Fähigkeiten, kämpfend und spielend, entwickeln lassen will: Das ist Der, dem Sie nicht aus dem Sinne kommen, der auf einmal am frühen Morgen einen Beruf fühlt, Ihnen zu schreiben, dessen größte Glückseligkeit ist, mit den besten Menschen seiner Zeit zu leben.

Hier also, meine Beste, sehr mancherlei von meinem Zustande! Nun tun Sie desgleichen und unterhalten mich von dem Ihrigen: so werden wir näher rücken, einander zu schauen glauben – denn Das sag ich Ihnen voraus, daß ich Sie oft mit viel Kleinigkeit unterhalten werde, wie mir's in Sinn schießt.

Noch Eins: was mich glücklich macht, sind die vielen edlen Menschen, die von allerlei Enden meines Vaterlands zwar freilich unter viel Unbedeutenden, Unerträglichen, in meine Gegend, zu mir kommen, manchmal vorübergehen, manchmal verweilen. Man weiß erst, daß man ist, wenn man sich in Andern wiederfindet.

Ob mir übrigens verraten worden, wer und wo Sie sind, tut nichts zur Sache. Wenn ich an Sie denke, fühl' ich nichts als Gleichheit, Liebe, Nähe! Und so bleiben Sie mir, wie ich gewiß auch durch alles Schweben und Schwirren durch unveränderlich bleibe. Recht wohl – ! Diese Kußhand – Leben Sie recht wohl!

»Die niedliche Blondine«, die mit ihren schönen dunkelblauen Augen den »Fastnachts-Goethe« an die Stätten der geselligen Lust lockte und ihn »unter allerlei Leuten«, denen er sonst aus dem Weg gegangen wäre, festhielt, stand erst im siebzehnten Jahre; sie hieß Elisabeth (für gewöhnlich Liese) Schönemann und gehörte zu einer reformierten Kaufmannsfamilie niederländischen und französischen Blutes. Ihr Vater war längst tot; ihre tatkräftige Mutter stand mit einem Teilhaber dem Hause – einem Bankgeschäfte – vor, bis die

Lilli Schönemann

Lilli Schönemann: die erste Frau, um deren Hand Goethe anhielt – und sie nicht bekam. Pastell, 1782

Söhne Erfahrung genug hatten. Es waren vier Söhne neben der einzigen Tochter; alle wurden sehr gut erzogen. Liese hatte die besten Lehrer gehabt; sie zeichnete recht hübsch, sang mit lieblicher Stimme und spielte das Klavier zu allgemeiner Bewunderung. Als einzige Tochter hatte sie früh im Haushalt und in der häuslichen Gesellschaft recht viele Aufgaben; für gewöhnlich lebte man zwar einfach, der Sitte und Lehre der frommen Vorfahren getreu; aber man bewohnte doch ein großes, sehr fein eingerichtetes Haus, in dem schon des Geschäfts wegen viele Gäste freundlich bewirtet wurden. Die siebzehnjährige Demoiselle Schönemann war in großer Gesellschaft wie zu Hause; ihr Geschick, mit allen Menschen umzugehen, mußte man anstaunen. Ja, dies Kind stand bereits in Gefahr, eben durch die Gewöhnung an die große Gesellschaft, die Menschen geringzuschätzen und von der Welt keine Freuden mehr zu erwarten.[69]

In diesem Hause, am Kornmarkte ward Goethe eingeführt; die vielen Festlichkeiten der Jahreszeit brachten ihn sogleich häufig mit dem schönen Mädchen zusammen; sie zog ihn an. Nun schmückte er sich, kleidete sich vorschriftsmäßig und machte auf einmal den feinen und galanten Mann, um »Lilli«, wie er statt des unpoetischen »Liese« sagte, zu sehen und ihr zu gefallen. Und er wunderte sich über sich selber.

> Herz, mein Herz, was soll Das geben?
> Was bedränget dich so sehr?
> Welch' ein fremdes, neues Leben!
> Ich erkenne dich nicht mehr!
> Weg ist Alles, was du liebtest,
> Weg, worum du dich betrübtest,

Weg dein Fleiß und deine Ruh:
Ach wie kamst du nur dazu?

Fesselt dich die Jugendblüte?
Diese liebliche Gestalt?
Dieser Blick voll Treu und Güte
Mit unendlicher Gewalt?
Will ich rasch mich ihr entziehen,
Mich ermannen, ihr entfliehen:
Führet mich im Augenblick,
Ach, mein Weg zu ihr zurück!

Und an diesem Zauberfädchen,
Das sich nicht zerreißen läßt,
Hält das liebe, lose Mädchen
Mich so wider Willen fest.
Muß in ihrem Zauberkreise
Leben nun auf ihre Weise!
Die Verändrung, ach, wie groß!
Liebe, Liebe, laß mich los!

Er wehrte sich zeitweise ehrlich gegen diese Gefangenschaft. Mit Verdruß fühlte er in sich zwei Seelen im Kampfe: die eine ungebundene, frei schweifende Verächterin der Philisterwelt und die andere nach Liebe verlangende, den Eisengittern zustrebende, wohinter die ordentlichen Leute Futterstelle und Lager haben. Auch seine Freunde sahen seine neue Doppelnatur, die ihn noch seltsamer machte. Der Maler Kraus, mit dem er durch seine Neigung zu den bildenden Künsten jetzt viel zusammenkam, schilderte ihn gegen Bertuch in Weimar ganz ähnlich, wie Goethe selber sich der »teuren Ungenannten« dargestellt hatte.

Goethe ist jetzo lustig und munter in Gesellschaften, geht auf Bälle und tanzt wie rasend, macht den Galanten beim schönen Geschlecht: Das war er sonsten nicht! Doch hat er noch immer seine alte Laune. Im eifrigsten Gespräch kann ihm einfallen, aufzustehen, fortzulaufen und nicht wieder zu erscheinen. Er ist ganz sein, richtet sich nach keiner Menschen Gebräuchen: wenn und wo alle Menschen in feierlichen Kleidern sich sehen lassen, sieht man ihn im größten Negligee und ebenso im Gegenteil.

Dieser Sonderling empörte sich jetzt nicht eigentlich gegen das blutjunge Geschöpf, das ihn zur Liebe zwang, sondern gegen die Menschen, die sie umgaben und von denen sie abhing, gegen diese Kaufleute und ihr Frauenvolk, die so sicher wußten, was klug und praktisch ist und was sich ziemt, die ihre heiligen Anstandsgesetze hatten und jeden andern Stolz mit ihrem Geldstolz niederzwingen konnten, in ihrem Kreise nämlich, ach! in Lillis Kreise. Das Mädchen selbst war schlicht und wahr, ein Naturkind; warum hatte sie das Schicksal in diese zwar sehr ehrenwerte und doch auch so unangenehme Menschenklasse versetzt? Und was suchte er, der Bär, der Hurone, unter diesen ordentlichen Leuten?
Warum ziehst du mich unwiderstehlich

>   Ach! in jene Pracht?
>   War ich guter Junge nicht so selig
>   In der öden Nacht?
>
>   Heimlich in mein Zimmerchen verschlossen,
>   Lag im Mondenschein,
>   Ganz von seinem Schauerlicht umflossen,
>   Und ich dämmert' ein.
>
>   Träumte da von vollen, goldnen Stunden
>   Ungemischter Lust!
>   Ahndungsvoll hatt' ich dein Bild empfunden
>   Tief in meiner Brust.
>
>   Bin ich's noch, den du bei soviel Lichtern
>   An dem Spieltisch hältst?
>   Oft so unerträglichen Gesichtern
>   Gegenüberstellst?

Er suchte Brücken zu schlagen zwischen Lillis und seiner Welt und führte sie mit den Seinen zusammen, z. B. mit »Tantchen« Fahlmer, der frei denkenden, weit blickenden Dichterfreundin. Auch bat er diese ältere Freundin, ihn in jene Gesellschaft zu begleiten. »Ich hoffe sie in unsern Kreis zu zieh« schrieb er ihr am 5. März: »ganz übel kann's Ihnen nicht drinne sein! Lilli ist gar lieb und hat Sie herzlich wert.« Und bald danach: »Liebe Tante, auf den Sonntag! Nehmen Sie das Mädchen an Ihr Herz: es wird Euch beiden wohltun!«

Er fühlte deutlich genug, daß er die schöne Lilli tiefer liebte als je ein Mädchen vor ihr; aber er wußte nicht, was daraus werden sollte. »Gott weiß, ich bin ein armer Junge!« klagte er gegen seine neue Seelenschwester im fernen Holstein. Und erzählte ihr:

Den 28. Februar haben wir getanzt, die Fastnacht beschlossen; ich war mit von den Ersten im Saale, ging auf und ab, dachte an Sie. Und dann: viel Freud' und Lieb' umgab mich. Morgens, da ich nach Hause kam, wollt' ich Ihnen schreiben, ließ es aber und redete viel mit Ihnen. Was soll ich Ihnen sagen, da ich Ihnen meinen gegenwärtigen Zustand nicht ganz sagen kann, da Sie mich nicht kennen. Liebe, Liebe, bleiben Sie mir hold! Ich wollt', ich könnt' auf Ihrer Hand ruhen, in Ihrem Aug' rasten. Großer Gott, was ist das Herz des Menschen!

Lilli hatte nächste Verwandte in Offenbach, die d'Orvilles und Bernards, und war von Kindheit auf in der Sommerzeit oft und lange bei ihnen zu Besuch; Goethe konnte sich dort bei einem guten Bekannten, dem Seidenfabrikanten und Komponisten Johann André einquartieren, der gleichfalls zur französisch-reformierten Kolonie gehörte. Hier in den großen Gärten und auf Spaziergängen durch die Felder oder am Flusse entlang waren die Liebenden öfter allein, sprachen sie freier, verbanden sie sich noch inniger als früher in der Winterlust der Stadt. Schon am 7. März begann Goethe diese Ausflüge nach Offenbach, und der Monat war noch nicht zu Ende, als er dem Herderschen Paare eine Andeutung über das Ende seiner Junggesellen-Einsamkeit machte:

Es sieht aus, als wenn die Zwirnsfäden, an denen mein Schicksal hängt und die ich schon so lange in rotierender Oszillation auf- und zutrille, sich endlich knüpfen wollten.

Johanna Fahlmer blieb dabei seine Vertraute, denn sie lobte sein Mädchen mit ihm. »Ja, Tante, sie war schön wie ein Engel« antwortete er ihr einmal. »Und lieber Gott, wieviel ist sie noch besser als schön!« Und liebkosend wandte sich sein Herz alltäglich zu diesem süßen, fröhlichen Kinde:

> Reizender ist mir des Frühlings Blüte
> Nun nicht auf der Flur!
> Wo du, Engel, bist, ist Lieb' und Güte,
> Wo du bist, Natur!

Aber ach, daß dem Menschen nie und nirgends ein reines Glück gegönnt ist! Die beiden jungen Menschen liebten sich und fühlten sich beseligt durch einander; aber die Eltern, die Oheime, die Tanten, die Bekannten knüpften an ihre Herzenswonne die Heiratsfrage, bedachten und besprachen das Für und Wider. Goethe war nicht der Erste und Einzige, der die schöne und reiche Tochter begehrte. Demoiselle Schönemann hatte eigentlich nicht nötig, einen Lutherischen zu heiraten, mit dessen Christentum es wohl überhaupt nicht in Ordnung war. Auch konnte die Kaufmannstochter bei einem wohlhabenden Kaufmann eine behaglichere Stätte finden als bei diesem Poeten, über dessen künftigem Beruf und Erwerb noch ein Nebel lag. Solche Einwände spürten namentlich der Vater und die Mutter des Bräutigams, und sie hingegen wünschten sich keine durch Reichtum verwöhnte Schwiegertochter, die in ihr Haus neue Sitten und eine Kaufmannsgesellschaft einführte. Der Liebhaber selber hatte ja kein Verlangen, in diese Kreise einzutreten und in ihrem Sinne ein vernünftiges Leben zu führen! Wenn er Lilli unter den Ihrigen sah, kam sie ihm selber zuweilen als eine Fremde vor. Oder vielmehr: er fühlte sich als der Fremde; seine üble Laune, die er dann nicht unterdrücken konnte, war ganz fehl am Platze, denn er war hier der Eindringling, das Tier aus dem Walde, das sich in die Straßen der Stadt verlaufen hatte. Dann suchte er sich loszureißen und riß sich auch wohl los: fragte sich nur, auf wie lange! Herders hatten seine Andeutung verstanden und beglückwünschten ihn schon zum Bräutigamsstande. Er wehrte ab; es war um den 12. Mai:

Dem Hafen häuslicher Glückseligkeit und festem Fuße in wahrem Leid und Freud der Erde wähnt' ich vor kurzem näherzukommen, bin aber auf eine leidige Weise wieder hinaus ins weite Meer geworfen.

❧

In diesem Schweben und Schwanken, dem Angezogen- und Abgestoßenwerden, dem Verlangen und Verzichten, in dieser Krankheit des Herzens sah er keinen Ausweg, denn ein kräftiges »Ich will« der

einen oder andern Art war ihm eben versagt. Dagegen entsprach
seiner Natur und seinem Zustande das Hinfristen und Aufschieben.
Der beginnende Sommer legte den Gedanken an eine Reise nahe. Es
war Zeit, daß er seine Schwester einmal besuchte und ihr erstes
Kindchen begrüßte. Sie wohnte jetzt in Emmendingen, wo Schlosser
als Amtmann regierte; der Weg dahin führte über Darmstadt, Mannheim, Karlsruhe, Straßburg, in allen diesen Städten würden alte und
neue Freunde sich seines Besuches freuen. Gerade als er diesen
Gedanken erwog, meldete Auguste Stolberg die demnächstige
Ankunft ihrer Brüder, die die Schweiz besuchen wollten; ihre Nachricht war wie ein Lichtstrahl, der im Dunkeln den Weg zeigt.

*Ach Gott, Ihre Brüder kommen, unsere Brüder, zu mir! Liebe Schwester,
das liebe Ding, was sie Gott heißen (oder wie's heißt), sorgt doch sehr für
mich. Ich bin in wunderbarer Spannung, und es wird mir so wohl tun,
sie zu haben!*

Die Grafen Christian und Fritz Stolberg trafen am 12. Mai ein;
einige Tage vorher war schon der junge Baron Kurt v. Haugwitz,[70]
ein Schlesier, in Frankfurt angelangt, um sich hier mit ihnen zu treffen. Goethe verbrüderte sich mit allen Dreien in den ersten Stunden.
»Er ist bis zum Ungestüm lebhaft« urteilte Christian Stolberg über
ihn, »aber auch aus dem Ungestüm blickt das zärtlich liebende Herz
hervor; die Fülle der heißen Empfindung strömt aus jedem Wort,
aus jeder Miene.« Sogleich war auch der Plan ausgesprochen und
angenommen, daß Goethe seine Reise zur Schwester mit der größeren Reise der drei Edelleute verbinden müsse.

Am 15. Mai ging es denn auch dem Süden zu. »Wir Vier sind bei
Gott eine Gesellschaft, wie man sie von Peru bis Indostan umsonst
suchen könnte« schrieb wieder Christian Stolberg. »Das macht uns
herrliche Freuden, daß wir mit Goethe reisen: es ist ein wilder,
unbändiger, aber sehr guter Junge; voll Geist, voll Flamme.«

In Darmstadt ward Merck aufgesucht; in Karlsruhe sah Goethe
den weimarischen Herzog Karl August wieder und ward seiner Braut,
der Prinzessin Luise von Darmstadt, vorgestellt; in Straßburg suchte
er den schwärmenden Dichter Lenz und namentlich den älteren
Freund Salzmann auf. Überall ging es sehr lustig zu; die jungen
Männer fühlten sich wie berauscht, auch wenn sie keinen Wein
getrunken hatten, und Goethe verglich sich selber mit einem durch-

gebrochenen Bären, einer entlaufenen Katze.

Dann aber, mitten in der Genie-Reise, folgten für ihn ernste Tage in Emmendingen; die Schwester fühlte sich in der ländlichen Einsamkeit nicht glücklich. Und leider auch in der Ehe nicht, so achtenswert ihr Mann auch war. Sie kränkelte an Leib und Seele, und der Bruder erkannte und fühlte im Innersten, daß dieses ihm nächstverwandte weibliche Wesen zum Ehestande nicht geschaffen war. Ihr Leben war durch die Verbindung mit dem bravsten Manne verdorben! Würde er selber nicht auch neben dem besten Weibe unglücklich werden? Taugte er für die Gebundenheit des Ehestandes, des Hausvaterstandes? Durfte er Versprechungen leisten auf Lebenszeit? Er, der Unstäte, der Wandelbare, der in seiner Brust ein immer neues Gären und Entstehen fühlte? War er nicht in seiner Art ebenso krankhaft wie sie als Weib?

Und wenn ihn seine Unruhe, seine rasche Entwicklung hinderte, einer Geliebten treu zu bleiben, war er denn überhaupt im stande, eine Einzige so zu lieben, wie jede Frau geliebt sein will, nämlich als Einzige, mit Ausschließung der andern Schönen und Liebenswerten! Er hatte es schon öfters erfahren, daß gerade dann, wenn eine neue Gestalt ihn zu bezaubern anfing, er auch viel zärtlicher als sonst seiner letzten Herrin gedachte, oder daß er jetzt eine Freundin, die ihn bisher nicht beunruhigte, gern mit zärtlichen Worten überschüttet hätte. Vielleicht kann man treu sein, wenn Gott Amor in uns schläft; erwacht er aber, geht unser Herz auf, da nimmt es doch wohl alles Liebliche wahr, das sich ihm zeigt, wie das Auge des Reisenden jetzt freudetrunken auf grünen Matten und blauen Fernen, gleich danach aber auf schroffen Felsen verweilt, von denen die Gießbäche stürzen. Es ist gegen die Natur, daß ein herrliches Mädchen nur von einem Manne bewundert und begehrt werde, und es ist ebenso wider die Natur, daß ein Mann alle Bedürfnisse seiner Seele an einem Weibe befriedige, denn die Beste ist doch noch ein eingeschränktes Wesen, das nur einen Teil von uns zu fassen, zu sättigen vermag. So hatte Goethe erst kürzlich als Lillis Liebhaber erfahren, daß ein armes, schönes Mädchen in Offenbach, Lotte Nagel, ihn anzog, seine Gedanken beschäftigte, ihn verliebt stimmte. Er hatte die beiden Grafen Stolberg zu ihr geführt, und jetzt auf der Reise wandte er sich im Geiste gegen sie und sprach seine innersten Gedanken ihr aus:

Lottchen, wer kennt unser Sinnen?
Lottchen, wer kennt unser Herz?

Ist nicht das zärtliche Herz in dieser Welt wie in einer Fremde?

Ach, es möchte gern gekannt sein, überfließen
In das Mitempfinden einer Kreatur
Und vertrauend, zwiefach nun genießen
Alles Leid und Freude der Natur.
Und da sucht das Aug' oft so vergebens
Rings umher und findet Alles zu.
So vertaumelt sich der schönste Teil des Lebens
Ohne Sturm und ohne Ruh,
Und zu deinem ew'gen Unbehagen
Stößt dich heute, was dich gestern zog!
Kannst du zu der Welt Vertrauen tragen
Die so oft dich trog
Und bei deinem Weh' und Glücke
Blieb in eigenwill'ger starrer Ruh?
Sieh, da tritt der Geist in sich zurücke,
Und das Herze schließt sich zu.

❧

Die drei Edelleute waren über Basel in die Schweiz gegangen. Goethe nahm einen kürzeren Weg durch den Schwarzwald und über Schaffhausen nach Zürich, wo er sich mit ihnen wieder treffen, besonders aber seinen Freund Lavater überraschen wollte. Und er ging auch aus einem andern Grunde in die Schweiz: um sich noch weiter von der Heimat zu entfernen. »Denn noch, fühl' ich« schrieb er an Tante Fahlmer, »ist der Hauptzweck meiner Reise verfehlt, und komm' ich wieder, ist's dem Bären schlimmer als vorher.«

In Zürich entzückte ihn die herrliche Landschaft zu manchem jubelnden Ausruf; in Lavaters Häuslichkeit und Freundschaft war Alles warm und heimelig; er sah die Grafen und Haugwitz wieder, auch ein paar Frankfurter Landsleute, und dazu allerlei neue Menschen, berühmte und unberühmte. Man schwätzte, trank, wanderte, fuhr auf dem See herum: jeder Tag war ein Fest, wo einer die Erregung, die Lust des Andern steigerte. Zwischendurch dann ernste, ja traurige Stimmungen, Heimweh nach der Geliebten.

Namentlich Goethe war oft in der gleichen Viertelstunde lustig und betrübt, schmelzend und wütend.[71] Eines Morgens verfiel man bei einer Bootfahrt auf dem See auf das Dichten. Man trieb es als ein possenhaftes Spiel, bei dem z. B. die Reimworte zuerst niedergeschrieben und dann erst die Zeilen ausgefüllt wurden. Auch Goethe begann in der Frühstücksstimmung:

> Ohne Wein kann's uns auf Erden
> Nimmer wie dreihundert werden,
> Ohne Wein und ohne Weiber
> Hol der Teufel unsre Leiber!

Bald aber gewann die in der Nähe so liebliche und in der Ferne erhabene Landschaft die Übermacht in seiner Seele; er hatte oft das Gefühl, daß ihn diese Natur, dies Leben im Freien verjünge und eigentlich ernähre; er fühlte sich der Natur eingewachsen, wie ein Kind im Mutterleibe entsteht und heranwächst.

> Ich saug' aus meiner Nabelschnur
> Nun Nahrung aus der Welt.
> Und herrlich rings ist die Natur,
> Die mich am Busen hält!

> Die Welle wieget unsern Kahn
> Im Rudertakt hinauf,
> Und Berge, Wolken angetan,
> Entgegnen unserm Lauf.

Plötzlich stand Lilli vor seinem Geiste, während er eben noch, wenn sich die Wolken teilten, die Augen auf die silbernen Bergspitzen richtete:

> Aug' mein Aug', was sinkst du nieder?
> Goldne Träume, kommt ihr wieder?

War er hierher gekommen, um nach Frankfurt zurückzudenken?

> Weg du Traum, so Gold du bist!
> Hier auch Lieb und Leben ist!
> Auf der Welle blinken

> Tausend schwebende Sterne;
> Liebe Nebel trinken
> Rings die türmende Ferne.
>
> Morgenwind umflügelt
> Die beschattete Bucht,
> Und im See bespiegelt
> Sich die reifende Frucht.

Aber die Gedanken an das liebliche Mädchen ließen sich nicht verscheuchen. Und er ergab sich, blickte in die wechselnde Landschaft hinein und malte sich die blauäugige Geliebte dazu.

> Wenn ich, liebe Lilli, dich nicht liebte,
> Welche Wonne gäb mir dieser Blick!
> Und doch, wenn ich, Lilli, dich nicht liebte,
> Wär', was wär' mein Glück?

Das war am 15. Juni. In den folgenden Tagen unternahm er allein mit einem der Frankfurter Landsleute eine große Wanderung in's Hochgebirge, auf die Höhen am Vierwaldstätter See und auf den Gotthard.

In seiner Seele blieb es wie vorher; zuweilen schönstes Wetter.

Ein Tag, wie die ewigen Götter sich selbst erwählt, zu gehen.

Dann zeigten sich Wolkendrohungen am Himmel, während die Sonne noch lachte; seinem eigenen Herzen glich dies Schauspiel, und er fühlte im Innersten mit,

Daß es der Erde so sauwohl und so weh ist zugleich.

Und wie er weiter wanderte, kam ihm auf einmal der Vers;

Und die ewig verderbliche Liebe.

Woher hatte er diese Worte, diese große Behauptung? Er dachte an seine eigenen Erfahrungen, an Freunde und Freundinnen, junge und alte Paare und wiederholte leise:

Und die ewig verderbliche Liebe.[72]

Am 22. Juni stand er auf der Paßhöhe des Gotthard; hier beginnt der Weg, der nach Italien hinabführt. Er hatte in Zürich davon gesprochen, daß er vielleicht bis Mailand gehe. Nichts hinderte ihn, jetzt in das gelobte Land zu ziehen, denn der Vater hatte diese Reise immer für nötig gehalten. Aber er wandte sich um, heimwärts: Lilli war sein Ziel.

Eine eher mütterliche oder schwesterliche Liebe verband Barbara Schultheß mit Goethe. Pastell, um 1780

In Zürich wohnte er wieder bei Lavater, dessen »Wibele« den Gast gleichfalls recht gern hatte. Auch eine Freundin Lavaters, die Fabrikantenfrau Barbara Schultheß, die eben die Geburt ihres fünften Kindes erwartete, fing an, ihn zu lieben, nämlich in der halbmütterlichen Art, wie ihn die Klettenberg geliebt hatte und jetzt noch die Fahlmer es tat. Sie war vier Jahre älter als er, nicht schön, ohne weibliche Süße; sie sprach sehr wenig; was man unter feiner Bildung verstand, das Französeln und Komplimenteln, ging ihr ab. Sie trat also wie eine schlichte Bürgersfrau auf; führte ein rechtschaffenes, strenges, pflichtgetreues, frommes Leben; aber ihr Geist war wachsam und sie hatte für ungewöhnliche Menschen ein offenes Herz. »Sie ist mir Warnerin und Stab« bezeugte Lavater; auch Goethe fühlte sich bereichert, als diese Frau sowohl an seinem poetischen Schaffen wie an seinen menschlichen Erlebnissen einen ehrlichen Anteil nahm und wie eine ältere Schwester ihn in ihr Herz nahm.

Von Zürich ging's über Basel nach Straßburg. Dort lernte er den berühmten Arzt Zimmermann von Angesicht kennen, der eben aus Niedersachsen zu Besuch in seine schweizerische Heimat reiste. Beide hatten sich viel über ihren Freund Lavater und andere gemeinsame Schweizer Bekannten zu erzählen; namentlich gerieten sie tief in Lavaters neue Wissenschaft und Physiognomie, an deren Begründung sie beide sich eifrig beteiligten. Zimmermann hatte eine Menge Schattenrisse bei sich und zeigte sie Goethen, damit Dieser versuche, aus den Linien die Eigenschaften der Personen zu lesen. Unter anderen legte er ihm ein Blatt vor, auf dem die weimarische Baronin

v. Stein dargestellt war, mit der Zimmermann im Pyrmonter Bade sich gern unterhalten hatte, während Goethe bereits ihren Gatten kannte. Und Goethe schrieb unter dies Frauenbild:

Es wäre ein herrliches Schauspiel, zu sehen, wie die Welt sich in dieser Seele spiegelt. Sie sieht die Welt, wie sie ist, und doch durch's Medium der Liebe. So ist auch Sanftheit der allgemeinere Eindruck.

»Sehr gut!« urteilte Zimmermann, »wenn Sie den jungen Herzog in Weimar besuchen, werden Sie auch die Gattin seines Stallmeisters kennen lernen und sich überzeugen, daß Sie ihr Wesen ahnten.«[73]

Zimmermann gab ihm einige Blätter mit, daß er sie mit den Auslegungen an Lavater schicke; Goethe stellte Frau v. Stein neben Frau v. Branconi, die edle Geliebte des Erbprinzen von Braunschweig, und las die Bilder nach seiner Art;

Stein	**Branconi**
Festigkeit	Unternehmende Stärke
Gefälliges, unverändertes Wohnen des Gegenstandes	Scharf-, nicht Tiefsinn
Behagen in sich selbst	Reine Eitelkeit
Liebevolle Gefälligkeit	Feine verlangende Gefälligkeit
Naivität und Güte	Witz
Selbstfließende Rede	Ausgebildete Sprache, Wahl im Ausdruck
Nachgiebige Festigkeit	Widerstand
Wohlwollen	Gefühl ihrer selbst
Treu bleibend	Fassend und haltend
Siegt mit Netzen.	Siegt mit Pfeilen.

In Darmstadt traf er Herder und Karoline, die er seit ihrer Hochzeit nicht gesehen; am 22. Juli war er wieder in Frankfurt.

༺

Nach einer solchen Reise fühlte Goethe sein Mißverhältnis zur Heimat und ihrem Alltagsleben nur noch stärker. Ein Adler, der auf seinen Füßen trippeln soll, statt oben in den Lüften zu schweben, oder ein Hirsch im Käfig: mit ihnen hätte man diesen Unruhigen vergleichen können; er selber nannte Das, was seine Nächsten von ihm verlangten: »auf diesem Bassin herumzugondolieren und auf die Frösche- und Spinnenjagd mit großer Feierlichkeit auszuziehen.« Nicht als ob er durchaus unglücklich gewesen wäre! »Hundertmal wechselt›s mit mir den Tag.« Er fühlte höchstes Glück und tiefste Bedrücktheit. »Unseliges Schicksal, das mir keinen Mittelzustand erlauben will!« Wenn er nur klar vor sich hätte sehen können! Aber »Alles wirrt sich in einen Schlangenknoten.«

Bis zum Wahnsinn drohte dieser Umtrieb in seinem Kopfe anzuwachsen. »Ich bin ein Armer, Verirrter, Verlorener« klagte er; »es ist ein schrecklicher Zustand, die Sinnlosigkeit! In-der-Nacht-Tappen ist Himmel gegen Blindheit!« »Ich bin sehr aufgespannt, fast zu sagen überspannt.« War er einmal heiter und ruhig und ward sich dessen bewußt, dann ängstigte ihn sogleich der lateinische Spruch: Latet anguis in herba; im Grase, das zum Lager ladet, lauert die Schlange. Mit Kain hatte er sich früher schon verglichen; auch an Orestes, den die Furien verfolgen, dachte er jetzt und an die Töchter des Danaos, die auf des Vaters Geheiß ihre Männer ermordeten und zur Strafe in der Unterwelt ewiglich das Wasser in Sieben schöpfen müssen. Und er fragte und klagte: »Wird mein Herz endlich einmal in ergreifendem, wahrem Genuß und Leiden die Seligkeit, die Menschen gegönnt ward, empfinden und nicht immer auf den Wogen der Einbildungskraft und überspannten Sinnlichkeit[74] himmelauf und höllenab getrieben werden?«[75]

Menschen solcher Gemütsverfassung strecken oft die Arme aus nach Gott, daß er sie erlöse und in ihr krankes Herz seinen Frieden gieße. Auch Goethe ward jetzt wieder frömmer, als er die letzten beiden Jahre gewesen war. »Und mir wird Gott gnädig sein« sprach er zu sich; »ich habe meine Lust an dem Herrn und sing' ihm Psalmen.«[76]

Und seufzte und betete:

> Dies wird die letzte Trän' nicht sein,
> Die glühend Herz auf quillet,
> Das mit unsäglich neuer Pein
> Sich schmerzvermehrend stillet.
>
> O laß' doch immer hier und dort
> Mich ewig Liebe fühlen!
> Und möcht der Schmerz auch also fort
> Durch Nerv' und Adern wühlen.

> Könnt' ich doch ausgefüllt einmal
> Von dir, o Ewiger, werden!
> Ach, diese lange, tiefe Qual,
> Wie dauert sie auf Erden!

Doch diese frommen Stimmungen waren nicht von Bestand.

Wenn er aber nach einer weltlichen Erlösung aus seinem Zustande suchte, so gab es nichts Besseres als die Flucht. Oder milder ausgedrückt: eine große Reise. Er war ein Narr, daß er heimgekehrt war! Denn fast vom ersten Tage an sehnte er sich wieder in die Schweiz und erst recht nach Italien. »Lange halt' ich's hier nicht aus, ich muß wieder fort« schrieb er schon am 3. August an die Stolbergs. Und an die Karschin, die Dichterin in Berlin: »Vielleicht peitscht mich bald die unsichtbare Geißel der Eumeniden wieder aus meinem Vaterland.« Und an Merck in einem andern Ton der Geniesprache: »Ich möchte mir tausend Ohrfeigen geben, daß ich nicht zum Teufel ging, da ich flott war.«

Rasches Handeln war nun aber einmal nicht seine Sache, und so setzte er sich zunächst das Ende des Jahres als Ziel, bis wohin er es bei seinen Eltern und Geliebten noch aushalten könne.

✦

In sein Verhältnis zu Maxe Brentano trug er diese Aufgeregtheit und Unrast nicht hinein. Sie hatte jetzt ihr erstes Kindchen und war deshalb zufriedener und mit ihrem Manne einiger. Dieser aber war nicht mehr eifersüchtig und versicherte, daß er Goethes Besuche und Goethes Freundschaft mit seiner Frau aufrichtig wünsche. Während der Schweizerreise hatte sich Maxe enger an Goethes Mutter angeschlossen; schon deshalb ging der Sohn nach seiner Rückkehr ein paar Mal mit zu Brentanos, und es ward dort auch wieder »gefiedelt und gedudelt.« Herrin in seinem Herzen war Lilli, aber freilich: es war ein rebellisches Herz! Daß er ihr angehörte und sich zugleich gegen sie empörte, sagte er ihr selber oft genug, in Prosa und Versen; ein naheliegender Vergleich ging auf ein halb gezähmtes Tier, das ehemals das freie, wilde Leben genossen hatte, zum Beispiel auf einen Bären, mit dem er sich ja gern verglich:

> Sie sieht es an: »Ein Ungeheuer doch drollig!
> Für einen Bären, hm, zu mild,

> Für einen Pudel zu wild,
> So zottig, täpsig, knollig!«
> Sie streicht ihm mit dem Füßchen über'n Rücken;
> Er denkt im Paradiese zu sein!
> Wie ihn alle sieben Sinne jücken!
> Und sie sieht ganz gelassen drein.
> Ich küß' ihre Schuhe, kau' an den Sohlen,
> So sittig, als ein Bär nur mag;
> Ganz sachte heb' ich mich und schmiege mich verstohlen
> Leis an ihr Knie ... am günst'gen Tag
> Läßt sie's geschehn und krault mir um die Ohren
> Und patscht mich mit mutwillig-derbem Schlag:
> Ich knurr' in Wonne, neugeboren!

Aber die wilde Natur bricht immer wieder durch; das Bewußtsein der Gefangenschaft erwacht und quält und reizt zur Gegenwehr. Und die süße Tyrannin übt auch nicht immer ihre Macht aus; sie richtet ihre Gedanken auf anderen Ernst und anderes Spiel.

> So läßt sie den zerstörten Armen gehen,
> Ist seiner Lust, ist seinen Schmerzen still;
> Ha! manchmal läßt sie mir die Tür halb offen stehen,
> Seitblickt mich spottend an, ob ich nicht fliehen will.
> Und ich? Götter, ist's in euren Händen,
> Dieses dumpfe Zauberwerk zu enden?
> Wie dank' ich, wenn ihr mir die Freiheit schafft!
> Doch sendet ihr mir keine Hülfe nieder:
> Nicht ganz umsonst reck' ich so meine Glieder!
> Ich fühl's, ich schwör's: noch hab' ich Kraft!

Um sich noch besser von dieser seiner Kraft zu überzeugen, mied er Lilli zuweilen, entfloh er ihr auf kürzere Zeiten. So saß er eines Sonntagmorgens daheim in seiner Mansarde, wo er draußen in Offenbach hätte sein können und sollen: erst gestern Abend war er dort gewesen und dann ganz unnötigerweise davongelaufen. Dem Leibe nach saß er in Frankfurt an seinem Tische vor einem Blatt Papier; sein Geist schwebte um Lilli. Und er schrieb an Onkel und Tante d'Orville, bei denen sie sich jetzt pflegte:

> Ich bilde mir so freundlich ein,
> Ich säß' noch drauß' mit Euch allein:
> Der Mann raucht seine Pfeif' Toback;
> Man fuschelt in dem Arbeitssack,
> Man wickelt Seide. Es läßt sich an,
> Als würden Wunderstreich' getan.
> Ein medizinisch Dejeuner
> Mit Seltzerwasser und Kaffee.
> Nach Fastenbrezeln wohlgeschmiert
> Kommt Has' und Wein hereinspaziert:
> Lilli muß jeden Lusten stillen.
> Das all um ihres Magens willen.
> Die Kinder kommen angehuppt:
> Man wird zur Türe 'rausgeschwuppt,
> Ist Allen so wohl ohn Unterlaß:
> Ach, lieber Gott, mir auch so was!

Vielleicht sehnt sich die Geliebte jetzt auch zu ihm hin und wünscht sich ihn her?

> Frau d'Orville, wo mag Lilli sein?
> Ist sie in ihrer Stub' allein?
> Sie hat die Stirn in ihrer Hand!
> Was ist ihr in dem Freudenland?
> Soll Das ein böses Kopfweh sein?
> Oder ach! ist's etwa andre Pein?

> Der alte Friedrich kommt und fragt:
> Was heut den Damen wohl behagt?
> Er soll Kapaun' und Wildpret tragen!
> Lilli, hast du ihm nichts zu sagen?
> Schon wart' ich auf das alte Gesicht!
> Ich bin untröstlich, kömmt er nicht!

Lilli war oft unzufrieden mit diesem seltsamen Liebhaber und erwiderte seine Launen dann auch mit Kaltsinn. Daß sie ihn wegen seiner Anstandsverletzungen, seiner Lust an derben, rohen Worten tadelte, fand er wohl selber in der Ordnung; seine Neigung, alle Stimmungen durch Flüche auszudrücken, mußte in gesitteten, frommen Familien Anstoß erregen. Aber mehr als solche Äußerlichkeiten entfernte ihn der Umstand von Lilli, daß sie ein siebzehnjähriges Mädchen war, wohl erzogen und wohl behütet im Mutterschoß der Familie, also auch beschränkt in Welt- und Lebenskenntnis, und er ein Mann von 26 Jahren, der in seinem Innern viel erlebt und erlitten, der sich seine eigenen Überzeugungen erkämpft hatte und der überdies ein Dichter war und Ideale mit sich herum trug, die zur Menschennatur nicht immer paßten. »Liebe ist zweier Herzen Wonne« denkt das Mädchen; dieser seltsame Mann aber verstand unter Liebe einen Gipfel der Uneigennützigkeit und verlangte von sich, daß sein Innerstes »immer ewig allein der heiligen Liebe gewidmet bleibe, die nach und nach das Fremde durch den Geist der Reinheit, der sie selbst ist, ausstößt und so endlich lauter werden wird wie gesponnen Gold.«[77] Goethe mußte die Demoiselle Schönemann bei allen ihren Vorzügen oft unter sich sehen, einem Durchschnittsmenschenkinde gleich; er fühlte es tief, daß sie ihn oft nicht verstand und sein bestes Leben nicht mitlebte. »Sollte es nicht übermäßiger Stolz sein« fragte er sich dann wohl selber, »zu verlangen, daß dich ganz das Mädchen erkennte und so erkennend liebte? Erkenne ich sie vielleicht auch nicht? Und da sie anders ist wie ich, ist sie nicht vielleicht besser?«[78] – Für gewöhnlich aber erweckt das Anderssein und Nichtverstehen nur Mißbehagen. Und Dies wächst bis zum Verzagen, Verzweifeln – Verzichten.

Goethe brauchte auch jetzt seine eigenartige Seelen-Arznei: er redete zu der fernen Idealgestalt Gustchen Stolberg, schüttete ihr sein Herz aus, erhoffte von ihr Trost und erträumte sich eine künftige Seligkeit, zu der sie ihn geleite. Das war wohl Phantasterei, aber nicht unklug, erleichterte ihn doch das Briefschreiben ebenso, wie den Frommen das Gebet zu seinem Gott oder seinem Heiligen erleichtert und stärkt. »Es ist doch immer eine freundliche Zuflucht« meinte er selber, »das weiße Papier: im Augenblick der Not ein wahrer, teilnehmender Freund, der uns durch keine widrige Ecken des Charakters zurückstößt, wie man's wohl oft just in den Stunden erfährt, da man am wenigsten so berührt werden möchte.«[79] Wenige Tage nach seiner Heimkehr aus der Schweiz, nach seinem Wiedersehen mit Lilli, klagte er seinem fernen Engel schon wieder seine Not, freilich mehr andeutend als erzählend.

Den 31. Juli. Wenn mir's so recht weh ist, kehr' ich mich nach Norden, wo sie dahinten ist, zweihundert Meilen von mir, meine geliebte Schwe-

ster! Gestern Abend, Engel, hatt' ich soviel Sehnen, zu Ihren Füßen zu liegen, Ihre Hände zu halten...

 Ich muß noch viel herumgetrieben werden: und dann einen Augenblick an Ihrem Herzen! Das ist immer so mein Traum, meine Aussicht durch viele Leiden. Ich habe mich so oft am weiblichen Geschlecht betrogen. O Gustchen, wenn ich nur einen Blick in Ihr Aug' tun könnte!

Selbst in Offenbach bei d'Orvilles, in dem Zimmer, wo Lilli gewöhnlich ihr Wesen trieb, setzte er sich hin zum Schreiben, flüchtete er sich im Geiste zu der fernen Traumfreundin.

Gustchen! Gustchen! Ein Wort, daß mir das Herz frei werde: Nur einen Händedruck! Ich kann Ihnen nichts sagen. Hier! Wie soll ich Ihnen nennen das Hier? Vor dem stroheingelegten bunten Schreibzeug: da sollten feine Briefchen aus geschrieben werden – und diese Träume, und dieser Drang! Welche Verstimmung! O daß ich Alles sagen könnte!

 Hier in dem Zimmer des Mädchens, das mich unglücklich macht, ohne ihre Schuld, mit der Seele eines Engels! Dessen heitere Tage ich trübe, ich!

 Vergebens, daß ich drei Monate in freier Luft herumfuhr, tausend neue Gegenstände in alle Sinne sog! Engel, und ich sitze wieder in Offenbach: so vereinfacht wie ein Kind, so beschränkt als ein Papagei auf der Stange, Gustchen, und Sie so weit! Ich habe mich so oft nach Norden gewandt, nichts auf der Terrasse am Main; ich seh' hinüber und denk' an Dich. So weit! So weit!

 Hier fließt der Main; grad drüben liegt Bergen, auf einem Hügel hinterm Kornfeld; von der Schlacht bei Bergen haben Sie wohl gehört. Da links unten liegt das graue Frankfurt mit dem ungeschickten Turm, das jetzt für mich so leer ist als mit Besen gekehrt. Da rechtsauf artige Dörfchen. Der Garten da unten, die Terrasse auf den Main hinunter. Und auf dem Tisch hier ein Schnupftuch, ein Panier [Reifrock], ein Halstuch drüber; dort hängen des lieben Mädchens Stiefel. (Nota bene: heute reiten wir aus.) Hier liegt ein Kleid; eine Uhr hängt da; viel Schachteln und Pappedeckel zu Hauben und Hüten. ...

 Ich hör' ihre Stimme. Ich darf bleiben: sie will sich drinne anziehn.

 Gut, Gustchen! Ich hab' Ihnen beschrieben, wie's um mich herum aussieht, um die Geister durch den sinnlichen Blick zu vertreiben. Lilli war verwundert, mich da zu finden; man hatte mich vermißt. Sie fragte, an wen ich schreibe; ich sagt's ihr.

Sechs oder sieben Wochen später, in der zweiten Hälfte Septembers, stand er auf demselben Flecke; er liebte Lilli und glaubte an Gustchen.

Ja, lieb Gustchen ... ich hab' immer eine Ahndung: Sie werden mich retten aus tiefer Not. Kann's auch kein weiblich Geschöpf als Sie. ...
Was Sie von Lilli sagen, ist ganz wahr. Unglücklicherweise macht der Abstand von mir das Band nur fester, das mich an sie zaubert. Ich kann, ich darf Ihnen nicht Alles sagen; es geht mir zu nah; ich mag keine Erinnerungen.
Den [15. September]. Ich hab' eine gute Nacht gehabt und bin jetzt recht wie ein Mädchen. Sie raten nicht, was mich beschäftigt. Eine Maske! Auf kommenden Dienstag, wo wir Ball haben.
Nach Tisch. Ich komme geschwind gelaufen, Dir zu sagen, was mir drüben in der andern Stube durch den Kopf fuhr: Es hat mich doch kein weiblich Geschöpf so lieb wie Gustchen.
Und meine Maske wird eine altdeutsche Tracht, schwarz und gelb, Pumphosen, Wämslein, Mantel und Federstutzhut. Ach, wie dank' ich Gott, daß er mir diese Puppe auf ein paar Tage gegeben hat! Wenn's so lang' währt!
Halb Viere. In Brunnen gefallen, wie ich's ahndete. Meine Maske wird nicht gemacht; Lilli kommt nicht auf den Ball. Aber dürft' ich, könnt' ich Alles sagen! Ich tat's, sie zu ehren, weil ich deklariert für sie bin, und eines Mädchens Herz usw. Also Gustchen! Ich tat's auch halb aus Trutz, weil wir nicht sonderlich stehn die acht Tage her ...
Den 16ten. Heute Nacht neckten mich halbfatale Träume. Heut früh beim Erwachen klangen sie nach. Doch wie ich die Sonne sah, sprang ich mit beiden Füßen aus dem Bette, lief in der Stube auf und ab, bat mein Herz so freundlich, freundlich, und mir ward's leicht. Und eine Zusicherung ward mir, daß ich gerettet, daß noch was aus mir werden sollte. Gutes Muts denn, Gustchen! Wir wollen einander nicht auf's ewige Leben vertrösten: hier noch müssen wir glücklich sein, hier noch muß ich Gustchen sehn, das einzige Mädchen, deren Herz ganz in meinem Busen schlägt.
Nachmittag halb Vier. Offen und gut der Morgen. Ich tat was, Lilli eine kleine Freude zu machen, hatte Fremde, trieb mich nach Tische spaßend-närrisch unter Bekannten und Unbekannten herum. Gehe jetzt nach Offenbach, um Lilli heute Abend nicht in der Komödie, morgen nicht im Konzert zu sehen. – –
Offenbach, Sonntag, den 17ten, nachts Zehn. Ist der Tag leidlich

und stumpf herumgegangen. Da ich aufstund, war mir's gut. Ich machte eine Scene an meinem ›Faust‹. Vergängelte ein paar Stunden. Verliebelte ein paar mit einem Mädchen, davon Dir die Brüder erzählen mögen, das ein seltsames Geschöpf ist.[80] *Aß in einer Gesellschaft ein Dutzend guter Jungens, so grad, wie sie Gott erschaffen hat. Fuhr auf dem Wasser selbst auf und nieder; ich habe die Grille, selbst fahren zu lernen. Spielte ein paar Stunden Pharao und verträumte ein paar mit guten Menschen. Und nun sitz' ich, Dir gute Nacht zu sagen. Mir war's in all Dem wie einer Ratte, die Gift gefressen hat; sie läuft in alle Löcher, schlurpst alle Feuchtigkeit, verschlingt alles Eßbare, das ihr in Weg kommt, und ihr Innerstes glüht von unauslöschlich-verderblichem Feuer.*

Heut vor acht Tagen war Lilli hier. Und in dieser Stunde war ich in der grausamst-feierlichst-süßesten Lage meines Lebens (möcht ich sagen). O Gustchen, warum kann ich nichts davon sagen? Warum? Wie ich durch die glühendsten Tränen in Liebe Mond und Welt schaute und mich Alles seelenvoll umgab. Und in der Ferne die Waldhorn und der Hochzeitsgäste laute Freuden.

Gustchen, auch seit dem Wetter bin ich: nicht ruhig, aber still, was bei mir »still« heißt. Und fürchte nur wieder ein Gewitter, das sich immer in den harmlosesten Tagen zusammenzieht und – – Gute Nacht, Engel! Einzigstes, einzigstes Mädchen, und ich kenne ihrer viele!

Montag Nacht halb Zwölf. Frankfurt, an meinem Tisch. Komme, Dir gute Nacht zu sagen. Habe getrieben und geschwärmt bis jetzt. Morgen geht's noch ärger. O Liebste, was ist das Leben des Menschen! Und doch wieder die vielen Guten, die sich zu mir sammeln, das viele Liebe, das mich umgibt!

Lilli heut nach Tisch gesehen, in der Komödie gesehen: hab' kein Wort mit ihr zu reden gehabt, auch nichts geredet. Wär' ich Das los! O Gustchen, und doch zittr' ich vor dem Augenblick, da sie mir gleichgültig, ich hoffnungslos werden könnte! Aber ich bleib' meinem Herzen treu und laß es gehn. Es wird – –

Dienstag. Sieben morgens. Im Schwarm, Gustchen! Ich lasse mich treiben und halte nur das Steuer, daß ich nicht strande. Doch bin ich gestrandet: ich kann von dem Mädchen nicht ab! Heut früh regt sich's wieder zu ihrem Vorteil in meinem Herzen. Eine große, schwere Lektion!

Ich geh doch auf den Ball, einem süßen Geschöpf zu liebe, aber nur im leichten Domino, wenn ich noch einen kriege. Lilli geht nicht. Nach Tische halb Vier. Geht Das immer so fort, zwischen kleinen

Geschäften durch immer Müßiggang getrieben, nach Dominos und Lappenware. Hab' ich doch noch mancherlei zu sagen. Adieu! Ich bin ein Armer, Verirrter, Verlorener!

Zwischendurch fühlte er die höchste Seligkeit. Bald bei den Schöpfungen seiner Phantasie, bald auch neben der lebendigen Lilli, die ihn liebte, die seine bösen Launen immer wieder gerne vergaß, wenn er sich menschlicher geberdete, und die, wenn er über die Winderstände aus ihrer und seiner Familie sprach, bereit war, mit ihm zu fliehen und die Mißbilligung der Welt herauszufordern. In Amerika suchten so Manche ihr Heil, denen die Heimat zu eng wurde; die siebzehnjährige Lilli wäre dem Geliebten auch nach Amerika gefolgt.

Nicht selten war er stolz auf sein Mädchen. Zum Beispiel bei jenem Ausritt am 3. August, von Offenbach nach Oberrad. »Du solltest den Engel im Reitkleide sehn!« schrieb er an Lavater. In Oberrad traf man die übrige Gesellschaft, die in Wagen dahin gefahren war, und zufällig trieb ein Gewitter die alte Fürstin von Waldeck mit ihren Töchtern, der Herzogin von Kurland und der Fürstin von Nassau-Usingen, in den gleichen Saal. Sie erkannten den jungen Dichter, sprachen mit ihm über Lavater und betrachteten auch das schöne Mädchen, das Goethes Lebensgenossin werden sollte. Ein andrer schöner Tag war der Hochzeitstag des Predigers Ewald in Offenbach am 10. September; am Abend streifte er mit Lilli in den Gärten und am Ufer herum; die Musik und der Lärm der Hochzeitsgäste drang aus halber Ferne zu ihnen, und er fühlte sich in der »grausamst-feierlichst-süßesten Lage seines ganzen Lebens.« »Liebe Tante« schrieb er am nächsten Tage der Johanna Fahlmer: »Sehen Sie sich in der Messe um nach was – für Lilli!!! Galanterie, Bijouterie, das Neueste, Eleganteste! Aber heilig unter uns« Der Mamma nichts davon! Den Gerocks nicht!«

Bisher war er zwar der offenkundige Bewerber um Lilli gewesen, aber es hatte noch kein Verlöbnis stattgefunden. Jetzt, vermutlich an jenem 10. September, scheint er sich entschlossen zu haben, um das liebliche Mädchen anzuhalten. Als er es tat, bat sich Lillis Mutter Bedenkzeit aus. So wird erzählt, und es ist kein Zweifel, daß ihren Wünschen dieser Schwiegersohn nicht entsprach. Auch sah sie, daß ihre Tochter mit ihm viele Nöte hatte. Goethe mußte mit der Abweisung rechnen: sollte er vor der harten mütterlichen Entscheidung zittern und zagen? Würde ihm ein »Nein« nicht auch die Tür zur

Freiheit aufschließen? Ach, er war in sich selber nicht sicher und fest! Er hatte den Grundsatz, immer sein Herz gewähren zu lassen, um immer wahrhaftig zu sein; er machte es sich also nicht zum Gesetz, der einmal Gewählten treu zu bleiben, sondern wollte stets das freie Leben seiner Gefühle beobachten und ihre jeweilige Richtung rein aussprechen. So konnte er sich mit seinen Liebesworten abwechselnd an Lilli Schönemann und Gustchen Stolberg wenden; so sagte der Liebhaber Lillis seinem Freunde Stolberg frei heraus: »Gustchen ist ein Engel; hol's der Teufel, daß sie Reichsgräfin ist!«[81] So verheimlichte er auch den d'Orvilles nicht, daß seine Gefühle für Lilli höchst ungleichmäßig waren. Und so versagte er sich nicht, zwischendurch mit noch mehreren »süßen Mädchen« anzubandeln. Gleich nach jenem Balle, zu dem Lilli nicht kommen konnte, schrieb er an Gustchen Stolberg weiter:

[20. September 1775]. Auf dem Ball bis Sechs heute früh. Nur zwei Menuetts getanzt; Gesellschaft gehalten einem süßen Mädchen, die einen Husten hatte. Wenn ich Dir mein gegenwärtiges Verhältnis zu mehr recht lieben und edeln weiblichen Seelen sagen könnte! Wenn ich Dir lebhaft ... nein, wenn ich's könnte, ich dürft's nicht: Du hieltest's nicht aus. Ich auch nicht, wenn Alles auf einmal stürmte und wenn Natur nicht in ihrer täglichen Einrichtung uns einige Körner Vergessenheit schlucken ließe.

Nun war es aber auch Zeit für Madame Schönemann, der Ungewißheit ein Ende zu machen. Sie lud zu einer großen Gesellschaft ein, auch den Herrn Goethe, und vor allen Versammelten erklärte sie, daß Goethe um ihre Tochter angehalten habe, daß sich aber wegen der Verschiedenheit der Religion die Heirat nicht schicke.

So wurde bald nachher erzählt.[82] Die Grobheit der Frau aber erklärte man sich damit, daß sie nur auf diese Weise ihr Ziel erreichte. Bei einer Unterredung unter vier Augen hätte Goethe sie mit Bitten und Vorstellungen bestürmt; sie wäre weich geworden oder man wäre aus der Halbheit nicht herausgekommen. Sicher ist, daß Goethe in den nächsten Monaten auf Lillis Familie wütend war, während sein Herz noch an dem Mädchen hing.

In dieser Verworrenheit, wo zu allem Übrigen noch eine neue Liebe drohte, konnte nur von außen Hilfe kommen. Einen Tag nach jenem Balle war der junge Herzog von Weimar wieder in Frankfurt erschienen; er wollte in Karlsruhe Hochzeit halten und bat den Dichter, in den er sich jetzt noch mehr verliebte, ihn sogleich nach seiner Rückkehr in Weimar zu besuchen. Als dann das neuvermählte Paar durch Frankfurt kam, in der Mitte Oktobers, ward die Einladung dringlichst wiederholt; Goethe versprach gern, mit einem bestimmten Hofkavalier in einigen Tagen nachzufolgen.

Durch Mißverständnisse und Zufälle verzögerte sich die Ankunft dieses Hofmannes, eines Herrn v. Kalb. Goethe hatte bereits seine Abschiedsbesuche gemacht und mochte sich deshalb nicht mehr in der Stadt sehen lassen. Er hielt sich einige Tage zu Hause; dann fuhr er am 30. Oktober heimlich ab, noch in halber Nacht, als eben die Stadttore geöffnet wurden, nach Süden: vielleicht nach Italien, jedoch zögernd und Aufklärung aus Weimar erwartend. In Eberstadt begann er ein Reisetagebuch. Er blickte zurück auf seinen Abschied bei Morgengrauen: von Vater, Mutter, von dem Hause, wo Lilli noch schlief, und all den seit frühester Kindheit vertrauten Gassen und Plätzen. Er dachte an sein Aufwachen diesen Morgen.

Frisch also! die Torschließer klimpern vom Burgemeister weg, und ehe es tagt und mein Nachbar Schuhflicker seine Werkstätte und Laden öffnet, fort!

Adieu Mutter!

Am Kornmarkt machte der Spenglersjunge rasselnd seinen Laden zurechte, begrüßte die Nachbarsmagd in dem dämmrigen Regen. Es war so was Ahnungsvolles auf den künftigen Tag in dem Gruß. Ach, dacht' ich, wer doch – –

Nein sagt' ich, es war auch eine Zeit ... Wer Gedächtnis hat, sollte Niemand beneiden!

Lilli, Adieu! Lilli: zum zweiten Mal! Das erste Mal schied ich noch hoffnungsvoll, unsere Schicksale zu verbinden. Es hat sich entschieden: wir müssen einzeln unsre Rollen ausspielen. Mir ist in dem Augenblicke weder bange für Dich, noch für mich, so verworren es aussieht. Adieu!

Und Du! Wie soll ich Dich nennen, Dich, die ich wie eine Frühlingsblume am Herzen trage, Holde Blume sollst Du heißen! Wie nehm' ich Abschied von Dir? Getrost, denn noch ist es Zeit. Noch die höchste Zeit. Einige Tage später, und schon ... O lebe wohl![83]

Bin ich denn nur in der Welt, mich in ewiger unschuldiger Schuld zu winden?

In Heidelberg erreichte ihn eine Botschaft von jenem Herrn v. Kalb. Er kehrte um, stieg in Kalbs Wagen und traf mit ihm am frühen Morgen des 7. November in Weimar ein.

IX. In Weimar. November 1775 bis Juli 1776.

Goethe um 1775.
Gemälde von Melchior Kraus

Schon an dem Tage, wo er in Weimar ankam, machte Goethe eine Menge Bekanntschaften; nach drei oder vier Wochen hatte er eine Schar von Freunden und Freundinnen. Er war ja der Günstling des jungen Herzogs, und Karl August versammelte die Seinen zu immer neuen Vergnügungen. Goethe zeigte unter diesen jungen, lebhaften Menschen seine Talente zur Unterhaltung der Gesellschaft schöner als je. »Wie eine Schlittenfahrt geht mein Leben, rasch weg und klingelnd« schrieb er an seine Frankfurter Vertraute, Johanna Fahlmer. »Gott weiß, wozu ich noch bestimmt bin, daß ich solche Schulen durchgeführt werde: Diese gibt meinem Leben neuen Schwung, und es wird Alles gut werden.« Und als er ein Vierteljahr da war, klang es noch ebenso; nur konnte er jetzt die wirklichen Freunde bestimmter von den Halbfreunden unterscheiden und sah auch Zweck und Ziel seines Aufenthaltes deutlicher:

Ich werd' auch wohl da bleiben und meine Rolle so gut spielen, als ich kann und so lange als mir's und dem Schicksal beliebt. Wär's auch nur auf ein paar Jahre, ist doch immer besser als das untätige Leben zu Hause, wo ich mit der größten Lust nichts tun kann. Hier hab' ich doch ein paar Herzogtümer vor mir. Jetzt bin ich dran, das Land nur kennen zu lernen: Das macht mir schon viel Spaß. Und der Herzog kriegt auch dadurch Liebe zur Arbeit, und weil ich ihn ganz genau kenne, bin ich über viel Sachen ganz und gar ruhig. Mit Wieland führe ich ein liebes häusliches Leben, esse mittags und abends mit ihm, wenn ich nicht bei Hofe bin.

Die Mägdlein sind hier gar hübsch und artig; ich bin gut mit allen. Eine herrliche Seele ist die Frau v. Stein, an die ich so was man sagen möchte: geheftet und genistelt bin. Luise[84] *und ich leben nur in Blicken und Silben zusammen; sie ist und bleibt ein Engel. Mit der Herzogin-Mutter hab' ich sehr gute Zeiten, treiben auch wohl allerlei Schwänk' und Schabernack. Sie sollten nicht glauben, wieviel gute Jungens und gute Köpfe beisammen sind!*

❧

Mitten in all dem Getümmel stand zuweilen Lillis Bild vor seiner Seele. Er war von ihr gegangen, aber er hatte noch nicht auf sie verzichtet. Oder er hatte verzichtet, aber noch nicht endgültig. Seinen vertrautesten Freunden, dem Herzoge, Wielanden, der Frau v. Stein, erzählte er, was er mit ihr und ihren Leuten erlebt hatte und wie er jetzt noch an sie gebunden sei. Und wenn er auch unter den neuen Menschen je länger, je seltener an sie dachte, so erschien sie ihm doch stets, sobald er sich absonderte, wenn er für sich allein ritt oder wanderte. So in den Weihnachtstagen, als er sich mit lustigen Gefährten über Jena nach einer einsamen Försterei, Waldeck bei Bürgel, begab.

Wie ich so in der Nacht gegen das Fichtengebürg' ritt, kam das Gefühl der Vergangenheit, meines Schicksals und meiner Liebe über mich, und sang so bei mir selber:

> Holde Lilli, warst so lang
> All' mein' Lust und all' mein Sang:
> Bist, ach, nun all mein Schmerz – und doch
> All' mein Sang bist du noch! [85]

Er begleitete den Herzog manchmal zur Jagd, aber die Hasen und Hunde fesselten seine Aufmerksamkeit nur kurze Zeit.

> Im Felde schleich' ich still und wild,
> Lausch' mit dem Feuerrohr,
> Da schwebt so licht dein liebes Bild,
> Dein süßes Bild mir vor.
>
> Du wandelst itzt wohl still und mild
> Durch Feld und liebes Tal,
> Und ach, mein schnell verrauschend Bild,
> Stellt sich dir's nicht einmal?
>
> Des Menschen, der in aller Welt
> Nie findet Ruh noch Rast,

> Dem wie zu Hause, so im Feld
> Sein Herze schwillt zur Last!
>
> Mir ist es, denk ich nur an dich,
> Als säh' den Mond ich an;
> Ein süßer Friede kommt auf mich,
> Weiß nicht, wie mir getan.

Das ungefähr schrieb er ihr auch, als er ihr sein neuestes Schauspiel ›Stella‹ schickte – denn er hatte immer noch einige Verbindung mit ihr:[86]

> Im holden Tal, auf schneebedeckten Höhen,
> War stets dein Bild mir nah:
> Ich sah's um mich in dichten Wolken wehen,
> Im Herzen war mir's da.
> Empfinde hier, wie mit allmächt' gem Triebe
> Ein Herz das andre zieht –
> Und daß vergebens Liebe
> Vor Liebe flieht.

Diese immer wiederkehrende Erinnerung an Lilli sicherte sein Herz fast mehr, als ihm lieb war, vor den Angriffen der weimarischen Schönen. Er sah die neuen Freundinnen gern, er scherzte mit ihnen, er nannte sie mit dem elsässischen Worte »Miesel«, Mäuslein, und er »mieselte«, d. h. er kokettierte mit ihnen, so daß sie ihn selbst kokett schalten; aber es wurde kein Ernst aus dem Spiel. In der Familie v. Kalb wohnte er die ersten Wochen; da war eine zwanzigjährige Tochter Sophie, ein zierliches Mädchen mit schönen schwarzbraunen Augen, zärtlichen Gemütes; Goethe kam mit ihr etwas ins Gerede, und es ward schon erwogen, ob der adelsstolze Vater seine Tochter wohl einem Bürgerlichen geben würde. Aber Goethe verlor sein Herz an diese Schönen nur stundenweise, nur so lange eine Redoute dauerte, und bis zum nächsten Nachmittage. Er wußte wohl, daß Lilli schuld war; sie hatte ihm einst ein goldenes Herz geschenkt oder er hatte es ihr weggenommen, um einen Talisman von ihr bei sich zu führen; er trug es noch immer auf der Brust.

November 1775 bis Juli 1776

Angedenken du verklungner Freude,
Das ich immer noch am Halse trage,
Hältst du länger als das Seelenband uns beide?
Verlängerst du der Liebe kurze Tage?

Flieh' ich, Lilli, vor dir! Muß noch an deinem Bande
Durch fremde Lande,
Durch ferne Täler und Wälder wallen!
Ach, Lillis Herz konnte so bald nicht
Von meinem Herzen fallen!

Wie ein Vogel, der den Faden bricht
Und zum Walde kehrt:
Er schleppt des Gefängnisses Schmach,
Noch ein Stückchen des Fadens, nach!
Er ist der alte, frei geborene Vogel nicht!
Er hat schon Jemand angehört!

Charlotte von Stein. Haben sie nun oder
haben sie nicht? Des Rätsels Lösung kannten wohl
nur Goethe und Charlotte selbst.
Stahlstich von G. Wolf

Nur Eine unter den Damen beschäftigte ihn andauernd, und gegen sie stand Lillis Bild nicht auf wie gegen die mit Lilli vergleichbaren Demoiselles und Fräulein. Die Oberstallmeisterin v. Stein, deren Schattenriß ihm einst Zimmermann in Straßburg gezeigt, gab ihm ganz neue Empfindungen und zwang ihn zu einem andern Verhältnis, als er bisher zu Frauen gehabt hatte. Sie war fast sieben Jahre älter als er, war seit elf Jahren verheiratet, hatte sieben Kinder gehabt, von denen drei Knaben übrig geblieben waren. Sie bemühte sich keineswegs, ihre dreiunddreißig Jahre und ihre mannigfachen trüben Erfahrungen zu vergessen oder zu verbergen; ohne Seufzer überließ sie dem jungen Frauenvolk das Äugeln und Tändeln mit den Kavalieren. Und doch gehörte sie noch zu den schönsten, oder genauer: zu den wenigen schönen Damen am Hofe. Sie hatte eine kleine, feine Gestalt, die »in leichtem Zephirgang« sich bewegte und in künstlichen Tänzen Bewunderung erregte. Diese Zierlichkeit und Gewandtheit war der ganzen Familie v. Schardt eigen, aus der sie kam. Ihren Farben nach hätte sie Südländerin sein können: bräunlicher Ton der Haut, der auf den Wangen zum Rotbraun wurde, tiefschwarzes Haar, große schwarze Augen. Ihre Stimme war wohlklingend, ihre Sprache gleichmäßig-ruhig. Ihr ganzes Wesen sanft, etwas bedrückt, zart nach überstandener Krankheit und schwache Nerven verratend. Derartige Frauen neigen oft zu Träumerei und Gefühlshätschelei; bei ihr aber überwog ein kühler Verstand, eine praktische Nüchternheit; die Wehmut ihres Blickes sprach nicht von Tränen und Sehnen, sondern von der Erkenntnis, daß jede große Hoffnung trügt. Sie war gegen sich selber und gegen Jedermann offen und ehrlich, und noch eine andere Tugend entsprach ihrer fertigen Lebensanschauung: die Festigkeit. Sie wußte, was sie wollte, und sie wollte wenig, denn die Welt hat nur wenig zu geben. Der christlichen Lehre hatte sie als die Tochter einer sehr frommen Mutter lange gläubig angehangen; durch das Leben und das Lesen war sie in den letzten Jahren Zweiflerin geworden. Die schönen Wissenschaften und Künste liebte sie, und es verging kein Tag, wo sie nicht zeichnete oder auf dem Klavier spielte oder ernste Bücher las oder Unterricht in einem neuen Fache nahm. In ihren Kreisen galt sie für eine »Gelehrte«.

Auf den Dichter des ›Werther‹ war sie, wie die andern Damen am Hofe, neugierig gewesen; es schmeichelte ihr, daß er sie bald bemerkte und gern das Wort an sie richtete. Schon drei Wochen nach seiner Ankunft kannten sie sich so gut, daß der Reiselustige ihr bei Winterwetter auf ihrem Landsitze, sieben Wegstunden von Weimar, einen Besuch machte. Sie wohnte den Winter und das Frühjahr in der Stadt, wo ihr Mann seinen Dienst tat, und nur im Sommer und Herbst auf der Steinschen Ritterburg Groß-Kochberg bei Rudolstadt; dieses Jahr hatte sie noch einmal im Dezember Geschäfte dort. Draußen stürmte und fröstelte es; drinnen, beschützt von den dicken Steinwänden der Burg, saßen die Beiden am Kamin, aus dem die

November 1775 bis Juli 1776

Der Landsitz Groß-Kochberg der Charlotte von Stein. Hier traf sie sich des öfteren mit Goethe.

Flammen auf ihre Gesichter leuchteten. Goethe spürte, daß diese Frau eine gar gute Gesinnung gegen ihn hatte. Über den Herzog und die Herzogin redeten sie, und was Beiden zu wünschen sei, über die Personen am Hofe, über die früheren, jetzigen und künftigen weimarischen Zustände. Als eine alte Hofverwandte des Fürstenhauses – ihr Vater hatte schon zwei Vorgängern Karl Augusts gedient – sprach die Dame sich jetzt mit einem jungen Mann aus, der es wohl gut meinte, der aber auch noch recht neu im Kreise war; ihre Offenheit und Geradheit entzückten ihn. Sie machte sich um das junge fürstliche Paar ernste Sorgen; sie tadelte den Herzog, mit dem sich Goethe täglich inniger verbündete; sie ließ ihn seine eigene schiefe Stellung sehen, und dabei bewies sie ihm das größte Vertrauen durch ihr wahrhaftiges Aussprechen der Tatsachen und ihrer Meinung.

Von diesem Tage an waren sie Freunde und machten kein Hehl daraus. Sie machten auch keinen ängstlichen Unterschied zwischen den Worten Freundschaft und Liebe; ihr Verhältnis war rein: weshalb sollten sie an einander das Liebenswerte nicht lieben? »Sie sieht die Welt, wie sie ist, und doch durch's Medium der Liebe« hatte Zimmermann ihr als Goethes erstes Urteil über sie geschrieben. Es sei schwer, diesen jungen Dichter »anders als durch das Medium der Liebe zu sehen«, bekannte Charlotte v. Stein nun dem gemeinsamen Freunde Zimmermann. Goethe aber schrieb ihr bald so nebenbei die schönsten Liebeserklärungen auf die Zettel, die er ihr zusandte, wenn er durch einen Boten etwas zu bestellen, zu schicken, zu erbitten hatte. Er kam auch recht oft zu ihr und, wie bei Wielands, so nahm er auch bei ihr gern an den Mahlzeiten teil und spielte mit den Kindern oder erzählte ihnen Geschichten.

Er blickte also auch in die Ehe hinein. Der Oberstallmeister war ein braver Mann, auf seinem Felde tüchtig, in Gesellschaft angenehm und gefällig; seine Frau hatte sich nicht zu beklagen. Aber die Beiden gingen doch nur so nebeneinander her und gehörten mehr äußerlich als innerlich zusammen. Stein war wenig zu Hause, denn er speiste bei Hofe; oft war er wochenlang abwesend, um in andern Ländern Pferde zu kaufen, oder er begleitete den Herzog auf weiten Reisen. Zu andern Zeiten verlangte das Gut in Kochberg die Anwesenheit des einen Gatten, während der Andere in der Stadt festgehalten wurde. So lange fast jedes Jahr ein Kindchen erschien und diese Kleinen um Leben und Tod rangen – vier Mädchen starben – hatten die Gatten die wichtigsten Erlebnisse gemeinsam; als Das vorbei war und die Knaben unter einen Hofmeister kamen, war ihre Gemeinschaft mehr eine wirtschaftliche als eine geistige. Stein hatte keinen Sinn für die Dichter und Denker; aber er gönnte seiner kränkelnden Frau diese weichlicheren Freuden, während er mit andern Hofleuten am Spieltische oder hinter der Weinflasche saß oder Pferde zuritt oder auf Jagden sich erfreute oder Fragen der Landwirtschaft mit andern Fachleuten durchsprach oder sich den Gewandheits-Übungen hingab, worin er Großes leistete. Wenn er nach Haus kam, sah er den »guten Doktor Goethe«, wie ihn die Kinder nannten, ganz gern dort; es war hübsch von dem Freunde des Herzogs, daß er sich so gern mit seinen Söhnen abgab und seiner Frau Zerstreuung und Unterhaltung ins Haus brachte.

So ähnlich nahm es auch seine Frau, sie bemutterte den sechsundzwanzigjährigen Goethe, der hier in der Fremde bald in häuslichen, bald in gesellschaftlich-sittlichen Dingen weiblichen Rat und Beihilfe brauchte. Aber sie war doch noch zu jung, um ihm gewöhnlich den Eindruck der Mütterlichen zu machen. Ihr Wuchs, ihr leichter Gang war eher mädchenhaft, und wieviel sie auch von Erfahrung und Entsagung redete, in einer Hinsicht war ihre Seele jünger als Die ihres neuen Freundes: sie hatte noch nie eine heiße, volle Leidenschaft für einen Mann, eine ganze Hingabe, erlebt.

Goethe war entzückt von ihrem ganzen Wesen und zugleich von

dieser neuen Art Zärtlichkeit, die er jetzt fühlte. Sein alter Traum einer ganz uneigennützigen reinen Liebe ging in Erfüllung. Hier wollte nicht der Eine vom Andern vergöttert und gehätschelt werden und durch ihn Vorteile und Süßigkeiten haben; vielmehr schalt ihn Frau v. Stein aus, wenn er sich um sie bemühte, statt unter den ledigen Töchtern die Beste zu wählen. »Liebe Frau, leide, daß ich Dich so lieb habe« bat er sie, »wenn ich Jemand lieber haben kann, will ich Dir's sagen, will Dich ungeplagt lassen.« Oder: »Sie sind nun da, um geplagt zu werden, werden Sie's nur nicht überdrüssig!« Und: »Mich verdrießt's doch auch, daß ich Dich so lieb habe, und just Dich!« Freilich kann kein Herz ganz aus dem Eigenen zehren. »Sollst mich auch ein bißchen lieb haben!« rief er wohl einmal aus oder er bat: »Geduld, liebe Frau, ach, und ein bißchen Wärme, wenn Sie an ihren Gustel[87] denken; es verschlägt Sie ja nichts.« Aber mit einer kleinen Erwiderung war er ehrlich zufrieden, und immer wieder versicherte er: »Mir ist's genug, daß ich Sie so lieb haben kann.« Er erfreute sich an dem Wunder, daß er lieben durfte, ohne Eifersucht und Freiheitsberaubung fürchten zu müssen.

Du Einzige unter den Weibern, die mir eine Liebe ins Herz gab, die mich glücklich macht! – –

Alles Liebe peinigt mich auch hier, außer Sie, liebe Frau, so lieb Sie auch sind! – –

Du einziges Weibliches, was ich noch in der Gegend liebe, und Du Einziges, das mir Glück wünschen würde, wenn ich was lieber haben könnte als Dich!

So sprach und fühlte der Jüngling, der noch unter der Erinnerung an Lilli litt, der sich dabei am neuen Orte von ein paar hübschen Mädchen umgaukelt sah, die gern einen Ehemann triumphierend davon geführt hätten. So sprach und fühlte er aber auch als Grübler, als gewesener Pietist, als Leser Spinozas, als dichtender Erschaffer einer schöneren, höheren Menschheit. Wunderbar waren hier bei ihm und seiner Freundin alle Bedingungen vereinigt, das seltene Glück der reinen Liebe, das Nichts-als-Liebe zu gewinnen. Charlotte war verheiratet: also verlangte sie kein Versorgtwerden und Geborgensein; also fielen alle wirtschaftlichen Fragen und Kämpfe und Nöte fort, wie alle die großen und kleinen Schwierigkeiten und Gegensätze, die eine gemeinsame Häuslichkeit auch zwischen

Liebenden hervorruft. Goethe brauchte nicht zu sorgen, ob die
Geliebte eine gute Köchin und Haushälterin sei. Die ganze Prosa
schied aus. Und ebenso jenes rohe Geschlechtsleben, das wir mit den
Tieren gemeinsam haben, das Herabsinken der Liebe aus Himmelshöhen in die Triebe und Bedürfnisse des Leibes. Charlotte war nicht
nur durch ihre Ehe mit einem redlichen Manne, der ihrem Freunde
vertraute, sondern auch durch ihre Gemüts- und Sinnesart vor
solchen Gedanken geschützt; in ihr war kein bewußtes oder unbewußtes Verlangen nach Sinnenlust, denn was davon auch ihr Teil
gewesen sein mochte, war in den Jahren der jungen Ehe und der
Kinderlast aufgezehrt worden.

Es wurden damals, im ersten Regierungsjahre des jungen
Herzogs, in Weimar beständig Feste veranstaltet und Vergnügungen
vorbereitet und ausgeführt; es blühte also auch das Liebesspiel
zwischen Herren und Damen noch mehr als überall. Goethe war
einer der Lebhaftesten und setzte sich der Gefahr, für ein angenehmes Mädchen in Liebe zu entbrennen, tausendmal aus. Wenn Frau
von Stein zu einem Ball oder Theaterspiel nicht kam, was sollte er da
anders tun? »Mich brannte es unter den Sohlen, zu Ihnen zu laufen«
schrieb er ihr nach solcher Nacht:

*Endlich fing ich an, zu mieseln, und da ging's besser. Die Liebelei ist
doch das probatste Palliativ in solchen Umständen! Ich log und trog
mich bei allen hübschen Gesichtern herum und hatte den Vorteil, immer
im Augenblicke zu glauben, was ich sagte.*

Ein paar gute Freunde wunderten sich, daß er ernstlich doch nur der
Gattin des Oberstallmeisters den Hof machte. Ihm selber kam es
rätselhaft vor. Freund Wieland hatte seit Jahren in seinen Gedichten
und Geschichten über die platonische Liebe gespottet; er brachte
nun auch einmal die Rede auf diesen Versuch Goethes, die uns
Menschen eingepflanzten Triebe zum andern Geschlecht ins
Unnatürliche zu erheben. Er selber schätze die Frau v. Stein als
schön, klug und angenehm, aber warum zog sie der junge Freund
den Jüngeren und Ledigen, die zum Ehebunde bereit waren, vor?
Goethe antwortete, daß er es selber nicht verstehe:

*Ich kann mir die Bedeutsamkeit, die Macht, die diese Frau über mich hat,
anders nicht erklären als durch die Seelenwanderung. Ja, wir waren einst
Mann und Weib! Nun wissen wir von uns, verhüllt, in Geisterdurft ...*

Das Gleiche sagte er auch der Geliebten, die ja über dies ungewöhnliche Verhältnis gleichfalls verwundert war:

> Sag', was will das Schicksal uns bereiten?
> Sag', wie band es uns so rein genau?
> Ach, Du warst in abgelebten Zeiten
> Meine Schwester oder meine Frau!

Freilich, besser als die andern verstand Goethe schon, weshalb er diese Freundin häufig aufsuchte. Er war immer noch so ungleichmäßig und oft krankhaft gestimmt, voller Unmut und Unrast, von sich aus hilflos und ratlos: da brauchte er einen Freund, der ihn beruhigte, oder noch besser eine Freundin, deren Blick, deren Stimme, deren Worte ihm wohl taten, deren Hand sich heilend auf seine Hand, seine Stirn legte. Gerade dazu war Charlotte geschaffen, die Festgesinnte, die Verzichtende, die Gütige; schon der gleichmäßige Tonfall ihrer Rede wirkte auf den Aufgeregten besänftigend. »Ach, ich bin des Treibens müde!« seufzte er oft: »Was soll all die Qual und Lust?« Und erbat süßen Himmelsfrieden in seine Seele. Die Liebe dieser Frau schien ihm diesen Frieden zu geben. »Wie ruhig und leicht ich geschlafen habe, wie glücklich ich aufgestanden bin und die schöne Sonne gegrüßt habe!« so schrieb er ihr am 23. Februar und fügte hinzu: »Das erste Mal seit vierzehn Tagen mit freiem Herzen! Und wie voll Danks gegen Dich, Engel des Himmels, dem ich Das schuldig bin!«[88] Als er dann auf den Gedanken verfiel, die große Macht dieser Frau rühre wohl von einem engsten Verhältnisse in einem früheren Leben her, da malte er sich weiter aus, daß die Geliebte auch damals schon den Unsteten, Verfolgten gelabt und getröstet habe:

> Ach, du warst in abgelebten Zeiten
> Meine Schwester oder meine Frau,
> Kanntest jeden Zug in meinem Wesen,
> Spähtest, wie die reinste Nerve klingt,
> Konntest mich mit einem Blicke lesen,
> Den so schwer ein sterblich Aug' durchdringt;
> Tropftest Mäßigung dem heißen Blute,
> Richtetest den wilden, irren Lauf,
> Und in deinen Engelsarmen ruhte
> Die zerstörte Brust sich wieder auf.

Goethe war nur zu einem Besuche nach Weimar gekommen; also war seine Freundschaft mit der Oberstallmeisterin nur eine Freude, ein Glück für eine kurze Weile. Der Wandrer zieht weiter, und zwei Seelen sind um eine schöne Erinnerung reicher.

Aber der junge Dichter blieb länger im Städtchen, als man gedacht. Der Herzog mochte sich nicht von ihm trennen und hörte auf diesen Fremden mehr als auf die alten, einheimischen Ratgeber. Folglich ward Goethe aufmerksamer betrachtet und strenger beurteilt, und erst recht, als das Gerücht entstand, daß der Fürst ihn in ein hohes Amt setzen wolle, um sich seines Umgangs und Rates beständig zu erfreuen. Diese Neuigkeit war empörend! So viele treue Diener, die Land und Leute und die Verwaltungsgeschäfte genau kannten, harrten auf Beförderung und bessere Einnahmen: wie konnte der Herzog sie zurückstoßen und geradezu beleidigen, indem er ihnen einen Fremden, Unkundigen vorzog, der bisher nur bewiesen hatte, daß er sich auf Theaterstücke, Romane und Possen verstand! Die ganze Hof- und Staatsdienerschaft mißbilligte diese verblendete Liebe des jungen Fürsten zu seinem Goethe – mit Ausnahme der Wenigen, die neben Goethe ihren Vorteil zu finden hofften. Also hatte jetzt auch in Charlottens Familie und Freundschaft der Günstling des übel beratenen Fürsten einige Abneigung gegen sich. Charlotte hatte ihn schon manchmal getadelt und gescholten, aber nur so, wie jede sittsame Frau getan hätte: über seine wilden Manieren und seine Neigung zu rohen, ja schmutzigen Worten. Jetzt stiegen ihr ernste Bedenken auf, ob dieser Mensch, der sie so herzlich liebte und dem auch sie gut sein mußte, mit all seinen Gaben nicht Unheil stiftete: im fürstlichen Hause, in dem sie von Kindesbeinen wie in einem größeren Vaterhause liebend daheim war, und in ihrer eigenen Familie wohl auch. »Goethe wird hier geliebt und gehaßt« schrieb sie am 6. März an Zimmermann. Und ungefähr zur gleichen Zeit bat Goethe die Seinen, den Oberstallmeister v. Stein, der demnächst nach Frankfurt komme, gut zu empfangen; aber, fügte er hinzu, Stein sei nicht mit dem Herzoge zufrieden: »wie fast all der Hof, weil er ihnen nicht nach der Pfeife tanzt, und mir wird heimlich und öffentlich die Schuld gegeben.«

Dieser Kampf um Goethe – oder um den Herzog – dauerte Wochen und Monate; der Geheime Rat v. Fritsch, der oberste Staatsdiener, hielt gegen seinen irrenden jungen Herrn tapfer stand. Frau v. Stein litt unter ihrer Liebe zu beiden Parteien. In den Männerstreit um die Besetzung der Ämter brauchte sie sich nicht zu mischen, aber hier wurden auch allgemeinste sittliche Fragen aufgerührt, und es ging auch um ihre eigene weibliche Ehre.

Goethe verwarf die althergebrachte Sitte und Sittlichkeit, und der junge Herzog folgte ihm darin. An Stelle der bisherigen festen Gesetze wollten sie den Drang oder die Stimme der Natur und die jeweilige Erkenntnis des Rechten setzen; Natürlichkeit, Wahrhaftigkeit, Geradheit waren ihre Tugenden. Auf diesem Grunde glaubten sie ein neues Gemeinwesen schaffen zu können; die alten Vorschriften waren von Vorfahren ererbt, die längst im Grabe moderten – warum sollten die jetzt Lebenden unweiser sein als ihre Großväter? Warum sollten sie sich nicht ihre eigenen Rechte und Aufgaben schaffen? Goethe war als Dichter schon mehrere Male in dieser Ungebundenheit und Keckheit aufgetreten, den Lehrern und Predigern Trotz bietend. In seinen Possen hatte er sich über verdiente Männer und gute Bekannte vor aller Welt lustig gemacht; im ›Werther‹ hatte er einen weichlichen Selbstmörder so liebenswert dargestellt, daß dessen freiwilliger Tod Vielen geradezu wie ein Vorbild erschien; und wie er in jenem Roman die Liebe zweier Männer zur selben Frau behandelt hatte, so zeigte er in seinem neuesten Theaterstücke ›Stella‹ die Liebe zweier Frauen zum gleichen Manne und zeigte als Ausweg in diesen Herzensnöten – die Doppelehe! »Ich bin Dein! wir sind Dein!« rufen am Schlusse Stella und Cäcilie ihrem Fernando zu und »ihr Glück und ihre Liebe faßte selig eine Wohnung, ein Bett und ein Grab« läßt der Dichter die angetraute Ehefrau von dem sagenhaften Grafen v. Gleichen und seinen zwei Frauen rühmend berichten.

Von seinem Standpunkte aus konnte Goethe dies Stück, das er »ein Schauspiel für Liebende« nannte, wohl rechtfertigen; es war der Standpunkt des Dichters, dessen Amt es nicht ist, die bürgerliche Ordnung aufrechtzuerhalten, die Schwachen vor Irrtümern und Gefahren zu behüten, die Religion zu beschützen – des Dichters, der nur darzustellen hat, was seine Augen und Ohren wahrnehmen und was er im Innern erlebt. Daß zwei Männer dasselbe Weib liebend begehren oder zwei Frauen denselben Mann, ist alltägliche Erfahrung; aber es kommt auch vor, daß in einem Menschen eine neue Liebe entsteht, während die alte auch noch Kraft und Leben hat, daß er nun die Liebe zweier Herzen erwidert, und der Beweis, daß dies Erlebnis eine Sünde, ein Verbrechen sei, ist kaum zu erbringen. »Es ist Sünde« versichert zwar die Überlieferung, aber der Genius in

Die Beziehung zwischen Goethe und Charlotte von Stein war von großer Zuneigung und Mißverständnissen geprägt. Nach einem Pastellgemälde von Karl Freiherr von Imhoff

unserer eigenen Brust bietet eben dieser Altmutter Trotz, und auf ihr »Es darf nicht sein« erwidert er ruhig: »Es ist.«[89]

Diesem kühnen Dichter, der so vor aller Welt das Recht des Herzens gegen Gesetz und Sitte verteidigte, konnte man auch zutrauen, daß er für die Liebe zu einer verheirateten Frau das gleiche Recht fordere. Er hatte auf einem seiner Petschafte die Inschrift »Alles um Liebe«[90]; vielleicht mochte er auch den guten Namen der Frau Oberstallmeisterin »um Liebe« opfern.

Ehe Andere ernsthaft über ihren wunderlichen Verehrer redeten, wies ihn Charlotte selbst in seine Schranken zurück. Er redete sie zuweilen mit Du an, wenn er mit ihr allein war, oder auf seinen Zettelchen; als sie sich darüber verwunderte, berief er sich auf die alten Römer, die gar keine andere Anrede als diese natürliche gekannt hätten: wozu denn dieser verschrobene Gebrauch der Mehrzahl und der dritten Person, wenn ein Mensch zum andern spricht? Aber sie bat ihn: »Gewöhnen Sie sich das Du nicht an, Goethe. Ich verstehe wohl, wie Sie es meinen, aber die Welt würde es nicht verstehen und uns übel auslegen. Sie setzen ohnehin oft gewisse Verhältnisse aus den Augen, die vor Ihnen da waren.«

Charlotte schrieb gerade an Zimmermann und erzählte ihm auch, daß sie Goethen »mit dem sanftesten Ton von der Welt« das Du verwiesen und auf die Grenzen ihrer Vertraulichkeit gedeutet habe:

Da springt er wild auf vom Kanapee, sagt: »ich muß fort«, läuft ein paarmal auf und ab, um seinen Stock zu suchen, find't ihn nicht, rennt so zur Tür hinaus, ohne Abschied, ohne Gute-Nacht.

Sehen Sie, lieber Zimmermann, so war's heute mit unserm Freund. Schon einige Mal hab' ich bittern Verdruß um ihn gehabt: Das weiß er nicht und soll's nur wissen.

Zwei Tage später, am 8. März [1776], schrieb sie weiter und klagte ausführlicher über den gemeinsamen Freund:

Ich sollte gestern mit der Herzogin-Mutter zum Wieland gehn; weil ich aber fürcht'te, Goethen da zu finden, tat ich's nicht. Ich habe erstaunlich viel auf meinem Herzen, das ich dem Unmenschen sagen muß. Es ist nicht möglich: mit seinem Betragen kömmt er nicht durch die Welt! Wenn unser sanfter Sittenlehrer gekreuz'get wurde, so wird dieser bittre zerhackt. Warum sein beständiges Pasquillieren? Es sind ja alles Geschöpfe des großen Wesens: Das duldet sie ja! Und nun sein unanständiges Betragen mit Fluchen, mit pöbelhaften, niedern Ausdrücken! Auf sein Moralisches, sobald es auf's Handeln ankommt, wird's vielleicht keinen Einfluß haben, aber er verdirbt Andre. Der Herzog hat sich wunderbar geändert! Gestern war er bei mir, behauptete, daß alle Leute mit Anstand, mit Manieren, nicht den Namen eines ehrlichen Mannes tragen könnten ... daher er auch Niemanden mehr leiden mag, der nicht etwas Ungeschliffenes an sich hat. Das ist nun alles von Goethen, von dem Menschen, der vor [für] Tausende Kopf und Herz hat, der alle Sachen so klar und ohne Vorurteile sieht, sobald er nur will, der über Alles kann Herr werden, was er will.

Ich fühl's, Goethe und ich werden niemals Freunde. Auch seine Art, mit unserm Geschlecht umzugehn, gefällt mir nicht; er ist eigentlich, was man coquet nennt; es ist nicht Achtung genug in seinem Umgang.

Diese Sorge über die Entwicklung in Weimar und über Goethes Anteil daran mußte sie noch Wochen und Monate hindurch mit sich herumtragen; aber ihrem jungen Verehrer konnte sie nur auf Stunden und höchstens Tage zürnen. Er kam immer wieder mit einem Übermaß von Liebe und Dienstwilligkeit und verlangte ja auch nur die Erlaubnis, sie lieben zu dürfen. Er bat um ihren Rat und schenkte ihr sein ganzes Vertrauen; mit ihren Kindern gab er sich ab wie der zärtlichste Vater. So vertraute sie auch ihm, sprach ihr Inneres gegen ihn aus: wie sie das Leben hinter sich habe, nichts mehr von der Welt erwarte und sich auch über den eigenen Wert nichts mehr einbilden könne. Dann konnte er sie ausschelten und ermahnen. »Wenn ich nur den tiefen Unglauben Ihrer Seele an sich selbst begreifen könnte, Ihrer Seele, an die Tausende glauben sollten, um selig zu werden!« Und er, der Gleichnisfrohe, wies auf die Sonne hin, die höchste Kraftspenderin, die wir kennen. »Und die Sonne so golden blickend als je!« rief er aus. »Es ist der Born, der nie versiegt. Das Feuer, das nie verlischt, keine Ewigkeit nicht! Beste Frau, auch in Dir nicht, die Du manchmal wähnst, der heilige Geist des Lebens habe Dich verlassen.«

Er konnte ihr aus den Wissenschaften und Künsten neue Aufschlüsse geben; in sittlichen Dingen und in solchen der Lebensklugheit war sie dagegen seine Lehrerin. Sie war ihm hier, in ihrer Heimat, überlegen, weil sie alle wichtigen Menschen seit manchen Jahren kannte und bei den wunderlichsten Zuständen die Erklärung aus den gegebenen Verhältnissen und Persönlichkeiten geben konnte. Sie zeigte ihm den vernünftigen Sinn der Sitten und Gebräuche und ließ ihn sehen, daß zumal das weibliche Geschlecht in diesen Mauern und Schranken sicherer und behaglicher wohnt als im wilden Walde der Tageswünsche und Tagesüberzeugungen. Dabei redete sie immer als eine gewissermaßen abseits lebende Zuschauerin, die selber keine Rolle spielen, keine Vorteile erhaschen will. Goethes Stolz und Begehren war es von je, im Reden und Handeln uneigennützig und wahrhaftig zu sein: in Charlotte v. Stein sah er nun das schöne Frauenbild dieser Tugenden, und sie war dabei frei von seinen Unarten. Auch blieb sie klug, wenn er in seiner Liebe zur Torheit neigte. Auf seine Herzensergüsse erwiderte sie: »Ich will Ihre Schwester sein, Goethe« und ließ sich von Kornelien, der weit Entfernten, erzählen, deren Stelle sie vertreten wollte. Was sollte er anders entgegnen als: »Liebe Schwester, wenn's denn so sein soll.«[91] Und dann rühmte sie seine Uneigennützigkeit, seine Reinheit, sein Streben zum Hohen, Himmlischen und sagte ihm, daß er nach einige weiteren Läuterung von den Erdschlacken ein Heiliger zu werden verspreche. »Jetzt nenn' ich ihn meinen Heiligen« schrieb sie auch an Zimmermann; Goethe aber verstand sie wohl: seine Liebe zu ihr sollte eine anhaltende Resignation sein, und er spottete über seinen neuen Titel. »Du hast Recht, mich zum Heiligen zu machen, das heißt: mich von Deinem Herzen zu entfernen«, und da er ihr gerade ein schönes Gefäß schickte, scherzte er weiter: »Hier auch eine Urne, wenn allenfalls einmal vom Heiligen nur Reliquien überbleiben sollten!«

Von dem eigentlichen inneren Erleben der Beiden wußte die Welt nichts; aber man sah ihr Sichfinden bei Gesellschaften und ihren Austausch von kleinen Geschenken. Goethes tägliche Besuche in der Wohnung des zumeist abwesenden Oberstallmeisters (die zwar manchmal nur den Knaben und ihrem Hofmeister Kästner galten) wurden bemerkt, und man wußte, daß sie zusammen zeichneten und lasen. Dergleichen Freundschaft ist den Tugendhaften anstößig. Frau v. Stein war gewiß über jeden Verdacht erhaben; zur allgemeinen Achtung der früheren Freunde gewann sie jetzt auch noch das besondere Vertrauen der jungen Herzogin; aber es ward ihr bedeutet, daß Goethe allzu oft zu ihr gehend, von ihr kommend, bei ihr sitzend gesehen werde.

«Ich war darauf vorbereitet» schrieb Goethe jetzt.[92] Soviel kannte er die Klatschsucht der »Leute« wohl; aber er hatte dem unausgesprochenen Verdachte sein gutes Gewissen entgegengesetzt, und über alle Vorsicht hatte immer wieder sein Bedürfnis gesiegt, an den Worten, an der Stimme, am Blicke, am ganzen Wesen dieser Frau Trost und Kraft und Freude für heute und morgen zu gewinnen. Das ward ihm nun verboten!

Also auch das Verhältnis, das reinste, schönste, wahrste, das ich außer meiner Schwester je zu einem Weibe gehabt, auch Das zerstört!

Wenn ich mit Ihnen nicht leben soll, so hilft mir Ihre Liebe so wenig als die Liebe meiner Abwesenden, an der ich so reich bin. Die Gegenwart im Augenblicke des Bedürfnisses entscheidet Alles, lindert Alles, kräftigt Alles. Der Abwesende kommt mit seiner Spritze, wenn das Feuer nieder ist.

Und Das alles um der Welt willen! Die Welt, die mir nichts sein kann, will auch nicht, daß Du mir was sein sollst.

Am anderen Tage dachte er mehr an die Beleidigung, die Charlotte erlebt hatte;

Verzeihen Sie, daß ich Sie leiden mache! Ich will's künftig suchen, allein tragen zu lernen.

Goethe und Charlotte sahen sich in den nächsten Wochen fast nur am dritten Orte; er unternahm einige Ausflüge und Reisen, und dann machte der Sommer dem bisherigen Zustande ein Ende. Charlotte reiste ihrer Gesundheit wegen, wie schon in früheren Jahren, nach Pyrmont und ging von da nach Kochberg, um auf ihrem Gute nach dem Rechten zu sehen.

Ein eigenes Häuschen

Goethe erlebte in diesem Frühjahre noch zwei wichtigste Dinge, die sein ganzes weiteres Leben bestimmten; er trat in fürstlichen Dienst und erwarb ein eigenes Haus. Weimar ward ihm nun Wohnort und Wirkensstätte. Halb geschah das nach seinem eignen Wunsche, halb ließ er es sich gefallen; für sich allein wäre er mit der Frage, ob er bleiben oder gehen solle, so rasch nicht fertig geworden. Der Herzog bedurfte seiner Freundschaft, seiner Gesellschaft, seiner Mitarbeit. Der achtzehnjährige Karl August wollte seine Fürstenrechte, die er bisher mehr dem Schein und Namen nach besaß, wirklich ausüben und brauchte dazu Helfer, die seinen und nicht ihren eignen Vorteil suchten. So überwand er alle Bedenken gegen die Anstellung eines Fremden, der noch dazu ein Poet war, und gab ihm ein Amt, das zunächst nicht viel Verantwortung forderte, dem Freunde aber Einblick in die verschiedensten Staatsgeschäfte gestattete. Und als er bemerkte, daß Goethen ein wilder Garten vor der Stadt, im Ilmtale, anlockte, da veranlaßte er ihn, diesen Garten und das Haus, darin zu kaufen; die Kauf- und Einrichtungskosten nahm Karl August auf seine eigene Kasse.

Das Gartenhäuschen, in dem sich Goethe einrichtete – am 18. Mai 1776 schlief er zum ersten Male darin –, hätte zwar zu einer Familienwohnung nicht ausgereicht: immerhin war der neue Geheime Legationsrat, dem dies Sommerhaus in einem großen Garten gehörte, jetzt recht ehestandsfähig; er brauchte nur noch eine Wohnung in der Stadt zu mieten und um eine hübsche Demoiselle oder auch um ein Fräulein anzuhalten.

Aber das Einwachsen will Zeit haben; noch war Goethe nicht endgültig seßhaft, und es kam ihm manchmal wie ein Traum vor, daß er im eigenen Häuschen saß, auf Bäumchen herabsah, die er selber gepflanzt, und daß auf seinem Tische Akten lagen über Menschen und Orte, die ihm vor kurzem noch unbekannt und gleichgültig waren. Das unbegreifliche Schicksal hatte ihn hierher gesetzt: auf welchen wunderlichen Weg würde es ihn weiterhin führen? Diesem Schicksal, der rätselhaften Macht, der wir durch eigene Klugheit nichts abgewinnen können,[93] mußte er es überlassen, ob und wann eine Gefährtin, eine Hausgenossin zu ihm trete.

&

Lillis Bild verblaßte allmählich. Auch Briefe erinnerten ihn nicht oft an sie, und was man ihm schrieb, erfreute ihn nicht. »Tantchen«

November 1775 bis Juli 1776

Goethe holte die schöne Sängerin und Schauspielerin Korona Schröter von Leipzig nach Weimar.

Fahlmer berichtete im Anfang April eine recht ärgerliche Neuigkeit über die Schönemanns. »Von Lilli nichts mehr!« antwortete er, »sie ist abgetan! Ich hasse das Volk lang' im tiefsten Grunde. Der Zug war noch der Schlußstein. Hol' sie der Teufel! Das arme Geschöpf bedaur' ich, daß sie unter so einer Rasse geboren ist.«

Lilli war nach wie vor von Bewerbern umgeben; jetzt gewann ein Herr Bernard aus Straßburg, ein schöner, gewandter, weitgereister Mann, ihre Gunst, und das Verlöbnis ward ausgesprochen. Goethe erhielt die Nachricht am 8. Juli und nahm sie hin, wie man den erlösenden Schluß einer lästiglangen verdrießlichen oder peinlichen Sache hinnimmt. »Gestern Nachts lieg' ich im Bette« schrieb er am andern Tage der Frau v. Stein, »schlafe schon halb, Philipp bringt mir einen Brief; dumpfsinnig las ich, daß Lilli eine Braut ist, kehre mich um und schlafe fort. Wie ich das Schicksal anbete, daß es so mit mir verfährt! So Alles zur rechten Zeit!«

Unterdessen hatte er auf einer kleinen Reise nach Leipzig auch Käthchen Schönkopf wiedergesehen. Sie hieß nun schon seit Jahren die Doktorin Kanne; ein zweijähriges Töchterchen lernte von ihr das Leipziger Deutsch. »Ce n'est plus Julie« sagte man damals gern nach Rousseaus ›Nouvelle Héloise‹; Käthchen trat jetzt um so mehr in den Schatten, als ihr einstiger Verehrer sie gerade in diesen Tagen neben die berühmte Korona Schröter stellte. Denn ihretwegen war Goethe nach Leipzig gekommen. Man brauchte in Weimar zu den Hofkonzerten eine neue »Vokalistin« und zugleich zu den Liebhaber-Schauspielen, womit sich Hofleute und Bürgersleute gern unterhielten, eine erste Schauspielerin, der man die großen Frauenrollen zuteilen konnte. Goethe hatte als Student die Schröterin öfters singen hören, und nun versuchte er, ob sie für Weimar zu gewinnen sei. Fünfundzwanzig Jahre zählte sie jetzt, und sie war noch viel schöner, als er sie in der Erinnerung hatte. Als Sängerin kam sie einigen Kolleginnen nicht mehr gleich, denn ihre Stimme war nicht stark und etwas bedeckt; aber an Beseeltheit und Ausdruck übertraf sie noch alle, und deshalb hörte man öfters das Urteil, daß sie besser auf die Bühne als in den Konzertsaal passe. Einige Theaterprinzipale machten ihr günstige Angebote; gleichzeitig näherten sich auch ehrenwerte Männer, die die schöne und tugendhafte Sängerin gern zur Hausfrau gewonnen hätten. Korona fühlte in ihrem Herzen für diese Bewerber dankbares Wohlwollen, aber keine begehrende Liebe; der Gedanke, in eine Schauspieler-Gesellschaft einzutreten, war ihr aber erst recht entsetzlich, denn die Komödiantinnen galten überall für Freiwild und blieben von guter Gesellschaft ausgeschlossen. Was Goethe ihr jetzt vorschlug, gefiel ihr um so besser. Sie sollte in Weimar das gleiche Gehalt bekommen wie in Leipzig, vierhundert Taler, aber auf Lebenszeit angestellt werden, während sie bisher von der Gunst des Publikums abhing. Sie konnte am neuen Orte ohne Gefahr für ihren Ruf auf der Bühne auftreten, wozu sie viel Lust hatte, und wurde doch keine Schauspielerin, denn sie tat es nur aushilfsweise, als Hofvokalistin im Hauptberuf, und stand neben Mitspielenden aus der feinen Gesellschaft; die Zuschauer waren geladene Gäste, denen sie nicht zu schmeicheln brauchte. So hatte sie denn mit dem jungen Dichter jetzt angenehme Gespräche. »Die Schröter ist ein Engel« schrieb Goethe in den Brief an Charlotte. »Wenn mir doch Gott so ein Weib bescheren wollte, daß ich Euch könnt' in Frieden lassen!«

Dieser Wunsch nach der Ehestandsruhe stellte sich manchmal ein. Auch von einer jüngeren Schwester Charlottens schrieb er:[94] »Es ist ein liebes Geschöpf, wie ich eins für mich haben möchte, und dann nichts weiter geliebt«; aber auch hier war das Schicksal ihm nicht günstig, denn Luise v. Schardt war seit einem Jahre an einen Freiherrn v. Imhoff verheiratet und wartete eben in der alten Heimat bei der Mutter die Geburt ihres ersten Kindchens ab.

Von einer ernstlichen Braut hatte er leider nichts zu berichten.

X. In Weimar. Juli 1776 bis Juni 1782.

Goethe um 1780. Schattenriß

Sechs Jahre wohnte Goethe Sommer und Winter draußen vor der Stadt, in den wenigen kleinen Zimmern des Gartenhauses; nicht einmal gegen Kälte und Sturm war er dort gut verwahrt. Seine Freunde rieten ihm oft zu einer behaglicheren Wohnung, aber er wollte aus der »Welt« und der »Gesellschaft« täglich in die Einsamkeit, in sein Schneckenhäuschen, sich zurückziehen können. Er war Vertrauter des Landesfürsten, Mitglied des Geheimen Rats, in die verschiedensten Staatsgeschäfts verflochten, auch für die Unterhaltung und Belustigung der Hofgesellschaft eifrig tätig, und dennoch ein Abgesonderter, immer noch eine Art Gast. Er hatte ja auch keineswegs versprochen, in diesem kleinen thüringischen Ländchen auf Lebenszeit neben den andern Räten die Akten zu lesen und neue zu schreiben: der Künstler in ihm empörte sich oft. Und seine alte Unruhe kam doch auch noch oft über ihn und trieb ihn fort: hinaus in Felder und Wälder, im raschen Wanderschritt oder auf einem schnellen Pferde! Oder weiter, zu andern Städten und Ländern!

Frau v. Stein, seine Freundin und Schwester, hatte anfangs am andern Ende der Stadt gewohnt, hinter ihrem Vaterhause am Erfurter Tore; im Sommer 1777 ließ der Herzog seinem Oberstallmeister eine Wohnung über den Husarenställen einrichten, gegenüber dem Fürstenhause, in dem er selber mit seiner Gattin lebte, bis das abgebrannte Schloß wieder aufgebaut wurde. Aus ihren Nordfenstern konnte jetzt Frau v. Stein der Herzogin Luise, deren beste Freundin sie war, zuwinken und zurufen; aus ihren Südfenstern aber sah sie Goethes Häuschen auf der andern Seite der Ilm; abends konnten sie sich mit Lichtern Zeichen geben oder doch erkennen, ob der Andere zu Hause war und wo er sich aufhielt. Zwischen ihnen aber lag nur Wiese, Fluß, felsiges Ufer, Gehölz und freier Platz; daneben die fürstlichen Promenaden und Ziergärten.

Einen ziemlich großen Teil des Jahres ruhte diese Nachbarschaft, denn Goethe ging oft auf Dienst- und freiwillige Reisen, und Charlotte verbrachte die Sommer- und Herbstmonate nach wie vor in Kochberg. Aber wenn Beide in der Stadt waren, so sahen sie sich so oft, wie ein lediger Bruder und eine verheiratete Schwester zu tun pflegen, wenn sie recht gut mit einander stehen und der Bruder auch mit dem Manne seiner Schwester sich verträgt und ihren Kindern ein freundlicher Oheim ist. Da Herr v. Stein selten zu Hause war, so übernahm Goethe manche Hausvater-Geschäfte. Zeitweilig litt Stein an einer seltsamen und höchst bedenklichen Kopfkrankheit, dann war er wieder Jahre lang sehr gesund und ein guter Gesellschafter. Goethe und Stein trafen oft zusammen; einige Male waren sie als Begleiter des Herzogs ganze Wochen beständig beisammen. Stein war zuerst gegen die Anstellung des Poeten gewesen; aber als er sah, wie fleißig und uneigennützig Goethe in seinem Amte arbeitete, erkannte er die unerwarteten Tugenden gern an. Er gab dem jüngeren, in Weimar noch nicht heimischen Manne manchen guten Wink, warnte ihn z. B. vor heuchlerischen Freunden, und Goethe war gerührt über »Steins Gutheit« und erwiderte sie. »Es wird mir recht natürlich, Steinen gefällig zu sein und ihm leben zu helfen« schrieb er Charlotten, als sie beide, Mann und Freund, lange in Eisenach beim Herzoge sein mußten. Auf einer andern Reise schrieb er ihr, indes Stein mit den Andern über sein Lieblingsfach, die Landwirtschaft, schwätzte und wohl wußte, für wen Goethe noch die Seiten füllte: »Übrigens sitzet er und macht Anmerkungen, die ich ihm an der Nase ansehe.« Stein spöttelte wohl einmal über diese andauernde Freundschaft; aber er vertraute Goethen sowohl wie seiner verständigen Frau.

Viel öfter hatte Goethe mit den drei Knaben der Freundin zu tun, bald in Spiel und Possen, bald in ernsthaften Dingen. Ihr Hofmeister, ein gewisser Kästner, trug ihm gern seine Gedanken über die Jungen und ihren Unterricht, über die Tagesereignisse und die Zukunft vor; zu andern Zeiten war die Gesundheit der Heranwachsenden zu bedenken, wie auch immer wieder die Gesundheit der Mutter. »Ernstens Husten beunruhigt mich« schrieb Goethe ihr eines Tages; »sorge doch auch für Fritz, der einen Ansatz hat«; und ein paar Tage danach:

In sorglichen Augenblicken ängstigt mich Dein Fuß und Deiner Kinder Husten. Wir sind wohl verheiratet. Das heißt: Durch ein Band verbun-

den, wovon der Zettel aus Liebe und Freude, der Eintrag aus Kreuz, Kummer und Elend besteht.

Wie für diese Knaben, so hatten Beide eine gemeinsame Sorge für das junge fürstliche Paar. Das gab viel Stoff zu Gesprächen. In andern Stunden redeten sie gern über philosophische und religiöse Fragen, z. B. über Spinozas Lehren, ebenso über die naturwissenschaftlichen Forschungen und Träumereien der Zeit. Er brachte ihr seine neuesten und früheren Gedichte; sie schrieb sie ab und bewahrte sie auf. Sie liehen einander Bücher und trieben zusammen Englisch.

Am liebsten zeichneten und tuschten sie zusammen und freuten sich gemeinsam am Gelingenden. Die Bildnisse gerieten zuweilen, die Landschäftchen gewöhnlich.

Auch durch häufige Geschenke kam die Verbundenheit Goethes und Charlottens zum Ausdruck, durch ein so vielmaliges Geben und Nehmen, daß es fast wie ein Anfang von Gütergemeinschaft aussah. Gewöhnlich handelte es sich um Blumen, Obst, Gemüse, fertige Speisen oder um Bücher, Bilder, Zeichengerät oder um Bänder, Schleifen, kleine Schmuckstücke; Goethe lieferte viele Erzeugnisse seines Gartens in Charlottens Küche, desgleichen seine Anteile von den fürstlichen Jagden: Hasen, Rebhühner, Fasanen, Schwarz- und Rotwild; ebenso das Kommißbrot, das er als Vorsteher der Militärbäckerei erhielt; Charlotte dagegen hatte den Freund oft bei Tische, mittags oder abends. »Frühmorgens nehme ich mir vor, zu Hause zu bleiben, und bestelle mein Essen« so begann eins seiner Zettelchen, »wenn's gegen Mittag kommt, zieht mich das alte Verlangen zu Ihnen.« Regelmäßig aber stellte er sich abends ein; um halb Acht kam er über den Hof und die Treppe hinauf; dann aßen und plauderten sie, und den Zapfenstreich hörten sie fast jeden Abend noch zusammen.

Eine Schwägerin Charlottens wollte bei ihr einmal mit Goethe reden. »Komme bald nach Tisch oder auch zu Tisch« riet ihr Frau v. Stein; »aber par hazard könnte es vielleicht sein, daß Du Goethen nicht treffst, denn des Tags geht er seinen Geschäften und Vergnügen nach, und nur meistens abends beim Nachtessen hält er bei mir eine Stunde Ruhe.«

Ein Ruhe-halten war dieses Verhältnis für Goethe gewöhnlich; Ruhe empfing er von ihr.

Es ist mir in Deiner Liebe, als wenn ich nicht mehr in Zelten und Hütten wohnte, als wenn ich ein wohlgegründetes Haus zum Geschenk erhalten hätte, drinnen zu leben und zu sterben und alle meine Besitztümer drinnen zu bewahren.

Und dann:

Eine Liebe und Vertrauen ohne Grenzen ist mir zur Gewohnheit geworden.

Goethe als Orest und Korona Schröter als Iphigenie. Gemälde von Georg Melchior Kraus, 1779

Das »Mieseln« mit den weimarischen Fräulein und Demoiselles, die er bei Hofe oder sonst in Gesellschaft traf, ließ von selber nach, als auf beiden Seiten der Reiz der Neuheit verbraucht war, als er sich für die Frau Oberstallmeisterin entschieden hatte und an den ernsten Geschäften der Landesverwaltung auch ernster gestimmt wurde. Nur ein Mädchen übte einen andauernden Zauber auf ihn: Korona Schröter, die vom November 1776 an in Weimar wohnte. Es war eine Lust, ihre Gestalt und ihr Gesicht zu schauen, und ihr Beruf brachte es mit sich, daß sie in immer neuen Gewändern und Charakteren sich zur Schau stellte. Ihre Stimme klang lieblich und edel, ob sie sprach oder sang, und als eine echte Künstlerin schuf sie Ton und Geberden aus eigener Seele, in der Musik war sie begabt genug, Lieder zu komponieren; auch die Malerei liebte sie sehr und übte sie gern aus. Goethe war einer der Vergnügungsmeister und Theaterdirektoren bei Hofe geworden; so hatte er beständig mit der schönen Sängerin und Schauspielerin Verhandlungen und Proben, und Beide freuten sich dieser Anlässe zu häufigen Besuchen. Bei seinen eigenen dramatischen Dichtungen schwebte sie ihm jetzt als die Trägerin der ersten Frauenrolle vor. Oft spielte er selber in den Stücken mit, also zuweilen auch als Koronas Liebhaber. Sie erschien oft in seinem Garten, und er sprach vielmals bei ihr vor; sie machten auch Spaziergänge zusammen, tanzten mit einander, trafen sich auf dem Eise, und auch zu Pferde konnte man die beiden schönen Menschen gelegentlich zusammen sehen.

Was sie für einander fühlten, dies Wohlgefallen, diese Bewunderung, diese Anziehung – es mußte wohl auch »Liebe« genannt werden. Aber diese Freundin ward aus verschiedenen Ursachen nicht Goethes Geliebte. Erstens war sein Herz an die Frau v. Stein vergeben; zweitens bewarben sich um die schöne Sängerin mehrere junge Männer und unter ihnen der Herzog. Diesem trat Goethe, der mit der armen jungen Herzogin tiefes Mitleid hatte, entgegen; er paßte ihm auf, wenn er mit Korona allein zu sein suchte, und setzte ihn zur Rede; nur als Entsagender konnte er seinem Fürsten die gleiche Entsagung zur Pflicht machen. Wichtiger aber war Koronas keusche Natur; sie mochte wohl wackere Männer zu Freunden haben, aber nach Liebes- oder Ehefreuden verlangte sie nicht. Gewöhnlich hatte sie eine aus Leipzig mitgebrachte dicke und wenig schöne Freundin, Minna Probst, als Tugendwächterin bei sich, wenn sie einen Mann besuchte oder solchen Besuch annahm; Das geschah ihres guten Rufs wegen, damit sie von diesen Herren und den »Leuten« nicht mit einer lockeren Komödiantin verwechselt wurde; aber der bessere Schutz gegen Verführung war die angenehme Ruhe, mit der sie die Bewunderer sehen und ihre süßen Reden anhören konnte.

So hatte Goethe auch mit dieser schönen, jungen, unverpflichteten Sängerin nur ein geschwisterliches Verhältnis. In sein Tagebuch schrieb er manchmal, daß sie lieb und gut zusammen waren; auch der Frau v. Stein erzählte er, wenn sie in Kochberg war, von Koronas Besuchen. Aber auch Kämpfe oder Verstimmungen mag es zwischen ihm und der Sängerin gegeben haben, und schließlich sah man sich seltener.

Der Soldat oder der Reisende, der nur auf wenige Tage in einen Ort tritt, erobert die Mädchen und Frauen rascher als der Einheimische; das Neue und Fremdartige an ihm reizt: er ist kühner, zudringlicher; man hat Mitleid mit dem Einsamen, und die ihm gewährte Zärtlichkeit bleibt den gewöhnlichen Lebensgenossen verborgen: solche Erlebnisse sind wie Träume.

Goethe war viel unterwegs, bald allein, bald mit seinem Herzoge,

und so machte er auf dem rascheren Wege des Reisenden manche
kleine Eroberung. Er kam in die Schlösser der Fürsten und Adligen;
er bewegte sich zuweilen auch unter dem armen und unverfälschten
Volke, denn die Vogelschießen, Pferdemärkte, Jahrmärkte der
Umgegend wurden auch von den Vornehmsten nicht versäumt.
»Gestern auf dem Vogelschießen zu Apolda habe ich mich in die
Christel von Artern verliebt« berichtete er am 16. Juli 1776 in einem
Briefe an Frau v. Stein; diese Christel war vielleicht eine hartgesot-
tene Harfenistin oder Kellnerin, die aller Welt von den Volksfesten
her bekannt war, und Goethe scherzte also nur; aber noch der Greis
erinnerte sich an hübsche Handwerkertöchter, mit denen er und
seine Gefährten auf dem Erfurter Markte Spaß getrieben. Etwas
wilder noch ging es einige Male oben auf dem Thüringer Walde,
namentlich in Stützerbach zu, wenn der ausgelassene Herzog, der
seine Studentenjahre noch nicht hinter sich hatte, seine Gefährten
und auch die älteren und ernsthafteren Räte mit sich fortriß. Da
wurde denn auch wohl das Weibervolk zusammengerufen, wenn die
lustigen Jäger im Dorfe Rast hielten, und an das Essen und Zechen
schloß sich ein Tanz bis in die tiefe Nacht hinein.

❧

Im Sommer 1779 entschloß sich Goethe endlich, seine Eltern zu
besuchen; es mochte ihm ein wenig davor grauen, denn der alte
Vater war in letzter Zeit sehr grillig geworden. Als Karl August von
diesem Plane hörte, wollte er mit nach Frankfurt und dort die
Herbstmesse genießen; von da aus konnte man auch die weitere
Umgebung und zumal die schönen Gegenden am Rheine sehen. Der
Oberforstmeister v. Wedel, ein gar guter Kamerad, sollte der Dritte
im Bunde sein. Am 18. September trat Goethe wieder in's Vaterhaus.
»Er sieht gesünder aus« bezeugte nun die Mutter, »und ist in allem
Betracht männlicher geworden.« Die drei Herren reisten nun nicht
weiter nach Koblenz, Köln und Düsseldorf, wie ihr erster Plan gewe-
sen; plötzlich war ihnen eingefallen, in die Schweiz zu gehen; das
sehr schöne Wetter hatte sie so unternehmend gestimmt.

Bei Speyer setzten sie über den Rhein. Bald waren sie im Elsässischen. An einem Samstagabend, als eben der Vollmond aufging,
lenkte Goethe allein auf eine Seitenstraße nach Sesenheim. Er stieg
vor dem Pfarrhause ab, das er nun acht Jahre nicht mehr gesehen
hatte. Gar freundlich kamen ihm die Bewohner entgegen, als sie ihn

erkannten, und ihm war bei den guten Leuten gleich wieder heimelig. Mit Riekchen begegnete er sich auf einer Türschwelle, als er hinein- und sie heraustreten wollte, so daß sie fast mit den Nasen aneinander stießen. So lachten sie sogleich, und dann sah sie ihn so lieb und auch so ruhig an, daß ihm gar wohl wurde. Er war sich wohl bewußt, daß sie ihn einst viel mehr geliebt hatte, als er's verdiente, daß er sie damals in einem Augenblicke verlassen mußte, wo es ihr fast das Leben kostete. Eine Krankheit jener Zeit ward erwähnt; doch ging sie leise darüber hinweg. Sie dachte an keinen Vorwurf. Sie erzählte ihm von jenem anderen Dichter Jakob Lenz, der Goethes Freund zu sein vorgab; sie berichtet, wie Dieser sie mit Liebeserklärungen überschüttet und sich wie ein Wahnsinniger gebärdet habe, und sie warnte Goethe vor dem falschen Menschen.[95]

Und dann war sie herzlich-freundschaftlich und versuchte doch nie, ein altes Gefühl in seiner Seele wieder zu erwecken. Sie führte ihn in jede Laube und hatte ihre Lust daran, wenn er wieder saß, wo er ehemals gesessen. Ein Nachbar ward herbeigerufen und versicherte: erst vor acht Tagen habe er sich nach dem Herrn Goethe erkundigt. Auch sein alter Barbier mußte kommen. Und Goethe sah die Kutsche wieder, die er gut gemalt und schlecht lackiert hatte, und fand Lieder, die er in's Haus gebracht. Und immer spürte er, wie treu das Gedächtnis der Landleute alles Erlebte festhält; Dinge, die er bei seinem raschen, rauschenden Leben schon beinahe vergessen hatte, standen ihnen noch frisch und deutlich vor dem Geiste. Auch hier ward sein Aussehen gelobt; die Alten fanden, daß er jetzt jünger und gesünder erscheine als damals.

Er blieb die Nacht und schied am andern Morgen bei Sonnenaufgang. In freundliche Gesichter sah er noch einmal hinein, als er sich vom Pferde zum letzten Gruße umwandte. Und fühlte sich nun ausgesöhnt mit diesen guten Menschen.

Die Gefährten hatten in einem nahen Orte übernachtet; mit ihnen ritt er nun durch die wohlvertraute Landschaft auf Straßburg zu. Hier aber war sein erster Gang zu Lilli.

Sie hatte ihren ersten Verlobten, Bernard, verloren und war nun die Gattin des Bankiers Friedrich v. Türckheim, eines angesehenen und wohlhabenden Mannes. Als Goethe bei ihr eintrat, fand er sie über ihr erstes Kindchen, ein siebenwöchiges Mädelchen, gebeugt; auch sie war recht verwundert und recht erfreut, als sie den ehemals Geliebten plötzlich vor sich stehen sah. Ihre Mutter war aus Frankfurt zum Besuche da; dagegen war Herr v. Türckheim eben verreist. Sie sprach mit Stolz und Liebe von diesem Gatten, zeigte dem Gaste ihr stattliches Haus, nötigte ihn, gleich zum Mittagessen dazubleiben; und auch abends, nach dem Theater, mußte er auf ein Stündchen wiederkommen. Als er dann nach dem Abschiede in hellem Mondschein durch die altersgrauen Straßen nach seinem Gasthofe zurückging, begleitete ihn eine unsagbar schöne Empfindung.

So prosaisch ich nun mit diesen Menschen bin, so ist doch in dem Gefühl von durchgehendem, reinem Wohlwollen, und wie ich diesen Weg her gleichsam einen Rosenkranz der treuesten, bewährtesten, unauslöschlichsten Freundschaft abgebetet habe, eine recht ätherische Wollust. Ungetrübt von beschränkter Leidenschaft, treten nun in meine Seele die Verhältnisse zu den Menschen, die bleibend sind.[96]

Auf der reichsdeutschen Seite des Rheins zog man weiter, und eine der nächsten Stationen war Emmendingen. Ach, Goethes Verhältnis zu seiner Schwester war jetzt nur allzu »bleibend«! Sie war am 8. Juni 1777 in einem zweiten Kindbett den Erdennöten enthoben. Bald darauf hatte Schlosser seinen beiden Mädchen eine neue Mutter gegeben: Johanna Fahlmer, die alte Freundin von Frankfurt her. So fühlte sich Goethe halb fremd, halb heimisch.

❧

Das Wetter war noch immer herrlich, als unsere Reiter in die Schweiz hineinritten, von Basel aus geradenwegs zum Hochgebirge. Lausanne gehörte zu den Städten, wo man merkwürdige Personen besuchen wollte; Goethe hatte verschiedene dortige Namen auf seiner Liste und ging zuerst zu jener Frau v. Branconi, deren Schattenriß ihm einst Zimmermann vorgelegt hatte, damit er ihre Eigenschaften daraus ablese.

Diese »Marchesa« Antonia di Branconi war 1746 zu Genua geboren; ihr Vater war ein deutscher Offizier, v. Elsener, ihre Mutter eine Welsche gewesen. Sie selbst wuchs in Genua und Neapel auf und ward schon mit zwölf Jahren verheiratet. Mit zwanzig Jahren war sie in solchem raschen Leben Witwe und Mutter von zwei Kindern. Jetzt lernte sie der in Italien reisende Erbprinz Karl Wilhelm Ferdinand von Braunschweig kennen und er beredete sie, sich ihm anzuschließen. Sie folgte ihm auch nach Braunschweig und gebar ihm einen

Juli 1776 bis Juni 1782

Auch zu dieser schönen Frau fühlte sich Goethe hingezogen: Antonia Branconi. Stahlstich von A. Weger

Sohn, der als ein »Graf v. Forstenburg« erzogen wurde. Dem Stande einer fürstlichen Mätresse haftete damals kaum etwas Schmähliches an – diese Damen waren ja unter Vielen frei gewählt – und Frau v. Branconi insbesondere ward in Braunschweig und auf dem Rittergute Langenstein bei Halberstadt, das ihr der Erbprinz kaufte, von der vornehmen Welt, von den Gelehrten und vom einfachen Volke geehrt und geliebt. Leider aber ward ihr der Erbprinz nach einigen Jahren untreu; eine Frau v. Hartefeld lockte ihn jetzt stärker an, und so ward Antonia mit einundreißig Jahren sozusagen zum zweiten Male Witwe. Und zugleich heimatlos. Sie wohnte zuweilen auf ihrem Gute, zumeist aber im Elsaß und in der Schweiz. Als Goethe sie in Lausanne besuchte, war sie zwei Jahre vom Erbprinzen getrennt; sie lebte nun mit ihrem Sohne und einem jungen Gelehrten, Matthäi, der den Knaben erzog. Am 22. Oktober (1779) abends sah Goethe sie zum ersten Male.

Sie kommt mir so schön und angenehm vor, daß ich mich etliche Mal in ihrer Gegenwart stille fragte, ob›s auch wahr sein möchte, daß sie so schön sei. Einen Geist! ein Leben! einen Offenmut! daß man eben nicht weiß, woran man ist.

Und am nächsten Tage:

Mich führte der Geist wieder zu M. Branconi. Eigentlich darf ich sagen: sie ließ mir durch Matthäi, der bei ihrem Sohne ist, gar artig sagen, wenn ich noch eine Stunde sie sehen könnte, würd' es ihr recht sein. Ich blieb zum Essen.

Am Ende ist von ihr zu sagen, was Ulyß von den Felsen der Scylla

erzählt: »*Unverletzt die Flügel streicht kein Vogel vorbei, auch die schnelle Taube nicht, die dem Jovi Ambrosia bringt; er muß sich für jedes Mal andrer bedienen.*« *Pour la colombe du jour, elle a échappé belle, doch mag er sich für das nächste Mal andrer bedienen!*

So an die Freundin daheim, und ähnlich an Lavater:

Sie war so artig, mir wenigstens glauben zu machen, daß ich sie interessiere, und Das glaubt man diesen Sirenen gerne. Mir ist herzlich lieb, daß ich nicht an Matthäis Platz bin, denn es ist ein verfluchter Posten, das ganze Jahr par devoir wie Butter an der Sonne zu stehen.

Im nächsten Sommer besuchte die schöne Frau ihr Gut am Harze; den Rückweg nahm sie so, daß sie Goethe wiedersehen und seine Mutter kennen lernten konnte.

Am 26. August (1780) kam sie in Weimar an; nach Tische war sie bei Goethe im Gartenhause; nachmittags führte er sie spazieren; abends saßen sie in seinem Garten; leider kam der Herzog dazu.

Am andern Vormittag ging's nach Tiefurt; mittags aßen die Beiden im ›Kloster‹, d. h. in dem neuen Holzhäuschen oberhalb der Ilm, gegenüber von Goethes Gartenhause, aus dem die Speisen herübergebracht wurden. Gegen Abend fuhr man nach Belvedere. Am nächsten Tage, Goethes Geburtstage, reiste sie weiter; am 29. August schrieb Goethe in sein Tagebuch die vier Worte: »Nachklang der schönen Gegenwart.«

Er vollendete damals sein einunddreißigstes Jahr; Antonia v. Branconi zählte vierunddreißig; Beide waren ledig. Hätte er nicht zugreifen sollen, wo ihm das oft ersehnte Italien in einer so schönen Abgesandtin vor die Augen trat?

Als Frau v. Branconi in Frankfurt die Frau Aja besuchte, um ihr von ihrem Sohne zu erzählen, gab man ihr einen Brief von Goethe, und gar viel Zuneigung und Verlangen konnte sie zwischen den Zeilen lesen. Der Brief war vom Dichter an seinem Geburtstage geschrieben, sogleich nach ihrer Abfahrt:

In meiner Eltern Haus komme ich Ihnen mit einem Gruß entgegen: auf denen Schwellen, wo ich in meinem Leben mit so tausendfach veränderten Empfindungen hin und wieder gegangen bin. Seien Sie recht willkommen und nehmen Sie den schönsten Dank für die paar Tage, die Sie uns gegönnt haben!

Erst jetzt spür' ich, daß Sie da waren, wie man erst den Wein spürt, wenn er eine Weile hinunter ist. In Ihrer Gegenwart wünscht man sich reicher an Augen, Ohren und Geist, um nur zu sehen und glaubwürdig und begreiflich finden zu können, daß es dem Himmel nach so viel verunglückten Versuchen auch einmal gefallen und geglückt hat, etwas Ihresgleichen zu machen. Ich müßte in diesen anscheinenden Hyperbeln, die doch nur pur-platte Prosa sind, fort und fort-fahren, um Ihnen zu sagen, was Sie zurückgelassen haben. Und weil sich doch auch Das, wie man zu sagen pflegt, nicht schickt, so muß ich darüber abbrechen und das Beste für mich behalten. ...

Meine Mutter schreibt mir gewiß gleich: sagen Sie ihr etwas für mich! Sie wissen ja so Schönes, und das Schöne so schön zu sagen, daß es einem immer wie in der Sonne wohl wird, wenn man sich‹s gleich nicht träumen läßt, daß sie um unsertwillen scheint.

Schon am 6. September hatte er eine Antwort, eine gar liebliche Antwort. Und er empfing sie in einer sehr schönen Stunde. Er saß oben im Thüringer Walde, vor dem Jagdhäuschen auf dem Gickelhahn, und blickte bei Sonnenuntergang über die Wälder hinweg: der Himmel war ganz klar; kein Lüftchen ging; die ganze Szene wäre unbeweglich gewesen, wenn nicht ein paar blaue Dämpfe aus Kohlenmeilern aufgestiegen wären. So groß war die Ruhe, daß Goethe sogleich nach dem Untergang der Sonne einschlief. Aber ehe eine Stunde verging, ward er durch seinen Bedienten geweckt, der ihm Wein und Essen für den nächsten Morgen und auch einen Brief brachte, der mit dem Weine aus Weimar geschickt worden war. Ein Brief der schönen Frau! Da war Goethe freilich sogleich wieder ganz wach! Er horchte nun noch lange auf die Stille der Nacht; bald trat die liebliche Briefschreiberin, bald Charlotte v. Stein vor seine Phantasie: wohin sollte er sich wenden? Was hatte das Schicksal mit ihm vor? Unruhig gingen allerlei Gedanken durch Kopf und Herz, hier in dieser großen Stille der schlafenden Natur. Bis ihm dann die Verse kamen:

> Über allen Gipfeln ist Ruh,
> In allen Wipfeln spürest du
> Kaum einen Hauch,
> Die Vöglein schweigen im Walde.

»Geheimer Rat«

> Warte nur, balde
> Ruhest du auch!

Er schrieb dies kleine Gedicht mit dem Bleistift auf das Brett neben einem Fenster des Jagdhäuschens und fügte das Datum dazu; nun fühlte er sich heiterer und stiller.

Auch Lavatern hatte er mitgeteilt, daß die »überschöne Branconi« bei ihm gewesen: »Ich habe sie anderthalb Tage bewirtet und herumgeführt usw.« Freund Lavater hätte dies »usw.« gern deutlicher gehabt; er erwartete vielleicht schon fröhlichen Dank dafür, daß er das Paar zusammengebracht. Aber Goethe erwiderte:

Deine Frage über die Schöne kann ich nicht beantworten. Ich habe mich gegen sie so betragen, als ich's gegen eine Fürstin oder Heilige tun würde. Und wenn es auch nur Wahn wäre: ich möchte mir solch' ein Bild nicht durch die Gemeinschaft einer flüchtigen Begierde besudeln, und Gott bewahre uns für [vor] einem ernstlichen Band, an dem sie mir die Seele aus den Gliedern winden würde. ... Auch tut der Talisman jener schönen Liebe, womit die Stein mein Leben würzt, sehr viel. Sie hat meine Mutter, Schwester und Geliebte nach und nach geerbt, und es hat sich ein Band geflochten, wie die Bande der Natur sind.

Die immer nahe Frau v. Stein hatte also in seinem Herzen die Obergewalt, und seine Hinneigung zur Branconi war mit Furcht gemischt. So zögerte er, ehe er ihren auf dem Gickelhahn erhaltenen Brief beantwortete. Er schwieg bis zum 16. Oktober und schrieb dann zurückhaltender als das letztemal.

❧

Der Geheime Legationsrat Goethe ward am 3. September 1779, also wenige Tage nach Vollendung seines dreißigsten Jahres, zum Geheimen Rate ernannt. Seine vormaligen Tadler hatte er so ziemlich alle zum Schweigen gebracht, nicht durch Kampf, sondern durch treue Pflichterfüllung. Der neue Titel paßte recht gut auf ihn, trotz seiner Jugend; er war viel gefaßter, ruhiger, klüger und kühler als bei seinem ersten Erscheinen in Weimar, war stark im Schweigen und Ausdauern; ja er fing an, für verschlossen und unnahbar zu gelten. Dabei litt er jedoch, wenn er mit sich allein war, noch oft an starken Erregungen, an raschen Übergängen von Seligkeit zu Verzweiflung, an Anfällen tiefer Traurigkeit. Und zuweilen suchte er in heftigen Ausbrüchen seine Seele frei zu machen, und ward ungerecht und zornig – nicht gegen Fremde und Gleichgültige, sondern gegen die Nächsten. So geschah es, als er im Oktober 1780 mit dem Herzoge und Knebel nach langer Trennung die Frau v. Stein auf Kochberg besuchte; als er dann wieder fortging, war ein schneidender Vorwurf das letzte Wort der vorher von ihm Beleidigten. Gleich nach dem Eintreffen in Weimar schrieb er ihr:

Was Sie mir heut früh zuletzt sagten, hat mich sehr geschmerzt, und wäre der Herzog nicht den Berg mit hinaufgegangen, ich hätte mich recht satt geweint. Auf ein Übel häuft sich Alles zusammen!

Ja, es ist eine Wut gegen sein eigen Fleisch, wenn der Unglückliche sich Luft zu machen sucht dadurch, daß er sein Liebstes beleidigt. Und wenn's nur noch in Anfällen der Laune wäre und ich mir's bewußt sein könnte! Aber so bin ich bei meinen tausend Gedanken wieder zum Kinde herabgesetzt, unbekannt mit dem Augenblick, dunkel über mich selbst, indem ich die Zustände der Andern wie mit einem hellfressenden Feuer verzehre.

Ich werde mich nicht zufrieden geben, bis Sie mir eine wörtliche Rechnung des Vergangenen vorgelegt haben und für die Zukunft in Sich einen so schwesterlichen Sinn zu überreden bemühen, der auch von so etwas gar nicht getroffen werden kann. Ich müßte Sie sonst in den Momenten meiden, wo ich Sie am nötigsten habe!

Mir kommt's entsetzlich vor, die besten Stunden des Lebens, die Augenblicke des Zusammenseins verderben zu müssen mit Ihnen, da ich mir gern jedes Haar einzeln vom Kopf zöge, wenn ich's in eine Gefälligkeit verwandeln könnte! Und dann so blind, so verstockt zu sein! ... Haben Sie Mitleiden mit mir!

Das ist Tassos Sprache, und auch an die Leiden des Orestes erinnert sie. Goethe hatte kranke Stimmungen, übermäßige Erregungen und bedenklich lebendige Tagesträume: dann bedurfte er einer Iphigenia oder Leonore. Und der Sucher findet, wenn er genugsam mit Einbildungs- und Glaubenskraft begabt ist. Ein Bild aus den Sprüchen Salomonis war in jenem bibelkundigen Geschlechte geläufig: »goldene Äpfel in silbernen Schalen«; der Dichter hat die Gabe, Alles, was seine Seele liebkost, zu verschönen und zu beglänzen, und er reicht dann auch uns Anderen goldene Äpfel in silbernen Schalen.

So schuf sich Goethe aus seiner klugen, ruhigen, gemäßigten, milden, verstehenden, wohlwollenden, entsagenden Frau v. Stein ein höheres Bild, das er verehren, vor dem er beichten, von dem er Vergebung erlangen konnte. Er wußte deutlich, was sie ihm Gutes getan hatte und immer noch tat. Er wußte, daß sie für ihn Opfer gebracht hatte, denn Ruhe und Kraft muß Derjenige hingeben, bei dem ein Anderer Ruhe und Kraft sucht und findet. Er wußte ferner, daß er Charlotten große sittliche Fortschritte zu danken, daß er durch sie eine innere Reinigung erfahren hatte.

Liebste, was bin ich Dir nicht schuldig! Wenn Du mich auch nicht so vorzüglich liebtest, wenn Du mich nur neben Anderen duldetest, so wär' ich Dir doch mein ganzes Dasein zu widmen verbunden. Denn hätt' ich wohl ohne Dich je meinen Lieblingsirrtümern entsagen mögen? — —

Die Juden haben Schnüre, mit denen sie die Arme beim Gebet umwickeln; so wickle ich Dein holdes Band um den Arm, wenn ich an Dich mein Gebet richte und Deiner Güte, Weisheit und Geduld teilhaft zu werden wünsche. Ich bitte Dich fußfällig, vollende Dein Werk, mache mich recht gut! — —

Dein Beifall ist mein höchster Ruhm, und wenn ich einen guten Namen von außen recht schätze, so ist's um Deinetwillen, daß ich Dir keine Schande mache. Wenn die Menschen Dir zur Freude Gutes von mir reden, so möcht' ich erst auch um des Rufes willen etwas tun. Führe Dein gutes Werk aus und erhalte mich im Guten und im Genusse des Guten!

Charlottens gutes Werk war namentlich ihr Festhalten der reinen Liebe. Sie hatte, im Austausch gegen die Unruhe, die er ihr machte, allerlei kleine Vorteile und Annehmlichkeiten von Goethen, aber die einzige große Forderung, die sie beständig an ihn stellte, war, daß er sich selber steigere und der Vollkommenheit zustrebe. So redete er sie einmal an:

O Du Beste! Ich habe mein ganzes Leben einen idealischen Wunsch gehabt, wie ich geliebt sein möchte, und habe die Erfüllung immer im Traume des Wahns vergeblich gesucht; nun da mir die Welt täglich klarer wird, find' ich's endlich in Dir auf eine Weise, daß ich's nie verlieren kann.

Es kam ihm selber seltsam vor, daß sie ihn in der Entfernung lieber hatte, während er stets nach ihrer Gegenwart verlangte; aber er schrieb Das seinen Mängeln und Unarten zu, die sie nur dann vergessen konnte, wenn er abwesend war. Im Vorfrühling 1781 weilte er mit dem Herzoge auf Schloß Neunheilingen bei Langensalza; der Herzog war ein Verehrer der dortigen Schloßherrin, der Gräfin Werthern, einer geborenen Freiin vom Stein aus Nassau. Goethe war um diese Zeit besonders glücklich, da Charlotte ihm jetzt ihre Liebe offener und reichlicher zeigte als früher, und nun sah er mit Lust in der Gräfin und dem Herzoge ein Abbild Charlottens und seiner selbst.

Sie ist liebenswürdig, einfach, klug, gut, verständig, artig ... und ihr ganzes Wesen ist recht gemacht, mich an Das zu erinnern, was ich liebe ... In Ihr ist eine Richtigkeit der Beurteilung, ein unzerstörliches Leben und eine Güte, die mir täglich neue Bewunderung und Freude machen. Sie ist dem Herzog sehr nützlich ... Sie liebt den Herzog schöner als er sie, und in diesem Spiegel hab' ich mich beschaut und erkannt, daß auch Sie mich schöner lieben, als wir gewöhnlich können.

Diese idealische Liebe suchte er auch seinem eigenen Herzen aufzuzwingen, wie er sich denn jetzt in vielen Dingen um eine Reinheit und Heiligkeit bemühte, die über Menschenkraft gehen oder wenigstens über seine Kraft gingen. »Ich geb' es nicht auf« fuhr er in jenem Briefe aus Neunheilingen fort, »ich fühle mich zum Streit aufgefordert [zum Wettstreit mit diesen edeln Frauen] und ich bitte die Grazien, daß sie meiner Leidenschaft die innere Güte geben und erhalten mögen, aus der allein die Schönheit entspringt.«

In seinen Dichtungen gestaltete er stets seines Herzens Liebe, sein Fürchten und Hoffen. ›Iphigenie‹ und ›Tasso‹ sind die Werke dieser Jahre; in beiden Dramen sind die Heldinnen heilige Frauen. Ihre Liebe ist freilich keine schwärmerische, keine Anbetung von Heilandsbildern; sie richtet sich vielmehr, wie bei unheiligen Frauen auch, auf nächste, lebende und leidende, kämpfende und irrende Männer. Aber sie zeigt sich nicht als Selbstigkeit oder Sinnlichkeit, sondern als Güte, Hilfsbereitschaft und Opferlust; es bleibt immer eine keusche, schwesterliche Liebe. In der ›Iphigenie‹ erkennen sich zwei Fremde als Bruder und Schwester, und der unruhig umgetriebene Orest gesundet an dem Adel der reinen, wahrhaftigen Iphigenie.

›Iphigenie‹ und ›Tasso‹

> Laß mich zum ersten Mal mit freiem Herzen
> In Deinen Armen reine Freude haben!
>
> Es löset sich der Fluch, mir sagt's das Herz.
> Die Eumeniden ziehn, ich höre sie,
> Zum Tartarus und schlagen hinter sich
> Die ehernen Tore fernabdonnernd zu.
> Die Erde dampft erquickenden Geruch
> Und ladet mich auf ihren Flächen ein,
> Nach Lebensfreud' und großer Tat zu jagen.

Namentlich in die ersten Akte des ›Tasso‹ dichtete Goethe Charlottens verklärtes Bild hinein, und sie wußte es schon, ehe er die Scene vorlas, daß er sie meinte. »Ich habe am ›Tasso‹ schreibend Dich angebetet« und »als Anrufung an Dich ist's gewiß gut« hatte vorher in seinen Briefen gestanden. Und nun klang es von seinen Lippen:

> Dich blendet nicht der Schein des Augenblicks,
> Der Witz besticht dich nicht, die Schmeichelei
> Schmiegt sich vergebens künstlich an dein Ohr:
> Fest bleibt dein Sinn und richtig dein Geschmack,
> Dein Urteil grad, stets ist dein Anteil groß
> Am Großen, das du wie dich selbst erkennst.
>
> Wie den Bezauberten von Rausch und Wahn
> Der Gottheit Nähe leicht und willig heilt,
> So war auch ich von aller Phantasie,
> von jeder Sucht, von jedem falschen Triebe
> Mit einem Blick in deinen Blick geheilt.
> Wenn unerfahren die Begierde sich
> Nach tausend Gegenständen sonst verlor,
> Trat ich beschämt zuerst in mich zurück
> Und lernte nun das Wünschenswerte kennen.
>
> O lehre mich, das Mögliche zu tun!
> Gewidmet sind dir alle meine Tage.
> Wenn dich zu preisen, dir zu danken, sich
> Mein Herz entfaltet, dann empfind' ich erst
> Das reinste Glück, das Menschen fühlen können;
> Das Göttlichste erfuhr ich nur in dir.

> Du gibst mir viel,
> Du gibst, wie Erd' und Himmel uns Geschenke
> Mit vollen Händen übermäßig reichen,
> Und forderst wieder, was von mir zu fordern
> Nur eine solche Gabe dich berechtigt.
> Ich soll entbehren, soll mich mäßig zeigen
> Und so verdienen, daß du mir vertraust.
> Was tat ich je, daß sie mich wählen konnte?
> Was soll ich tun, um ihrer wert zu sein?
> Sie konnte dir vertrau'n, und dadurch bist du's,
>
> Ja, fordre, was du willst, denn ich bin dein!
> Sie sende mich, Müh' und Gefahr und Ruhm
> In fernen Landen aufzusuchen, reiche
> Im stillen Hain die goldne Leier mir
> Sie weihe mich der Ruh' und ihrem Preis:
> Ihr bin ich, bildend soll sie mich besitzen!

Das war ein großes Erlebnis und ein süßester Triumph für Charlotte! Ein Mann wie Goethe liebte sie nicht nur mit Glut und Ausdauer, sondern er nannte sie auch immer wieder seine Wohltäterin, seine Trösterin, seine Führerin zum Guten und Hohen!

※

Und das Herrlichste dabei war, daß sie diesen letzten Lobpreisungen glauben durfte. Denn es war ja ihr Liebesbund nun wirklich Jahre hindurch frei geblieben vom Drang und Zwang der Triebe, war eine reine Liebe geblieben. Goethes sittliches Ansteigen und Wachsen in diesen Jahren mußte jeder Gerechte anerkennen. Und endlich hatte Charlotte das angenehme Bewußtsein, daß Goethes Zuneigung zu ihr zwar überall bekannt war, daß man ihr Verhältnis aber nirgends tadelte, weil man sowohl an ihre eigene wie an Goethes Reinheit glaubte. Anfangs hatte sie Gewissensbisse gehabt, daß sie sich als Frau eines Andern die Liebesworte dieses Freundes gefallen ließ und diese Liebesworte im eigenen Innern erwiderte. Im Oktober 1776 schrieb sie auf die Rückseite eines Briefes, in dem Goethe sie mit einer Madonna, die gen Himmel fährt, verglich, die Zeilen:

> Ob's Unrecht ist, was ich empfinde,
> Und ob ich büßen muß die mir so liebe Sünde,
> Will mein Gewissen mir nicht sagen:
> Vernicht' es, Himmel, du,
> Wenn mich's je könnt' anklagen!

Aber der Himmel gab kein Zeichen des Mißfallens, und die Menschen waren mit ihrer Hausfreundschaft zufrieden. Die Gräfin Wartensleben, eine Schwester der Fürstin Hohenlohe, sprach einmal mit ihr über diesen Verehrer. »Pour celui-là on vous le pardonne« sagte sie lächelnd, und so urteilte auch ihre alte Mutter und ihre Nachbarin, die Herzogin Luise, also die Beiden, die unter den einheimischen Damen wohl die tugendhaftesten waren.

Sie zeigte jetzt ihre Liebe offener. Sie erlaubte dem Freunde das Du und gebrauchte es selber, niemals jedoch vor den Leuten oder in Briefen, die Andere sehen konnten. Sie schrieb ihm häufiger und zärtlicher, sie wehrte seine Besuche nicht mehr ab, besuchte auch ihn öfter – doch stets mit schicklicher Begleitung – und beschenkte ihn oft mit kleinen Liebeszeichen. Einige Male stickte sie ihm Westen, was übrigens die weimarischen Damen damals recht häufig für ihre guten Freunde taten; selbst Unterwesten strickte sie ihm und sie wagte sogar, ihm einen Ring zu geben und darin ihre Buchstaben C. v. S. einschneiden zu lassen. Sie gestand ihm jetzt, was ein Liebender so gern hört, daß gleich sein erstes Erscheinen wie ein Wunder oder eine Wohltat für sie gewesen sei, und Goethe schrieb auch diese empfangene Süßigkeit in seinem ›Tasso‹ hinein.

Jetzt aber verlangte sie auch, wirklich die Einzige in seinem Herzen zu sein. Sie mochte nun keine Scherze mehr über ›artige Miesels‹ hören, denen er hofierte, und noch verdrießlicher wäre ihr ein vernünftiger Heiratsplan gewesen, so wenig sich dagegen hätte sagen lassen. So war sie zu der Eifersucht gelangt, die jeder Liebenden natürlich ist, die aber doch nur der Gattin oder der Braut zusteht, weil nur die Gattin und die Braut den Kaufpreis für den alleinigen Besitz des Mannes zahlt.

Jetzt ließ sie sich durch ihre Liebe und Goethes Reden zu dem Fehler verführen, der ihr sonst fremd war, zu dem Fehler: für sich vom Anderen zuviel zu erwarten.

Goethe freilich war glücklich über diese Eifersucht.

> Den Einzigen, Lotte, welchen du lieben kannst,
> Forderst du ganz für dich, und mit Recht,
> Auch ist er einzig dein

sang er ihr zu. Und gegen den gemeinsamen Freund Knebel bekannte er im Februar 1782:

Die Stein hält mich wie ein Korkwams über dem Wasser, daß ich mich auch mit Willen nicht ersäufen könnte.

⁂

Aber, was sich Goethe auch vorredete, um sich seines glücklichen Zustandes noch mehr zu erfreuen: es blieb doch in ihm ein ungestillter Durst, ein Begehren und Sehnen, das ihn nicht zur Ruhe kommen ließ.

Das »Band der Natur« für einen Mann und ein Weib, die sich lieben, ist eben doch die Ehe. Soviel Goethe und Charlotte auch Gutes von ihrem reinen, gleichsam überirdischen Verhältnis zu rühmen wußten, so hätten sie sich doch rasch als Mann und Frau zusammentrauen lassen, wenn nicht der gute Oberstallmeister v. Stein vom Schicksal zwischen sie gestellt gewesen wäre.

Zuweilen brach aus Goethes Reden und Briefen das Verlangen durch nach dem Natürlichen, was ihm versagt war und das er selber sich versagte.

Wenn ich wieder auf die Erde komme, will ich die Götter bitten, daß ich nur einmal liebe, und wenn Sie nicht so feind dieser Welt wären, wollt' ich um Sie bitten zu dieser lieben Gefährtin.

Oder:

Meine Seele ist fest an die Deine angewachsen ... Du weißt, daß ich von Dir unzertrennlich bin und daß weder Hohes, noch Tiefes mich zu scheiden vermag. Ich wollte, daß es irgend ein Gelübde oder Sakrament gäbe, das mich Dir auch sichtlich und gesetzlich zu eigen machte: wie wert sollte es mir sein!

Die Seelen fühlten sich ineinander verwachsen, »unzertrennlich«; aber Liebende, die nicht öffentlich und gesetzlich verbunden sind, müssen immer ein plötzliches Aufhören ihres Glückes fürchten. Ein

Mißverständnis, ein Streit wird zwischen Ehegatten ausgeglichen, weil sie gezwungen sind, miteinander zu leben; bloße Liebende aber geraten leicht auf verschiedene Wege.

»Entfernt von seiner Liebe ist nicht gut wohnen« klagte er zu einer Zeit, wo er ihres idealischen Besitzes völlig gewiß war.

Ich sehne mich heimlich nach Dir, ohne es mir zu sagen. Mein Geist wird kleinlich und hat an Nichts Lust. Einmal gewinnen Sorgen die Oberhand, einmal der Unmut, und ein böser Genius mißbraucht meine Entfernung von Euch, schildert mir die lästige Seite meines Zustandes und rät mir, mich mit der Flucht zu retten.

XI. In Weimar und Italien. 1782 bis 1788.

Goethe um 1785. Gemälde von Friedrich August Darbes

Als der Geheime Rat v. Goethe im Sommer 1782 sein neues Quartier am Frauenplan bezog und auch das Sommerhaus an der Ilm behielt, glaubten die Leute, daß er nun bald Hochzeit feiern werde. Und da er in Weimar keinem Fräulein den Hof machte, rieten sie auf Viktoria Streiber in Eisenach, Tochter eines reichen Handelsherrn und Nichte des Geheimrats Schmidt in Weimar, der an der Ilm Goethes Gartennachbar war. Dies Mädchen und ihre Eltern wurden ihm gut bekannt, als er im September und Oktober 1777 einige Wochen in Eisenach und auf der Wartburg zubrachte; es waren damals die eisenachischen Landstände versammelt, wobei viele Bälle, Gastereien und andere Lustbarkeiten stattfanden; Goethe besuchte öfters den tüchtigen Lorenz Streiber, und auch die Tochter nannte er jetzt einige Male in seinem Tagebuche: »Nach Tisch spazieren, war Viktorchen mit« oder »Dann zu Bechtolsheims, war Viktorchen da.« Aber schon in diesen ersten Tagen der Bekanntschaft meldete sich seine Ehescheu wieder. »Morgen habe ich Misels heraufgebeten« erzählte er von der Burg aus seiner Charlotte, und weiter:

Sie versichern mir alle, daß sie mich lieb haben, und ich versichere, sie seien scharmant: eigentlich aber möchte Jede so einen von uns, wer er auch sei, haben, und darüber werden sie keinen kriegen.

»Viktorchen« war bald vergessen. Die Korona Schröter sah er viel seltener als früher. Das Liebhaber-Theater schlief nach drei oder vier Jahren hübscher Leistungen langsam ein; für Korona bedeutete Das eine Verminderung ihres geselligen Verkehrs mit den Vornehmen der Stadt; es bedeutete noch mehr: ein Aufhören ihrer stärksten Wirkungen. Sie war nun keine Schauspielerin mehr, die durch Spiel, Kleidung, Deklamation, Geberden reizte, sondern nur noch Sängerin bei

Hofe. Sie hatte die Dreißig erst wenig überschritten, als ihre Theaterjahre schon hinter ihr lagen: noch war sie schön und auf der Höhe ihrer Kraft; aber Goethe fühlte tiefes Mitleid mit ihr, wenn er an ihre Zukunft dachte, an die Einsamkeit der alternden Jungfer, die nichts mehr zu hoffen hat und die vielleicht verspottet wird, weil sie die Tage ihrer Schönheit und Wirkenskraft festhalten möchte und sich noch gern in der phantastischen Kleidung zeigt, die man früher bewunderte.

Die andere Schönheit, Frau v. Branconi, zog ihn noch immer an. Wenn sie auf ihrem Gute bei Halberstadt lebte, konnte man sie bei Gelegenheit einer Harzreise leicht besuchen. Goethe tat es im September 1783 und noch einmal im September 1784. Sie waren gut mit einander, aber näher kamen sie sich nicht. Das erste Mal hatte Goethe den jungen Fritz v. Stein bei sich, als er sich in den Zauberkreis der »Fee von Langenstein« wagte; auch das zweite Mal wappnete er sich mit Gedanken an seine heimische Herrin, und in seinen Briefen konnte er Dieser versichern, daß er ihr treu geblieben.

Ich werde Dir viel von der schönen Frau erzählen. Sie wußte nicht, woran sie mit mir war, und gern hätte ich ihr gesagt: ich liebe, ich werde geliebt und habe auch nicht einmal Freundschaft zu vergeben übrig. (20. September 1783.)

Ich habe keinen andern Wunsch als Dir zu gefallen, Dich glücklich zu machen, soviel es in meiner Gewalt steht, und jeden Tag Deiner Zuneigung würdiger zu werden. [97]

ج‍ه

Goethe war jetzt in alle Lebensverhältnisse Charlottens mit verflochten, und sie in die seinen. Wenn er verreiste, schickte er ihr seine Schlüssel, und ein für allemal hatte er sie gebeten, seinen Garten an der Ilm und das Häuschen darin wie ihr Eigentum zu benutzen. Die deutlichste Bekräftigung des Bundes geschah vor alles Welt am 25. Mai 1783 dadurch, daß Goethe den jüngsten Sohn seiner Freundin zu sich in seine Wohnung nahm, um seine Erziehung zu vollenden.

Fritzchen war von jeher sein Liebling gewesen; Goethe hatte ihn schon oft bei sich sitzen gehabt oder auf Spaziergänge und Reisen mitgenommen. Er drückte manches Mal den Knaben ans Herz, der Mutter gedenkend. »Meine Liebste, ich habe mich immer mit Dir unterhalten« schrieb er nach einer solchen Reise Charlotten, »und

Dir in Deinem Knaben Gutes und Liebes erzeigt. Ich hab' ihn gewärmt und weich gelegt, mich an ihm ergötzt und seiner Bildung nachgedacht.« Einmal ereignete es sich, daß der Oberstallmeister v. Stein in Leipzig seinem Fritzchen begegnete, der eben mit Goethe nach Dessau reiste; ein andermal machte Goethe dem Vater Vorwürfe, weil er dem Knaben das lockige Haar kurz abschneiden ließ; so war Fritzchen schon gewöhnt, zwei Vätern zu folgen. Als der Knabe im elften Jahre stand, fehlte ihm die rechte Leitung; sein bisheriger Hofmeister Kästner war Pagenaufseher geworden und ließ ihn zu sich in die Pagerie kommen, wo der neue Pagenmeister aber auch nicht die Zeit hatte, sich viel um den Kleinen zu kümmern; so war der Knabe bald zu Hause, bald bei den Pagen, zu denen er nicht gehörte, bald bei Goethe und stand nirgends in einer festen Ordnung. Die Mutter stellte Das auf Goethes Wunsch dem Vater vor, und Dieser war einverstanden, daß sein Fritzchen zu Goethe ziehe; er neckte sein Söhnlein von nun an als ein »Mitglied der Sachsen-Weimarischen Dichtkunst- und Malerei-Akademie«. In der Tat lernte Fritz jetzt auch das Dichten und Malen, wie er überhaupt in seiner Weise an allen Geschäften Goethes teilnahm, denn ein allmähliches Hineinziehen in die Arbeiten und Unterhaltungen der Erwachsenen hielt Goethe für die beste Erziehung. Zu Fritzens Obliegenheiten gehörte es auch bald, nach Frankfurt an Goethes Mutter – der Vater war 1782 gestorben – über die weimarischen Vorgänge zu berichten; die Frau Rat antwortete dem jungen Korrespondenten auf das liebreichste und lud ihn auch ein, sie zu besuchen. Die Reise nach Frankfurt war nun Fritzchens größter Wunsch; im September 1785 durfte er endlich dahin fahren; Herr Streiber aus Eisenach nahm ihn mit. Es war nur eine Knabenreise in ein neues Land; aber man verstand sie doch allgemein so, daß Fritz sich gewissermaßen als Enkel und Erbe in Frankfurt vorstellen solle. Goethe wollte ledig bleiben; seine Nichte in Emmendingen kannte er nicht.[98]; der auserwählte Sohn seiner Geliebten war von der nachfolgenden Generation ihm der Nächste. Das sagte Goethe selber zuweilen zu Fritzens Mutter, und auch aus seinen Zetteln und Briefen klang es heraus. »Ich hatte meinen Fritz bei mir« schrieb er ihr einmal, nachdem er in Jena gewesen:

Ich fühle es wohl, daß Du willst, daß er der meine sei. Er ist so gut, so angenehm gewesen, und ich liebe ihn so sehr. Lebe wohl: ich bin ganz Dein.

Immer stärkere Liebe

Wenn die Menschen auf der Höhe ihres Lebens stehen, wenn sie überreich sind an Kraft und Gefühl, dann bedarf der Mann am meisten des Weibes, das Weib des Mannes. »Ich sehe, wie wenig ich für mich bestehe« klagte Goethe der Geliebten, »und wie notwendig mir Dein Dasein bleibt, daß aus dem meinigen ein Ganzes werde.« Oder ein andermal:

Ja, liebe Lotte, jetzt wird mir erst deutlich, wie Du meine eigene Hälfte bist und bleibst. Ich bin kein einzelnes, kein selbständiges Wesen. Alle meine Schwächen habe ich an Dich angelehnt, meine weichen Seiten durch Dich beschützt, meine Lücken durch Dich ausgefüllt. Wenn ich entfernt von Dir bin, wird mein Zustand höchst seltsam.

Da seufzte er dann nach ihr:

Was ich tue, verschwindet mir, und was ich schreibe, scheint mir nichts. O komm' wieder, damit ich wieder mein Dasein fühle!

Wohl sagte er sich in solcher Lage selber, daß ja genug Andere in der Nähe waren, die er als sein Publikum hätte anreden dürfen; aber viel mehr als aller der »Andern« bedarf man doch seines Nächsten:

Wenn ich mit andern, selbst vernünftigen Menschen spreche, wieviel Mitteltöne fehlen, die bei Dir alle anschlagen!

Dauer der Liebe ist immer ein Beweis der körperlichen und seelischen Ähnlichkeit. Goethe und Charlotte fühlten oft, daß die Ereignisse und Zustände um sie herum auf beide die gleiche Wirkung taten; sie waren z. B. beide gegen das Wetter gleich empfindlich, fühlten sogleich alle Spannungen des Luftkreises und waren mißmutig bei fallendem Barometer. Wichtiger war die Gleichheit, daß sie beide nicht als Tatmenschen, sondern als Erkenntnismenschen der Welt gegenüberstanden. Man durfte nicht kühne Entschlüsse und Handlungen von ihnen erwarten; sie hatten nur wenig Begier in sich, vor der Welt zu prangen oder die Welt nach ihrem Willen umzuschaffen; viel stärker war ihr Drang, zu verstehen, was um sie herum vorging, das Wissenswerte zu wissen, das Erkennbare zu erkennen. Sie waren also beide große Lerner. Und so hatten sie einander täglich Etwas mitzuteilen, ohne in's Kleinliche und Gewöhnliche zu versinken; so konnten sie bei ihren liebsten Geschäften einander immer wieder die Hand geben.

Charlottens Seele war ganz offen für Alles, was Goethe ihr anvertraute, für seine Dichtungen so gut wie für sein Streben im Amte. Was er auch erlebte, er wußte, daß sie gern einen Bericht darüber hören und Teilnehmerin seiner Freuden und Leiden werden wollte. Ihr williges Empfangen, ihr herzliches Widerstrahlen seiner Liebe gab ihm eine Ruhe, die er früher nicht gekannt hatte, einen Halt gegen alle Welt. Er war nicht mehr der Bettler, der von Fremden die Gabe heischt, die ihn heute und morgen ernähren soll, sondern er ging herum wie ein reicher Mann; er hatte jetzt oft, was er früher so selten besaß; ein beruhigtes Herz. »Seit ich in Deiner Liebe ein Ruhen und Bleiben habe« schrieb er Charlotten einmal aus Kalbsrieth, »ist mir die Welt so klar und so lieb. Unter den Menschen nenne ich Deinen Namen still für mich.«

Seine Lotte war seine Heimat geworden, der Mittelpunkt seines Lebens. Andere Frauen konnten nicht mehr neben ihr bestehen.

༄

Zuweilen wünschte er, es möchte anders sein; er fühlte sich allzu sehr gefesselt, allzu abhängig. Im Juni 1783 schrieb er ihr Das selber, und im August des nächsten Jahres reizte ihn der Geist der französischen Sprache sogar zu der übertriebenen Behauptung; »Mon amour pour toi n'est plus une passion, c'est une maladie.« Er bat sie dann, weniger liebreich zu sein:

Meine Lotte sollte mir wirklich auf einige Zeit Urlaub geben und mich nicht immer enger und enger an sich ziehen und befestigen.

oder gar:

Recht feierlich, liebe Lotte, möcht' ich Dich bitten, vermehre nicht durch Dein süßes Betragen täglich meine Liebe zu Dir!

Dann empfand er es doch recht schmerzlich, daß ihm nicht diejenige Beruhigung vergönnt war, die so mancher kleine Hascher genießt, dem ein Eheweiblein im Stübchen waltet.

Warum kannst Du nicht bei mir sitzen, während ich arbeite? – Wenn ich mich nicht schämte, brächte ich meine Akten zu Dir und brächte den ganzen Tag bei Dir zu.

In der Nachbarresidenz Gotha kannte man um jene Zeit zwei andere Liebende, die einander sehr nahe wohnten und doch wie die beiden Königskinder, von denen das Volkslied singt, zueinander nicht kommen konnten. Der Herzog Ernst der Zweite, ein überaus zart empfindender, fein gebildeter, edel gesinnter Mann, hatte an seiner oberflächlichen Gattin wenig Freude; dagegen liebte er von ganzem Herzen ein Bürgermädchen, und Auguste Schneider verdiente seine Liebe, gab sie auf's schönste zurück. Es war eines jener keuschen, geistigen Verhältnisse, an deren Möglichkeit die meisten Menschen nicht glauben können, weil sie selber nicht fähig dazu sind. In diesem Falle ward die Liebe alsbald auf einen tragischen Ton gestimmt, da das Mädchen kränklich war und nach einiger Zeit offenkundig schwindsüchtig wurde. Um so mehr litt der Herzog unter ihrer Krankheit, weil er sich durch seinen Stand, sein fürstliches Amt gehindert fühlte, ihr so unmittelbar und liebreich zu dienen, wie sein Herz es begehrte.

Goethe, der jetzt in Gotha am Hofe recht zu Hause war, erzählte der Freundin zuweilen vom Fortgange dieses Romans. »Ich habe die Schneidern besucht, die mich gejammert hat« schrieb er im Juni 1784. Und dann fügte er die stärkste Erklärung seiner eigenen Liebe hinzu:

Was aus dem Herzog werden soll, wenn sie stirbt, seh' ich nicht. Gott bewahre Jeden für so eine Lage! Er hofft noch; ich würde nicht hoffen können.

Ich habe es recht lebhaft gefühlt, daß ich imstande wäre, in gleichem Falle meiner Geliebten Gift anzubieten und ihn mit ihr zu nehmen.

Zuweilen enthielten die Liebeserklärungen Goethes nebenbei ein bedenkliches Geständnis.

Einst skizzierte er ein lustiges Bildchen: »Fritz tanzt im Hemde zu Bette«; dann fügte er hinzu: »Ich habe ihn herzlich an mich gedrückt und fühle, daß ich nur gern um seinet- und Deinetwillen lebe.«

Ein andermal wußte sie, daß er aus seinen Amtsgeschäften Verdruß hatte.

Sei wegen meiner unbesorgt, denn Alles, was mir widerfährt, freut mich, weil es mir um Deinetwillen geschieht. Denn auch das Entfernteste duld' ich, weil Du bist, und wenn Du nicht wärst, hätte ich Alles lange abgeschüttelt.

Als er an seinem großen Gedicht ›Die Geheimnisse‹ arbeitete und dazu auch die Verse schrieb, die später als ›Zuneigung‹ gedruckt wurden, sagte er ihr auch in diesen Versen die süßesten Süßigkeiten, aber er fügte wieder das andere, bedrohliche Geständnis hinzu:

> Gewiß, ich wäre schon so ferne, ferne,
> Soweit die Welt nur offen liegt, gegangen,
> Bezwängen mich nicht übermächt'ge Sterne,
> Die mein Geschick an Deines angehangen,
> Daß ich in Dir nur erst mich kennen lerne!
> Mein Dichtern, Trachten, Hoffen und Verlangen
> Allein nach Dir und Deinem Wesen drängt,
> Mein Leben nur an Deinem Leben hängt.

Es ist Etwas nicht just, wenn ein Mann erklärt, daß er nur wegen der Geliebten am Orte und im Lande bleibe. Von den übrigen Freunden abgesehen: ist er denn nicht am stärksten durch seinen Beruf, durch seine Lebensarbeit an seine Stätte gebunden?

Jetzt rächte es sich, daß Goethe nicht auf die natürliche und rechtmäßige Weise seinen Platz gewonnen hatte. Er war für seine Ämter nicht erzogen; schlimmer noch: er hatte keinen inneren Beruf dazu. Die Direktion der Kammer, des Wegebaues, der Kriegskommission, das Mitreden im Geheimen Konsilium: welche sonderbare Laune des Schicksals hatte ihm diese Pflichten aufgeladen? Zu derselben Zeit, wo Goethe alle seine Ämter erlangt, das Adelsdiplom erhalten und das große Haus in der Stadt bezogen hatte, schrieb er der Freundin:

Wieviel wohler wäre mir's, wenn ich, von dem Streit der politischen Elemente abgesondert, in Deiner Nähe, meine Liebste, den Wissenschaften und Künsten, wozu ich geboren bin, meinen Geist zuwenden könnte!

Wenn er dann Zeit fand, die Geschichte des ›Wilhelm Meister‹ fortzusetzen, gestand er: »Eigentlich bin ich zum Schriftsteller geboren.« Und wieder nach ein paar Monaten:

Ich bin recht zu einem Privatmenschen erschaffen und begreife nicht, wie mich das Schicksal in eine Staatsverwaltung und eine fürstliche Familie hat einflicken mögen.

Solche Fragen und Stimmungen wären von den neuen Eindrücken, die jeder Tag bringt, verdrängt worden, hätte Goethe nur mit Befriedigung auf die Erfolge seiner Anstrengungen und Aufopferungen blicken können! Er brauchte sich selber keine Vorwürfe zu machen, denn sein Wollen war immer rein und redlich geblieben; auch hatte er Nützliches hervorgerufen und noch mehr Schädliches verhindert oder beseitigt. Aber seine nunmehr erlangte Erfahrung zeigte ihm das Grundübel aller politischen Tätigkeit: daß allemal viel Köpfe, viel Sinne neben und gegen einander arbeiten, woraus mehr Störung, Reibung, Hemmnis, Verwirrung, Aufreizung entsteht als Fördernis und Frieden. Man muß bei allen Plänen auf die Leistungen Anderer rechnen, und diese Andern sind höchst selten nach unsern Wünschen tätig. Auch der Selbstherrscher bleibt durchaus abhängig von seinen Räten und Dienern; er kann die unfähigen oder widerstrebenden Angestellten fortjagen, aber wo findet er Gehilfen, die ihm ganz brauchbar wären? Goethe aber erlebte jetzt das Schlimmere, daß sein Herzog andere Wege ging, als Goethe sie bei Beginn ihres Bündnisses vor sich gesehen. Karl August hatte seinem Freunde völlig Vertrauen geschenkt und sich höchst willig unter seinen Einfluß gestellt; schließlich aber war er doch er selbst, nämlich der Nachkomme und Artgenosse vieler Fürsten, Grafen und Ritter. Von diesen Vorfahren her war eine starke Unruhe in seinem Blute, viel Trieb zur Jagd, zum Soldatenleben, zum Kriege, eine leichte Hand im Geldausgeben, ein rasches Zugreifen nach schönen Weibern. Goethe hatte einen musterhaften Landesvater in ihm erhofft, einen Friedensfürsten und Wohltäter, etwa wie Franz von Dessau oder Ernst von Gotha; statt dessen stand nun ein Kriegsmann vor ihm, der auf Kosten seines armen Ländchens zunächst dem ruhmreichen preußischen Heere sich anschließen und später andere kriegerisch-politische Pläne ausführen und große Macht erringen wollte.

≥●

Zu dieser Hoffnungsvernichtung und zu manchen Entbehrungen kam noch hinzu, daß Goethe nicht selten kränkelte und dann der häuslichen Pflege entbehrte. Sein altes Lungenleiden hatte er zwar so ziemlich überwunden; aber er litt häufig an Erkältungen, Grippe, Mandelentzündung, Zahnschmerzen, geschwollenen Backen, auch an Rheumatismus und gichtischen Zuständen. Magenübel waren auch nicht selten. Dergleichen brachte auch der Seele viele Stunden des Druckes, des Zweifels, des Hinausverlangens.

Im Sommer 1785 suchte er zum ersten Male ein Bad auf, um den Leib zu kurieren, das Karlsbad in Böhmen; auch Frau v. Stein war dort. Im nächsten Jahre wiederholte er diese Kur, und auch diesmal hatte er die Freude, daß Charlotte einige Wochen mit zur Bade-Gesellschaft gehörte. Er begleitete sie auf ihrem Rückwege noch ein Stück, bis Schneeberg. Er war so liebreich wie sonst und schrieb auch in den nächsten zwei Wochen aus Karlsbad ganz wie sonst.

Dann war er plötzlich verschwunden. Er hatte gesagt, daß er noch eine Reise vorhabe und daß er am 2. September das Bad verlassen wolle. Und nun kam keine Nachricht mehr von ihm; in der Mitte Oktober wußte seine beste Freundin nicht zu sagen, wo Goethe sei. Fritzchen mußte an die Frau Rat schreiben: man sei wegen ihres Sohnes in großer Verlegenheit, da Niemand seinen Aufenthalt kenne.

Ein Zettelchen war unterdessen zwar von ihm gekommen, aber ohne Ortsangabe. Ende Oktober traf ein gleiches Zettelchen ein. Erst Anfang Dezember erfuhr Charlotte mit den anderen Freunden zugleich, daß Goethe in Rom angelangt war; und erst Anfang Januar erhielt sie die ausführlichen Tagebücher, die er längst in Aussicht gestellt hatte. Es war etwas Mißverständnis und daher rührende Verspätung bei diesen Sendungen im Spiele, aber auch nach der Aufklärung blieb für Charlotte die schlimme Tatsache, daß Goethe absichtlich einige Wochen hindurch auch für sie verborgen und unerreichbar gewesen war und daß er eine so weite Reise unternommen hatte, ohne zuvor mit ihr darüber zu reden.

Sie kannte seine Grille, daß er seine Pläne gern geheim hielt. Er hatte schon öfter Reisen ausgeführt, ohne sein Ziel zu offenbaren, aber früher war er doch nur auf den Brocken und nach Goslar gegangen, oder es war ein anderes Mal mehr des Herzogs als sein Geheimnis gewesen, als die Gesellschaft von Frankfurt bis auf den Gotthardsberg weiter ritt. Seine jetzige geheime Reise konnte sie nur als eine Ablehnung ihrer bisherigen nahen Teilnahme an seinem Leben verstehen: sie hatte eben nichts dazu sagen sollen! Er hatte ihr nicht auseinandersetzen mögen, daß er ihren Fritz, seinen sonstigen lieben Gefährten, nicht mitnehmen, sondern den Knaben in seinem Hause allein bei den Dienern lassen wollte.

Goethe reiste aus freiem Entschluß in ein fernes Land; er legte freiwillig eine lange Zeit vor ein Wiedersehen. Das war, mochte er noch so liebreich darüber schreiben, eine böse Erklärung an die Freundin. Wie oft hatte er ihr beteuert, daß ihm jeder Tag verloren scheine, wo er ihr nicht am Abend die Hand reichen und in die Augen sehen könne! Hatte er nicht tausendmal darüber geseufzt, daß sie nicht beständig einander nahe leben konnten, am liebsten unter dem gleichen Dache, im gleichen Garten? Sonst war ihm schon Kochberg zu weit von Weimar gewesen. Und jetzt wählte er freiwillig statt der kurzen Trennungen und Entfernungen eine lange Trennung und weite Entfernung. Drei Vierteljahre würde er mindestens ausbleiben: wer seine Freundin aus freien Stücken drei Vierteljahre entbehren mag, bedarf er ihrer überhaupt noch?

Sodann: Italien war eine andere Welt, und Goethe verließ die weimarischen Verhältnisse mit der Absicht, in einer ganz neuen Umgebung, unter neuen Einflüssen ein anderes Leben zu führen. Das war geradezu eine gewollte Untreue oder doch wenigstens ein gewolltes Gefährden früherer Verbindungen. Würde er in der neuen Welt nicht ein neuer Mensch werden, der für Weimar nicht mehr taugte? Könnte der sechsunddreißigjährige Mann dort den Frauen, den schönen Italienerinnen, gegenüber sich ebenso in Gewalt haben oder überhaupt sich so zurückhalten wollen, wie er es in Weimar getan? Könnte er dann die Freundin, die sieben Jahre älter war als er, bei der Rückkehr noch mit den gleichen Augen ansehen? War seine Reise nicht geradezu als eine Flucht aus ihrer Nähe gemeint? Als ein Versuch, sich von ihr zu befreien?

Nun stand vor ihrer Seele die Erinnerung, daß er sich schon längst nicht mehr so offen gegen sie zeigte wie in den ersten Jahren. Früher war der Umgang mit ihr doch gerade deshalb sein größtes Bedürfnis gewesen, weil er Das, was seine Seele beschäftigte, vor ihr ausschütten konnte. Er hatte offen, derb und rücksichtslos geredet, ganz wie ihm die Gedanken kamen; sie hatte ihn manchmal in gewisse Schranken zurückweisen müssen, schon um ihn für die feine Welt, wie sie nun einmal ist, zu erziehen. Damals war es seine Klage gewesen, daß ihm Gott, der ihm so viel gegeben, die gesellschaftliche Kunst versagt habe:

Die arme Kunst, mich künstlich zu betragen ...

Seitdem hatte er, gerade auch als Charlottens Schüler, große Fortschritte in dieser »armen Kunst« gemacht, deren Hauptstück das Schweigen ist, das Wandsetzen zwischen der Stimme des Innern und den Worten der Zunge, das Verbergen des Innenlebens, das Beherrschen der Gesichtszüge und der Bewegungen des Körpers. Goethe war allmählich ganz »versteinert«, wie ein Witzbold es ausgedrückt hatte, der zugleich auf seinen Eifer zur Steinkunde, auf sein Leben mit Frau v. Stein und seine ungewöhnliche Härte und Kälte anspielte. Selbst wenn Charlotte mit dem Freunde allein war, konnte er in den letzten Jahren sich gründlich ausschweigen und ihre Fragen mit halben Antworten ablenken. Der Beamte darf manche Vorkommnisse und Pläne, die ihm in seinem Dienste bekannt werden, der besten Freundin nicht erzählen. Ferner verschwieg ihr Goethe solche Handlungen, von denen es bei Matthäus heißt: »Laß deine linke Hand nicht wissen, was die rechte tut.« Das gereichte ihm zur Ehre; aber verschwieg er nicht noch mehr? Oft mußte sie sein Schweigen aus seiner üblen Stimmung aus körperlichen oder seelischen Leiden erklären. »Ich bedaure den armen Goethe; wem wohl ist, Der spricht« klagte sie im Mai 1786 gegen Knebel. Aber schwieg er nicht auch, wenn er Etwas gegen sie hatte? Trug er es nicht heimlich mit sich herum, bis es groß ward?

Ihre eigene Art war es stets gewesen, ihn zu schelten, oder ihm sonst ihre Verstimmung deutlich zu zeigen, sobald sie unzufrieden mit ihm sein mußte. Daß er niemals als Ankläger auftrat, war unheimlich. Man weiß doch, daß jeder Mensch dem Andern fehlerhaft erscheint: sah Goethe ihre Fehler nicht, oder plagten sie ihn umsomehr, weil er schwieg? Schließlich wurde die einsame Frau auch körperlich krank von allen diesen niederdrückenden Gedanken.

Aber nicht lange dauerte es, so raffte sie sich wieder auf und handelte – soweit hier gehandelt werden konnte. Sie ließ ihren Fritz aus Goethes Wohnung, wo dessen Diener und Vertrauter Philipp Seidel für den Knaben sorgte, wieder in die ihrige übersiedeln. Und als Seidel kam und einen Brief abholen wollte, um ihn mit den anderen weimarischen Briefen seinem Herrn zu schicken, schrieb sie ein paar rasche Worte auf ein Zettelchen: Worte, die Goethe als Quittung nehmen konnte auf Das, was er ihr angetan.

Auf dem Zettel stand, daß sie nicht vorhabe, mit ihm fernere Briefe zu wechseln, und daß sie ihre Briefe aus früheren Jahren – wo lagen sie denn jetzt? – zurückfordern müsse.

Am 9. Dezember, als er ganz erfüllt war von den Herrlichkeiten Roms, als er in seiner Künstlerstube niedersaß und für die weimarischen Freunde einen neuen Bericht abfassen wollte, bekam Goethe dies Zettelchen. Drei Monate und eine Woche waren vergangen, seit er von seiner Nächsten eine Zeile gesehen. Und nun Dies!
Der Zorn stieg in ihm auf, Zorn über die Geliebte. Und seine erste Antwort war ein Vorwurf:

Das war also Alles, was Du einem Freunde, einem Geliebten zu sagen hattest, der sich lange nach einem guten Worte von Dir sehnte. Der keinen Tag, ja keine Stunde gelebt hat, seit er Dich verließ, ohne an Dich zu denken!

Dann beruhigte er sie über ihre alten Briefe an ihn; er hatte sie wohlversiegelt dem fürstlichen Archive in Verwahrung gegeben.

Die Karten auf dem Archive gehören Dein. Liebst Du mich noch ein wenig, so eröffne sie nicht eher, als bis Du Nachricht von meinem Tode hast. So lange ich lebe, laß mir die Hoffnung, sie in Deiner Gegenwart zu eröffnen.

Und nun zum Schluß noch zwei Zeilen Klage:

Ich sage Dir nicht, wie Dein Blättchen mein Herz zerrissen hat. Lebe wohl, Du einziges Wesen, und verhärte Dein Herz nicht gegen mich!

Zwölf Tage ging er nun so herum in Rom: bald erhoben von dem Herrlichen, was er sah; bald angenehm beschäftigt von zwei jungen, seelenverwandten Freunden, mit denen er sich rasch gefunden: Wilhelm Tischbein und Karl Philipp Moritz; bald hingegeben den neuen Gedanken, die hier mit Gewalt auf ihn eindrangen, und dann immer wieder erschreckend, wenn er der Heimat, wenn er der Frau gedachte, die ihm bisher die allerliebste gewesen war.

Unterdessen war Charlotte schon durch seine Briefe, die sie im Dezember erhielt, in's Unrecht gesetzt worden. Sie wußte nun, daß Philipp Seidel einen Teil der Schuld trug, die seinem Herrn angerechnet worden. Ihr Freund hatte nicht so gar lange geschwiegen, hatte vielmehr sehr ausführlich Tagebuch geführt: für sie; hatte sie darin versichert, daß er bald wiederkomme, und ihr herzlichste

Liebesworte gesagt. Jetzt kam von ihm ein Gruß nach dem andern:

Ich verliere keine Stunde und bleibe nicht länger aus, als nötig ist. –
Im Spazierengehen gedenke ich oft Dein und bei jeder guten Sache; ich stelle mir's immer als möglich vor, Dir Das alles noch sehen zu lassen. –
Zehn Jahre mit Dir zu leben, von Dir geliebt zu sein, und nun in einer fremden Welt! Ich sagte mir's voraus, und nur die höchste Notwendigkeit konnte mich zwingen, den Entschluß zu fassen. Laß uns keinen andern Gedanken haben, als unser Leben miteinander zu endigen. –
Laß Dich's nicht verdrießen, meine Beste, daß Dein Geliebter in die Ferne gegangen ist; er wird Dir besser und glücklicher wiedergegeben werden. –
Was ich nur irgend mir eigen machen kann, faß' ich und ergreif' ich und bring' ich Dir mit. Auch wirst Du den Deinigen, wenn er zurückkommt, noch mehr lieben, denn, will's Gott, wird er einige Fehler ablegen, mit denen Du unzufrieden warst.

Das war der alte, gute, dienstwillige, demütige Freund. Und als sie diese Liebeszeichen endlich in Händen hielt, hatte er auch schon einige Briefe von ihr empfangen, die zwar noch voller Klagen und Vorwürfe waren, die doch aber auch Liebe atmeten.

Zu Weihnachten (1786) traf der erste dieser bittersüßen Grüße bei ihm ein. Und nun fuhr er fort in seinen Schuldbekenntnissen, Gelübden und Liebesbeteuerungen.

Ich bitte Dich nur fußfällig, flehentlich: erleichtere mir meine Rückkehr zu Dir, daß ich nicht in der weiten Welt verbannt bleibe! Verzeih' mir großmütig, was ich gegen Dich gefehlt, und richte mich auf ... Möge ich doch Kraft, alles Widrige männlicher zu tragen, mitbringen! ...
Daß Du krank, durch meine Schuld krank warst, engt mir das Herz so zusammen, daß ich Dir's nicht ausdrücke. Verzeih' mir! Ich kämpfe selbst mit Tod und Leben, und keine Zunge spricht aus, was in mir vorging. Dieser Sturz hat mich zu mir selbst gebracht. – – –
Ich kann zu den Schmerzen, die ich Dir verursacht, Nichts sagen als: vergib! Ich verstocke mein Herz nicht und bin bereit, Alles dahin zu geben, um gesund zu werden für mich und die Meinigen. Vor allen Dingen soll ein ganz reines Vertrauen, eine immer gleiche Offenheit mich auf's neue mit Dir verbinden. – – –

Versöhnung

Täglich werf' ich eine neue Schale ab und hoffe, als ein Mensch wiederzukehren. Hilf mir aber nun auch und komme mir mit Deiner Liebe entgegen! Schreibe mir wieder von Deinem Schreibtische und gedenke göttlich des Vergangenen nicht, wenn Du Dich auch dessen erinnerst.

Am 20. Januar erhielt er einen Brief, den sie am Neujahrstage geschrieben: er brachte ihm »Freude und Schmerzen.«

Dazu kann ich nichts weiter sagen als: ich habe nur eine Existenz; Diese hab' ich diesmal ganz gespielt und spiele sie noch. Komm' ich leiblich und geistlich davon, überwältigt meine Natur, mein Geist, mein Glück diese Krise, so ersetz ich Dir tausendfältig, was zu ersetzen ist. Komm' ich um, so komm' ich um: Ich war ohnedies zu Nichts mehr nütze.

Endlich, es war am 1. Februar 1787, erhielt er von ihr ein Briefchen wie aus alter Zeit. »Nun kann ich auch fröhlicher an das Werk gehen« war seine Antwort, und er bat wie sonst: »Liebe mich; sage mir's, daß ich lebe und mit Freuden wandle!« Und fügte hinzu: »Schon ist mir's, als wäre ich auf dem Rückwege zu Euch.«

⁂

Die Versöhnung war geschehen, aber Charlotte wußte jetzt, daß sie, die Nüchterne, bisher von holden Illusionen betört gewesen war; jetzt blickte sie erst recht ernüchtert auf Gegenwart und Zukunft. Sie schrieb ihm so fleißig wie er ihr. Sie beriet ihn nach alter Weise, und er war ihr nach alter Weise dankbar. »Du hast mir goldne Sachen über mich selbst und über meine nächsten Verhältnisse gesagt« antwortete er ihr aus Neapel, und »ich horche ganz still auf das Lispeln meines Schutzgeistes.«

Goethes Abwesenheit zog sich länger hin, als seine Absicht gewesen war; es geschah im Einverständnis mit seinen weimarischen Freunden, denen er sogar die Entscheidung überließ, und schließlich blieb er gegen den eigenen Wunsch, nur dem Herzog zuliebe, dessen Mutter nach Italien kommen und dort gern von Goethe empfangen sein wollte.

Je länger seine Rückkehr sich verzögerte, desto mehr bestärkte sich Charlottens Ahnung, daß sie ihn nie wieder sehen würde. Und wenn es ihr glückte, diese Träume zu verscheuchen, so lagen schwarz auf weiß Goethes Briefe vor ihr. Es waren Briefe voller Liebe und

1782 bis 1788

Zeichnung von Max Schwimmer
zu Goethes »Venezianischen Epigrammen«

Hoffnung; dennoch flößten sie ihr neue trübe Gedanken ein. Goethe wiederholte gern, daß sein Aufenthalt in Italien auch für sie eine Wohltat werden solle: nach seiner Läuterung werde er ihr nützlicher und angenehmer sein als je zuvor; aber es blieb doch wahr, daß er zunächst um seiner eigenen Wohlfahrt willen Amt und Freundschaft im Stich gelassen hatte; er war nicht mehr der Heilige, der um eines Ideals und um der Nächsten willen seine eigenen Wünsche und Bedürfnisse niederkämpft, der an der eigenen Aufopferung seine Lust oder seinen Stolz hat. Er war nach Italien gefahren, um sein eigenstes Glück zu suchen: also hatte er es in Weimar nicht gefunden. Gewiß liebte er seine alten Freunde immer noch und war noch voller Wohlwollen gegen alle Menschen, aber er prüfte und wählte jetzt doch ganz frei, also auch unabhängig von der Geliebten, die er einst seine Seelenführerin genannt hatte, was für ihn selber das höchste Gut sei. Für Charlotte wie für die anderen weimarischen Freunde war er in den letzten Jahren gerade so, wie er war, recht gewesen; sie priesen ihn als Muster eines Beamten, eines Freundes, eines Wohltäters; er aber schrieb jetzt der Geliebten aus Rom: »Wie das Leben der letzten Jahre wollt' ich mir eher den Tod gewünscht haben.« Welch' ein Bekenntnis! Es war doch ein Leben neben ihr gewesen!

Er sagte manchmal auch deutlicher, was er an Weimar auszusetzen hatte. Zunächst die Beamtenstellung, in die er geraten war. »Rom ist der einzige Ort der Welt für den Künstler« behauptete er einmal, »und ich bin doch einmal nichts Anderes.«

Er erstrebte also ein neues Leben in einem neuen Berufe! Er schien sich nicht bewußt zu sein, daß er sich damit von der Freundin entfernte, die keinen anderen Luftkreis als Den des Hofes und der Staatsdienerschaft kannte und begehrte.

Ebenso empfindlich mußte es ihr sein, wenn er immer wieder ihre Heimat herabsetzte und Italien wie ein Paradies dagegen stellte. Auf das thüringische Klima, in dem doch so viele Tausende gesund leben und ein hohes Alter erreichen, schalt er immer wieder. Ihre Leiden und seine eigenen Leiden, leibliche und seelische, schrieb er dieser niedrigen Wolkendecke, diesen rauhen Winden, diesem langen Winter zu. Aus Rom klagte er im Januar 1788:

Wenn ich von Deinen Übeln, von Deinem Zahnweh höre, wird mir's Gemüt, wie ich Dir's nicht ausdrücken kann, daß Dir unter dem unglücklichen Himmel das Leben unter Schmerzen hingehen soll. Ich habe doch diese ganze Zeit keine Empfindung aller der Übel gehabt, die mich im Norden peinigten, und lebe mit eben derselben Konstitution hier wohl und munter, so sehr, als ich dort litt.

Unvorsichtig fügte er hinzu:

Ich habe manche Anzeichen, daß ich dieses Wohlsein wie manches andere Gute in Italien zurücklassen werde.

Schon vorher, aus Neapel, hatte er seine Furcht ausgedrückt, das nördliche Klima werde ihm vor wie nach allen Lebensgenuß rauben. Aus solchen Meinungen mußte er ja eigentlich den Entschluß schöpfen, künftig ganz im Süden zu wohnen, in Italien oder doch in einem wärmeren Teile Deutschlands, vielleicht in seiner rheinischen Heimat. Und er deutete zuweilen an, daß er mit Charlotten in solchem schönen Lande reisen oder wohnen möchte. Das war nur ein Phantasieren, soweit es sie mit betraf; er allein dagegen konnte sich jeden Tag von dem gescholtenen Thüringen lossagen.

Einmal, kurz vor der ersten Abreise von Rom, als er noch weiter nach Süden, nach Neapel und Sizilien, sich wandte, fühlte er sich angegriffen, »konfus und fast schwach«, und seine Feder schrieb unbehüteter als sonst seine Gedanken und Gefühle auf das Papier:

An Dir häng' ich mit allen Fasern meines Wesens. Es ist entsetzlich, was mich oft Erinnerungen zerreißen. Ach, liebe Lotte, Du weißt nicht, welche Gewalt ich mir angetan habe und noch antue, und daß der

1782 bis 1788

Die Malerin Angelika Kauffmann wurde Goethe in Rom zu einer vertrauten Freundin. Nach einem Gemälde von J. Reynolds, gestochen von F. Bartolozzi

Gedanke, Dich nicht zu besitzen, mich doch im Grunde, ich mag's nehmen und stellen und legen, wie ich will, aufreibt und aufzehrt. Ich mag meiner Liebe zu Dir Formen geben, welche ich will, immer, immer! – – –

Verzeih mir, daß ich Dir wieder einmal sage, was so lange stockt und verstummt. Wenn ich Dir meine Gesinnungen, meine Gedanken der Tage, der einsamsten Stunden sagen könnte!

Hier legte er einmal die Wunde bloß. Hier stand wörtlich, daß ihre Freundschaft ihn aufrieb und verzehrte, und zwischen den Zeilen stand, daß er auch vor ihr geflohen war. Sie ersetzte ihm nicht die Gattin, die sein eigentliches Bedürfnis war.

Würde er nicht im fremden Lande eine Andere lieben lernen? Der gothaische Minister v. Franckenberg ließ ihm durch Charlotten den guten Rat bestellen, er solle sein Herz vor den Römerinnen hüten; er antwortete der Geliebten scherzend: »Du hast nur eine Nebenbuhlerin bisher, und Die bringe ich Dir mit; Das ist ein Kolossalkopf der Juno.«

Nun fürchtete Charlotte nach Goethes bisherigen Beweisen der Ehescheu kaum, daß er in Italien einer Dame begegne, die er zur Gattin wählen könnte; aber das Land und sein freies Herumstreifen konnten ihn leicht verleiten, mit einem Schätzchen sich über die entbehrte Gattin zu trösten. Einer der ersten gemeinsamen Bekannten, die er in Rom sah, war der Fürst v. Waldeck; Dieser hatte ein Dämchen bei sich, über die man schon im Karlsbade viel geredet hatte. In Neapel war Goethe wiederholt zu Gast bei dem englischen Gesandten, Ritter Hamilton, einem großen Naturforscher und Kunstkenner; er lebte mit einer Schönen zusammen, die früher Kellnerin und Offiziersdirne gewesen war und dennoch jetzt hübsche Aussichten auf den Namen einer Lady Hamilton hatte. Wie, wenn Goethe, der zugestandenermaßen in Italien das Leben und Glücklichsein lernen wollte, sich solche Vorbilder erwählte? Die rechte Gattin für Goethe war schwer zu finden, ein Schätzchen leicht.

Goethe besuchte in Rom oft die Malerin Angelika Kauffmann, die ihm in jener Stadt fast eine Freundin wie Frau v. Stein war. Auch sie war älter als er, siebenundvierzig zählte sie jetzt, aber erst seit einigen Jahren war sie verheiratet mit einem alten italienischen Maler Antonio Zucchi, und ihr Wesen war zart und jungfräulich geblieben.[99] Das kinderlose Paar wohnte in schönen Zimmern und einem großen Garten; sie waren wohlhabender als sonst die Malersleute; Angelikas Kunst fand viele Bewunderer und bereitwillige Käufer; man stand mit den vornehmen Italienern sowohl wie mit den Engländern, Deutschen und andern Fremden in freundlichem Verkehr; Angelika sprach und schrieb das Englische und Italienische besser als ihre deutsche Muttersprache. Zu Goethe fühlte sie sich sogleich hingezogen; sie bewunderte seine Dichtungen mit herzlicher Liebe und war selig, wenn er selber ihr vorlas oder aus seinem starken Gedächtnis ihr Verse sprach. Oft sah er ihr bei ihren Arbeiten zu und ließ sich von ihr über die römischen Sammlungen, über die römische Gesellschaft, auch über die Künstler, die sie früher gekannt hatte, erzählen, und gewann so an zarter Frauenhand manche wünschenswerte Kenntnisse: ganz ähnlich hatte ihm Charlotte v. Stein früher die inneren weimarischen Verhältnisse gezeigt. Zuweilen besuchten sie sehenswerte Gebäude oder sonstige Kunstwerke zusammen; fast jeden Sonntag hatte er seine Feierstunden in ihrer Gesellschaft, und sie war glücklich, wenn er kam, und am glücklichsten, wenn er ihr die eben vollendeten Szenen seiner neuen ›Iphigenia‹ oder andere Gedichte mitbrachte. Auch über die ernstesten Lebensfragen sprachen sie oft und über ihre eigene Lage; er erzählte ihr gern von seinem angenommenen Sohne, und Angelika liebte den schlanken Knaben Fritz mit ihm.

Und wie er mit Frau v. Stein ganz besonders schöne Tage in Karlsbad gehabt hatte, weil man dort von früh bis spät einander nahe sein konnte und höchstens zum Vergnügen eine Arbeit zur Hand nahm, so genoß er auch hier solche Ferien – Villeggiatur nennen es die Römer – zugleich mit Madame Angelika. Im Oktober (1787) verbrachte er drei Wochen in Castell Gandolfo, die herrliche Land-

1782 bis 1788

Maddalena Riggi zählte zu Goethes Freundinnen bei seinem Aufenthalt in Rom

schaft und die angenehme Gesellschaft zugleich genießend. Hier hatte er, der sonst die Zusammenkünfte der Einheimischen vermied, um ganz frei seinen Neigungen zu leben, eine bequeme Gelegenheit, mit italienischen Frauen und Mädchen der höheren und mittleren Klasse gerade so angenehm zu plaudern und herumzuschlendern, wie er es in dem böhmischen Bade mit den Damen aus Sachsen, Polen, Böhmen, Franken usw. getan. Und dabei mag er denn wohl von seiner ernsten älteren Freundin zuweilen zu einer jüngeren Schönen die Augen und Schritte gelenkt haben, ist doch der Wechsel der Unterhaltung bei fröhlichen Zusammenkünften Recht und Pflicht. Ein angenehmes junges Mädchen aus Mailand, Maddalena Riggi, gehörte mit zum Kreise der Angelika.

Dann folgten noch ein paar Monate in Rom. Noch eine Reihe schöner Sonntage bei Angelika. Sie malte jetzt auch sein Bild, halb wie er wirklich vor ihr saß, halb wie sie ihn in ihrer Seele liebkoste.

Goethe, wie ihn Angelika Kauffmann sah, »halb wie er wirklich vor ihr saß, halb wie sie ihn in ihrer Seele liebkoste«.
Gemälde von Angelika Kauffmann, 1787/88

Faustina

In solchen großen Städten streift man auch jeden Tag an den Mädchen und Frauen der ärmeren Klasse vorüber, und die dreisteren, leicht zu erlangenden geben sich zu erkennen. Goethe hatte eine bequeme Gelegenheit, solche Frauen zu sehen und mit ihnen zu plaudern, wenn er nämlich seine Malerfreunde besuchte, denen sie als Modelle dienten. Er hatte seine Lust daran, sie zu beschauen; er fand diese Römerinnen schöner, als er je Weiber gesehen, aber ihre Einladungen zu vertrauter Unterhaltung erwiderte er mit hartnäckiger Verständnislosigkeit. Schließlich aber suchte er doch nach einer Schönen, die Neigung und Vertrauen verdiente; im Januar 1788 ließ er sich in ein zärtliches Verhältnis mit einer jungen, armen Witwe ein. Es war ein gutes Geschöpf, das ihn ehrlich liebte, und er hatte nun seine Lust daran, sie zu beschenken und mit ihr zu kosen.

Die Erinnerung an die Römerin Faustina, zu der Goethe ein Liebesverhältnis während seines Italienaufenthaltes hatte, hielt er in seiner »Erotica romana« fest.
Zeichnung von Yngve Berg zu Goethes »Erotica romana«

So weinten, als er am 23. April 1788 sich wieder nach Norden wandte, zwei Frauen ihm nach: das junge Weib in der Kleineleutsgasse, das sein Liebchen gewesen war, und die berühmte Malerin im großen Hause am Monte Pincio. Faustina begegnete wohl bald einem neuen Freunde; Angelika fühlte sich entsetzlich einsam, als dieser einzige Mensch sich von ihr wandte. Seine Briefe waren nun ihre Sehnsucht, und in die Briefe, die sie selber ihm nachsandte, schrieb sie ihre Liebe freier hinein, als die keusche Frau dem Anwesenden sie je gezeigt hätte.

Auch Goethe war im Innersten ergriffen, als er Rom und die geliebten Menschen verließ; aber der Reisende sieht immer neue Ziele vor sich und fühlt sich gemahnt, auch unterwegs das Schöne und Förderliche, das sich ihm bietet, nicht zu versäumen. Goethes Weg führte durch die östliche Schweiz; der Musiker Christoph Kayser, der früher in Zürich, zuletzt bei ihm in Rom gelebt hatte, begleitete ihn. Aber nach Zürich selbst mochten sie nicht gehen; Goethe vermied den vormaligen Freund Lavater, aber nach den guten Augen von Barbara Schultheß sehnte er sich. Er hatte ihr schon von Rom aus geschrieben, daß er vielleicht bald komme; da er aus ihrer Antwort fühlte, wie sehr gern sie ihn wieder sähe, schlug er ihr ein Zusammentreffen in Konstanz vor.

Barbara plante gerade eine Reise nach Eßlingen; sie nahm eine Tochter und einen Neffen mit. In Konstanz verlebte sie ein paar schöne Junitage mit Goethe und Kayser; lange blieben sie ihr eine gar liebe Erinnerung.

Goethe aber träumte auf der langen Fahrt nicht nur von den drei edlen Freundinnen, von denen er kam und zu denen er ging: auch das Schätzchen winkte ihm, das unwissende, namenlose, töricht vertrauende.

ଽ

Drei Frauen von ähnlicher Vortrefflichkeit sah Goethe vor der Heimreise, in ihrer Mitte und am Schlusse: Angelika, Barbara und Charlotte.

Charlotte v. Stein erfuhr nichts von Goethes heimlichen Liebesgängen in Rom, und doch fühlte sie, daß er ein Anderer wurde oder längst geworden war. Sie las es zwischen den Zeilen eines geschichtlichen Trauerspiels: aus dem ›Egmont‹, den sie im Oktober 1787 erhielt. Sie hatte die Dichtungen ihres Freundes immer als seine Bekenntnisse gelesen und mit besonderer Lust die Verse genossen, bei denen er ihrer mit heimlicher Liebkosung gedacht hatte. Er selber hatte sie angeleitet, diese Verse in der ›Iphigenia‹, im ›Tasso‹, in den ›Geheimnissen‹ und anderen Gedichten zu suchen. Wo war jetzt im ›Egmont‹ ein Liebeswort an sie gerichtet?

In seinen früheren Werken hatte er den sogenannten Helden, und unter dieser Maske sich selber, als einen Fehlerhaften, Schuldigen, Schuldbewußten, der weiblichen Hilfe Bedürftigen hingestellt; in diesem neuen Drama erschien als Held ein kecker, ritterlicher Mann, der so bleiben will, wie er nun einmal ist, und der mit seinem stolzen Sinne auch im Kerker und auf dem Schafott noch als Sieger dasteht, als Sieger über das Leben und über das gemeine, furchtsame und habgierige Menschenpack. Und an diesen männlichen Lebensbezwinger lehnt sich als sein Nächstes und Liebstes, als sein zugehöriges weibliches Wesen, ein – Schätzchen! Mit allen Mitteln, die er nur ergreifen konnte, hatte der Dichter um dies Bürgermädchen, das in seiner Liebe zu dem hohen Herrn Alles vergaß: Ehre, Tugend, Vorteil, Versorgung, – mit all seiner Kunst hatte er um dies Klärchen eine Glorie gewoben!

Dieser Dichter war nicht mehr der treue, anbetende, dienende Freund der Frau v. Stein.

Vielleicht war er selber sich nicht bewußt, welches Bekenntnis sein Werk statt seiner ablegte; aber Frauen sind nie scharfsichtiger und feinfühliger, als wenn ihre Liebe zur Eifersucht wird.

Gewiß schwankte auch Charlotte in ihrem Urteil. Darf man ein Dichterwerk so auf die Goldwage legen? Darf man überall Bekenntnis und Selbstdarstellung vermuten? Was die Personen eines Schauspiels reden und tun, ist noch kein Beweis für des Dichters Gesinnung. Aber Eins kam zum Andern! Charlotte sprach nicht viel über das Stück, aber sie wartete noch mißtrauischer auf die Entwicklung der Dinge.

XII. In Weimar und auf Reisen und Kriegszügen. 1788 bis 1794.

Goethe um 1791. Kreidezeichnung von Johann Heinrich Lips

Am 18. Juni 1788 trat Goethe wieder in die Zimmer am Frauenplane zu Weimar, die er am 24. Juli 1786 verlassen hatte. Er stand wieder in den gewohnten Räumen, sah die bekannten Gesichter, hörte vertraute Stimmen, aber es war nicht seine Absicht, das alte Leben wieder aufzunehmen.

Mit dem Herzoge hatte er ein neues Abkommen getroffen. Er wollte ihm auch ferner als Vertrauensmann dienen, aber nicht amtsmäßig wie die andern Räte, sondern menschlich-freundschaftlich und nach seinen angeborenen und besonderen Gaben, also zumeist in Künsten und Wissenschaften. Er forderte die gehörige Zeit für seine Arbeiten als Schriftsteller und auch für die naturwissenschaftlichen Forschungen, die ihn jetzt weiter und weiter lockten. Der höheren Gesellschaft im Städtchen und besonders seinen alten Freunden gedachte er noch nützlicher und angenehmer zu sein als zuvor, denn er war von den Staatsgeschäften befreit und fühlte sich durch seine Reise außerordentlich gestärkt und bereichert. Aber freilich wollte er auch gegen die Freunde seine Freiheit bewahren; seine Neigungs-Arbeit und seinen Lebensgenuß durften sie nicht verkürzen. In Charlotten und ihrem Fritz sah er nach wie vor seine Allernächsten; mit ihnen wollte er zumeist leben und ihnen am eifrigsten behilflich sein.

Das Wiedersehen mit der Freundin fiel jedoch nicht nach Wunsch aus. Beide fühlten sogleich, daß jetzt ein Fremdes zwischen ihnen stand. Charlotte war gealtert, auch durch Kummer und körperliche Leiden ermattet, Goethe verjüngt. Beide hatten sich während der langen Trennung gewöhnt, ihre Freuden und Schmerzen allein zu tragen, und so ging nun Jeder seinen eigenen Weg. Charlotte hatte den deutschen Goethe geliebt – dem neuen, verwelschten Goethe traute sie nicht. Er sprach viel und lebhaft von italienischen Dingen und pries den in Thüringen Festgebannten die Herrlichkeiten, die sie nun doch einmal nicht genießen konnten; plötzlich bemerkte er dann wohl, daß Frau v. Stein ihm nur mit halbem Ohr zuhörte, daß sie mit ihrem Hündchen spielte, und ihr Dank war lau. Goethe schalt heftig auf das nordische Klima, denn zufällig war diesen Sommer viel schlechtes Wetter, und er litt auch in seiner Gesundheit schon wieder darunter; da sehnte er sich denn sehr bald nach dem Lande, aus dem er soeben zurückgekehrt war. Er ärgerte sich an des Herzogs Soldatentum aufs neue, weil er nun die Einzelheiten mit erlebte, und der Herzog, der fußkrank war, nahm gerade jetzt seine Unterhaltung stark in Anspruch. Er wurde nicht recht heimisch mit der englischen Familie Gore, die Karl August nach Weimar gezogen hatte und sehr geehrt zu sehen wünschte, da er eine der Töchter anbetete. Er sah seinen besten männlichen Freund, Herder, nach Italien abreisen und gleich danach auch die Herzogin Amalie, die nicht nur ihre Hofgenossen, Friedrich v. Einsiedel und Luise v. Göchhausen, sondern auch den Tonsetzer Kayser mitnahm. Ihn hatte Goethe selber erst aus Rom nach Weimar mitgebracht, um durch ihn sehr viel Musik zu genießen. »Und so schließt sich alle Hoffnung auf die schöne Tonkunst ganz für mich zu« klagte er nun gegen Frau v. Stein, die auf ihrer Kochberger Burg saß, und weiter: »Der trübe Himmel verschlingt alle Farben.« Und: »Herder geht nun auch.«

Als die Herzogin Amalie abfuhr, hätte sie ihn gern mitgenommen, um seine frische Kenntnis Italiens auszunützen. Seine Lust, ihr Angebot anzunehmen, war groß; aber so deutlich mochte er sich doch nicht eingestehen, daß seine Wiederkehr ein Fehler war. Seinen Mißmut jedoch konnte er nicht verbergen. »Ich bin in einer innerlichen Verzweiflung« schrieb er nach Kochberg, wobei er zunächst den Ärger über den Herzog meinte, und er beglückwünschte die Entfernte, weil sie sich der Einsamkeit erfreuen konnte. »Es wird nicht lange währen, so hab' ich, will's Gott, sie auch wieder gewonnen, um sie nie zu verlassen.« Was Das hieße, fragte sie dann wohl dagegen, und sie lud ihn ein in ihre stille Landwohnung. Doch dies Ziel lockte ihn auch nicht, zumal bei dem schlechten deutschen Wetter, das schon Ende August an den Ofen zwang.

Ich fürchte mich dergestalt für [vor] Himmel und Erde, daß ich schwerlich zu Dir kommen kann. Die Witterung macht mich ganz unglücklich, und ich befinde mich nirgends wohl als in meinem Stübchen: da wird ein Kaminfeuer angemacht, und es mag regnen, wie es will.

Vor einigen Jahren hatte er eine Inschrift gedichtet, die in ein felsiges Tal paßte, wo Menschen sich lustwandelnd ergehen:

Die ihr Felsen und Bäume bewohnt, o heilsame Nymphen, Gebet Jeglichem gern, was er im stillen begehrt! Schaffet dem Traurigen Trost ...

So konnte er jetzt für sich selber die Oreaden und Dryaden an den Wiesen der Ilm bitten und dann in seinen alten Versen weiter sprechen:

... dem Zweifelhaften Belehrung, Und dem Liebenden gönnt, daß ihm begegne sein Glück!

Bewußt oder unbewußt schaute er aus nach diesem süßen Trost inmitten der Verdrießlichkeiten. Und weil er die Augen offen hielt, trat ihm auch bald das gewünschte Liebchen unter den Bäumen seines Tals, zwischen dem rauschenden Flusse und dem felsigen Ufer entgegen. Er hatte das Mädchen früher, vor einigen Jahren, schon einmal gesehen, als er in vornehmer Gesellschaft eine neue »Fabrik« seines Halbfreundes Bertuch besuchte; dort arbeiteten junge Bürgermädchen an drei Nachmittagen der Woche unter Aufsicht von Bertuchs Frau und Schwägerin und lernten künstliche Blumen machen, wie Goethe selber sie bei Theater- und festlichen Aufführungen zuweilen brauchte. Unter diesen Mädchen war ihm die Mamsell Vulpius aufgefallen, zumeist durch die muntere, schlagfertige Antwort, die sie einem hohen Herrn von auswärts gab.

Und nun zog sie wiederum seine Augen auf sich: nicht als Schönheit, sondern als ein frisches, natürliches, aufrichtiges Menschenkind. Sie war von Gestalt klein und gedrungen, rund und derb, mehr einer Bäuerin als einer Städterin gleich; lebhafte, glänzende Augen und ein paar rote Backen zeugten von guter Gesundheit. Viel Schulbildung hatte sie nicht, aber das Herz auf dem rechten Flecke. Alter: dreiundzwanzig Jahre. Der Vater dieses Mädchens hatte zu den allzuvielen Advokaten in Weimar gehört; er war wohl dem Trunke ergeben gewesen; jedenfalls hatten ihm die zwei Frauen, die er gehabt und wieder verloren hatte, mehr Kinder geschenkt, als er standesmäßig hätte aufziehen können. 1786 war er gestorben; eine Schwester von ihm hatte die Christiane und ihre Stiefschwester Ernestine zu sich genommen; der älteste Sohn, der schon als Knabe Talent zur Schriftstellerei gezeigt hatte, war bei Goethe, und nicht vergeblich, bittstel-

Christiane Vulpius

... Und dem Liebenden gönnt, daß ihm begegene sein Glück!
In Christiane Vulpius fand es Goethe. Zeichnung von Johann Heinrich Lips, 1791

lig geworden, ihm zur Vollendung seiner Studien beizustehn. Sobald er von Goethes Rückkehr aus Italien unterrichtet war, begehrte er neue Hilfe von dem vielvermögenden Geheimen Rat; für sich wünschte er einen besseren Posten, und auch seine Geschwister empfahl er dem gnädigen Wohltäter. Sein Gesuch ließ er durch seine Schwester Christiane überbringen; dabei geschah es, daß Goethe mit dem munteren Mädchen ins Gespräch kam und daß er sie auf einen anderen Tag bestellte, um ihr Bescheid zu geben. Schon am 13. Juli begann er mit ihr ein Liebesleben, wie er es im Winter mit jener römischen Faustina gehabt hatte.

Und in seine »Erotica romana«, die er erinnernd dichtete und jetzt wieder erlebte, zog nun die weimarische Christel ein:

ein bräunliches Mädchen, die Haare
Fielen ihr dunkel und reich über die Stirne herab,
Kurze Locken ringelten sich ums zierliche Hälschen,
Ungeflochtenes Haar krauste vom Scheitel sich auf.
Und ich verkannte sie nicht, ergriff die Eilende: lieblich
Gab sie Umarmung und Kuß bald mir gelehrig zurück.

Wiederum sprach er:

> Laß' dich, Geliebte, nicht reu'n,
>   daß du mir so schnell dich ergeben!
> Glaub' es, ich denke nicht frech,
>   denke nicht niedrig von dir.

Sie hatten ihre Zusammenkünfte in seinem alten Gartenhäuschen an der Ilm, und es kam vor, daß er am Nachmittage oder frühen Abend die Herren und Damen vom Hofe dort bewirtete, und wenn er Diese heimgeleitet, in seinem Stübchen erst noch den willkommensten Gast erwartete:

Zeichnung von Yngve Berg
zu Goethes »Erotica romana«

> Herbstlich leuchtet die Flamme vom ländlich-
>   geselligen Herde,
> Knistert und glänzet, wie rasch!
>   sausend vom Reisig empor.
> Diesen Abend erfreut sie mich mehr: denn eh' noch
>   zur Kohle
> Sich das Bündel verzehrt, unter die Asche sich neigt,
> Kommt mein liebliches Mädchen. Dann flammen
>   Reisig und Scheite,
> Und die erwärmete Nacht wird uns ein glänzendes Fest.

Nicht immer gelang es ihr, sich zu ihm zu schleichen, oder es graute ihr vor dem Dunkel der Nacht. Er aber hoffte und wartete und schließlich brach er in ›Morgenklagen‹ aus:

O du loses, leidig-liebes Mädchen,
Sag' mir an, womit hab ich's verschuldet,
Daß du mich auf diese Folter spannest,
Daß du dein gegeben Wort gebrochen?

Drücktest doch so freundlich gestern abend
Mir die Hände, lispeltest so lieblich:
»Ja, ich komme, komme gegen Morgen
Ganz gewiß, mein Freund, auf deine Stube!«

Angelehnt ließ ich meine Türe,
Hatte wohl die Angeln erst geprüfet
Und mich recht gefreut, daß sie nicht knarrten.

Welche Nacht des Wartens ist vergangen!
Wacht' ich doch und zählte jedes Viertel!
Schlief ich ein auf wenig Augenblicke,
War mein Herz beständig wach geblieben,
Weckte mich von meinem leisen Schlummer.

Ja, da segnet' ich die Finsternisse,
Die so ruhig Alles überdeckten,
Freute mich der allgemeinen Stille,
Horchte lauschend immer in die Stille,
Ob sich nicht ein Laut bewegen möchte.

Endlich als die ganz verhaßte Sonne
Meine Fenster traf und meine Wände,
Sprang ich auf und eilte nach dem Garten,
Meinen heißen, sehnsuchtsvollen Atem
Mit der kühlen Morgenluft zu mischen,
Dir vielleicht im Garten zu begegnen:
Und nun bist du weder in der Laube,
Noch im hohen Lindengang zu finden! ...

So erwartete auch umgekehrt sie ihn zuweilen im Gartenhause, saß vielleicht an einem warmen Sommertage allein oben im Stübchen, wartete, strickte dabei, hielt inne und nickte schließlich ein:

Meine Liebste wollt' ich heut beschleichen,
Aber ihre Türe war verschlossen.
Hab' ich doch den Schlüssel in der Tasche!
Öffn' ich leise die geliebte Türe!
Auf dem Saale fand ich nicht das Mädchen,
Fand das Mädchen nicht in ihrer Stube,
Endlich, da ich leis die Kammer öffne,
Fand ich sie, gar zierlich eingeschlafen,
Angekleidet auf dem Sofa liegen.
Deine holden Augen sind geschlossen,
Die mich offen schon allein bezaubern!
Es bewegen deine süßen Lippen
Weder sich zur Rede noch zum Kusse;
Aufgelöst sind diese Zauberbande
Deiner Arme, die mich sonst umschlingen,
Und die Hand, die reizende Gefährtin
Süßer Schmeichelein, unbeweglich ...

Lange saß ich so und freute herzlich
Ihres Wertes mich und meiner Liebe.

Auch auf Christiane Vulpius beziehen sich die Verse der »Erotica romana«. Zeichnung dazu von Yngve Berg

Von diesem heimlichen Glücke erfuhren Goethes Freunde eine lange Zeit nichts; sie vermuteten auch nichts dergleichen. Trotzdem entfernte auch dies Geheimnis ihn noch mehr von den bisherigen Nächsten und zumal von Charlotten. Er selber dachte doch daran, wenn sie ihm zu verstehen gab, daß er nicht mehr in den alten Kreis passe, und wenn Herders Frau ihm »Gleichgültigkeit gegen die Menschen« vorwarf.[100]

Klagen der Karoline Herder

Zu Karoline Herder ging er jetzt sehr oft, bald um Neues von ihres Gatten italienischer Reise zu hören, bald um ihr und ihren vielen Kindern an des Freundes Stelle beizustehn; Karoline geriet oft in heftige Gemütsbewegungen – wenn man Frau v. Stein eine Iphigenie nennen konnte, so war sie der Elektra zu vergleichen – sie hielt ihn also bald für ihren besten Freund, bald sagte sie ihm scharfe, ungerechte Worte. Eigentlich hatte sie in sich viel Liebe und Verehrung für Goethe, vom ersten Tage an, wo sie in Darmstadt beisammen gewesen; aber sie stand ganz unter dem Einflusse des Gatten, dessen stets unbefriedigtes Gemüt sich auch oft gegen Goethe wandte. Mit Frau v. Stein hatte sie die verdrießliche Eigenschaft gemein, daß sie sich auch durch Vorzeichen, Ahnungen und Träume bestimmen ließ. »Wenn ich nur« schrieb Goethe jetzt einmal an Herder, »Deiner Frau wie auch der Frau v. Stein die verwünschte Aufmerksamkeit auf Träume wegnehmen könnte! Es ist doch immer das Traumreich wie ein falscher Lostopf, wo unzählige Nieten und höchstens kleinste Gewinnstchen unter einander gemischt sind; man wird selbst zum Traum, zur Niete, wenn man sich ernstlich mit diesen Phantomen beschäftigt.«

Karoline war mit Goethen und Charlotten befreundet und hörte Beider Klagen an. Eines Tages meinte Goethe, er wolle sich den nächsten Winter ganz an die Herzogin Luise halten, denn Diese sei die Einzige, die ihm geblieben; außerdem hoffe er, daß die Imhoff und sie, die Herderin, oft zu ihm zum Tee kämen. Karoline erwiderte: »Ja, wenn die Stein auch kommt.«

»Ach, mit Der ist nicht viel anzufangen« versetzte er, »sie ist verstimmt, und es scheint nicht, daß Etwas werden will.«

Die nächsten Freundinnen meinten: Frau v. Stein sollte bereitwilliger sein, dem alten Freunde zu verzeihen, und Goethe sollte sie um Verzeihung bitten oder sie als ein Mann bei den Armen fassen und kräftig schütteln und ausschelten – aber was war eigentlich da, das verziehen und durch Verzeihung aus der Welt geschafft werden konnte?

Frau v. Stein wußte nichts von der Vulpius oder, was wahrscheinlicher ist, sie hielt Das, was sie wußte, lange Zeit geheim. Sie sprach nur aus, was zu Tage lag: Goethe sei in Italien sinnlich und selbstisch geworden, und nur ihn treffe die Schuld, daß der frühere Kreis der Freunde sich auflöse.

1788 bis 1794

Antike Karneol-Gemme, von der Goethe einen Abdruck besaß. Auf der Vorderseite eine in Gedanken versunkene Frau (Kaiserin Valeria Messalina?), auf der Rückseite sieben Phalli

Aus dieser Sinnlichkeit oder aus dieser neuen Genußfreude machte Goethe auch gar kein Hehl. Er ging viel ins Fürstenhaus, zwar dem Herzog oder der Herzogin zuliebe, aber man sah, daß er auch auf das gute Essen und Trinken bei Hofe viel mehr Wert legte als früher. Der Karoline Herder setzte er einmal (am 14. August 88) auseinander, ihm sei jetzt ganz wohl, da er ein Haus habe, gut Essen und Trinken und »Dergleichen«, wobei er sich das heimliche Schätzchen als die Hauptsache dachte; alle Philosophie, fuhr er fort, laufe doch darauf hinaus, daß der Mensch ein behagliches Hauswesen habe.

Die Tanzvergnügungen der höfischen Gesellschaft besuchte er jetzt auch wie einer der Jüngsten. Eines Tages waren die gelehrteren (und älteren) Frauen bei ihm zum Tee: die Stein, Herder, Kalb, Schardt, und fanden ihn höchst langweilig; als sie gingen, erzählte die Schardt, daß Goethe den Tag vorher auf dem ›tanzenden Picknick‹ beinahe mit keiner gescheidten Frau ein Wort geredet, sondern den jungen Fräuleins nach der Reihe die Hände geküßt, ihnen schöne Sachen gesagt und viel getanzt hätte.

Erst jetzt entdeckte Goethe gewissermaßen die Universität im nahen Jena; nun kam er viel mit ihren Lehrern und auserwählten Studierenden zusammen. Er hatte viel Liebe für die dortigen naturwissenschaftlichen Sammlungen und Anstalten; dabei folgte dann auf den Vormittag der Wissenschaften zumeist ein langer Nachmittag des Vergnügens. »Ich habe mich recht wohl befunden« schrieb er Mitte November aus Jena an Charlottens Sohn und mittelbar an seine Mutter; »auf dem Balle habe ich viel getanzt, bin in Lobeda und Drakendorf gewesen, vorgestern bei Griesbach zum Abendessen, gestern im Konzert, und so geht es immerfort: Du siehst, daß Jena zum lustigen Leben inspiriert.« An den Herzog aber erzählte er weiter, nach Drakendorf sei er mit Knebel gegangen, »das Ziegesari-

Priapus als Wächter des Gartens. Ein Früchtedieb wird verjagt. Tuschzeichnung nach antikem Vorbild von Goethes Kunstfreund Johann Heinrich Meyer oder Wilhelm Tischbein

sche Blut zu beschauen«: damit meinte er die Töchter des gothaischen Geheimen Rates und Vizekanzlers v. Ziegesar.

Die großgewachsnen Mädchen haben uns sehr in die Augen gestochen. Die jüngste wird eben konfirmiert und kann die Propheten nicht merken; die mittelste ist wirklich ein Schatz; die älteste näherte sich schon der Mutter [101] *... und wenn die Mädchen bei einigen Konsistorial-Geschichten [die ihr Vater erzählte] auf die Teller schauten, waren sie darum nichts häßlicher. Mutter, Töchter und Söhne werden uns beide Hagenstolzen ehstens besuchen, und wir werden bei Gelegenheit des Naturalienkabinetts uns zu empfehlen trachten ... Ich schäme mich vor Ihnen der Studenten-Ader nicht, die sich wieder in mir zu beleben anfängt.*

Den Winter über sah Goethe die alte Freundin wohl manchesmal, aber fast immer in Gesellschaft. Er las seinen Nächsten den seine letzte Form gewinnenden ›Tasso‹ vor und freute sich dabei auch an Lottens Teilnahme und Lob. Er warb mehr als einmal um Erneuerung der alten Freundschaft.

Laß uns freundlich Leid und Freude verbinden, damit die wenigen Lebenstage genossen werden ... Lebe recht wohl und liebe mich!

Selbst wenn sie ihn ihren Ärger und Kummer hatte fühlen lassen.

Wenn Du es hören magst, so mag ich Dir gerne sagen, daß Deine Vorwürfe, wenn sie mir auch im Augenblicke empfindlich sind, keinen Verdruß und Groll im Herzen zurücklassen. Auch sie weiß ich zurechtzulegen, und wenn Du Manches an mir dulden mußt, so ist es billig, daß ich auch wieder von Dir leide. Es ist auch soviel besser, daß man freundlich abrechnet, als daß man sich immer einander anähnlichen will und, wenn Das nicht reussiert, einander aus dem Wege geht.

Mit Dir kann ich am wenigsten rechten, weil ich bei jeder Rechnung Dein Schuldner bleibe. Wenn wir übrigens bedenken, wieviel man an allen Menschen zu tragen hat, so werden wir ja noch, Liebe, einander nachsehn. Lebe wohl und liebe mich.

❧

Im Anfang März (1789) sagte Charlotte es weiter, daß Goethe die Vulpius oft zu sich kommen lasse, und sie verbarg ihren Kummer, ihre Entrüstung darüber nicht. »Da er ein so vorzüglicher Mensch ist, so sollte er nichts tun, wodurch er sich zu den Andern herabwürdigt.« Er habe sein vierzigstes Jahr erreicht, ohne solcher Gemeinschaft zu bedürfen, meinte sie, warum könnte er nicht auf seiner Höhe bleiben?

Man konnte freilich die Sache auch prosaischer und läßlicher ansehen. Weshalb viel Aufsehen machen, wo ein sonst ernster, strenger Mann durch eine solche vorübergehende Liebschaft der Natur ihre Schuld bezahlt? Wen schädigte er denn? Wer hatte sich zu beklagen? Sein Liebchen war kein unschuldig Kind mehr gewesen, als sie zu ihm kam. In Goethes Hand konnte sie nicht verderben. Hatte sie ein Kind von ihm, so würde diesem Kinde der Versorger nicht fehlen. Goethe selber faßte das Verhältnis als seine und des Mädchens Heimlichkeit auf; seinen Freunden fiel er nicht lästig damit, also taten seine Freunde am klügsten, Das nicht zu sehen, was ihnen nicht gezeigt wurde.

So konnten die andern Freunde denken und reden; Charlotte aber fühlte immer die höchst schmerzhafte Wahrheit, daß diese Vulpius in einigen Dingen ihre Nachfolgerin war. Und die Kinder der Vulpius würden Nachfolger ihres Lieblings Fritz werden. Sie kannte Goethe gut genug; sie wußte, daß er auch in diesem Verhältnis nicht wie ein gewöhnlicher Mann handeln würde. Ein Anderer würde das Mädchen bald auf gute Manier ablohnen; aber bei Goethes Ernst und Wohltätigkeit und Treue sah die Sache langwieriger aus. Goethes Scheu vor dem Ehebande war nicht zugleich eine Abneigung gegen Weib und Kind; an hausväterlicher Gesinnung kamen ihm Wenige gleich! Und konnte er nicht an dieser Christiane Vulpius allerlei Tugenden entdecken oder ihr solche Tugenden in seines Herzens Gütigkeit andichten? Hatte er nicht in seinem letzten Drama ein ebensolches ehrvergessenes Bürgermädchen geradezu verherrlicht? Das war's: die Christiane war nicht nur die zeitweilige Beischläferin eines wohlhabenden Gönners, sie war das »Klärchen« für diesen Prinzen Egmont!

೩.

Charlottens Gesundheit war den ganzen Winter über schlecht; sie mußte diesmal zeitig im Frühjahr ein Bad aufsuchen. Über Frankfurt, wo sie Goethens Mutter zum ersten Male sah, begab sie sich nach Wiesbaden.

Sehnsüchtig wartete sie dort auf Briefe; als die ersten ankamen, war keiner von Goethe dabei. Sie hatte ihm bei ihrer Abreise ein Schreiben zurückgelassen, in dem sie offen und ausführlich aussprach, was sie auf dem Herzen hatte, Alles, was er ihr seit seiner Rückkehr Schmerzliches angetan. Mochte er ihre Worte jetzt, wo sie monatelang voneinander getrennt waren und keine Tages-Erregungen mehr zwischen sie traten, still beherzigen!

Goethe trug den Brief einige Wochen mit sich herum. Der Brief aber tat nicht die von Charlotten gewünschte Wirkung; es entstand im Empfänger kein Schuldgefühl; er gelangte zu keinem Bitten um Verzeihung. Er zögerte mit der Antwort nur, weil er gern sein Bedürfnis, aufrichtig zu sein, mit dem anderen Wunsche, der alten Freundin Schmerzen zu ersparen, versöhnt und vereinigt hätte.

Eines Tages hatte sie dann Goethes Antwort auf ihre Erklärung:

Wie sehr ich Dich liebe, wie sehr ich meine Pflicht gegen Dich und Fritzen kenne, hab' ich durch meine Rückkehr aus Italien bewiesen. Nach des Herzogs Willen wäre ich noch dort. ...

Was ich in Italien verlassen habe, mag ich nicht wiederholen. Du hast mein Vertrauen darüber unfreundlich genug aufgenommen. Leider warst Du, als ich ankam, in einer sonderbaren Stimmung, und ich gestehe aufrichtig, daß die Art, wie Du mich empfingst, wie mich

Andere nahmen, für mich äußerst empfindlich war.

Ich sah Herdern, die Herzogin [-Mutter] verreisen, einen mir dringend angebotenen Platz im Wagen leer: ich blieb um der Freunde willen, wie ich um ihretwillen gekommen war – und mußte mir in demselben Augenblick hartnäckig wiederholen lassen: ich hätte auch wegbleiben können, ich nehme doch keinen Teil an den Menschen usw. Und Das alles, eh von einem Verhältnis die Rede sein konnte, das Dich so sehr zu kränken scheint.

Und welch' ein Verhältnis ist es? Wer wird dadurch verkürzt? Wer macht Anspruch an die Empfindungen, die ich dem armen Geschöpf gönne? Wer an die Stunden, die ich mit ihr zubringe? Frage Fritzen, die Herdern, Jeden, der mir näher ist, ob ich unteilnehmender, weniger mitteilend, untätiger für meine Freunde bin als vorher. Ob ich nicht vielmehr ihnen und der Gesellschaft erst recht angehöre. Und es müßte durch ein Wunder geschehen, wenn ich allein zu Dir das beste, innigste Verhältnis verloren haben sollte. Wie lebhaft habe ich empfunden, daß es noch da ist, wenn ich Dich einmal gestimmt fand, mit mir über interessante Gegenstände zu sprechen!

Aber Das gestehe ich gern: die Art, wie Du mich bisher behandelt hast, kann ich nicht erdulden. Wenn ich gesprächig war, hast Du mir die Lippen verschlossen. Wenn ich mitteilend war, hast Du mich der Gleichgültigkeit, wenn ich für Freunde tätig war, der Kälte und Nachlässigkeit beschuldigt. Jede meiner Mienen hast Du kontrolliert, meine Bewegungen, meine Art, zu sein, getadelt und mich immer mal à mon aise gesetzt. Wo sollte da Vertrauen und Offenheit gedeihen, wenn Du mich mit vorsätzlicher Laune von Dir stießest?

Ich möchte gern noch Manches hinzufügen, wenn ich nicht befürchtete, daß es Dich bei Deiner Gemütsverfassung eher beleidigen als versöhnen könnte. Unglücklicherweise hast Du schon lange meinen Rat in Absicht des Kaffees verachtet und eine Diät eingeführt, die Deiner Gesundheit höchst schädlich ist. Es ist nicht genug, daß es schon schwer hält, manche Eindrücke, moralisch zu überwinden: Du verstärkst die hypochondrische, quälende Kraft der traurigen Vorstellungen durch ein physisches Mittel, dessen Schädlichkeit Du eine Zeitlang wohl eingesehen und das Du aus Liebe zu mir auf eine Weile vermieden und Dich wohl befunden hattest.

Ich gebe die Hoffnung nicht auf, daß Du mich wieder erkennen werdest.

Aber Charlotte gab nun alle Hoffnung auf! Wenn er der Meinung war, daß sie ihn mit vorsätzlicher Laune von sich gestoßen habe, daß ihre krankhafte Gemütsverfassung oder gar ihr – Kaffeetrinken an ihren und seinen Seelennöten schuld sei, so war es hohe Zeit, daß sie ihn von einer solchen Freundin befreite. Sie schrieb auf den bösen Brief den einen Laut: O!!!

Acht Tage später, als sie schon in Ems ihre Kur fortsetzte, erhielt sie wieder einen Brief Goethes; dieses zweite Schreiben war freundlicher, aber es hob das vorige nicht auf. Nur in Einem stimmten Goethe und sie überein: in der traurigen Erkenntnis, daß ihr Verhältnis, wie sie es in den letzten Monaten gehabt hatten, nicht länger mehr erträglich sei. Entweder mußten sie zur alten Freundschaft zurückkehren oder sie mußten sich völlig trennen.

Goethe schien eine Versöhnung zu wünschen und für möglich zu halten; aber sein Vorschlag lief gewissermaßen darauf hinaus, daß Charlotte in seinem Empfangszimmer als Hausdame freundlich tue, während in der Wohnstube und Schlafkammer die Christiane ihr Wesen treiben sollte. Wollte Charlotte aber sich in seinem Herzen und Leben nicht in dieser Weise verwenden lassen, so deutete ihr Goethe an, daß bei einer völligen Trennung sie vielleicht noch mehr verliere als er. Er suchte freilich diese bittere Pille in schönes Papier zu wickeln.

Es ist mir nicht leicht ein Blatt saurer zu schreiben geworden als der letzte Brief an Dich, und wahrscheinlich war er Dir so unangenehm zu lesen als mir zu schreiben. Indes ist doch wenigstens die Lippe eröffnet, und ich wünsche, daß wir sie nie gegeneinander wieder schließen mögen. Ich habe kein größeres Glück gekannt als das Vertrauen gegen Dich, das von jeher unbegrenzt war; sobald ich es nicht mehr ausüben kann, bin ich ein andrer Mensch und muß in der Folge mich noch mehr verändern.

Ich klage nicht über meine hiesige Lage; ich habe mich gut hineingefunden und hoffe darin auszuhalten, obgleich das Klima schon wieder mich angreift und mich früher oder später zu manchem Guten untüchtig machen wird. Wenn man die kalte feuchte Sommerzeit, den strengen Winter bedenkt, wenn durch des Herzogs äußeres [militärisches] Verhältnis und durch andere Kombinationen Alles bei uns inkonsistent und folgenlos ist und wird; wenn man fast keinen Menschen nennen kann, der in seinem Zustande behaglich wäre, so gehört schon Kraft dazu, sich aufrecht, in einer gewissen Munterkeit und Tätigkeit zu erhalten und nicht einen Plan zu machen, der einen nach und nach loslösen könnte. Wenn nun aber gar ein übliches Verhältnis zu den Nächsten entsteht, so weiß man nicht mehr, wohin man soll. Ich sage Das so gut in Deinem als meinem Sinne und versichere Dich, daß es mich unendlich schmerzt, Dich unter diesen Umständen noch tiefer zu betrüben.

Zu meiner Entschuldigung will ich nichts sagen. Nur mag ich Dich gern bitten: hilf mir selbst, daß das Verhältnis, das Dir zuwider ist, nicht ausarte, sondern stehen bleibe, wie es steht. Schenke mir Dein Vertrauen wieder; sieh' die Sache aus einem natürlichen Gesichtspunkte an; erlaube mir, Dir ein gelassenes, wahres Wort darüber zu sagen, und ich kann hoffen, es soll sich Alles zwischen uns rein und gut herstellen.

Charlotte hatte keine Hoffnung mehr. Die Aufgabe, Goethes Verhältnis zu seinem Mädchen vor dem »Ausarten« zu behüten, mochte sie nicht mehr übernehmen. Sie konnte ihm und er ihr nichts mehr nütze sein.

Ein diplomatisches Übermalen und Hinziehen war ihre Sache nicht. Sie strebte stets nach richtiger Erkenntnis und ging der bittersten Wahrheit nicht aus dem Wege. Was nicht mehr stehen kann, muß fallen.

Der Freundschaftstempel, in dem die Beiden dreizehn und ein halbes Jahr gewohnt hatten, brach zusammen. – –

Am 6. Juli war Charlotte wieder in Weimar; ihre Freundinnen empfingen sie alle sehr liebreich. Auch sogar »von einem ehemaligen alten Freunde« fand sie ein freundliches Zettelchen in ihrem Kabinettchen an der Wand. Von einem ehemaligen alten Freunde.

✿

Ende November (1789) bekam Goethe vom Herzog eine neue Wohnung, im Jägerhause draußen vor dem Frauentore, an der Straße nach Belvedere. Wo Christiane damals wohnte, ist nicht bekannt. Am 25. Dezember gebar sie ihr erstes Kind, ein Söhnchen; zwei Tage später ward es auf die Namen August Walther getauft: einzige Patin des Kindes war Christianens Tante, die ledige Juliane Vulpius. Aber auch der Herzog hatte versprochen, dem Kinde im Notfalle beizustehen, so daß Goethe auch in ihm einen »Paten« sah.

Sehr bald nach des Kindes Geburt trat Goethe eine große Reise an, nach Venedig, wo er nach des Herzogs Wunsch die zurückkehrende Herzogin Amalie erwarten sollte, um sie heimzubegleiten.

Christiane Vulpius mit ihrem Sohn August.
Aquarell von Johann Heinrich Meyer, 1792

Zufällig mußte er in der Lagunenstadt bei schlechtestem Wetter lange auf die Fürstin warten. Vieles mißfiel ihm dort: das italienische Wesen sagte ihm jetzt gar nicht mehr zu; um so stärker wuchs das Verlangen nach seinem Liebchen in der Heimat.

Er ließ sich zwar vom Herzog verführen, gleich nach seiner Heimkehr wieder auf eine weite Reise zu gehen, nach Schlesien ins Kriegslager; aber auch diese Entfernung bestätigte nur seinen häuslichen Sinn. »Ich sehne mich nach Hause« schrieb er aus Breslau an Herders, »ich habe in der Welt nichts mehr zu suchen.« Und einige Wochen danach, als er auch ein Stück Polen kennen gelernt hatte:

Es ist all und überall Lumperei und Lauserei, und ich habe gewiß keine eigentlich vergnügte Stunde, bis ich mit Euch zu Nacht gegessen und bei meinem Mädchen geschlafen habe. Wenn Ihr mich lieb behaltet, wenige Gute mir geneigt bleiben, mein Mädchen treu ist, mein Kind lebt, mein großer Ofen gut heizt, so hab' ich vorerst nichts weiter zu wünschen.

Bei dieser Gesinnung gegen Christianen war es natürlich, daß er sie, die häufige Besucherin, schließlich ins Haus nahm: sie erwies sich tüchtig und sparsam in der Wirtschaft, und so hatte er zur angenehmen Gesellschaft noch den Vorteil, daß er jetzt sein Eigentum nicht mehr fremden Dienern anvertrauen mußte. Vor den Leuten war Christiane seine Verwalterin, die ihn mit »Sie« und »Herr Geheime Rat« anredete; im eigenen Herzen und Gewissen hielt er sich je länger je mehr mit ihr verheiratet. Als er auf der schlesischen Reise in Dresden ein paar Tage blieb, kam in geselligem Kreise bei Körners die Rede auf die Vorteile des Ehestands, und Goethe machte einem Freunde jenes Hauses, dem Grafen Geßler, Vorwürfe ob seines Junggesellentums. »Warum heiraten Sie denn nicht selbst?« fragte ihn da Körners Schwägerin. »Ich bin verheiratet« erwiderte Goethe, »nur nicht mit Zeremonie.«

In den Stunden, wo Amor ruhte, war Goethe mehr der Vater seines Christelchens als ihr Gatte. Nicht nur war sie fünfzehn Jahre jünger als er, ihr Denken und Fühlen blieb recht kindlich und volksmäßig, und Goethe spielte gar gern den väterlichen Versorger und Beschützer. So war es ihm eine besondere herzliche Freude, wenn sein »Bettschatz« ihn auf ein Kindchen hoffen ließ: da konnte er zwei Schutzbedürftige in Einem an sich ziehen.

> Wonniglich ist's, die Geliebte verlangend im Arme zu halten,
> Wenn ihr klopfendes Herz Liebe zuerst dir gesteht.
> Wonniglicher, das Pochen des Neulebendigen fühlen,
> Das in dem lieblichen Schoß immer sich nährend bewegt.

Leider folgt solchen Hoffnungen oft bitterer Schmerz. Das zweite Kindchen Christianens, ein Knabe, kam tot zur Welt. Es war am 14. Oktober 1791.

꙰

In Rom hatte Goethe einen schweizerischen Maler, Heinrich Meyer, recht lieb gewonnen; er führte es nun herbei, daß Dieser von Karl August ein Gehalt bekam und nach Weimar übersiedelte. Goethe selber nahm ihn in Wohnung und Kost; er wollte diesen Künstler, der zugleich ein großer Kunstkenner und -forscher war, immer in nächster Nähe haben und sich an seinen Gesprächen erlaben; er erreichte damit aber auch, daß sein nächster Freund – Das war Heinrich Meyer von nun an – bei Christianen und Augustchen blieb, wenn er verreisen mußte. Und er ward immer wieder zu weiten Reisen gezwungen oder verführt; sein Herzog, dem er sonst nicht viel diente, brauchte ihn zum Gesellschafter; auch tat Goethe, der immer Lernlustige, gern neue Einblicke in fremde Länder und Verhältnisse. Im Sommer 1792 schenkte Karl August seinem Freunde das Haus am Frauenplan, wo er früher zur Miete gewohnt hatte – es mußte aber im Innern ganz umgebaut werden – und wünschte um dieselbe Zeit, daß Goethe ihn in den Feldzug der deutschen Fürsten gegen die französischen Empörer begleite; da mußte denn Freund Meyer die künftige Wohnung einrichten und bei den Seinen Wache halten.

Der Weg zum Regimente Karl Augusts führte über Frankfurt. Hier sah Goethe, am 12. August 1792, seine Mutter wieder, zum ersten Male seit Neujahr 1780! Ob er ihm von dem Mädchen, daß ihm die Ehefrau ersetzte, und von seinem Augustchen, ihrem Enkelchen, erzählte, wissen wir nicht. Jedenfalls sandte er seinem Schätzchen nur im eigenen Namen Grüße und »allerlei Judenkram.«

An solche Geschenke für sein Christelchen dachte Goethe in jeder neuen Stadt; alle paar Tage schrieb er ihr auch ein Briefchen und liebkoste sie darin bald als sein Schätzchen, bald wie ein Kind. Sie aber bat ihn immer wieder, sich recht in acht zu nehmen vor Erkältung und vor feindlichen Kugeln, und war unglücklich, daß ihr Freund und Herr so böse Strapazen ertragen mußte.

Der Feldzug hatte einen unerwarteten Ausgang. Am 10. September glaubte Goethe noch, er werde bald in Paris für sein Christelchen Einkäufe machen. Wenige Tage nachher richtete er seine Gedanken schon wieder auf Frankfurt, denn der Rückzug stand bevor; aber der Krieg wendete sich so sehr und so rasch zu Ungunsten der Deutschen, daß Goethe, als er Koblenz erreichte, nicht einmal über Frankfurt nach Haus eilen konnte, denn seine Vaterstadt war bereits von den Franzosen besetzt. So machte er einen großen Umweg über den Niederrhein und Westfalen. In der Nacht vom 16. zum 17. Dezember pochte er an die Pforte des großen Hauses am Frauenplan, das nun ihm gehörte, und die Seinen: Christiane, Augustchen und Heinrich Meyer sprangen jubelnd aus den Betten.

Mitte Mai 1793 fuhr er aber schon wieder zum Kriegsschauplatz im Westen: die Franzosen wurden in Mainz belagert, und sein Herzog, der einen Teil der deutschen Truppen befehligte, verlangte wieder nach ihm. Diesmal redete er mit seiner Mutter über seine häuslichen Verhältnisse, und als er wieder ein Päckchen heimschickte legte die Frau Rat ihr Geschenk dazu. Sie pflegte sich mit gutem Humor ins Unabänderliche zu fügen. Goethe schrieb auch manchen Brief an die ängstliche Christiane, und in jedem Brief stand eine Liebeserklärung.

29. Mai. Ich war in ein Dorf recht schön einquartiert: da haben mich die Wanzen wie gewöhnlich herausgejagt. Nun schlafe ich wieder im Zelte, angezogen, in einer Strohbucht und habe eine Decke, die uns, hoffe ich, bald wieder zusammen zudecken soll. Ich denke viel an Dich, küsse Dich und den Kleinen in Gedanken.

31. Mai. Heute Nacht sind wir unsanft geweckt worden: die Franzosen attackierten das Hauptquartier, ein Dorf ohngefähr eine halbe Stunde von uns. Das Feuer war sehr lebhaft; sie wurden endlich zurückgetrieben. Deiner Bitte eingedenk bin ich erst, da es Tag war und Alles vorbei, hinuntergeritten. ... Behalte mich lieb! Ich werde mich um Deinetwillen schonen, denn Du bist mein Liebstes auf der Welt.

Unterdessen hatte Christiane von Goethes Mutter auch einen schriftlichen Gruß erhalten, und nun wagte sie einen Dankesbrief. »Du hast recht wohl getan, an meine Mutter zu schreiben« erwiderte Goethe auf diese Mitteilung; »sie wird's ja wohl lesen können.« Die Rechtschreibung der Frau Rat war kraus genug; Christiane aber ging noch viel kühner mit der deutschen Sprache um, und ihr Thüringisch drang noch kräftiger durch die Schriftsprache als das Frankfurtische der alten Elisabeth Goethe. »Sie ist Dir recht gut« erzählte Goethe weiter, »denn ich habe ihr erzählt, wie Du so brav bist und mich so glücklich machst.« Und die Frau Rat antwortete auch freundlich:

Daß Ihnen die überschickten Sachen Freude gemacht haben, war mir sehr angenehm. Tragen Sie dieselben als ein kleines Andenken von der Mutter Desjenigen, den Sie lieben und hochachten und der wirklich auch Liebe und Hochachtung verdient.

Kurz vor seinem Geburtstage schloß Goethe seinen Hausschatz wieder in seine Arme. Am 22. November (1793) gebar sie ihm ein Mädchen, das aber nur bis zum 3. Dezember lebte. Sein Schmerz, als er dies Kind verlor, war überaus heftig; Heinrich Meyer war erstaunt und ergriffen, als er den sonst so zurückhaltenden Freund fast in einem Zustande der Raserei sah.

In Gesellschaft begegnete sich Goethe zuweilen noch mit Frau v. Stein. Ihr Leben war sehr verdunkelt, zumal da ihr Mann jetzt hoffnungslos kränkelte und ihr viel Last machte. Öfter hatte Goethe es mit Fritz zu tun, der ein wertvoller weimarischer Staatsdiener zu werden versprach und einstweilen in Jena und Hamburg seine Kenntnisse vermehrte. Ihm trug er auch Grüße an die Mutter oder an die Eltern auf, und einmal schickte er Charlotten den letzten Band seiner gesammelten Werke.

Aber einen Versuch, die ehemalige Freundschaft zu erneuern, machte er so wenig wie sie. Er war jetzt erst recht der hartnäckige Schweiger; Frau v. Stein dagegen sprach sich gegen ihre Nächsten mit ihrer gewohnten Offenheit über den verlorenen Freund aus. »Es sind böse Reminiszenzen in ihr geblieben« urteilte Karoline Beulwitz: »Die Stein ist aufgerieben in sich, arme Seele!« Und ein andermal:

Sie war in eine stille Trauer über ihr Verhältnis mit Goethe gesunken, und da schien sie mir wahrer und harmonischer, als in der widernatürlichen von Gleichgültigkeit und Verachtung.

Ein zwölfjähriges zärtliches Verhältnis kann sich nicht in so widrige Empfindungen auflösen, ohne die besten Kräfte des geistigen Lebens zu vernichten.

Charlotte sagte ihrem Fritz geradezu: er sei von Goethen hintergangen worden, und auch sich selber hielt sie für getäuscht. Daß die Änderung Goethes ein Versinken zum Niedrigen und Unreinen sei, war ihr nicht zweifelhaft; schon deshalb nicht, weil er auf die Dauer sich mit jenem Mädchen wohlgefiel und großen Anteil an ihren Kindesnöten und anderen Erlebnissen, auch an ihrer ganzen Familie, nahm. Jene Tante Juliane wohnte jetzt auch bei Goethe, ebenso Christianens junge Schwester Ernestine; Beide halfen im großen Haushalt mit. Und ihrem Bruder August, dem Literaten, der nach Weimar zurückgekehrt war, verschaffte Goethe gleichfalls Arbeit und Erwerb.

Aber Charlotte hatte noch stärkere Beweise für Goethes traurige Metamorphose. Schon äußerlich war er ein Anderer geworden. Früher schlank, mager, behende, jetzt dick, steif, träge; früher blaß und geistig, jetzt rötlich-sinnlich aussehend; früher galt er überall für schön, jetzt hätte ihn Niemand dafür erklärt. »Schrecklich dick« nannte ihn die Herzogin im Herbst 1793.

Und seine Leistungen? Die frühere Opferwilligkeit war dahin; er überließ jetzt alle langweilige Arbeit willig den Anderen, bezog aber trotzdem sein Gehalt und behielt seinen hohen Rang unter den Geheimen Räten. Sicherlich blieb er dem Herzoge als guter Fruend und Begleiter lieb und nützlich; er folgte ihm sogar zu Manövern, Krieg und Belagerung; aber dafür konnte man kaum dankbar sein, da man diese Abwesenheiten des Herzogs nur beklagen mußte. In Jena besserte Goethe an verschiedenen akademischen Anstalten herum; in Weimar übernahm er die Leitung des Theaters, als man den Direktor Bellomo satt hatte und es wieder einmal mit einem eigenen Hoftheater versuchte. Aber diese zerstreute artistisch-wissenschaftliche Tätigkeit ließ sich doch nicht mit seiner treuen Arbeit vor der italienischen Reise vergleichen.

Waren etwa seine poetischen Werke jetzt um so besser? Ach! auf ›Iphigenie‹, ›Tasso‹ und ›Egmont‹ folgten ›Der Großkophta‹, ›Der Bürgergeneral‹ und ›Die Aufgeregten‹. Wo blieben nun eigentlich die Wunderfrüchte, die er aus den Gärten Hesperiens hatte mitbringen wollen? Man hörte zwar, daß er verliebte Elegien und zweideutige Epigramme in klassischem Stil machte; sie konnten wohl nicht öffentlich gezeigt werden. Ferner hieß es, daß er Botanik und Anatomie weiter trieb, daß er in der Optik eine große Irrlehre Newtons aufdecken wolle. Sein lebhafter Geist fuhr also immer noch hin und her; aber sicherlich hielt Goethe nicht, was man erwartet hatte. Wenn Charlotte »von diesem ausgelöschten Stern« sprach, erregte sie kaum Widerspruch.

XIII. In Weimar, Jena, Karlsbad und auf Reisen. 1795 bis 1806.

Goethe um 1800.
Kreidezeichnung von Friedrich Bury

Fast Alle, die es mit ihm gut meinten, bedauerten Goethes »häusliches Verhältnis« und wünschten, daß er sich zu einem regelrechten Zustande zurückfinde. Damit meinten die Wenigsten eine kirchliche Einsegnung mit Christianen,[102] und er wäre wohl selber unglücklich gewesen, wenn er, der so lange seine Freiheit ängstlich verteidigt hatte, sich nun mit seiner Wirtschafterin an gleicher Kette hätte fühlen müssen. Das eben ist der Vorteil der ungesetzlichen Ehe, daß jeden Tag die Tür offen steht; man kann zusammenbleiben oder sich trennen, und so lebt man immer nach eigener, neuer Wahl, während die Andern als Sklaven eines früheren Entschlusses, den sie vielleicht längst bereuten, ihre Last tragen. Goethe hatte aber den weiteren Vorteil, daß seine Hausgenossin nie an eine Gleichstellung mit ihrem Gönner dachte. Er lebte den größten Teil des Tages sein Leben für sich; er behielt auch die Freiheit, andere Mädchen und Frauen in ihrer Eigenart zu genießen, mit ihnen ein wenig zu liebeln, wozu ihm namentlich auf Reisen und in Badeörtern die Lust immer wieder kam, und er behielt auch das Recht, eine dieser Damen zur Ehefrau zu wählen. Das gleiche Recht hatte Christiane; sie lebte in einer andern Gesellschaftsklasse und vergnügte sich an andern Orten; auch sie stand manchmal in Versuchung, sich zu einem andern Mann zu gesellen, der ihr nach Alter, Gesundheit, Bildung und Lebensart näher war. Sie tanzte leidenschaftlich gern und mußte dies Vergnügen immer fern von ihrem »Geheimrat« suchen; dabei hatte sie ihre Äugelchen so gut, wie er sie hatte: »Äugelchen« haben oder machen, sagten sie beide für Blicke wechseln, lächeln und freundlich schwätzen mit dem andern Geschlecht.

Dies Bewußtsein, daß der Andere in eine neue Liebe eintreten durfte und manche Gelegenheit und Einladung dazu hatte, erweckte immer wieder den Wunsch, daß er treu bleiben möchte, stimmte zur

Eifersucht, ließ also die Liebe nicht in den geruhigen Eheschlaf versinken. Goethe gönnte seiner Kleinen ihren Spaß und ihre Erfolge – suchte er doch ähnliche Freuden – und war dabei nicht selten eifersüchtig. Zu anderen Zeiten vergaß er sie über einer vornehmeren oder »gelehrteren« Dame, verliebte sich ein wenig in ein neues Frauenbild, bewegte sich in Gesellschaft wie ein lediger Mann; aber wenn der erste Reiz vorüber war, verglich er die neue Freundin mit seiner Christel, und das Ergebnis war, daß ihm keine Andere ein so bequemes und angenehmes Leben bieten konnte wie seine bescheidene Kleine, die sich vor der vornehmen Welt im Verborgenen hielt. »Es werden viele Äugelchen gemacht, die Dir aber keinen Abbruch tun« schrieb er Christianen einmal aus Karlsbad, »denn man sieht erst recht, wie sehr man Ursache hat, seinen treuen Hausschatz zu lieben.« So erging es ihm manchmal. Er war kein großer Frauenbewunderer oder Frauendiener wie Einige seiner Freunde, wie etwa sein Herzog oder sein vormaliger Freund Fritz Stolberg; er kehrte nur gern immer wieder zu ihnen zurück. Das stärkste und andauerndste Bedürfnis seiner Seele ging auf die Wissenschaften und Künste, auf Forschen und Schaffen; darin verkürzte ihn Christiane viel weniger als es eine gleichgestellte und deshalb anspruchsvollere Ehefrau getan hätte. Und überdies war Christel die Mutter seines Knaben, den er herzlich liebte; sie hatte sich ihm anvertraut, und er war ihr für viele schöne Stunden dankbar.

Seine alte Unstätigkeit zeigte sich jetzt noch in häufigen Reisen oder vielmaligem Aufenthaltswechsel. Er hatte daheim zwei Häuser und zwei Gärten; er fing jetzt aber auch an, in Jena zu wohnen. Wenn er zu Hause am Frauenplane keine Ruhe hatte oder in seiner Arbeit nicht vorrückte, so versuchte er's im Garten am Stern, öfter aber in Jena, obwohl er dort sein Liebchen und sein Kind entbehren mußte. Und sie entbehrten ihn! »Deine zimer mein lieber und das Ganze Hauß ist in Ordnung« schrieb ihm Christiane einmal (im September 1799), »und Erwartet sein Herrn mit der grösten sehnsucht. Es wird fileicht mit den arbeyden Hier beser gehen als sond du kans hier wie in Jena in bete dickdiren und ich will des Morchens nicht ehr zu dir komm biß du mich verlangst auch der Gustell soll Frühe nicht zu dir komm. Kom nur balt.«

Sein größter Freund in Jena war jetzt Schiller. Zusammengeführt waren sie durch eine neue Zeitschrift, die Schiller herausgab; nun regten sie einander an zu dichterischen Werken, und wie Goethe zu

Schillers Monatsheften und Almanachen beisteuerte, so half der jüngere Freund dem älteren bei der Fürsorge für das weimarische Theater. Sie fühlten sich als Verbündete und liebten sich als Menschen. Schillers Frau war mit im Bunde; Goethes Schätzchen aber ward von jener Seite nicht beachtet. Schiller war wiederholt als Goethes Hausgast in Christianens Pflege, schon im Herbst 1794 vierzehn Tage lang, aber nie flocht er in seine Briefe einen Gruß an sie. Als in Schillers Hause ein zweites Kind erwartet wurde, fragte Goethe, ob Schiller nicht für die erste Zeit seinen dreijährigen Karl herübergeben wolle, damit er dort nicht zur Last falle; »[hier] würde er Augusten sehr willkommen sein und in Gesellschaft der vielen Kinder, die sich in meinem Hause und Garten versammeln, sich recht wohl befinden.« Aber Karlchen sei nicht im Wege, war die Antwort. Und wenn Schiller mit seiner Familie herüberkam, wohnte er selber zwar bei Goethe, seine Gattin mit den Kindern jedoch am andern Ende der Ackerwand bei Frau v. Stein. Auch als sie ganz nach Weimar übersiedelten, nahmen sie Goethes Angebot, daß die Kinder vorweg in sein Haus kommen sollten, nicht an, obwohl Charlotte Schiller eben vom dritten Wochenbette aufstand und der Umzug im Winter geschah. Man wollte keine Verbindung mit der Mamsell Vulpius.

Schiller war der entschiedenste Verkünder und Verteidiger Goethes, nur nicht in diesem Punkte. Im November 1801 schrieb er an die Gräfin Schimmelmann in Kopenhagen:

Es wäre zu wünschen, daß ich Goethe ebensogut in Rücksicht auf seine häuslichen Verhältnisse rechtfertigen könnte, als ich es in Absicht auf seine literarischen und bürgerlichen mit Zuversicht kann. Aber leider ist er durch einige falsche Begriffe über das häusliche Glück und durch eine unglückliche Ehescheu in ein Verhältnis geraten, welches ihn in seinem eigenen häuslichen Kreise drückt und unglücklich macht und welches abzuschütteln er leider zu schwach und zu weichherzig ist. Dies ist seine einzige Blöße, die aber Niemand verletzt als ihn selbst, und auch diese hängt mit einem sehr edlen Teil seines Charakters zusammen.

Aber gerade in der Arbeitsgemeinschaft mit Schiller zog sich Goethe den Ruf der Unsittlichkeit erst recht zu. Jener Freund begehrte für seine Hefte Arbeiten Goethes und keine langweiligen; so lockte er aus der Schublade des Freundes auch die ›Elegien‹ und ›Epigramme‹

heraus, vor deren Druck Herder und sogar Karl August freundschaftlich gewarnt hatten. Da nun Goethe zu gleicher Zeit unter lebhaftestem Beifall Schillers den ›Wilhelm Meister‹ fertigstellte und erscheinen ließ, worin der Dichter alle Figuren einer sehr gemischten Gesellschaft und besonders ein Schauspielervolk von lockeren Sitten mit gleicher Liebe darstellte [103], da nun ferner Goethes freie Ehe immer bekannter wurde, so kam der vormalige Schöpfer zartester, keuschester, redlichster Gestalten in den Ruf eines unsittlichen Dichters und Menschen. Nun hängt unser guter Name nicht zum wenigsten davon ab, ob wir uns vordrängen oder still für uns leben, ob wir uns friedlich oder kriegerisch verhalten. Goethe für sich allein ging, seit er die stürmische Jugend hinter sich hatte, allem Streit aus dem Wege und ließ Jedermann gewähren. Zwar ärgerte Manchen die Art, wie er sich zu den großen Vorgängen in Frankreich verhielt, aber erst durch das enge Bündnis mit Schiller geriet er mit alten Freunden auseinander und ward er selber zu heftigen und feindlichen Äußerungen gereizt. 1796 gaben die Beiden sogar eine große Sammlung von Stachelversen heraus, durch die sie Viele öffentlich vespotteten und kränkten. Die Angegriffenen und deren Freunde blieben die Antwort nicht schuldig: Goethe aber war nun bei seiner Unsittlichkeit zu fassen! Derselbe, den Frau v. Stein einen Heiligen genannt hatte, hieß nun in gedruckten Versen der Bock, der Widder, der Hammel, und neben ihm wurden auch seine Füchsin (vulpia) und seine natürlichen Kinder verhöhnt. Auch abgebildet wurde er in Bocksgestalt.

Nicht wenige seiner bisherigen Freunde fühlten sich ihm jetzt entfremdet, und manche edle Frau beklagte diese Entwicklung des einst auch durch seinen Charakter so verehrungswürdigen großen Dichters. Einige bewahrten ihm ihre Liebe trotz dieser Klage.

Ein Zufall führte in Zürich Elisabeth v. Türckheim und Barbara Schultheß zusammen: es war im Sommer 1794, als man nur erst an die Wirtschafterin dachte, wenn von Goethes Mangel an Sittlichkeit die Rede war. Diese beiden Frauen wollten ihm trotzdem treu bleiben. »Schon seit dem August hebe ich Dir einen lieben Gruß auf« schrieb ihm Barbara um Weihnachten, und lobte dann die tapfere Straßburgerin, die in der Revolution viel Unglück und Gefahr ausgestanden hatte:

Es tat mir sehr wohl, auch von Dir mit ihr zu sprechen. Sie sagte: »Ich laß' ihn grüßen und freue mich bei'm Andenken an ihn, das reine Bild, das er durch sein Betragen gegen mich in meine Seele gelegt, darin zu wahren, und werde es durch Nichts, das mir gesagt werden mag, verwischen lassen.«

Das war freilich auch eine Bitte und Mahnung: kehre zu deiner Jugendgesinnung zurück! lebe wieder mit edeln Frauen! »Es war mir so wohl neben ihr« schrieb die Schultheß noch weiter über Lilli, »als wann ich in Deiner ›Iphigenia‹ lese, so wohl und so wehmütig, als wann ich mir eine Stelle in ›Werthern‹ aufschlage, so wohl, von Dir mit ihr zu sprechen!«

Es gab auch andere Frauen, die der Lobredner Faustinens, der Dichter Philinens und Mariannens ebenso anzog wie der Schöpfer der ›Iphigenie.‹ Und vielen Frauen genügte es, daß der Geheime Rat v. Goethe ein sehr berühmter Dichter war; sie fragten nur noch, ober er auch ihre Vorzüge bemerke. In den Bädern macht man die schnellste und unverbindlichste Bekanntschaft mit Damen aller Arten. Goethe ging im Juli 1795 zum ersten Male wieder nach Karlsbad, das ihm, vor neun und zehn Jahren gute Dienste getan hatte, und hier unterstützte er die Kur des rheumatischen Leibes mit Willen sogleich durch kleine Herzenserregungen. Er sah hier Frauen, wie er sie nicht gewöhnt war, z. B. Polinnen und Jüdinnen, und hatte also neue Eindrücke. »Die Gesellschaft ist zahlreich und gut« erzählte er Schillern: »auf alle Fälle habe ich gleich einen kleinen Roman aus dem Stegreife angeknüpft, der höchst nötig ist, um einen morgens um 5 Uhr aus dem Bette zu locken.« »Hoffentlich« fügte er hinzu, »werden wir die Gesinnungen dergestalt mäßigen und die Begebenheiten so zu leiten wissen, daß er vierzehn Tage aushalten kann.« Vielleicht meinte er als Gegenspielerin in diesem Roman eine gewisse kleine Polin, vielleicht aber auch eine sehr schöne getaufte Jüdin, Marianne Meyer.[104] Sie und ihre Schwester, die kränkliche und beinahe geistesgestörte Sara Wulff,[105] die auch im Bade war, hatten einen reichen Bankier in Berlin zum Vater; beide Mädchen kannten und liebten seine Werke und waren sehr bereit, den Dichter mitzulieben; eine andere Berliner Jüdin, die vierundzwanzigjährige Rahel Levin,[106] schwärmte ihn gleichfalls an. Goethe hatte als Dichter die Gleichgültigkeit und Ablehnung seiner Landsleute so oft erfahren; nun sah er zum ersten Male, daß die jüdischen Männer und Frauen, sobald sie nur aus Not und Zwang sich herausgearbeitet hatten, für Literatur und Kunst und alle Geisteswissenschaften eine starke und höchst regsame Zuneigung bewiesen. Diese Judenmädchen waren in dem großen Berlin vielleicht seine eifrigsten Leser, jedenfalls seine bereitwilligsten Verkünder. Und da sie in der deutschen Kultur noch keinen festen Platz hatten, so vertrugen und genossen sie Vieles in seinen Gedichten und Romanen, was die christlich-sittlichen Frauen dem Dichter nie verziehen. Und Goethe nahm sie denn auch im Umgang freier.

᪄

Ähnlich wie die Töchter der reichgewordenen Juden, standen auch die Schauspielerinnen zwischen zweien Welten. Der wirtschaftliche und sittliche Zustand des deutschen Komödiantenvolks war jetzt erheblich besser als vor zehn und zwanzig Jahren, aber noch längst nicht gut; der Theaterdirektor zumal konnte noch leicht ein paar Schauspielerinnen bereitwillig finden. Goethe war im Frühjahr 1791 auf Karl Augusts Wunsch Vorsteher des Hoftheaters geworden, eigentlich nur aushilfsweise, weil kein tüchtiger Fachmann zur Verfügung stand. Es wurde von ihm nicht erwartet, daß er sich um die Schauspieler viel kümmere; die meisten wurden ihm auch nur halb bekannt. Gleich von Anfang an aber rührte und erfreute ihn die Allerjüngste im Theatervölkchen, die zwölfjährige Christiane Neumann. Ihr Vater, einst ernster Schauspieler und auch Theaterdichter, war kürzlich gestorben – ihn hatte der Herzog zum Direktor ausersehen gehabt – und nun schien dies Kind auf Goethe die bittenden Augen zu richten, daß er ihr Talent in seine Pflege nehme.

Er tat es mit Lust, und das junge Mädchen leistete bald Erstaunliches; sie spielte in ihren recht jungen Jahren schon die Minna von Barnhelm, die Emilia Galotti, die Amalia in den ›Räubern‹, das Klärchen im ›Egmont‹ usw. Mit großer Liebe hing sie an ihrem gütigen Lehrer und hätte ihm jeden Wunsch erfüllt; aber Goethe wandte sich ab, wenn ihre Augen von Liebe strahlten. Schon im fünfzehnten Jahre heiratete Christiane den Schauspieler Becker und schon mit neunzehn Jahren starb sie. Goethe empfing die Nachricht in der Schweiz; in der einsamen Alpenwelt erschien jetzt dies liebe Geschöpf vor seinen geistigen Augen; er sah sie wieder, wie er zuerst sie gekannt:

Sieh, die Scheidende zieht durch Wald und grauses Gebirge,
Sucht den wandernden Mann, ach! in der Ferne noch auf.
Sucht den Lehrer, den Freund, den Vater, blicket noch einmal
Nach dem leichten Gerüst irdischer Freuden zurück.

Als Shakespeares ›König Johann‹ eingeübt wurde, hatte er sie zuerst in die Schule genommen; sie sollte das junge hübsche Prinzlein Arthur vorstellen, dem es gar schlecht geht, dem sein Aufseher die Augen auszubrennen droht, und der schließlich von einer Mauer springt und tot liegen bleibt. Daran erinnert ihn die Erscheinung:

Denkst du der Stunde noch wohl, wie auf dem Brettergerüste
Du mich der höheren Kunst ernstere Stufen geführt?
Knabe schien ich, ein rührendes Kind, du nanntest mich Arthur
Und belebtest in mir britisches Dichtergebild,
Drohtest mit grimmiger Glut den armen Augen und wandtest
Selbst den tränenden Blick, innig getäuschet, hinweg.
Ach! da warst du so hold und schütztest ein trauriges Leben,
Das die verwegene Flucht endlich dem Knaben entriß.
Freundlich faßtest du mich, den Zerschmetterten, trugst mich
            von dannen,
Und ich heuchelte lang, dir an dem Busen, den Tod.
Endlich schlug die Augen ich auf und sah dich, in ernste,
Stille Betrachtung versenkt, über den Liebling geneigt.
Kindlich strebt' ich empor und küßte die Hände dir dankbar,
Reichte zum reinen Kuß dir den gefälligen Mund;
Fragte: »Warum, mein Vater, so ernst? und hab' ich gefehlet,
O, so zeige mir an, wie mir das Beßre gelingt!
Keine Mühe verdrießt mich bei dir, und Alles und Jedes
Wiederhol' ich so gern, wenn du mich leitest und lehrst.«
Aber du faßtest mich stark und drücktest mich fester im Arme,
Und es schauderte mir tief in dem Busen das Herz.

»Sie war mir in mehr als einem Sinne lieb« schrieb Goethe heim; aber seine Erinnerung an die dankbare Schülerin war rein. Und ebenso hielt er sich später zurück, als in Amalie Malcolmi und mancher anderen Schauspielerin Talent und Liebenswürdigkeit sich vereinigten.

Man glaubte in Weimar noch immer, Goethe würde sich mit einer passenden Dame verheiraten, wenn nur diese passende erschiene. Eine junge Nichte der Frau v. Stein, Amalie v. Imhoff, machte sowohl durch ihre schöne, vornehme Erscheinung wie durch ihre vielen Talente von sich reden. Das sei eine Frau für Goethe, meinten Einige, aber der große Dichter beschränkte sich darauf, die Hexameter des jungen Fräuleins zu verbessern. Eine Frau v. Berlepsch, die man von früher her kannte, kam 1796 aus Hannover nach Weimar zurück; sie stand jetzt in Scheidung mit ihrem Manne. »Sie war lustig und munter und dick und fett« meinte Frau v. Stein gegen ihre Freundin Schiller: »vielleicht macht sie jetzt mehr Eindruck auf Goethe, als da sie mager und sentimentalisch war; sie sieht jetzt auch etwas gemeiner aus.« Ihrem Sohn Fritz aber erzählte sie, Frau v. Berlepsch sei in Goethe verliebt und möchte ihn gern heiraten; da sein Geschmack aber nicht für vornehme Damen sei, so spiele er den Grausamen.

In Wahrheit fühlte sich Goethe bei seiner Christiane wohl. Oder vielmehr: er hielt die jetzigen Mängel für das kleinere Übel. Im eigentlichen Privatleben gelten eben die persönlichsten Bedürfnisse und Neigungen.

> Ich wünsche mir eine hübsche Frau,
> Die nicht Alles nehme gar zu genau,
> Doch aber zugleich am besten verstände,
> Wie ich mich selbst am besten befände.

Schiller blieb der Meinung, daß Goethen »seine elenden häuslichen Verhältnisse, die er zu schwach ist, zu ändern, viel Verdruß erregen.« Gewiß, solcher Verdruß blieb nicht aus, aber ist die regelrechte Ehe[107] frei davon?

Im Herbst 1795 ließ Goethe seine Mutter wissen, daß ein neues Enkelchen bald an das Tageslicht treten würde. »Hier kommt der Judenkram« antwortete Frau Aja im nächsten Paket:

Auch gratuliere zum künftigen neuen Weltbürger; nur ärgert mich, daß ich mein Enkelein nicht darf ins Anzeigblättchen setzen lassen und ein öffentlich Freudenfest anstellen! Doch da unter diesem Mond nichts Vollkommenes anzutreffen ist, so tröste ich mich damit, daß mein Hätschelhans vergnügt und glücklicher als in einer fatalen Ehe ist. Küsse mir Deinen Bettschatz und den kleinen August!

Heiratsgerüchte

Das Kind wurde am 1. November geboren: ein Knabe. Goethe ging vergnügt nach Jena und ermahnte Schillers, ihm nun bald die Schwiegertöchter zu seinen Söhnen zu stellen. Am 10. November bat ein angsterfüllter Brief Christianens um seine Heimkehr, und am 17. war das Kindchen tot.

ೡ

Goethe hatte längst eine dritte Reise nach Italien im Plane, und sein Freund Heinrich Meyer war schon vorausgegangen. Als er nun im Jahre 1797 Diesen wenigstens in seiner schweizerischen Heimat abholen und dann unter günstigen Umständen, d. h. wenn die französischen Heere es nicht hinderten, mit ihm wieder über die Alpen ziehen wollte, mochte er die weite Reise nicht antreten, ohne seine Nächsten besser versorgt zu haben, Seine gesetzliche Erbin war bisher seine alte Mutter; er bat sie, auf ihr Erbrecht zu verzichten; als es geschehen, verschrieb er »der Freundin und vieljährigen Hausgenossin Christiane Vulpius« den Nießbrauch seines Vermögens, dessen Erbe sein und ihr Sohn sein sollte; von den Zinsen des zu erwartenden mütterlichen Erbteils sollten drei Viertel für August verwendet werden und das letzte Viertel Christianen zustehen.

Nun führte er aber auch sein Liebchen und sein Kind der Mutter zu; vom 3. bis 7. August war Christiane mit ihrem Knaben in Frankfurt, und jetzt hieß sie bei der Frau Rat »liebe Freundin« und »liebe Tochter« und wurde fleißig gelobt.

Als Christiane wieder allein in dem großen Hause war, machte sie sich viel Gedanken, ob ihr Freund in der Fremde auch gesund sei, ob er sich in Acht nehme, ob er nicht vielleicht doch nach Italien reise, wie die Leute sagten, und dann recht lange ausbleibe. Und ob er wohl mit ihrer armen kleinen Person sich immer begnügen könne. Sie schrieb ihm alle ihre Sorgen. Und er erwiderte tröstend:

Du weißt überhaupt und hast auch auf der letzten Reise gesehen, daß ich bei solchen Unternehmungen sorgfältig und vorsichtig bin. Du kannst leicht denken, daß ich mich nicht von heiler Haut in Gefahr begeben werde. Und ich kann Dir wohl gewiß versichern, daß ich diesmal nicht nach Italien gehe. Behalte Das für Dich und laß die Menschen reden, was sie wollen! Du weißt ja die Art des ganzen Geschlechts, daß es lieber beunruhigt und hetzt als tröstet und aufrichtet.[108]
Je mehr ich neue Gegenstände sehe, desto mehr wünsche ich, sie Dir zu

zeigen. Du würdest finden, daß überall gerader Verstand, gute Wirtschaft und Neigung und Beharrlichkeit den Grund von allen Zuständen ausmacht. Und Du würdest noch einmal so gern mit mir und dem Meinigen leben, wenn Du die Art zu sein so vieler andern Menschen gesehen hättest.[109]

Mit meinen Reisen wird es künftig nicht viel werden, wenn ich Dich nicht mitnehmen kann. Denn jetzt schon möchte ich lieber bei Dir zurück sein, Dir im grünen Alkoven eine gute Nacht und einen guten Morgen bieten und mein Frühstück aus Deiner Hand empfangen.[110]

In Zürich sah er seine alte Freundin Barbara Schultheß wieder und er blieb einige Wochen in ihrer Nähe. »Doch waren die Tage nicht Konstanzer Tage« klagte die Freundin nachher. Auf Italien verzichtete er in der Tat.

Nach einem Besuche des Hochgebirges reiste er, jetzt in Meyers Gesellschaft, zurück: über Zürich und Tübingen, wo er etwas verweilte; auch in Nürnberg hielt er sich auf. Unterwegs schrieb er noch zärtliche Briefe.

Habe jetzt nur noch ein wenig Geduld, denn ich komme bald wieder; auch mir ist es in der Entfernung von Dir nie recht wohl geworden. ... Der Gefahr wegen hätte ich wohl nach Italien gehen können, denn mit einiger Unbequemlichkeit kommt man überall durch, aber ich konnte mich nicht so weit von Euch entfernen. Wenn es nicht möglich wird, Euch mitzunehmen, so werd' ich es wohl nicht wiedersehen.

Er hatte in der Schweiz viel über Weberei reden gehört und dabei sein Frauenvolk daheim wohl bedacht.

Einen genähten Musselin für Dich von besonderer Schönheit [bringe ich mit]; ein mit Blümchen gewirkter für Ernestinen und Halstücher mit allerlei Kanten, damit von der Tante an die übrigen Hausgenossen erfreut werden können. Ich habe mir auch kleine Tücher um den Hals gekauft, fürchte aber, Du wirst sie mir wegkrapseln, denn sie werden auch um den Kopf artig stehen. Alles zusammen ist nach der neuesten Mode; besonders ist Dein Kleid sehr schön; es ist aber auch nicht wohlfeil.

Dauerndes Verhältnis zu Christiane

Die einfache und lebenslustige Christiane Vulpius hatte einen schweren Stand bei den vornehmen Damen der Weimarer Hofgesellschaft.
Gemälde von Friedrich Bury

So blieb nun das Verhältnis zwischen Goethen und seiner Hausgenossin in den nächsten Jahren stehen, und Beide gediehen dabei leiblich recht gut oder vielmehr übermäßig. »Die Leute sagen, ich sei nach und nach dick geworden« schrieb der Dichter an Kestners im Sommer 1793, als Diese sich einmal wieder hatten vernehmen lassen, und: »ich befinde mich wohl und tätig und so glücklich als man es auf diesem Erdenrunde verlangen kann.« Christiane aber ließ sich durch ihre Wohlgenährtheit von ihrer Lieblingslust, dem Tanzen, nicht abhalten, und ihm war's recht, daß sie ihre Tage und Abende vergnügter verbrachte als die Gelehrtenfrauen, die er in Weimar und Jena kannte. »Zur Redoutenfreude wünsche ich im voraus Glück« schrieb er ihr im November 1798 aus Jena, als er dort wieder die Arbeitsstimmung suchte, und sie antwortete neu getröstet und schrieb ihm wie manches Mal von ihren Freuden und Leiden, ihren Ängsten und Hoffnungen:

Izo gehen bey uns die winder Freuden am und ich will mir sie durch nichts lassen verleidern. Die Weimarer dähen es gerne aber ich achte auf nichts ich habe dich lieb und gans allein lieb sorge für mein Pübgen und halte mein haußweßen in ornug und mache mich lustig.

Abes sie könn ein gar nicht im Ruhe lassen vor gestern in Commedi komd Meißel und fracht mich onne Umstände ob es wahr währ daß du heuerahts du schaffes dir ja schon Kusse und Pehrde am ich wurde dem auchenblick so bösse daß ich ihm ein recht Malisieses amword gab und ich bin über zeug der fracht mich nicht wieder weil aber immer daran dencke so habe ich heude nacht da von geträumt daß wahrt ein schlimer traum dem muß ich dir wen du komst erzäulen ich habe dabey so geweind und laut geschrien daß mich Ernesdien auf geweck hat und da ward mein ganze Kopfküssen naß ich bin sehr froh daß es nur ein traum wahrt, und dein lieber Brief macht mich wieder froh und zufrieden.

Es gib Recht Gudes Eis und ich will wieder Schridschu fahren und morgen wollen wir mit auf den Schliden nach Kedschau faren ich Ernesdien die Madsick [die Schauspielerin Matizeck] und die Pufellin, und hernacht faren die Freunde nach Jena und wir nach Weimar[111]*:*

auf die Redude freuen wir uns ser wen du hier währs währe es freilich noch lieber aber da ich höre daß es dir mit deinen Arbeiden gud gehet daß ist beser als Reduden Freude weil ich weis wen es dir mit deiner Arbeit gud geht du auch Recht fergnücht wieder kömst und den wollen wir sehr vergnügt zusam seyn.

In Weimar hielt sich Mancher auf über die Vulpia, die mit den Studenten tanzte und auch sonst mit den Jüngsten wetteiferte, wenn es zum Vergnügen ging; aber ebenso wie ihr Beschützer, der Einzige, dem sie Rechenschaft schuldete, ihr beistand, so nahm auch seine Mutter, die sich nun oft auch ihre Mutter nannte, Partei gegen ihre Tadler. »Auch Das ist recht und brav« schrieb die Frau Rat in eben diesem Jahre 1798, »daß Sie sich diesen Winter in Ihrem häuslichen Zirkul als außer demselben Vergnügen machen, denn die heiligen Schriftsteller und die profanen muntern uns dazu auf. ›Ein fröhliches Herz ist ein stetes Wohlleben‹ sagen die Ersten, und ›Fröhlichkeit ist die Mutter alles Tugenden‹ steht im ›Götz von Berlichingen‹.«

Es blieb auch dabei, daß Goethe und seine Kameradin häufig getrennt waren und daß ihre Liebe immer wieder durch die Frage erregt wurde, ob der Andere nicht in seinem Kreise einer neuen Anziehung erliege. Christiane schrieb ihm einmal nach einem Ausfluge triumphierend, daß die Leute mit ihr Äugelchen hätten machen wollen, da sie gut ausgesehen habe und auch schön geputzt gewesen sei. Ein andermal antwortete er, sie beruhigend, in Jena gebe es für ihn keine Äugelchen mehr: »die alten sind abgestorben und Neues ist nicht nachgewachsen.« Oder er meinte, sie solle nicht zu viele Äugelchen machen, denn er tue es auch nicht. Dann kamen wieder ihre Klagen über die mißwollenden Mitmenschen, aber seine Tröstungen wirkten, und sie schrieb wieder vergnügt:

Ich habe deine liebe und bin überzeugt daß du mich sehr liebs diese soll mich immer wenn die Menschen mich bedrüben wieder zufrieden und froh machen.

Sie schüttete ihm allemal ihr Herz aus, wenn sie eine rechte Lust erlebte, auch wenn sie »ein ser schöner Dänzer« neu entdeckt hatte, »der mit dem Namen Eisert heist.«

heude muß ich mich erkundichen was es vor ein lans Mann ist mit dem habe ich so viel gedanzet daß ich ein bar ganz neue Schue habe durch gedanzet habe aber auch 1 klein Dahler gewonn und es wart ser schönn es hat mir ser gefallen und ich bin hedeut ganz munder und vergnüct heude habe ich dich schonn oft gewünscht daß du hier währest daß ich dir alles Erzälen könde ich habe gestern vill freude gehabt und alls ich nach haufse kamm fehlte mir mein lieber Schaß da küste ich dem Gustel und schlief ein.

Er machte wohl auch selber die Pläne, daß ihr nichts abgehe. So lud er sie einmal auf den nächsten Sonntag nach Jena:

Ich wünsche, daß Du den Freitag eine vergnügte Redoute haben mögest, Sonnabends wohl ausschläfst, eine hübsche Komödie sähest und Sonntags leidliches Wetter hast. Die Frau Postverwaltern wird Dich mit Vergnügen aufnehmen. ... Mein Verlangen, Dich und das liebe Kind wiederzusehen, ist gar zu groß, daß ich Dich eher, als ich wollte, berufen muß.

❧

Goethe war mit diesem ebenso treuen wie lustigen Geschöpf auf Lebenszeit verbunden, aber eine kirchliche Einsegnung dieser Ehe verlangte er immer noch nicht. Im Winter 1797/98 entschloß sich zu allgemeinem Erstaunen sein alter Freund Knebel, der noch ein paar Jahre länger Junggeselle war, zu heiraten; der Vierundfünfzigjährige wollte die siebzehnjährige Sängerin Luise v. Rudorff heimführen; sie hatte ein Kind geboren, dem Knebel Vater war oder sein wollte. Seine Freunde und noch heftiger seine Schwester und seine zahlreichen Freundinnen kämpften gegen diese Heirat an; Knebel schalt nun gegen Goethe ebenso zornig über diesen Widerstand: »Schrecklich ist das Betragen der Weiber und Närrinnen in Weimar« schrieb er;

diese lächerlichen, gebieterischen Hagestolzinnen scheinen es zum Gesetz machen zu wollen, daß man ohne sie nicht leben dürfe, ob sie gleich nichts zum eigentlichen Glück des Lebens beitragen, und wie die alten

Tanten im ›Tom Jones‹ verdammen sie jedes junge, gefällige Mädchen mit einer abscheulichen Richtersprache und möchten in ihrer Wut den Keim alles Lebens zernichten. ... Sogar Herder und seine Frau haben sich in dieser Sache schwach, zweideutig und heuchlerisch bezeigt.
Da mußte Goethe wohl seine eigene Lage mit derjenigen Knebels vergleichen; er fühlte mit dem Freunde, aber er konnte den »Hagestolzinnen« nicht unrecht geben, denn Knebel taugte wenig zum Ehemann, und diese Verbindung von zwei ungleichmäßigen Menschen versprach keinen guten Ausgang. »Ich wünsche Dir Glück zu Deinem Entschluß« antwortete er,

denn in solchen Fällen bleibt doch zuletzt Nichts übrig, als sich zu einer oder der andern Aufopferung zu entschließen, und zu einer solchen Wahl kann sich Der, den es trifft, doch immer nur zuletzt selbst bestimmen. Nimm es daher mit Denen nicht genau, die als bloße Zuschauer Dir teils zu heftig widerstrebten, teils zweifelhaft waren, was und wie sie mitwirken sollten. Bei noch so verschiedener Überzeugung hat doch Jeder nur Dein Bestes, freilich auf seine Art und Weise, gewünscht.

Er folgte also nicht Knebels Vorbilde, der denn auch bald in dieser wunderlichen Ehe seine liebe Not hatte; aber er dachte oft daran, wie er sein Christelchen noch sicherer stellen könne. Wohl hatte er ihr den Nießbrauch seines Vermögens verschrieben; aber sein Vermögen war gering, und man lebte in Kriegszeiten, wo Hab und Gut, wo auch das Recht auf Gehälter und Pensionen oft gefährdet wurde. Landbesitz ist die letzte und gewisseste Nahrungsquelle, und so kaufte Goethe gerade auch in Gedanken an seine wirtschaftliche Geliebte mit eigenem und geliehenem Gelde jetzt ein Landgut: er war dabei nur auf eine kluge Geldanlage bedacht und fragte gar nicht nach der Schönheit dieses Gutes; ja er kaufte es, ohne es anzusehen. Er strebte aber auch ernstlich nach einer höheren Schriftsteller-Einnahme und forderte hohe Honorare. »Denke, daß ich Dich liebe« schrieb er um diese Zeit (am 5. August 1798) an Christiane, »und daß ich keine andere Sorge habe, als Dir eine unabhängige Existenz zu verschaffen; es wird mir ja Das auch wie so manches Andere gelingen.«

❦

Der erwartete Fall, daß Christiane ihn viele Jahre überleben würde, schien bald einzutreten. Gleich nach Neujahr 1801 erkrankte Goethe sehr schwer; sein Abscheiden ward befürchtet. Christiane tat ihr Mögliches, ihn gut zu pflegen; der Herzog griff selber in die Kur ein und sorgte, daß der beste Arzt aus Jena herübergeholt wurde; auch viele Andere fühlten jetzt mehr als sonst, wie schwer sie diesen Menschen unter den Lebenden vermissen würden. »Ich wußte nicht, daß unser ehemaliger Freund Goethe mir noch so teuer wäre« schrieb jetzt Frau v. Stein an ihren Fritz, »daß eine schwere Krankheit, an der er seit neun Tagen liegt, mich so innig ergreifen würde. Es ist ein Krampfhusten und zugleich die Blatterrose; er kann in kein Bett und muß in einer stehenden Stellung erhalten werden, sonst will er ersticken. ... Die Schillern und ich haben schon viele Tränen die Tage her über ihn vergossen.« Das war am 12. Januar; sie ließ den Brief liegen: »Entweder meldet Dir mein Brief seine Besserung oder seinen Tod.« Zwei Tage darauf war die Hoffnung gestiegen.

Mit Goethe geht es besser. ... gestern hat er mit großem Appetit Suppe gegessen, die ich ihm geschickt habe. Mit seinem Auge soll es auch besser gehen. Nur ist er sehr traurig und soll drei Stunden geweint haben. Besonders weint er, wenn er den August sieht. Der hat indessen seine Zuflucht zu mir genommen.

Als er genesen war, besuchten ihn Charlotte v. Stein und Charlotte Schiller. Er bat sie beide auf's neue um ihre Freundschaft, »als wenn er wieder in der Welt angekommen wäre.« Goethe fühlte sich jetzt, da er »von der nahfernen Grenze des Totenreichs zurückkehrte«, auch gegen Andere freundschaftlicher gestimmt. Und nach einiger Zeit verlangte er auch wieder nach der Geselligkeit, die er in früheren Jahren in Weimar genossen hatte. Eines Tages im Oktober erschien er plötzlich in einer Damengesellschaft bei Luise v. Göchhausen, dem Hoffräulein der alten Herzogin Amalie, und begann vor den Erstaunten eine große Scheltrede über die jetzigen gesellschaftlichen Zustände. Und er schlug vor, daß sich wöchentlich einmal bei ihm eine Gesellschaft von sieben Paaren versammeln solle; zu seiner eigenen Partnerin erbat er sich die schöne und begabte Gräfin Egloffstein, eine geschiedene Frau, die seit einiger Zeit in Weimar lebte. Sein Plan ward wirklich ausgeführt: Schiller, Heinrich Meyer, Wilhelm v. Wolzogen gehörten mit zu den Auserwählten.

Durch Schillers war er wieder in ein besseres Verhältnis zu Frau v. Stein gekommen. Sie hatte nie aufgehört, ihn zu lieben, wenn sie es ihm auch nicht mehr zeigen konnte. Sie war seinem Knaben eine mütterliche Freundin geworden; bei besonderen Gelegenheiten saß sie auch schon wieder als Gast an seinem Tische. Für gewöhnlich aber hielten sich die Damen seinem Hause fern; sie wollten nicht in die Lage kommen, die Vulpia wie eine Gleichgestellte zu begrüßen, und auch den Schein vermeiden, als begegneten und unterhielten sie sich mit ihr.

So erklärte es Charlotte Schiller ihrem Freunde Fritz v. Stein: »Sie wissen am besten, wie die Menschen hier sind, wie sie lauern.« Wenn Schiller bei Goethe speiste, zeigte sich Christiane nie, bei auswärtigen Gästen war sie zuweilen dabei zu Tische; später wagte er es, sie die Hausfrau spielen zu lassen, als er ein paar Oberforstmeister einlud; ein andermal als Wieland, wieder ein andermal, als die Gräfin Egloffstein und die Damen der Hezogin Amalie kamen: in der Regel ward es ihm übelgenommen. Er ging auch zuweilen mit ihr spazieren oder fuhr mit ihr im Schlitten, aber dies allmähliche Gewöhnen der Gesellschaft an seine Freundin rief nur immer neues Gerede hervor.

Schließlich, als ihm der Versuch jener vornehmen Abendgesellschaft in seinem Hause – cour d'amour war ihr unverdienter Name – nicht glückte,[112] verlebte er selber seine geselligen Stunden lieber unter den bescheideneren und lustigeren Leuten, die zu seiner besten Freundin paßten. Es waren jetzt ein paar junge Gelehrte im Städtchen, die er gern bei sich sah, und namentlich gab es unter den Schauspielern und Schauspielerinnen junge Menschen, die er halb als Schüler, halb als Freunde lieb haben konnte. »Der Geheime Rat sieht jetzo die Schauspieler mehr als sonst« erzählte Christiane im Mai 1903 einem Freunde; »alle Woche haben wir welche zu Gaste, und so geht es Reihe um.« Christiane besuchte das Theater regelmäßig und fand unter den Schauspielern ihre Freundinnen und ihre besten Tänzer. Heinrich Meyer verließ 1802 das Haus, weil er sich verheiratete; dafür zog im nächsten Jahre der Philologe Riemer ein, als Hauslehrer des kleinen August. Ein anderer junger Philologe, Heinrich Voß, Sohn des Homer-Übersetzers, war ein sehr häufiger Gast. Dazu kamen dann andere junge Leute aus Jena, oder solche, die sich zeitweilig in Weimar aufhielten. Goethe sah diesem Kreise der »Lustigen von Weimar« gern zu und saß auch gern mitten darin. Und wenn er sich auch hütete, einer Schauspielerin allzuviel Gunst zuzuwenden, so drückte er doch in der Weinlaune gern einer hübschen Schülerin die Hand oder hielt ihr den Mund zum Kusse hin. Und die Weinlaune entstand bei mancher Mahlzeit, denn es ward in diesem Hause gut gegessen und viel dazu getrunken; die Vulpia ward nicht nur wegen ihrer andauernden Tanzlust, sondern auch wegen ihrer Freude am Champagner und anderen Weinen beredet. Ihr Ruf besserte sich also nicht; sie gab den Leuten immer Stoff zum Erzählen, weil sie bei allen Kirmessen, Schützenfesten, Heimbürgegerichten, Redouten und andern öffentlichen Vergnügungen unter den Lautesten war. Sie spottete selber über ihre Tanzlust, die sich erst gar nicht legen wollte; aber das Tanzen war nun einmal ihre Himmelsgabe, und sie blieb jung darin wie Goethe im Liederdichten. Sie bilde sich ein, noch besser als früher zu tanzen, schrieb sie ihrem Freunde Nikolaus Meyer im Herbst 1803, und bald darauf rühmte sie die beiden neuen Schauspieler Wolff und Grüner: »Von diesen beiden tanzt der Eine ganz wie Sie, nur noch mit mehr Leidenschaft. Wenn ich mit Diesem tanze, so fliegen wir gleichsam den Saal herunter.« Ganz glücklich war sie, als auch ihr Sohn sich in dieser Kunst auszeichnete. Jedermann mußte gestehen, ihr August tanze »mit derselben unnachahmlichen Grazie wie ehemals der Herr Doktor Meyer.«

Gerade weil die Leute sahen, daß es der Mamsell Vulpius gut ging, redeten sie übel von ihr; sie beneideten sie um ihr Wohlleben und ärgerten sich, daß sie mit andern Übermütigen im eigenen Wagen und Schlitten fahren konnte, denn seit 1799 hielt Goethe Kutsche und zwei Pferde. Und Fama übertrieb hier wie immer. »Lieber, die Vulpius ist nicht so schlimm, wie Du sie denken magst« versicherte der junge Voß dem andern jungen Goethe-Verehrer Abeken. »Sie ist sinnlich, d. h. auf Vergnügungen ausgehend. Aber so lange ich sie kenne, hat sie nichts getan, was auch bei dem strengsten Rigoristen ihr Renommée verdächtig machen könnte.« Aber Frau v. Stein hatte gleichfalls recht, wenn sie es beklagte, daß die Frau, die einem Manne wie Goethe die Nächste und Geliebteste war, zugleich mit jungen Schauspielern und Studenten wild herumsprang und daß sie ebenso zügellos trank und Andere zum Trinken ermunterte, auch ihren Knaben in die gleiche Gesellschaft, die gleichen Sitten hineinzog. »Er ist schon gewohnt, sein Leiden zu vertrinken« klagte sie über ihren jungen Freund August; »neulich hat er in einem Klub von der Klasse seiner Mutter siebzehn Glas Champagner getrunken, und ich hatte alle Mühe, ihn bei mir vom Wein abzuhalten.«[113] Ein andermal, als sie von Goethe sprach: »Seine demoiselle, sagt man, betrinkt sich alle Tage, wird aber dick und fett« und sein Sohn mache ihr auch

nicht den Eindruck, als ob er lange leben könne. Leider nahm auch
Goethe selbst an Umfang immer noch zu und kränkelte viel; wenn er
auf Diät halten wollte, half ihm seine Pflegerin keineswegs bei
solcher guten Absicht.[114]

Am 18. Dezember 1802 ward diesem wenig gesunden Paare ein
Töchterchen geboren, aber auch dies fünfte und letzte Kind war
nicht lebensfähig; es starb schon am dritten Tage.

Im nächsten Sommer schickte Goethe seine Christiane ins Bad
nach Lauchstädt, wo das weimarische Hoftheater eine Sommerbühne
eingerichtet hatte und Mamsell Vulpius also auch in der »Silie« und
anderen Schauspielerinnen sogleich Gesellschaft fand. Goethe hielt
sich unterdessen in Jena uand Weimar auf und arbeitete an seiner
Farbenlehre. Wenn sein Liebchen, die noch nie so lange von Hause
gewesen war, sich um ihn und die Wirtschaft und die Gärten sorgte,
so beruhigte er sie mit seiner gewohnten Güte:

*Mache Dir wegen der Ausgaben kein Gewissen; ich gebe Alles gern, und
Du wirst zeitig genug in die Sorglichkeiten der Haushaltung zurückkehren.*

*Seit meiner Rückkehr von Jena greift sich die Köchin besonders an
und kocht sehr gut. Die Bohnenstangen sind auch angekommen, die
noch fehlten. Das war das Einzige, was im Garten abging, und ich
wüßte überhaupt nicht, was Dir Sorge zu machen brauchte.*

*August grüßt; er hat das Heumachen besorgt. Gehauen ist es und
wird, bei dem schönen Wetter, auch wohl glücklich hereinkommen.*

Dazwischen flocht dann der Vierundfünfzigjährige warme Versicherungen der Liebe zur Achtunddreißigjährigen; auch die Eifersucht
kam ein wenig zu Worte:

*Wie sehr von Herzen ich Dich liebe, fühle ich erst recht, da ich mich an
Deiner Freude und Zufriedenheit erfreuen kann. – –*

*Daß Dir Alles glücklich von statten geht, freut mich sehr; Du verdienst es aber auch, da Du Dich so klug und zierlich zu betragen
weißt. – –*

*Mit den Äugelchen geht es, merke ich ein wenig stark, Nimm Dich
nur in Acht, daß keine Augen daraus werden!*

Mein einziger Wunsch ist, daß Du heiter und liebend zurückkommst; auf Deine Erzählungen freue ich mich sehr.

Schicke mir mit nächster Gelegenheit Deine letzten, neuen, schon durchgetanzten Schuhe, von denen Du mir schreibst, daß ich nur wieder etwas von Dir habe und an mein Herz drücken kann.

Erst ganz zuletzt warnte er sie auch einmal vor ihrer Überlebendigkeit:

Tue mir aber nun die Liebe und übertreibe es diese letzte Zeit nicht mit Tanzen und schließe Deinen Aufenthalt mit einem mäßigen Genuß.

Von Dem, was die Leute über seine »Köchin« sagten, die auch durch ihre zunehmende Rundung und Röte dem Spotte eine Zielscheibe bot, erfuhr Goethe das Wenigste. Wenn er selber Fehler an ihr bemerkte, so kam ihm sein Grundsatz zu Hilfe, daß man über die Eigenschaften und Handlungen seiner Freunde nicht grübeln müsse[115]; namentlich aber vergaß er nicht, daß Christiane ja auch an ihm viel zu tragen hatte. Im häuslichen Zusammenleben dient die Frau dem Manne viel mehr, als umgekehrt, und war nicht gerade Christiane die dienstfertigste und zugleich die bequemste und anspruchsloseste Genossin? Er war oft nicht wohl und noch öfter mißmutig[116]; er wußte, daß sie nicht selten unter seiner »Hypochondrie« litt und oft Angst ausstand, er werde ernstlich krank werden und könne nicht lange mehr leben.

Christiane hatte einen auswärtigen Arzt zum Freunde, den schon genannten Nikolaus Meyer in Bremen. »Ich lebe wegen des Geheimrats sehr in Sorge« gestand sie Diesem 1803; »er ist manchmal ganz Hypochonder, und ich stehe viel aus; weil es aber Krankheit, so tue ich Alles gern.« Im Januar 1805 wurde Goethes schleichende Krankheit heftig und gefährlich: es waren Nierenkolik, Krampfanfälle; aber auch Hals, Brust und Augen litten. Mitte Februar war er zu einem kümmerlichen Halbdasein wieder hergestellt; Anfang März hatte er einen schlimmen Rückfall. Christiane flüchtete sich wieder zu ihrem ärztlichen Freunde, ob er nicht Rat wisse:

Der Geheimrat hat nun seit einem Vierteljahr fast keine gesunde Stunde gehabt und immer Perioden, wo man denken muß, er stirbt. Denken Sie also mich, ich, die außer Ihnen und dem Geheimrat keinen Freund auf dieser Welt habe, und Sie, lieber Freund sind wegen der Entfernung für mich doch so gut wie verloren! Sie können sich denken, wenn so ein unglücklicher Fall käme und ich so ganz allein stünde, wie mir zu Mute ist; ich bin wahrhaftig ganz auseinander ... Ach Gott, wenn Sie nur hier wären!! Ich glaube, die Ärzte kennen seine Krankheit nicht recht, oder es ist ihm nicht mehr zu helfen.

Allmählich erholte sich Goethe wieder. 1769 hatte er zum ersten Male den Tod ins Auge geschaut, 1801 zum zweiten Male, und nun war's das dritte Mal gewesen. Er mußte besser für seine Gesundheit und auch besser für Christianen sorgen. Die letzten Jahre war er der Bade-Kur aus dem Wege gegangen, weil ihm 1801 ein Aufenthalt in Pyrmont mehr geschadet als genützt hatte; von jetzt an fuhr er wieder jeden Sommer nach Karlsbad und hatte Vorteil davon. Nicht zum wenigsten auch durch die Aufmunterung, die eine neue, heitere Gesellschaft und liebenswürdige Frauen bewirkten.

Zu Anfang 1806 stand es mit seiner Gesundheit nur halbwegs gut. Christiane sorgte noch immer:

Mit dem Geheimen Rat geht es wieder leidlich, aber ich fürchte auch nur, daß es Flickwerk ist. O Gott, wenn ich mir denke, daß eine Zeit kommen könnte, wo ich so ganz allein stehen könnte! Das verdirbt mir manche frohe Stunde!

Als Goethe in diesem Herbst aus Böhmen wieder nach Jena und Weimar kam, war Thüringen in ein Heerlager der Preußen und ihrer Verbündeten verwandelt. Man hatte in Weimar schon fast ein Jahr unter viel Einquartierung gelitten; nun häufte sich das Schlimme zum Schlimmsten.

Vom 11. bis 13. Oktober war das preußische Hauptquartier im Städtchen, und Christiane hatte ihre liebe Not, die tausend Forderungen der allzu-zahlreichen Kriegsgäste zu befriedigen.

Am 14. Oktober: Schlacht bei Jena – Flucht der Preußen und Sachsen durch Weimar – Eindringen der nachfolgenden Franzosen – Besetzung der Stadt – Plünderung.

In Goethes Haus drängten am Abend des Vierzehnten sechzehn Reiter, meist Elsässer; sie waren zu müde, um viel zu belästigen. In der Nacht, während man den angekündigten Marschall Ney und seine Offiziere erwartete, verschafften zwei Kerls von der Löffelgarde sich Eintritt; Riemer war unten, gab ihnen zu essen und zu trinken; danach zwangen sie den Hausherrn, zu ihnen herunterzukommen und mit ihnen anzustoßen; schließlich verlangten sie ein warmes

Bett. Riemer, der sich ihrer sonst nicht erwehren konnte, ließ sie in das Zimmer, das für die Begleitung des Marschalls Ney hergerichtet war. Am andern Morgen aber erfuhr er von Hausgenossen, daß die beiden Kerle dem Hausherrn auf das Zimmer gerückt wären und sein Leben bedroht hätten. Da habe Christiane einen der mit ins Haus Geflüchteten zu Hülfe gerufen, und Dieser habe Goethe von den Wütenden befreit, sie hinausgejagt, die Türen seines Zimmers und Vorgemachs verschlossen und verriegelt. Bald nachher kam der Adjutant des Marschalls und trieb die Marodörs mit der Klinge aus den Betten und aus dem Hause.[117]

Der 15. Oktober war für die ganze Stadt ein Tag der Not und Angst; die Plünderung hielt an; man glaubte, daß die Stadt in Brand gesetzt werden solle. Christiane, in der diese Fremden nur eine bessere Dienerin ledigen Standes sahen, hatte nun auf einmal eine Menge französischer Offiziere zu bewirten und ihre Zudringlichkeiten abzuwehren. Ein Bekannter, Rat Ludecus, der zufällig ins Haus kam, und dort einige Zeit warten mußte, sah sie weinen und fragte teilnehmend, wie es ihr gehe und warum sie so traurig sei.

»Sie sehen es ja selbst, wie ich behandelt werde« erwiderte sie. »Ich bin nicht im stande, eine solche Begegnung länger zu ertragen! Man kann mir nicht zumuten, länger im Hause zu bleiben!«

Auch die nächsten Tage waren höchst anstrengend und bedrohlich. Auf das Schießen und Stechen folgten in damaliger Zeit immer Fäulnisgifte und Seuchen; die zahllosen Verwundeten, die in Weimar liegen blieben, schlecht gepflegt und übel behandelt, siechten dahin und verbreiteten ansteckende Krankheiten. Noch nie hatte man so böse Tage erlebt.

Am Freitag, den 17. Oktober, sandte Goethe an den Oberkonsistorialrat Günther folgendes Schreiben:

Dieser Tage und Nächte ist ein alter Vorsatz bei mir zur Reise gekommen: ich will meine kleine Freundin, die so viel an mir getan und auch diese Stunden der Prüfung mit mir durchlebte, völlig und bürgerlich anerkennen als die Meine. Sagen Sie mir, würdiger geistlicher Herr und Vater, wie es anzufangen ist, daß wir sobald möglich, Sonntag oder vorher, getraut werden. Was sind deshalb für Schritte zu tun? Könnten Sie die Handlung nicht selbst verrichten? Ich wünschte, daß sie in der Sakristei der Stadtkirche geschähe. Geben Sie dem Boten, wenn er Sie trifft, gleich Antwort! Bitte!

Nicht in der Stadtkirche, sondern in der Sakristei der Hofkirche geschah es. Am Sonntagmorgen, den 19. Oktober, fuhren Goethe, Christiane, August und Riemer dahin und nach der heiligen Handlung zurück; erst in den nächsten Tagen wurde es in der immer noch durch die Franzosen aufgeregten Stadt bekannt, daß die Mamsell Vulpius jetzt zur Geheimrätin v. Goethe erhoben worden war. Einigen machte diese Hochzeit gerade in dieser Zeit einen grausigen Eindruck. Der Mitarbeiter der ›Allgemeinen Zeitung‹ witzelte, daß Goethes Haushälterin einen Treffer gezogen, während viele tausend Nieten fielen. Andere machten die Geschichte zum Märchen und ließen die Trauung unter dem Donner der Kanonen und in einer Kirche, wo eben noch die Leichen der Gefallenen lagen, vor sich gehen. Und Einige fanden es richtig, daß Goethe gerade jetzt sein Haus bestellte.

Unter den Wenigen, die den Beiden aufrichtig Glück wünschten, war die alte Mutter in Frankfurt die Herzlichste:

Zu Deinem neuen Stand wünsche Dir allen Segen, alles Heil, alles Wohlergehen. Da hast Du nach meines Herzens Wunsch gehandelt! Gott erhalte Euch! Meinen Segen habt Ihr hiermit in vollem Maß: Der Mutter Segen erhält den Kindern die Häuser. – – –

Grüße meine liebe Tochter herzlich. Sage Ihr, daß ich sie liebe, schätze, verehre.

XIV. In Weimar, Jena, Karlsbad und am Main und Rhein. 1806 bis 1816.

Goethe um 1808. Kreidezeichnung von Gerhard von Kügelgen

Als Christiane und ihr Augustchen 1797 einen Paß nach Frankfurt brauchten, mußte Goethe den weimarischen Kanzler fragen, ob es nicht angehe, sie »Frau Vulpius und Sohn« zu nennen; als sie dann nach Frankfurt kamen, fuhren sie am Gasthof zum Schwan vor, während Goethe bei seiner Mutter wohnte; er hielt sich einige Wochen auf, Christiane und der Knabe wurden dagegen schon am vierten Tage heimgeschickt; er konnte ja die Mamsell und den unehelichen Sohn in keins der Häuser mitnehmen, wo er Besuche abstattete. Einige Wochen danach schrieb er ihr: er möchte gern reicher sein, als er sei, damit er sie und den Kleinen auf der Reise immer bei sich haben könne. »Künftig, meine Beste, wollen wir noch manchen Weg zusammen machen.« aber als was hätte er sie denn mitnehmen und alten oder neuen Bekannten vorstellen wollen?

Solche Verdrießlichkeiten waren durch die Trauung beseitigt. Am 23. März 1807 reiste die »Geheime Rätin v. Goethe« nach Frankfurt, und diesmal ward sie im ganzen Kreise von Goethes Mutter wohl aufgenommen und blieb gern und gut bis in die dritte Woche. »Ja, wir waren sehr vergnügt und glücklich mit einander« schrieb die alte Frau Rat ihrem Sohne, als er seine kleine Frau wieder hatte.

Du kannst Gott danken! So ein liebes, herrliches, unverdorbenes Gottesgeschöpf findet man sehr selten. Wie beruhigt bin ich jetzt, da ich sie genau kenne, über Alles, was Dich angeht! Und was mir unaussprechlich wohl tat, war, daß alle Menschen, alle meine Bekannten sie liebten. Es war eine solche Herzlichkeit unter ihnen, die nach zehnjähriger Bekanntschaft nicht inniger hätte sein können. Mit einem Wort: es war ein glücklicher Gedanke, sich mir und allen meinen Freunden zu zeigen. Alle vereinigten sich mit mir, Dich glücklich zu preisen, und wünschen

Euch Leben, Gesundheit und alles Gute, was Euch vergnügt und froh machen kann. Amen!

So gut glückte nun die Einführung der bisherigen Hausmamsell in die feine Gesellschaft Weimars nicht. Zunächst nach der Trauung war durch die Kriegsereignisse das sonst sehr lebhafte Besuchs- und Vergnügungstreiben im Städtchen fast aufgehoben; nur eine eben erst zugezogene wohlhabende Frau, Madame Schopenhauer, versammelte an zwei Abenden der Woche Gäste um sich. Ihr führte Goethe seine Gattin zuerst zu, schon am 19. Oktober. »Ich denke, wenn Goethe ihr seinen Namen gibt, können wir ihr wohl eine Tasse Tee geben« meinte Madame Schopenhauer, als sie ihrem Sohne Arthur über diesen Besuch schrieb.

Ich empfing sie, als ob ich nicht wüßte, wer sie vorher gewesen wäre. Ich sah deutlich, wie sehr mein Benehmen ihn freute; es waren noch einige Damen bei mir, die erst formell und steif waren und hernach meinem Beispiele folgten. Goethe blieb fast zwei Stunden und war so gesprächig und freundlich, wie man ihn seit Jahren nicht gesehen hat.

So nahm Goethe seine Frau auch zur Kammerrätin Ridel, die eine Schwester von Lotte Kestner war, mit, auch zu Egloffsteins und vielleicht noch einigen Andern. Der größte Teil des Adels beachtete sie auch jetzt noch nicht. Zu Hofe wurde sie nicht gezogen. Vor guten Freunden machte Christiane kein Hehl daraus, daß sie sich als Demoiselle Vulpius in einer angenehmeren Lage befunden habe als jetzt unter dem Namen einer Geheimen Rätin v. Goethe. Im Hause und in ihrem Verhältnis zu Goethe blieb es beim Alten. Sie behielt ihre bisherige Wohnung für sich, und er lebte in seinem Hinterhause nach wie vor wie ein Junggeselle. Sie redete ihn vor den Leuten mit »Sie« an, er sagte: »Liebes Kind« zu ihr, und sie antwortete: »lieber Geheimrat.« Ihr gewöhnlicher Umgang war derselbe wie sonst, vornehmlich also mit den Schauspielern. Im Jahre 1806 waren ihre Schwester und ihre Tante gestorben, die mit ihr in Goethes Hause gewohnt und sie in der Wirtschaft oft unterstützt hatten; jetzt stand ihr von Frauen zuerst eine Schauspielerin Beate Eisermann am nächsten; bald aber nahm sie sich eine Gesellschafterin, Karoline Ulrich, die im Hauswesen mit half, ihre Briefe schrieb und alle Vergnügungsfahrten mitmachte. Dies junge Mädchen, »Uli« genannt, war nun ihre beste Freundin.[118] Durch ihren Verkehr mit den Schauspielern war Christiane eine Vermittlerin zwischen Goethe und dem Theater. Freilich konnte man zweifeln, ob sein Verbleiben in der Leitung dieses Theaters ihm und der Anstalt nützte. Er hatte zuviele andere Geschäfte und Liebhabereien, war auch einen großen Teil des Jahres abwesend; da blieb er oft nur durch Christiane unterrichtet über den Erfolg der Stücke wie über die Wünsche und Beschwerden der Schauspieler; auch konnte er durch seine Frau auf manchen Beteiligten einwirken. Sie hatte mit dem König Hieronymus in Kassel die gleiche Devise: »Morgen wieder lustig«; sie redete aber auch immer zum »Wiedergutsein«; und wie Andere gern in die Glut des Hasses und Streites blasen und ihre Freude haben, wenn Qualm und Flammen aufsteigen, so erschien diese kleine, dicke, rotbackige Frau oft als Engel des Friedens und teilte Trost und Hoffnung aus. Es seien böse Dinge am Theater vorgekommen, schrieb Goethe ihr einmal, »die viel gelinder abgegangen wären, wenn Du dagewesen wärest.« Und um dieselbe Zeit allgemeiner: »Ohne Dich, weißt Du wohl, könnte und möchte ich das Theaterwesen nicht weiter führen.«[119]

Goethe neigte zu schwerem Ernste, zu Unmut und Verdrießlichkeit; also brauchte er Freunde, die ihn aufheiterten und erfrischten. Deshalb war ihm der Humorist Heinrich Meyer der liebste Ortsgenosse unter den Männern; deshalb befreundete er sich zum Erstaunen Vieler gar nahe mit dem derben, frischen, frechen Berliner Musiker und vormaligen Maurermeister Zelter, und deshalb zog er sein Christelchen, das mit Gott und der Welt vergnügt war und über keinen Menschen Übles redete, den vornehmsten und gebildetsten Damen vor. Wer unsere Bedürfnisse am besten erfüllt, wen wir am wenigsten entbehren können, ist uns der Liebste. »Eine stille, ernsthafte Frau ist übel daran mit einem lustigen Manne« meinte Goethe 1809, »ein ernsthafter Mann nicht so mit einer lustigen Frau.«

❦

Freilich die Ungleichmäßigkeit der Bildung und Lebensweise hatte nach wie vor deutliche Folgen. Goethe lebte in Weimar mit seiner nunmehrigen Gemahlin nicht halb so viel zusammen, wie sonst gute Eheleute pflegen, und er ging immer noch sehr viel von Weimar fort; dann sehnte er sich wohl nach Christianens »Hätschel- und Schlenderstündchen«, wollte künftig mehr mit ihr reisen, aber er nahm sie dennoch das nächste Mal nicht mit. Zum Teil erklärte sich Das durch seine Arbeiten, bei denen er nicht gestört werden durfte; zum großen Teil aber doch aus seinem Bedürfnis, nach Christianen eine andere Art Mensch zu genießen: zartere, geistigere, gebildetere. Er plauderte gern mit Frauen, die über Menschen und Dinge Witziges und zu seinen Dichtungen etwas Feines zu sagen wußten, z. B. mit Frau v. Eybenberg, der ehemaligen Marianne Meyer, die er in Karlsbad öfters wiedersah und die ihn sehr verehrte. Er verliebte sich im Sommer 1812 ein wenig in die Gräfin Josephine O'Donell, eine noch junge Witwe und Palastdame der Kaiserin von Österreich, und zugleich entstanden in ihm enthusiastische Gefühle für diese junge Kaiserin, Maria Ludovika, die sein Herz zugleich durch ihre Güte und ihre bedrohliche Krankheit rührte.[120]

Minna Herzlieb. Goethes Schwärmerei für das junge Mädchen tat der Beziehung zu Christiane Vulpius keinen Abbruch.
Aquarell von Johanna Frommann

Auch zwei Mädchen, die er als seine Töchter sich denken konnte, beschäftigten ihn im Innersten: Wilhelmine Herzlieb und Silvie v. Ziegesar. Er kannte beide durch seine Aufenthalte in Jena und hatte beide aufwachsen sehen; sonst waren sie recht verschiedene Wesen.

Silvie: 1785 geboren, auf dem Lande groß geworden, schlank, lang, volles blondes Haar, frisch und lebenslustig. Sie wanderte gern mit ihrer Gitarre im Freien herum und sang am Tage mit den Vögeln um die Wette und abends wehmütige Lieder, wenn sie mit ein paar Freundinnen in einem Fenster der verfallenen Lobedaburg hockte und der Sternenhimmel über das Saaletal sich ausspannte. Pauline Gotter war eine ihrer Freundinnen, eine Tochter des verstorbenen Dichters Gotter in Gotha; Luise Seidler aus Jena, ein zur Malerei begabtes Mädchen, eine andere. Wenn Besuch in Drakendorf, dem Ziegesarschen Gute, erwartet wurde, kleideten sich diese Schönen wohl in Schweizertracht und zogen in roten Miedern, schwarzen Samtbändern, langen Zöpfen den Eingeladenen entgegen. Und sobald das Gespräch stockte oder langweilig wurde, stand Silvie auf, zupfte an den Saiten ihrer Gitarre und sang Tiroler Liedchen. Goethe saß gar gern neben ihr oder noch lieber zwischen ihr und den Freundinnen, die er gleichfalls liebte, und wenn Silvie etwa in ihrer Unbesonnenheit erzählte, daß neulich nachts die Wanzen sie jämmerlich zerbissen hätten und die andern Mädchen sich dieser Naivität schämten, da nahm Goethe es ganz ernst und versicherte, nun dürfe er leider keine Nacht in Drakendorf bleiben, denn er werde von keinen Geschöpfen so sehr geliebt wie von Wanzen. Sehr angenehm war es ihm, als die Ziegesarsche Familie ihm im Juni 1808 in Karlsbad begegnete; er lebte nun am meisten mit ihnen. »Fräulein Silvie ist gar lieb und gut« schrieb er heim, »wir haben viel zusammen spaziert«. Es regnete alle Tage oder drohte zu regnen; das frische Mädchen ließ sich nicht einschüchtern, zog ins Freie, um seltene Blumen zu suchen, und recht gern ließen sich die alten Geheimräte, ihr Vater und Goethe, verführen, mitzugehen.

Wilhelmine Herzlieb – gewöhnlich Minna genannt oder auch Minne-Herz-Lieb – hatte eine Anziehungskraft anderer Art. Ihr Vater, ein Geistlicher in Züllichau, war 1794 gestorben, als Minchen fünf Jahre alt war, und die Mutter hatten die vier Kinder schon vorher verloren. Freunde nahmen sich der Waisen an; so kam Wilhelmine zum Buchhändler Frommann, der sie seinen zwei Kindern zur Schwester gab. 1798 zogen Frommanns nach Jena, neun oder zehn Jahre war Minchen damals, und bald sah Goethe sie oft, denn er verbrachte seine Abende gern bei ihren Pflegeeltern, die er beide schätzte und die sehr oft Gäste aus der Stadt oder von auswärts bei sich hatten. Wilhelmine wurde von Frommanns nachsichtiger erzogen als die eigenen Kinder, wie ihr Pflegebruder Fritz später berichtete: »So gesund sie von Jugend auf war, entwickelte sie sich doch geistig nur langsam, so daß ihr keine anhaltende und strengere Verstandesarbeit zugemutet werden konnte, und behielt ihr Leben lang etwas Träumerisches ... [Sie war] beseelt durch allgemeines Wohlwollen, [ein] bescheidenes, hingebendes, auf alle Bedürfnisse und nicht ausgesprochene Wünsche der Andern aufmerksames Wesen. Einen besonderen Reiz gewährte dem Verkehr mit ihr der eigene, harmlose Humor, den sie auch gegen sich selbst wendete.« – »Minna war die lieblichste aller jungfräulichen Rosen« so schildert sie

Luise Seidler, »mit großen, dunkeln Augen, die, mehr sanft und freundlich als feurig, Jeden herzig-unschuldsvoll anblickten und bezaubern mußten; die Flechten glänzend rabenschwarz; das anmutige Gesicht vom warmen Hauche eines frischen Kolorits belebt; die Gestalt schlank und biegsam, vom schönsten Ebenmaß, edel und graziös in allen ihren Bewegungen. Sie liebte schlichte weiße Kleider; gewöhnlich trug sie auch beim Ausgehen keinen Hut, sondern nur ein kleines Knüpftüchelchen, unter dem Kinn zugebunden. Und wie herzgewinnend war sie mit der Musik ihrer Stimme, dem melodischen Organ! Ihr Gesang war nicht bedeutend, aber im Einklang zu ihrer ganzen Erscheinung, einfach-anmutig. Sie sang Goethes von Reichardt komponierte Lieder zum Klavier oder zur Gitarre, oft zweistimmig mit Frau Frommann.«

»Es konnte nicht fehlen« so erzählt dieselbe Freundin weiter, »daß die herrlich zur Jungfrau gereifte Minna im Frommannschen Kreise bald der Gegenstand vielfacher Huldigungen war; bei aller Aufmerksamkeit jedoch, welche man ihr bewies, blieb ihr Auftreten anspruchslos, bescheiden, natürlich, heiter, oft neckisch. Alles Hervortreten war ihr zuwider, sie war eine innerliche Natur. ... Bei aller Unbefangenheit ... verschloß sie dennoch ihr tiefstes Innere; ganz in dasselbe einzublicken, mochte kaum irgend Jemand gelingen. Für Goethe, den älteren Mann, den berühmten Dichter, der sie der freundlichsten und zartesten Aufmerksamkeiten würdigte, empfand sie eine tiefe Verehrung. ... Sie nannte Goethe ihr ganzen Leben lang nur ›den lieben alten Herrn‹.«

Als Achtzehnjährige stand Minna plötzlich wie eine Königstochter vor einer Schar von Dichtern, die, mit einander ringend, ihr huldigten. Es ging nicht so romantisch zu wie bei jenem sagenhaften Sängerkriege auf der Wartburg; es kam überhaupt zu keiner sichtbarlichen gemeinsamen Handlung, aber es war doch ein herrliches Erlebnis. Ein sehr absonderlicher Mann, der Ostpreuße Zacharias Werner, erschien in Jena und bei Frommanns; seine Damen ›Das Kreuz an der Ostsee‹, ›Die Söhne des Tals‹ und ›Martin Luther oder die Weihe der Kraft‹ hatten viel Aufsehen erregt; außerdem war er ein feuriger Verkünder der Liebe, womit er bald die geistliche, bald die fleischliche meinte; zur Ehe taugte er nicht, verliebt war er immer. Goethe glaubte, diesen Dramatiker für sein Theater brauchen zu können, und hatte Gefallen an dem »Liebesgesellen«; eine Zeit lang war der wunderliche Mensch recht unterhaltsam, und festsetzen wollte sich Werner auch nirgends. Wenn dieser Mann nun zu Frommanns in Gesellschaft kam, pflegte er alsbald seine letzten Gedichte hervorzuziehen – auch aus den Hosentaschen – und vorzulesen; jetzt machte er am liebsten Sonette und besang darin die neuen Freunde, also auch die holde Jungfrau Minna Herzlieb. Goethe, Riemer, Knebel, Gries und die andern Dichter in der Nähe wurden von seinen Sonetten angesteckt und versuchten nun auch ihr Talent zu dieser bisher ziemlich ungewohnten Form. Und nun richteten auch sie einen großen Teil ihrer Verse an das schöne Mädchen mit dem schönen Namen. Goethe aber ward sich jetzt erst recht bewußt, wie lieb er dies Töchterchen hatte.

> Mit Flammenschrift war innigst eingeschrieben
> Petrarkas Brust vor allen andern Tagen
> Karfreitag. Ebenso, ich darf's wohl sagen,
> Ist mir Advent von Achtzehnhundertsieben.
>
> Ich fing nicht an: ich fuhr nur fort zu lieben,
> Sie, die ich früh im Herzen schon getragen,
> Dann wieder weislich aus dem Sinn geschlagen,
> Der ich nun wieder bin an's Herz getrieben – –

Advent war in jenem Jahre 1807 am 29. November; Werner traf am 2. Dezember ein; am 18. Dezember mußte Goethe Jena verlassen; in diesen November- und Dezember-Tagen war der Achtundfünfzigjährige wirklich wie von einer neuen Liebe ergriffen. Auch er spielte – wie vor ihm Werner und mit ihm Gries und Riemer – dichtend mit dem Namen Herzlieb:

> Zwei Worte sind es, kurz, bequem zu sagen,
> Die wir so oft mit holder Freude nennen,
> Doch keineswegs die Dinge deutlich kennen,
> Wovon sie eigentlich den Stempel tragen.
>
> Es tut gar wohl in jung- und alten Tagen,
> Eins an dem andern kecklich zu verbrennen;
> Und kann man sie vereint zusammen nennen,
> So drückt man aus ein seliges Behagen.

> Nun aber such' ich ihnen zu gefallen
> Und bitte, mit sich selbst mich zu beglücken;
> Ich hoffe still, doch hoff' ich's zu erlangen:
>
> Als Namen der Geliebten sie zu lallen,
> In einem Bild sie beide zu erblicken,
> In einem Wesen beide zu umfangen.

Goethe ging in den nächsten Monaten nicht nach Jena; Minchen aber kehrte im Mai zu ihren Geschwistern nach Züllichau zurück. Erst im November 1812 stand sie wieder vor ihrem alten Freunde, jetzt als Braut eines Berliner Gymnasiallehrers. »Gestern Abend habe ich auch Minchen wieder gesehen« schrieb Goethe seiner Christiane; »ich überließ es dem Zufall, wie ich mit ihr zusammenkommen sollte. Der hat sich auch recht artig erwiesen, und es war eben recht. Sie ist nun eben um ein paar Jahre älter, an Gestalt und Betragen usw., aber immer noch so hübsch und so artig, daß ich mir gar nicht übel nehme, sie einmal mehr als billig geliebt zu haben.«

❧

Solche Beschäftigungen der dichterischen Phantasie machten ihn seiner Christiane nicht untreu, und auf ein Leben in verschiedenen Kreisen waren sie nun einmal von vornherein angewiesen und eingerichtet. Er versicherte sie immer wieder seiner Liebe und Dankbarkeit. »Da habe ich denn Zeit, Allerlei zu überdenken« schrieb er im Mai 1808 aus Karlsbad, als er dort einer der ersten Kurgäste war, »und da fehlt es nicht, daß ich mich Deiner und aller Liebe und Treue erinnere, die Du an mir tust und mir das Leben so bequem machst, daß ich nach meiner Weise leben kann.« Sie wurde zuweilen eifersüchtig auf seine »gelehrten Freundinnen«, z. B. als er mit Frau v. Eybenberg in Karlsbad im gleichen Hause wohnte. »So angenehm und liebreich sie ist« schrieb er ihr dann, »so gehen wir doch nicht auseinander, daß sie nicht Etwas gesagt hätte, was mich verdrießt.« Und er fügte hinzu: »Es ist wie in der Ackerwand«; damit war zugleich ihrer Furcht vorgebeugt, daß Frau v. Stein, die Goethe jetzt gern und oft besuchte, ihr Abbruch tue. Ein ander Mal, im Juni 1808, erinnerte er sie an das von jeher übliche Quittwerden.

Das ich hier [in Karlsbad] in Gesellschaft der alten Äugelchen ein stilles Leben führe, dagegen hast Du wohl nichts einzuwenden; auf alle Fälle wirst Du Dich zu entschädigen wissen, wovon ich mir getreue Nachricht erbitte.

Nach wie vor kaufte er auf seinen Reisen Geschenke für seine Geliebte zusammen und schrieb ihr, worauf sie sich nun wieder freuen könne, und immer wieder mahnte er sie, sich nichts abgehen zu lassen. Aber leider mußte er sie auch nach wie vor trösten, weil sich die Menschen häßlich gegen sie benahmen.

Daß sie in Weimar gegen Frau v. Staël Übles von Dir gesprochen, mußt Du Dich nicht anfechten lassen: Das ist in der Welt nun einmal nicht anders. Keiner gönnt dem Andern seine Vorzüge, von welcher Art sie auch seien, und da er sie ihm nicht nehmen kann, so verkleinert er oder leugnet sie oder sagt gar das Gegenteil. Genieße also, was Dir das Glück gegönnt hat und was Du Dir erworben hast, und suche Dir's zu erhalten. Wir wollen in unsrer Liebe verharren und uns immer knapper und besser einrichten, damit wir nach unserer Sinnesweise leben können, ohne uns um Andre zu bekümmern.

Aber Goethe handelte selber nicht nach diesem letzten guten Vorsatze; er richtete sich nicht knapper ein, und er setzte sein Bemühen, Christiane in die vornehme Gesellschaft einzuführen, mit großer Zähigkeit fort; gerade dadurch aber erweckte er ihr Tadler und Spötter. Als seine Mutter gestorben war, am 13. September 1808, ging er nicht selber nach Frankfurt zur Ordnung des Nachlasses, sondern schickte seine Frau zu diesem Zwecke, um das große Vertrauen, das er auf sie setzte, zu zeigen; von dort reiste Christiane nach Heidelberg, wo ihr Sohn jetzt als Student lebte, und hier mußte sie auf ihres Gatten Wunsch die Professoren Augusts begrüßen; sie mußte auch nach Mannheim fahren, um alte weimarische Freunde von ihm, die jetzt dort wohnten, zu besuchen. »Es ist mein Wunsch; Du weißt, daß ich nicht gerne sage: mein Wille.« Ebenso nötigte er sie jetzt in Weimar zu vielen solchen Visiten und Einladungen. z. B.: »Nun habe ich aber auch eine recht dringende Bitte an Dich, daß Du die Frauen v. Schiller, Wolzogen, Egloffstein, Schardt, und wenn es nur auf eine Viertelstunde wäre, besuchest und ihnen von mir freundliche Grüße bringest; versäume Das ja nicht und sage mir, wie

Du es ausgerichtet hast.« Frau v. Stein traf im Spätjahr 1808 zum ersten Male mit der Gemahlin ihres alten Freundes zusammen. »Angenehm ist es mir freilich nicht« meinte sie, »in der Gesellschaft zu sein; indessen, da er das Kreatürchen sehr liebt, kann ich's ihm wohl einmal zu Gefallen tun.« Im Dezember des gleichen Jahres hatten Goethes einmal einen Tee von 30 Personen, darunter die Frauen v. Stein, Schiller und Wolzogen. »Am zweiten Weihnachtsfeiertag« so erzählte Christiane ihrem August weiter, »war ein großes Souper bei Wolzogens, wo ich auch dazu eingeladen war, und ich habe die Schillern und Wolzogen recht lieb gewonnen.« Einige Wochen später hatte sie dann auch den Triumph, daß die Herzogin nach einem Redouten-Aufzuge sie zu sich rufen ließ und sehr gnädig mit ihr sprach.

Im Juni 1811 führte Goethe einen öfters gefaßten Vorsatz endlich aus und nahm Christiane nach Karlsbad mit; Karoline Ulrich und Riemer waren auch von der Gesellschaft. Er war dann sehr glücklich, daß einige Badegäste, die er schätzte, recht freundlich mit seiner Frau verkehrten, namentlich Körners aus Dresden und die seit vielen Jahren berühmte Dichterin Elisa v. d. Recke, durch die Frau v. Goethe auch ihrer Schwester, der Herzogin Dorothea von Kurland, und ihren Nichten, worunter eine Fürstin von Hohenzollern, zugeführt wurde. Goethe schrieb bald darauf an Frau v. d. Recke den herzlichsten Dankesbrief; er feierte sie darin als einen Engel der Güte und des Friedens.

Auch ich und die Meinigen haben davon vergangenen Sommer die wünschenswertesten Wirkungen erfahren; meine Frau, die sich Ihnen angelegentlich empfiehlt, ist noch immer durchdrungen und bewegt von Ihrer Güte, und in unserm kleinen Familienkreise wird Ihr Andenken als eines wohltätigen Genius verehrt.

Die alte Elisa meinte es wirklich gut; andere meinten es falsch, z. B. Frau v. Schiller, die nie aufhörte, böse Worte und Klatschereien über Christiane herumzutragen und durch ihre Briefe in die Welt zu schicken. Im großen Ganzen gelang es Goethen nicht, seiner Frau einen angenehmen Platz in der »guten Gesellschaft« zu verschaffen. Wäre Christiane zeitlebens so bescheiden im Hintergrunde geblieben, wie Wielands vieljährige und vielgeliebte Gattin, so hätten schließlich die Meisten ihre Tugenden anerkannt. Aber wenn Goethe sie neben sich stellte, so reizte er die Leute, die kleine Frau an ihm zu messen. Da kamen dann Urteile zustande wie Dasjenige der Frau des französischen Gesandten v. Reinhard, einer gebornen Reimarus aus Hamburg:

Das Äußere der Frau v. Goethe ist gewöhnlich, um nicht zu sagen gemein ... Goethes Wohnung ist ein wahrhafter Musenpalast; man meint, in einen Tempel einzutreten; aber die darin wohnende Gottheit hat nichts Ätherisches. Ich könnte sie nur mit der Kammerfrau vergleichen, die ich nach Italien mitnahm; ihre Person, ihre Manieren und Bewegungen sind durchaus die einer gewandten Kammerfrau. Auch ihr Bildungsgrad steht nicht höher.

Die Verehrerinnen des Dichters, zu denen diese Frau v. Reinhard nicht gehörte, sprachen sich im Zorn der Liebe noch härter aus. Am heftigsten ward Goethe in diesen Jahren von Bettina Brentano, einer Tochter der einst geliebten Maximiliane, angeschwärmt; sie wallfahrtete zu ihm, schrieb ihm phantastische Briefe – einige davon dichtete er zu Sonetten um – beschenkte ihn und versuchte auch, seine Frau in ihr liebreiches Herz zu nehmen; aber schließlich gewann die Wut, daß eine solche Frau die Gesellin eines Halbgotts war, die Oberhand, und in einem öffentlichen Saale, bei einer Bilderausstellung, kam es zu einem häßlichen Streite zwischen den beiden Frauen. Nun erzählte man sich in der Stadt, daß die Geheimrätin v. Goethe von der Frau v. Arnim – so hieß Bettina seit kurzem – eine »dicke Blutwurst« oder eine »wahnsinnige Blutwurst« geschimpft worden sei. Goethe verbot der Beleidigerin seiner Gattin das Haus; in der Stadt aber nahm man Partei für Bettinen.

❧

Christiane würde von sich aus diese gefährliche Welt der Feinerzogenen gemieden haben; aber in jedem Falle hätte sie durch ihre laute und zügellose Lustigkeit die Zungen in Bewegung gesetzt. An demselben Redouten-Abend, wo ihr die Herzogin ein paar freundliche Worte sagte, trat nachher Madame Schopenhauer mit Riemer und Professor Oken aus Jena in ein Nebenzimmer:

Da finden wir Frau v. Goethe mit ihrer Gesellschaft ... in wilder Lustigkeit bei Tische; der Champagner tobte in den Köpfen, die Pfropfen knallten, die Damen quiekten, und Goethe stand still und ernsthaft in einer Ecke. Wie er uns sah, ließ er gleich einen Tisch und das Nötige besorgen, setzte sich zu uns; es kamen noch mehr aus unserm Zirkel; jener wilde Schwarm ging herunter zum Tanz.

Solche Szenen waren nicht selten, denn die Geheimrätin v. Goethe ließ sich durch ihre zunehmenden Jahre keineswegs hindern, jede Vergnügungsgelegenheit, die sich in Weimar und Umgegend bot, mit ihrer jungen Gesellschaft aufzusuchen. Ihr Gatte scherzte darüber und dichtete den »Lustigen von Weimar« sogar noch ein Leiblied; »Donnerstag nach Belvedere« begann es, »Freitag geht's nach Jena fort« ...

> Und so schließt ununterbrochen
> Immer sich der Freudenkreis
> Durch die zweiundfünfzig Wochen.

Er dichtete jetzt auch andere Lieder im gleichen Geiste: »Ergo bibamus«, »Ich habe geliebet, nun lieb' ich erst recht«, »Frisch, der Wein soll reichlich fließen« mit dem Rundreim: »Denn das Ächzen und das Krächzen Haben wir nun abgetan.« Aber diese Freudepredigten, die er jetzt gerade für angebracht hielt, waren eben jetzt nicht nach dem Geschmacke der Besten oder auch nur der Meisten. Es waren die Jahre zwischen den Schlachten bei Jena und bei Leipzig; das deutsche Volk wurde ausgesogen durch die Kriegsheere und Beamten Napoleons; nie war der Kampf um das tägliche Brot härter gewesen; in allen Ständen lebte man knapper als je; eine neue Frömmigkeit entstand; es war eine Zeit des Duldens und der stillen, inneren Erneuerung. Wohl hatten auch Goethes Mahnungen ihren guten Sinn, aber er war leider nicht in Fühlung mit seinem Volke und namentlich nicht mit der Jugend. Im Übrigen blieb er den Deutschen ehrwürdig als der große Dichter und Schriftsteller, der immer noch in täglichem Fleiße den geistigen Besitz der sonst so arm gewordenen Nation vermehrte. Seine Gattin jedoch ärgerte die näheren Landsleute durch ihr immerwährendes Herumfahren, Trinken, Tanzen und Jubilieren. Man wußte oder glaubte, daß auch Goethe in Geldnöten war, daß er beständig arbeiten und leider auch Halbfertiges an die Drucker geben mußte, indes Christiane verschwendete. Sie bestellte neuen Wein, ehe der alte bezahlt werden konnte.[121]

Aber davon ganz abgesehen: eine Frau, die mit ergrauendem Haar sich noch austobt und sich in ernstesten, bedrohlichsten Zeiten vor aller Welt der Freude hingibt, erweckt Widerwillen. Auch die Jahre 1813 und 14 waren für Weimar noch sehr hart und vielfach beängstigend: Frau v. Goethe aber ließ sich in ihrem lustigen Treiben nicht stören, denn die Heereszüge brachten ja immer neue Offiziere, die tanzen und trinken und küssen wollten. »Goethes tanzlustige Damen« so schrieb Riemer im März 1814 an Frommann, »werden heute nach Jena gekommen sein, denn sie ziehen wie Geier und Raben immer der Armee nach.« Riemer war mit der jungen Gefährtin Christianens, Karoline Ulrich, versprochen, und so hatte er seine besondere Eifersucht; aber er sprach doch auch den allgemeinen Ärger aus:

Das ist ein wahres Schlaraffenleben, was Diese führen: vielleicht die Einzigen in Deutschland, denen es wohl ist.

❧

Goethe suchte in diesen Jahren, wo ihn so Vieles drückte, wieder einmal sein Heil in der Ferne, und diesmal zog ihn das Morgenland an. Den persischen Sänger der Liebe und des Weins, Hafis aus Schiras, lernte er jetzt genau kennen und lieben; danach die lehrhaften Dichter Dschelaleddin Rumi und Firadeddin, sowie den großen Epiker Firdusi und Andere. Seine von Kindheit her bewahrten Erinnerungen aus der Bibel, seine frühere Beschäftigung mit Mohammed wurden auch wieder lebendig: in diesem Gedankenkreise verbaute er sich jetzt gegen die Welt, während die Völker den großen Kampf um Napoleon kämpften.

> Nord und West und Süd zersplittern,
> Throne bersten, Reiche zittern:
> Flüchte du, im reinen Osten
> Paradieses Luft zu kosten!
> Unter Lieben, Trinken, Singen
> Soll dich Chisers Quell verjüngen!

Der Fünfundsechzigjährige konnte nicht an große Reisen denken; aber eine räumliche Entfernung aus der gewohnten Umgebung brauchte er doch auch, um sich in neuen geistigen Erlebnissen zu verjüngen. Die ersten Gedichte seines ›westöstlichen Divans‹ entstanden in dem Flecken Berka, das man eben zum Badeorte einrichtete. Das war im Juni 1814; am 25. Juli aber trat er eine Fahrt an nach seinem Jugendlande am Main und Rhein. Vor seinem geistigen Auge standen die Mädchen und Frauen, die er einst dort liebte: würde freundliches Lächeln der jetzigen Jugend dem alten Manne in's Herz dringen? Als er von Weimar abfuhr, sah er einen Regenbogen, der im Nebel stand und deshalb nicht farbenprächtig, sondern weiß erschien. Aber es war ein Regenbogen!

> So sollst du muntrer Greis
> Dich nicht betrüben:
> Sind gleich die Haare weiß,
> Doch wirst du lieben!

Er glaubte es, weil er es wünschte.

> Denn auf dieser Erdenflur
> Muß man lieben, um zu dichten.[122]

Ohne viel Aufenthalt in Frankfurt fuhr er weiter nach Wiesbaden. Die schöne Sommerzeit und die herrliche Landschaft, die er hier durchstreifte, erregten alle Lebensgeister. Eines Tages besah er sich im Hause eines Bekannten dessen Steinsammlung; im Nebenzimmer waren drei junge Mädchen, die von seiner Anwesenheit nichts wußten. Plötzlich stand der fremde Herr vor ihnen, nachdem sie eben noch laut gelacht und gesungen hatten. »Ei, Das ist ja eine hübsche Gesellschaft!« rief er aus; »es war da eine Stimme, die mich anzog.« Er bat die Mädchen nach der Reihe, ihm etwas vozusingen: die Dritte hatte die Stimme, die er meinte. Philippine Lade hieß sie.

»Kennen Sie die Werke Goethes?« fragte er. –

»Nein, Die locken mich nicht.«

»So?« versetzte der Fremde; »welchen Schriftsteller lieben Sie denn?«

»Schiller, Den lieb' ich über Alles. Ich kann das Meiste von ihm auswendig.«

»Hoho! Dann deklamieren Sie einmal etwas, z. B. den Anfang der ›Braut von Messina‹.«

Das Mädchen errötete, aber sie sagte den ganzen Monolog der

Donna Isabella ohne Anstoß her. Dann bat Goethe sie um den
›Taucher‹. Und nun lobte und belehrte er sie, wie sie es noch besser
machen könne.

Man denkt sich leicht, wie verlegen Philippine dastand, als sie
hörte, der freundliche alte Herr sei Goethe, dessen Werke sie soeben
von sich gewiesen. Sie wollte sich entschuldigen.

«Nun ja« wehrte er ab, »für so liebe kleine Wesen sind auch meine
Sachen nicht.«

Und nun hatte er glücklich wieder ein Töchterchen für seine Badekur und dazu ein rheinisches Mädchen, das ihn an die Gefährtinnen der jungen Jahre erinnerte. Er nahm sie mit sich, wenn er Ausfahrten machte, und ließ sie im Theater neben sich sitzen. Sie mußte ihm sagen, was ihr gefiel und mißfiel, und er belehrte sie, wenn sie ihn darum bat. Einmal als sie nach Jörgenborn bei Schlangenbad gefahren waren, setzte sich Philippine ins Gras und zeichnete, was ihr vor den Augen lag. Goethe kam hinzu und wollte das Blatt sehen; als er es hatte, machte er sie auf verschiedene Fehler aufmerksam. »Ach, Sie können Alles besser machen als ich!« rief das Mädchen gereizt. »Aber Eins kann ich, was Sie nicht können!« Und damit sprang sie rasch einen steilen Weinberg hinan. Goethe ihr nach! Als er die Höhe fast erreicht hatte, stolperte er. Mit beiden Händen klammerte er sich an, er lag eine Minute hilflos da; das Mädchen schrie vor Angst, daß er sich Schaden getan; Goethe aber stand auf und lachte.

Den Monat August verbrachte er in Wiesbaden; dann ging er auf eine Woche zu Brentanos nach Winkel; dieser Brentano, Franz, war ein Stiefsohn seiner Maximiliane. Am 12. September siedelte er nach Frankfurt über; siebzehn Jahre war er hier nicht gewesen: nun erschienen die Herangewachsenen neben den übrig gebliebenen Alten. Bei einem vieljährigen Bekannten, dem wohlhabenden Bankier Willemer, den der vorige König von Preußen zum Geheimen Rate ernannt hatte, sah er zwei junge Frauen, die ihm recht gut behagten: Rosine oder Rosette Städel, eine Tochter des Hauses, die als junge Witwe zum Vater zurückgekehrt war, und Marianne Jung. Und er gefiel den Frauen, denn er zeigte sich viel lebendiger und herzlicher, als er ihnen vorher geschildert worden war. »Welch ein Mann und welche Gefühle bewegen mich!« schrieb die zweiunddreißigjährige Rosette über den 18. September, den man auf der Gerbermühle, dem Landsitze der Familie, verbracht hatte, in ihr Tagebuch.

[Zum ersten Male] den Mann gesehen, den ich mir als einen schroffen, unzugänglichen Tyrannen gedacht, und in ihm ein liebenswürdiges, jedem Eindruck offenes Gemüt gefunden, einen Mann, den man kindlich lieben muß, dem man sich ganz vertrauen möchte. Es ist gewiß eine einzige Natur. Diese Empfänglichkeit, diese Fähigkeit und zugleich würdige Ruhe! Die ganze Natur, jeder Grashalm, Ton, Wort und Blick redet zu ihm und gestaltet sich zum Gefühl und Bild in seiner Seele. Und so lebendig vermag er es widerzugeben! Darum wohl muß jede Zeile seiner Schriften so in die Seele reden, so wundervoll reich sein, weil sie aus einem so wundervoll reichen Gemüte kommt. Und wie wenig imponiert seine Nähe, wie wohltätig-freundlich kann man neben ihm stehen! Er ist ein glücklich von der Natur mit Gaben überschüttetes Wesen, daß sie schön von sich strahlt und nicht stolz darauf ist, das Gefäß für solchen Inhalt zu sein. So gab er sich heute; so will ich mir ihn denken, mögen Andre sagen, was sie wollen!

Marianne von Willemer und Goethe trieben ein dichterisches Liebesspiel als Suleika und Hatem, ein Liebespaar aus dem »Westöstlichen Divan«

Marianne Jung, zwei Jahre jünger als ihre Freundin und Pflegeschwester Rosette, konnte den Dichter schon durch ihre besondere Lebensgeschichte beschäftigen. Sie stammte aus Linz an der Donau; als vierzehnjährige Schauspielerin kam sie 1798 nach Frankfurt. Dem Vorstande des Theaters gehörte Willemer an; er fand besonderes Gefallen an dem hübschen und begabten Mädchen. Und er kannte die Gefahren, denen sie in ihrem Stande ausgesetzt war, recht genau; eben darum beschloß er, sie zu retten oder zu behüten. Er gab ihrer Mutter zweitausend Gulden und nahm dafür das Mädchen in sein Haus, um es mit seinen Töchtern zu erziehen. Da er Witwer war, blieb die üble Auslegung dieser Wohltat nicht aus; man wußte ja in der ganzen Stadt, wie sehr der reiche Herr Willemer dem schönen Geschlecht ergeben war. Marianne ließ die Leute schwätzen und lebte auch mit den

Trauung Mariannes mit Willemer

Töchtern und dem Sohne ihres Beschützers in Frieden und Freundschaft; sie war klug, schön, verträglich und wurde gut unterrichtet; auch machte sie mit der Familie große Reisen und gehörte ganz als Gleichberechtigte dazu. Es bestand kein Hindernis, daß sie Willemers dritte Frau würde; dennoch unterblieb die Eheschließung oder sie ward hinausgeschoben. Und so trug die dreißigjährige Marianne noch ihren Mädchennamen, als sie am 18. September 1814 dem von Willemer und ihr hochverehrten Goethe zum ersten Male begegnete.

Aber wenige Tage danach, am 27. September, geschah die Trauung.

Am 10. Oktober kehrte Goethe aus Heidelberg und Darmstadt zurück und begrüßte die nunmehrige Geheime Rätin mit inniger Teilnahme. In den nächsten Tagen war er mehrere Male mit Willemer und Marianne zusammen. Am 18. Oktober besahen sie von einem kleinen Turme aus, der zur Gerbermühle gehörte, die Freudenfeuer zum Gedächtnis des großen Sieges vor einem Jahre; Marianne zeichnete ihm auf eine Karte mit roten Punkten alle diese Feuer ein und plauderte lieblich-vertraulich: es war ein unvergeßlicher Abend.

Zwei Tage darauf fuhr Goethe nach Weimar zurück.

❦

Dort erhielt er bald Briefe und Sendungen von Willemers. Marianne hatte neben andern Gaben auch ein hübsches poetisches Talent; sie gebrauchte es nur im Familien- Und Freundeskreise, aber diese ihre Gelegenheitsgedichte waren höchst witzig und anmutig. Jetzt plagte es sie, daß sie keine Eintragung Goethes in ihr Stammbuch hatte, und sie holte die Bitte nach, als ihr Mann eine Kiste Wein schickte. An eine seiner Redewendungen knüpfte sie an: »Das ist nun lang wie breit, und breit wie lang.«

> Zu den Kleinen zähl' ich mich,
> »Liebe Kleine« nennst du mich.
> Willst du immer mich so heißen,
> Werd' ich stets mich glücklich preisen,
> Bleibe gern mein Leben lang
> Lang wie breit und breit wie lang.

> Als den Größten nennt man dich,
> Als den Besten ehrt man dich;

Sieht man dich, muß man dich lieben,
Wärst du nur bei uns geblieben!
Ohne dich scheint uns die Zeit
Breit wie lang und lang wie breit.

Ins Gedächtnis präg' ich dich,
In dem Herzen trag' ich dich.
Nur möcht' ich von Gnadengaben
Dich noch gern im Stammbuch haben,
Wär's auch nur der kurze Sang:
Lang wie breit und breit wie lang.

Doch in Demut schweige ich;
Des Gedichts erbarme dich!
Geh, o Herr, nicht ins Gerichte
Mit dem armseligen Wichte!
Find' es aus Barmherzigkeit
Breit wie lang und lang wie breit!

»Ich hoffe mit einigen Blättchen bald die guten und frohen Worte zu erwidern« antwortete Goethe, und an Willemer: »Leben Sie recht wohl in der lieblichen Gesellschaft, die Ihnen gegönnt ist!«

Einen Vergleich zwischen dieser kleinen Marianne und seiner eigenen Hausgenossin legte die Lebensgeschichte beider Frauen nahe, und dieser Vergleich tat weh.

Gerade diesen Winter traf ein, was Manche längst vorausgesagt hatten, wenn sie meinten, Christianens Lebensweise könne zu keinem guten Ende führen. Früh im Januar erzählte man sich, daß sie einen Schlaganfall gehabt habe. »Der Schlag oder eine Art von Schlag im Wagen« schrieb Riemer, nunmehriger Ehemann der Karoline Ulrich, »hat seine Richtigkeit, wiewohl die Dame Das selbst nicht weiß.« Und er fügte hinzu, daß sie wieder hergestellt sei. »Das Gegenteil wäre für ihn vielleicht gut gewesen, für uns Andere gewiß.«

Nach wenigen Wochen hatte sie wieder einen so schweren Anfall, daß man sie fast schon für tot hielt, und der Arzt eröffnete ihrem Sohne, sie könne nicht mehr leben. Sie erholte sich dennoch. Ein paar Frühjahrswochen verbrachte sie in Jena, und da hatte sie denn auch bald wieder gute Unterhaltung: »Hier binn ich aber wie ein Vogel so vergnügt Dein treuer Schaß C. von Goethe.«

Schon am 24. Mai (1815) flüchtete sich Goethe wieder in das alte Jugendland. Zuerst wieder nach Wiesbaden und an den Rhein. Vom 12. August bis zum 18. September aber wohnte er bei Willemers, zumeist auf der Gerbermühle.

Morgens blieb er allein; jeden Vormittag um 10 Uhr trank er mitgebrachten Wein aus einem silbernen Becher. Mittags erschien er im Frack und benahm sich ziemlich förmlich. Freier war seine Unterhaltung nachmittags auf Spaziergängen; gern machte er auf Wolkenbildungen, auf farbentiefe Schatten, auf Pflanzen und Gestein aufmerksam. Er trug immer ein großes Taschenmesser bei sich, womit er Reiser abschnitt oder Steinchen vom Boden löste. Abends, wenn er seinen weißflanellenen Hausrock angezogen hatte, erschien er völlig zwanglos und liebenswürdig, las gern vor und ermunterte die Hausfrau zum Singen. Bemerkenswert ist, daß ihm beim Lesen seiner eigenen Gedichte nicht selten Tränen in die Augen traten.[123]

Es war eine Reihe von festlichen Tagen für den alten Dichter. Vor ihm lag der Mainstrom und darüber seine Vaterstadt. An der Gerbermühle vorbei führte der Pfad, den er so manchesmal gegangen, um Lilli in Offenbach zu besuchen. Zu ihm heraus kamen Bekannte aus ältester Zeit, oder – ihre Kinder und Enkel. Eines Nachmittags waren zwei Söhne von Christian und Lotte Kestner bei ihm; eines Abends stiegen aus einem prächtigen Wagen der Herzog Ernst August und die Herzogin Friederike von Camberland; die Herzogin hatte mit ihrer Schwester, der nachmaligen Königin Luise von Preußen, einst bei seiner Mutter gewohnt; Beide hatten die Frau Rat sehr lieb gewonnen, und nun wollte die Herzogin Friederike nicht mit Goethe zugleich in Frankfurt gewesen sein, ohne ihn zu sehen. Sein Geburtstag ward schöner gefeiert, als er bisher erlebt. Am schönsten aber waren doch die Abende in der Familie, wenn Marianne zur Gitarre sang oder Goethe vorlas. »Kennst Du das Land« war eins ihrer Lieder, ein anderes: »Füllest wieder Busch und Tal«, ein drittes: ›Der Gott und die Bajadere‹ in Zelters Komposition; auch Volkslieder liebte sie sehr. Er aber las den ›Siebenschläfer‹, den ›Totentanz‹, das Sonett »Am jüngsten Tag, wenn die Posaunen schallen« usw. Ein junger Kunstfreund, Sulpiz Boisserée, der diesmal Goethes Reisebegleiter war, schrieb nach einem solchen Abend, nämlich am Sonntag, den 17. September, seine Notizen auf:

Abends Gesang. Marianne singt wieder: ›Der Gott und die Bajadere‹; Goethe wollte Dies anfangs nicht; es bezog sich Dieses auf ein Gespräch, das ich kurz vorher mit ihm geführt: daß es fast ihre eigene Geschichte sei, so daß er wünschte, sie sollte es nimmer singen. Nachher singt sie hübsche Volkslieder; dann aus ›Don Juan‹: »Gieb mir die Hand, mein Leben« als Arie. Goethe nennt sie einen kleinen Don Juan; wirklich war ihr Gesang so verführerisch gewesen, daß wir alle in lautes Lachen ausbrachen, und sie, den Kopf in die Noten versteckt, sich nicht erholen konnte.

Die lustige Stimmung setzte sich auch beim Abendessen fort. Die Frauen brachten allerlei Späße vor, meist Erinnerungen ihrer italienischen Reise. Dann wurde, weil wir auf der Mühle waren, viel Scherz getrieben mit der Müllerin und auf den Müllerknecht: »An Dem ist nichts zu verderben.« Man bat Goethe, ... noch etwas zu lesen, und die kleine Müllerin schmückte sich mit dem Turban und einem türkischen Schal, den Goethe ihr geschenkt hatte. Es wurde viel gelesen, auch viele Liebesgedichte an Jussuf und Suleika. Der ›Totentanz‹ wurde gesagt und Anderes. Willemer schlief ein und wurde darum gefoppt. Wir blieben deshalb länger zusammen, bis ein Uhr. Es war eine schöne Mondscheinnacht.

Nach der Trennung in dieser Nacht gab es noch eine hübsche Scene. Goethe wollte seinem jungen Freunde eine seiner geliebten Farbenerscheinungen zeigen, und hielt dabei die brennende Kerze aus dem Fenster, so daß ihr Licht und der Mond zugleich einen Gegenstand beschienen. Marianne belauschte hinter ihrer Gardine dies Treiben ihrer Gäste und erzählte am andern Morgen, Goethe habe ein Licht herausgehalten, um den Mond zu beleuchten!

ಎ

Jussuf und Suleika hieß anfangs das Liebespaar in Goethes westöstlicher Liedersammlung, die er immer noch fleißig vermehrte; später nannte er den Liebhaber Hatem. Schon öfter waren ihm Marianne und jene Suleika zu einem Bilde zusammengeflossen; in diesen Tagen aber bemerkte er, daß seiner schönen Freundin nicht nur zur guten Stunde ein paar hübsche Verse für den Freundeskreis glückten, daß sie vielmehr eine Dichterin war, wie er ein Dichter. »So sprich du zu mir als Suleika« war der nächste Gedanke, »und laß mich als Hatem dich verehren.« Marianne sagte nicht nein, und ihr Gatte hatte gleichfalls Vergnügen an diesem phantastischen Liebesspiel.

»Gelegenheit macht Diebe« sagt man im Morgen- wie im Abendland; Goethe begann nun im poetischen Kampfe:

> Nicht Gelegenheit macht Diebe,
> Sie ist selbst der größte Dieb,
> Denn sie stahl den Rest der Liebe,
> Die mir noch im Herzen blieb.
>
> Dir hat sie ihn übergeben,
> Meines Lebens Vollgewinn,
> Daß ich nun, verarmt, mein Leben
> Nur von dir gewärtig bin.
>
> Doch ich fühle schon Erbarmen
> Im Karfunkel deines Blicks
> Und erfreu' in deinen Armen
> Mich erneuerten Geschicks

Am folgenden Tag war »Suleikas« Antwort da:

> Hochbeglückt in deiner Liebe,
> Schelt' ich nicht Gelegenheit!
> Ward sie auch an dir zum Diebe,
> Wie mich solch ein Raub erfreut!
>
> Warum läßt du dich berauben?
> Gieb dich mir aus freier Wahl!
> Gar zu gerne möcht' ich glauben,
> Daß dein Herz ich selber stahl.
>
> Was so willig du gegeben,
> Bringt dir herrlichen Gewinn;
> Meine Ruh, mein reiches Leben
> Geb' ich freudig, nimm es hin!
>
> Scherze nicht! Nichts von Verarmen!
> Macht uns nicht die Liebe reich?
> Halt' ich dich in meinen Armen,
> Welch' ein Glück ist meinem gleich?[124]

So war die Liebe erklärt, und nun wiederholten Beide in neuen, kühnen Bildern das alte Lied. Aber schon wenige Tage nach dem Beginn des Zwiegesprächs, am 19. September, fuhr Goethe von Frankfurt ab, nach Heidelberg zu den Boisserées und ihrer Bildersammlung. Die Willemers sollten und wollten ihn dort besuchen; auch sollte das Dichten herüber und hinüber keineswegs aufhören.

Am 24. September kam Willemer mit Mariannen und Rosetten. Marianne brachte ein neuestes Gedicht mit; ihre Erwartung vor der Abfahrt und ihre Vorfreude auf die Stunden in den zerstörten Mauern des Heidelberger Schlosses war darin ausgesprochen.

> Was bedeutet die Bewegung?
> Bringt der Ost mir frohe Kunde?
> Seiner Schwingen frische Regung
> Kühlt des Herzens tiefe Wunde.
>
> Kosend spielt er mit dem Staube,
> Jagt ihn auf in leichten Wölkchen,
> Treibt zur sichern Rebenlaube
> Der Insekten frohes Völkchen.
>
> Lindert sanft der Sonne Glühen,
> Küßt auch mir die heißen Wangen,
> Kühlt die Reben noch im Fliehen,
> Die auf Feld und Hügel prangen.
>
> Und mich soll sein leises Flüstern
> Von dem Freunde lieblich grüßen:
> Eh' noch diese Hügel düstern,
> Sitz' ich still zu seinen Füßen.
>
> Und du magst nun weiter ziehen;
> Diene Frohen und Betrübten!
> Dort, wo hohe Mauern glühen,
> Finde ich den Vielgeliebten.
>
> Ach, die wahre Herzenskunde,
> Liebeshauch, erfrischtes Leben
> Wird mir nur aus seinem Munde,
> Kann mir nur sein Atem geben.[125]

Hatem und Suleika

Es waren nur anderthalb Tage, daß »Hatem« und »Suleika« hier noch einmal mit einander sitzen, gehen und plaudern konnten, aber, wenn die Götter gütig sind: wieviel Poesie können doch anderthalb Tage enthalten! Man erging sich oben zwischen den Trümmern des mächtigen Schlosses und im Walde, der sie umgibt; am Tage lachte die Sonne, abends strahlte der volle Mond: drunten der Neckar und die Stadt, drüben neue Höhen und Wälder; im Westen die flache Ebene, durch die der Rhein als silbernes Band sich zieht. Man redete von hohen, ernsten Dingen, und dann vom Wiedersehen, demnächst in Frankfurt, und vom innerlichen Zusammenbleiben das ganze Leben. »Wenn wieder der Vollmond scheint, wollen wir an einander denken« – so sprachen sie – »und so jedesmal bei vollem Monde.« Kaum war Marianne zurückgekehrt, so ließ sie ihrem Ostwind-Liede eine gleiche Rede an den sanfteren Regenwind folgen:

> Ach, um deine feuchten Schwingen,
> West, wie sehr ich dich beneide:
> Denn du kannst ihm Kunde bringen,
> Was ich durch die Trennung leide!
>
> Die Bewegung deiner Flügel
> Weckt im Busen stilles Sehnen;
> Blumen, Augen, Wald und Hügel
> Stehn bei deinem Hauch in Tränen.
>
> Doch ein mildes, sanftes Wehen
> Kühlt die wunden Augenlider;
> Ach, für Leid müßt' ich vergehen,
> Hofft' ich nicht, wir sehn uns wieder.
>
> Geh' denn hin zu meinem Lieben,
> Spreche sanft zu seinem Herzen;
> Doch vermeid, ihn zu betrüben,
> Und verschweig' ihm meine Schmerzen.
>
> Sag ihm nur, doch sag's bescheiden:
> Seine Liebe sei mein Leben;
> Freudiges Gefühl von beiden
> Wird mir seine Nähe geben!

Goethe blieb noch eine Woche in Heidelberg; dann fuhr er nach Karlsruhe, einem Wunsche seines Fürsten folgend; Sulpiz Boisserée begleitete ihn auch dahin. Es war nicht die Art des alten Dichters, Das, was ihn im innersten Herzen beschäftigte, auszusprechen, aber man kam auf der langen Wagenfahrt doch auch auf die Willemers zu reden.

Er lobte die Frauen und bedauerte, daß Willemer mit seinem strebenden, unruhigen Geist sich nicht auf ein bestimmtes Fach, auf eine Liebhaberei geworfen habe. »Die Verhältnisse mit Frauen allein können doch das Leben nicht ausfüllen! Und führen zu gar zu viel Verwicklungen, Qualen und Leiden, die uns aufreiben. Oder zu vollkommener Leere.« *Doch sehr zu rühmen und zu ehren sei die Macht des sittlichen Prinzips bei diesem Mann. Dieses allein habe ihn in der Höhe gehalten, in der Verwirrung von Verhältnissen, in die er sich gestürzt.* »So ist die Rettung der kleinen, liebenswürdigen Frau ein großes sittliches Glück.« ...

Dann aber sprach Goethe nicht mehr von Mariannen, sondern von Lilli Schönemann. Er erzählte seine ganze Geschichte mit ihr: wie sie sich als Braut und Bräutigam gefühlt hätten und dann, ohne es selbst zu wissen, durch einen Dritten von einander entfernt wurden.

Vor vierzig Jahren sei er auch nach Karlsruhe gefahren, begann er nachher. Er werde dort einen Freund, den berühmten Augenarzt und Pietisten Jung-Stilling aufsuchen, den er jetzt gleichfalls vierzig Jahre nicht gesehen. »Die Schönemann müßte auch da sein!« fügte er leise hinzu.

Als sie von Karlsruhe zurückfuhren – abends bei Sternenschein – kam Goethe wieder in weiche Stimmung. Er spracnh von den ›Wahlverwandtschaften‹, von seinem Verhältnis zu Ottilien, wie er sie lieb gehabt und wie sie ihn glücklich gemacht. Er wurde zuletzt fast rätselhaft-ahndungsvoll in seinen Reden.[126]

Dann folgten noch ein paar Tage in Heidelberg bei Boiserées.
Von da sollte er nach Mannheim kommen; die Frau v. Heygendorff, die Geliebte seines Herzogs, und andere Damen beriefen und erbaten ihn dahin: Das machte ihn unruhig. Aber auch der Gedanke an den nochmaligen Besuch in Frankfurt ängstigte ihn.

Am 6. Oktober sagte er plötzlich: er müsse fort. »Ich mache mein Testament!« Er war sehr angegriffen, hatte schlecht geschlafen. »Ich muß flüchten.«

Und er schrieb an Willemers: sie möchten ihn nicht erwarten.

Daß ich, teurer, verehrter Freund, immer um Sie und Ihre glücklichen Umgebungen beschäftigt bin, ja, Ihre selbstgepflanzten Haine, das flüchtig gebaute und doch dauerhafte Haus lebhafter als in der Gegenwart sehe und mir alles Gute, Liebe, Vergnügliche, Nachsichtige wiederhole, werden Sie an Sich fühlen, da ich gewiß aus jenen Schatten nicht vertrieben werden kann und Ihnen oft begegne. Hundert Einbildungen hab' ich gehabt, wann, wo und wie ich Sie zum ersten Mal wiedersehen würde, da ich noch bis gestern Beruf hatte, mit meinem Fürsten am Rhein und Main schöne Tage zu verleben, ja vielleicht jene glänzende Jahresfeier [am 18. Oktober] auf dem Mühlberg zu begehen.
Nun kommt's aber! und ich eile über Würzburg nach Hause, ganz allein dadurch beruhigt, daß ich ohne Willkür und Widerstreben den vorgezeichneten Weg wandle und um desto reiner meine Sehnsucht nach Denen richten kann, die ich verlasse.
Doch Das ist schon zuviel für meine Lage, in der sich ein Zwiespalt nicht verleugnet, den ich auch nicht aufrege, sondern lieber schließe. Herzlichen Dank für alles Gute und Liebe! Doch dieser Dank wäre nicht der rechte, wenn er nicht eine Schmerzensform annähme. Das werden Sie, Herzenskündiger, zu vermitteln wissen. Wie denn billig diese Worte an die Zwei gerichtet sind, die man beneidenswert glücklich verbunden sieht.

Am nächsten Morgen war Goethe noch ebenso aufgeregt. Es schien wirklich eine Krankheit im Anzuge zu sein. Er verlangte, schon diesen Mittag abzureisen. Boisserée entschloß sich, ihn zu begleiten, wenn nötig bis Weimar.

Sobald man auf der sicheren Straße dahinfuhr, durch das gesegnete Neckartal, beruhigte sich Goethe. Man sprach vom Herzog Karl August, von seiner Geliebten und deren Familie, von Politik, Kunst und Erziehung. Dann kam aber wieder das ewige Thema: Frauen und Liebe.

Liebesgeschichten wechselseitig. Deutsche mögen gern die naiven, ruhigen, nicht die leidenschaftlichen Frauen.
In Hardtheim Mittagessen. Ein junges, frisches Mädchen bedient uns, ist nicht schön, hat aber verliebte Augen. Der Alte sieht sie immer an. Kuß.[127]

So erreichten Sie Würzburg. Am andern Morgen trennten sie sich, denn Goethe fühlte sich jetzt kräftig und ruhig genug, um allein zu reisen. Von Meiningen aus schrieb er an Rosette Städel, die ihm anhänglich geblieben war und die ihn namentlich durch ihre andauernde Freundschaft mit ihrer um zwei Jahre jüngeren Stiefmutter erquickte. Er erzählte ihr, wie er den Fluß, an dem die Gerbermühle liegt, eine Zeit lang wiedergesehen habe:

Kaum hatte ich die Ufer des Mains erreicht, als ich sogleich die zierlichsten Kuchen hineinwarf: möchten sie zur rechten Stunden zwischen dem Rohr, zunächst der bekannten lieben Terrasse, glücklich landen!

೭ಾ

Christiane hatte ihm öfter nach Frankfurt und Heidelberg geschrieben. Sie hatte den Sommer in Karlsbad verbracht, aber es stand noch schlecht mit ihrer Gesundheit; vor den schlimmen Krämpfen war sie nie sicher. Sie hielt aber nach wie vor die Zerstreuung und das Vergnügen für die besten Heilmittel. Und Goethe stimmte ihr zu, nach wie vor.

Darin hast Du vollkommen recht, daß man sich durch äußere Gegenstände von der Betrachtung seines innern Zustandes zerstreuen müsse. Die angenehmsten Tage, die ich zubrachte, waren immer Die, wo Alles so schnell zuging, daß ich nicht an mich denken konnte. Deshalb mache Dir soviel Bewegung oder Veränderung, als Du kannst in diesen schönen Tagen, und denke darauf, wie wir diesen Winter abwechselnd die Tage zubringen – – –
Dich zu zerstreuen, ist die Hauptsache. Sieh immer Leute und leite Dir und mir manches gute Verhältnis ein![128]

Es hätte ja auch kein andrer Rat gegen Christianens epileptische Krämpfe geholfen. Im Mai 1816 nahm ihre Kränklichkeit bedrohlichsten Charakter an. Goethe erwähnte die Gattin sonst kaum in den kurzen Notizen seines diktierten Tagebuchs; jetzt drängte der Gedanke an sie die Arbeiten zurück.

29. Mai. gefährlicher Zustand meiner Frau.
30. Mai. Meine Frau wieder außer Bett.
31. Mai. Rückfall meiner Frau.

1. Juni. Gefährliches Befinden meiner Frau während der Nacht.
2. Juni. Verschlimmerter Zustand meiner Frau. Minchen ward krank, ... Hofmedikus Rehbein. Verschlimmerter Zustand meiner Frau.
3. Juni. Eine unruhige, sorgenvolle Nacht verlebt. Die Köchin dieselben Anfälle, zu Bette. Frau v. Heygendorf bei meiner Frau, die noch immer in der größten Gefahr.
4. Juni. Meine Frau noch immer in der äußersten Gefahr. Kräuter waren die Nacht bei mir geblieben. – Plötzlicher heftiger Fieberanfall; ich mußte mich zu Bett legen.
5. Juni. Den ganzen Tag im Bett zugebracht. Meine Frau in der äußersten Gefahr. Die Köchin und Minchen leidlich. Mein Sohn Helfer, Ratgeber, ja einziger haltbarer Punkt in dieser Verwirrung. Kräuter die vergangene Nacht bei mir.
6. Juni. Gut geschlafen und viel besser. Nahes Ende meiner Frau. Letzter fürchterlicher Kampf ihrer Natur. Sie verschied gegen Mittag. Leere und Totenstille in und außer mir.

❦

Den 6. Juni 1816.
Du versuchst, o Sonne, vergebens,
Durch die düstren Wolken zu scheinen!
Der ganze Gewinn meines Lebens
Ist, ihren Verlust zu beweinen.

XV. In Weimar und böhmischen Bädern. 1817 bis 1823.

Goethe um 1817. Kreidezeichnung von Ferdinand Jagemann

Der weimarische Staatsminister Christian Gottlob v. Voigt verheiratete sich Ende 1815, als er fast 72 Jahre zählte, zum zweiten Male. Ein halbes Jahr später ward der um vier Jahre jüngere Goethe Witwer: wieder ein halbes Jahr später erzählte man sich, Goethe wolle die Gräfin Schulenburg, eine Hofdame der Großherzogin, heiraten. Um dieselbe Zeit schrieb Goethe seinem ältesten und zugleich nächsten Amtskollegen: er habe in Betrachtung von Voigts neuem Glück die stille Hoffnung gehegt, daß ein guter Genius ihm auch etwas Ähnliches bereiten würde. »Dies ist nun erfolgt« fuhr er fort. Aber er meinte damit nur, daß ihm ein Schwiegertöchterchen in Aussicht stehe. Sein August verlobte sich mit Ottilie v. Pogwisch.

Auch die Freunde hofften und meinten, dies Töchterchen müsse dem alten Vater den Witwerstand recht sehr erleichtern. »Nun kommt das junge Weiblein« schrieb Zelter, »und streichelt dem alten Herrn den Bart und krault ihm hinter den Ohren und schleicht zur rechten Zeit wieder von dannen und kostet das Süppchen und kuckt in die Winkel und tupft mit dem Finger das Stäubchen auf und sieht nach dem Wetter und geht in den Stall und läßt den Wagen vorfahren und vexiert das alte Kind an die Sonne und läßt ihn durchlüften und packt ihn wieder ins Schäschen und legt ihm den Mantel zurecht, und im Hause steht schon die Suppe und erwartet ein freundliches Auge, und ›Väterchen‹ hinten und ›Väterchen‹ vorne, und wo sich's verschieben, verdrücken oder reißen will, da tritt sie still ein und stellt wieder her die magnetische Kraft behaglichen Zusammenseins.«

Ottilie ward aber keine eifrige Wirtschafterin, wie Christiane gewesen; sie war unordentlich, verschwenderisch und hatte keinen Sinn für das Kochen und dergleichen prosaische Geschäfte. Dagegen war sie geistreich, unterhaltsam, liebenswürdig: jetzt trat zum ersten Male in Goethes großem Hause eine Dame den Gästen entgegen.

Bald entwickelte sich eine standesgemäße Geselligkeit: der alte Dichter konnte sie genießen, ohne daß sie ihm zu viel Zeit kostete. Und sein Töchterchen liebte und verehrte ihn; alle ihre Freundinnen liebten und verehrten ihn gleichfalls. Eine Schwester Ottiliens, Ulrike v. Pogwisch, lebte vielfach mit im Hause; ihre beste Freundin, Adele Schopenhauer, kam häufig, besonders aber die Gräfinnen Egloffstein, die der alte Goethe sehr gern hatte; sie waren Töchter seiner ehemaligen Partnerin im Liebeshofe. Alle diese Mädchen hatten Talente, die sie vor ihrem berühmten Gönner entfalteten: Adele Schopenhauer schnitt märchenhafte Scherenbilder, Karoline Egloffstein war Sängerin, ihre Schwester Julie Malerin. Dichten konnten sie alle, wie überhaupt das Dichten und Schriftstellern in Weimar längst eine allgemeine Übung und Unterhaltung geworden war. Liebenswürdige Mädchen zu unterrichten, sie in höherem Streben zu ermuntern, war stets eine starke Neigung Goethes gewesen; also fühlte er sich neben diesen jungen Freundinnen oft recht wohl, und sie schmiegten sich zärtlich an ihn oder sie strahlten ihn an, wenn er seine beredte Stunde hatte. »Julie, gestützt auf den einen Arm, war ganz Auge und Ohr für Goethe« schrieb der Kanzler v. Müller am 25. April 1819 nieder; »ihr Auge schwamm im innigsten Behagen.« Auch zu Neckereien und Scherzen reizten ihn diese Töchterlein oft. wie es ihm gehe, fragte ihn Julie eines Abends im Mai 1822; »Schlecht!« erwiderte der alte Herr, »denn ich bin weder verliebt, noch ist Jemand in mich verliebt.« Ein andermal brachten ihn zwei Besucherinnen von auswärts, Frau und Fräulein v. Löw, in recht gute Stimmung, und als er bemerkte, wie die Blicke der Jüngeren an seinen Lippen hingen, streifte er mit seinem Arme den ihrigen und sagte: »Ja, wenn man sich an der Jugend reibt, wird man selbst wieder jung.«

❧

In dem Sommer, wo seine Frau starb, wäre er am liebsten wieder nach Westen und Süden gefahren, um neben den Willemers wieder in einer schöneren Welt zu leben. Er saß auch schon im Wagen, der ihn dahin führen sollte; aber ehe er Erfurt erreichte, warf der höchst ungeschickte Kutscher um, die Achse brach; der begleitende Freund, Heinrich Meyer, wurde an der Stirn verletzt; Goethe selbst blieb unversehrt, aber er nahm den Unfall als ein übles Vorzeichen und gab die ganze Reise auf.

Im nächsten Sommer schwankte er, welches Ziel den Vorzug

verdiene: sein Herz trieb ihn nach Westen, die Ärzte rieten zum Karlsbade; schließlich blieb er in Weimar und Jena.

1818 entschied er sich für Böhmen; doch hoffte er immer noch auf ein Wiedersehen mit den Freunden in der Gerbermühle.

Im März 1819 fuhr Willemer über Weimar nach Berlin; seine unerwartete Erscheinung erregte den alten Dichter sehr. Sogleich danach schrieb er an Marianne:

Den schönsten Augenblick der Täuschung erlebt' ich. Der verehrte Freund tritt ins Zimmer: die geliebte Freundin hofft' ich im Hinterhalte. Da fühlt' ich recht, daß ich ihr noch immer angehöre.

Einige Tage später sandte er ihr eine Obstschachtel zurück und darin sein Bild. Es war ein wertvolles Kunstwerk: 1816 hatte der berühmte Bildhauer Gottfried Schadow ihn in Wachs bossiert, danach waren Abgüsse in Bronze und Eisen hergestellt worden: für Mariannen aber schien ihm nur das Original gut genug. Er legte auch Verse dazu:

> Eine Schachtel Mirabellen
> Kam von Süden, zog nach Norden;
> Als die Frucht gespeist geworden,
> Eilt sich wieder einzustellen
> Das Gehäus, woher es kommen.
> Bringet keine süßen Früchte,
> Bringt vielmehr ein ernst Gesichte,
> Das in Weiten und in Fernen
> Nimmer will Entbehrung lernen.

Seltsamer Weise versäumte Marianne zu antworten und zu danken; er, über dies Schweigen verwundert, erwähnte es gegen ihren Gatten:

In einer Lage wie die meinige – ich darf sagen: wie die unsrige – haben wir treuen Sinn zu bewahren für Diejenigen, auf die unser Lebenswohl, unsere Lebensfreuden sich gründeten und stützten. Dies war mir von je eine natürliche, notwendig eingeborene Pflicht; ich konnte sie im beweglichsten Leben einigermaßen erfüllen, und ich nähre und erbaue mich daran in der Einsamkeit.

Marianne entschuldigte sich sogleich: sie konnte es selber nicht verstehen, daß sie auf solche Gabe stumm geblieben war.

Ich war überrascht, gerührt; ich weinte bei den Erinnerungen einer glücklichen Vergangenheit. Es kam mir fast Alles wie ein Traum vor, den ich mir in der Gegenwart wiederholte, um ihn nicht zu vergessen. Daß Willemer Sie gesehen, gesprochen hatte, vermehrte das Unbegreifliche meines Zustandes; ja, selbst, was er mir von Ihnen schrieb; und Ihr eigener Brief vollendete meine Verwirrung.

Die Briefschreiberin hielt sich jetzt gerade in Baden-Baden zur Kur auf; sie lud ihn ein, doch auch dahin zu kommen. Und sie bat ihn, ihr doch wenigstens dahin zu schreiben: »Freilich darf ich es kaum hoffen, denn ich habe es nicht verdient.« Sofort antwortete er, höchst bewegt von ihrem Briefe, und nannte sie zum ersten – und einzigen – Male Du.

Nein, allerliebste Marianne, ein Wort von mir sollst du in Baden nicht vermissen, da Du Deine lieben Lippen wieder walten lässest und ein unerfreuliches Stillschweigen brechen magst. Soll ich Dir wiederholen, daß ich Dich von der Gegenwart des Freundes unzertrennlich hielt und daß bei seinem treuen Anblick Alles in mir rege ward, was er uns so gern und edel gönnt? ...

Nun da Du sagst, und so lieblich, daß Du mein gedenkst und gern gedenken magst, so höre doppelt und dreifach die Versicherung, daß ich jedes Deiner Gefühle herzlich und unablässig erwidre. Möge Dich Dies zur guten Stunde treffen und Dich zu einem recht langen Kommentar über diesen kurzen Text veranlassen.

Wäre ich Hudhud[129]*, ich liefe Dir nicht über den Weg, sondern schnurstracks auf Dich zu. Nicht als Boten: um mein selbst willen müßtest Du mich freundlich aufnehmen. Zum Schluß den frommen, liebevollen Wunsch: Eia, wären wir da!*[130]

Kaum war der Brief unterwegs, so bereute der alte Dichter, daß er in diesem Erregungszustande geschrieben. »Man wird verzeihen, wenn ich zu aufrichtig gewesen bin.«[131] Aber die Willemers nahmen es gut auf: Marianne antwortete halb zärtlich, halb zurückhaltend. Jetzt eben war der ›Westöstliche Divan‹ fertig gedruckt; Goethe sandte ihn, und die junge Frau fand in dem Buche ihre eigenen Gedichte unter Denen, die der Freund im poetischen Spiel an sie gerichtet. Und sie dankte diesmal rasch:

Ich habe den ›Divan‹ wieder und immer wieder gelesen; ich kann das Gefühl weder beschreiben, noch auch mir selbst erklären, das mich bei jedem verwandten Ton [ergreift]. Wenn Ihnen mein Wesen und mein Inneres so klar geworden ist, als ich hoffe und wünsche, ja, sogar gewiß sein darf, denn mein Herz lag offen vor Ihren Blicken, so bedarf es keiner weiteren, ohnehin höchst mangelhaften Beschreibung. Sie fühlen und wissen genau, was in mir vorging: ich war mir selbst ein Rätsel; zugleich demütig und stolz, beschämt und entzückt, schien mir Alles wie ein beseligender Traum, in dem man sein Bild verschönert, ja veredelt wieder erkennt und sich Alles gerne gefallen läßt, was man in diesem erhöhten Zustande Liebens- und Lobenswertes spricht und tut. Ja, sogar die unverkennbare Mitwirkung eines mächtigen höheren Wesens, insofern sie uns Vorzüge beilegt, die wir vielleicht gar nicht zu besitzen glaubten, ist in seiner Ursache so beglückend, daß man nichts tun kann, als es für eine Gabe des Himmels anzunehmen, wenn das Leben solche Silberblicke hat.

Zu Weihnachten schickten beide Willemers ihre Bilder in großen Kreidezeichnungen[132]; und so gingen die freundlichen Geschenke und Briefe noch manches Jahr hin und her.

❧

Als einmal von Bade-Örtern die Rede war, meinte Goethe gegen einen jungen Freund[133]: wenn man ins Bad reise, müsse man immer dafür sorgen, sich dort zu verlieben; sonst wäre es sterbenslangweilig. »So hab' ich denn« fuhr er fort, »in Karlsbad immer Wahlverwandtschaften angetroffen und erinnere mich mit besonderem Vergnügen eines Besuches bei Frau v. d. Recke, wie sich eine Dame mit zwei allerliebsten jungen Fräuleins anmeldete, als ich gerade fortging. ›Wer war denn dieser Herr?‹ fragte Diese. – ›Das war Goethe.‹ – ›Mein Gott, wie bedauere ich, daß er nicht geblieben und ich nicht seine Bekanntschaft gemacht habe!‹ – ›Daran haben Sie, meine Teure, nichts verloren!‹ erwiderte Frau v. d. Recke: ›Er ist mit Damen fürchterlich langweilig, wenigstens mit solchen, die nicht hübsch genug sind, um ihn anzuziehen; für Damen unseres Alters ist es verlorene Liebesmühe, ihn zur Unterhaltung zu veranlassen.‹ – Beim Herausgehen sagten die beiden jungen Damen unter sich: Wir sind jung; wir wollen doch sehen, ob wir nicht den Ungeselligen bändigen können. – Bald drauf wurden mir am Sprudel einige graziöse

Reverenzen gemacht; ich kam den Damen nahe, sprach mit ihnen, und, wie Eins eben das Andere ergibt, führten sie mich zu ihrer Mutter, und siehe da, ich war gefangen! Dann waren wir alle Tage beisammen. Der Bräutigam der einen meiner Schönen kam an; ich schloß mich der Andern an; ich war für alle Drei liebenswürdig, und der Aufenthalt in Karlsbad gestaltete sich zu dem angenehmsten, den ich in meiner Erinnerung habe. Kurze Zeit darauf erzählten mir die Damen lachend die Geschichte ihrer Verschwörung.«

So als Spiel und Scherz war die Liebe gemeint, die Goethe zur Erheiterung anpries; der Pfeil des Liebesgottes sollte nur leicht ritzen, so, daß die Wunde kaum schmerzt und sich rasch wieder schließt.

Zu den vielen Bade-Bekanntschaften Goethes gehörten die adligen Familien Brösigke und Levetzow, die aus Brandenburg und Mecklenburg stammten, aber in Kursachsen und Böhmen einheimisch geworden waren. Herr v. Brösigke rühmte sich, ein Patenkind Friedrichs des Großen zu sein; seine Gattin Ulrike stammte aus dem Geschlecht v. Löwenklau. Ihre Tochter Amalie ward an den schwerinschen Hofmarschall v. Levetzow verheiratet; sie war etwa zwanzig Jahre alt, als sie 1806 in Karlsbad mit Goethe gut bekannt wurde; schon waren ihr zwei Töchterchen geboren: Ulrike und Amelie. Nach der Scheidung von ihrem Manne heiratete sie wieder einen Levetzow, einen Offizier, der in der Schlacht bei Waterloo fiel. Nun warb ein österreichischer Graf v. Klebelsberg um sie, und sie schloß sich ihm an; eine Trauung war jedoch lange Zeit unmöglich, da der erste Gatte Amaliens noch lebte und die katholische Kirche, der Klebelsberg angehörte, in solchem Falle keine neue Ehe gestattet. Unterdessen hatten ihre Eltern in Marienbad ein großes Haus erworben, in dem sie zur Badezeit vornehme Kurgäste aufnahmen. Marienbad war eine ganz neue Anlage: 20 bis 30 schöne Häuser, die einzeln standen; eine eigentliche Straße gab es noch nicht. Die Mieten waren sehr teuer, »und man muß zahlen, was sie verlangen.«[134]

Goethe wohnte zum ersten Male im Sommer 1821 bei diesen adligen Gastgebern und gefiel sich recht gut in der »Familie« des Hauses. Sie umgab ihn in drei Generationen: Großvater und Großmutter Brösigke, sodann Frau v. Levetzow, die etwa 34 Jahre zählte, und ihre drei Töchter: die schlanke, sanfte, schweigsame Ulrike, die lebhafte, zur Neckerei aufgelegte Amelie und der »holde Herankömmling« Bertha; Ulrike, die Älteste der Drei, zählte erst siebzehn Sommer. Er speiste »mit der Familie« zu Mittag, trank

1817 bis 1823

In Marienbad lernte Goethe Ulrike von Levetzow kennen. Seine Hinwendung zu ihr ließ kurzzeitig das Gerücht einer neuen Eheschließung aufkommen. Anonymes Porträt

abends den Tee am Familientische, saß mit ihnen auf der großen Terrasse des Hauses, und ein paar Hausgenossen begleiteten ihn gewöhnlich auf den Sparziergängen. Mit den Frauen, die viel erlebt hatten, ließ sich ernsthaft über Welt und Schicksal reden; die Töchter aber reihten sich den Schülerinnen an, die Goethe nun schon so viele Jahre als freiwilliger Lehrer in die Wunder der Natur und der Geisteswelt einführte.

»Zufällig befindet sich eine recht artike Ulrike hier im Hause« schrieb er heim nach Weimar, wobei er der dortigen Ulrike, der Schwester seiner Schwiegertochter, freundlich gedachte. Diesem Marienbader Töchterchen schenkte er »zu freundlichem Andenken des Augusts 1821« den ersten Band der ›Wanderjahre‹, und sie begann sogleich eifrig darin zu lesen, zuerst also die schöne Erzählung von Sankt Joseph dem Zweiten.

«Herr Geheimrat, Das verstehe ich nicht, da muß doch Etwas voraufgegangen sein?«

«Ja wohl« versetzte der alte Dichter; »da hast Du ganz recht, aber Das darfst Du noch nicht lesen. Das will ich Dir erzählen.«

Und er erzählte ihr stundenlang, während sie auf einer Bank im Grünen saßen, den Inhalt der ›Lehrjahre‹.[135]

Im nächsten Frühjahre lud ihn Frau v. Brösigke ein, doch wieder nach Marienbad und in ihr Haus zu kommen.

Meine Tochter, die ich jede Stunde mit ihren drei Töchtern aus Straßburg erwarte, wird sich sehr glücklich fühlen, eine Zeit des Sommers wieder mit Ihnen zu verleben, da ich mit Wahrheit sagen kann, Sie,

Herrn Geheimerat, waren von ihrer Kindheit an der Gegenstand ihrer Verehrung. Und wie wird sich Ulrikchen freuen, wenn sie wieder Töchterchen genannt wird, worauf sie so stolz ist!

Diesmal wohnte er vom 19. Juni bis zum 22. Juli in dem lieben Hause unter den lieben Menschen. »Herrlich Quartier, freundliche Wirte, gute Gesellschaft, hübsche Mädchen, musikalische Liebhaber, angenehme Abendunterhaltung«: mit solchen Worten zeichnete er seinem Freunde Zelter seine diesmaligen Ferien. Das Wetter war drei Wochen lang sehr schön; er streifte viel herum und brachte seinem Liebling, Ulriken, mehr als einen Strauß mit nach Hause. Auch diesmal bekam sie ihr Andenken-Buch, die ›Campagne in Frankreich‹:

> Wie schlimm es einem Freund ergangen,
> Davon gibt dieses Buch Bericht;
> Nun ist sein tröstendes Verlangen:
> Zur guten Zeit vergiß ihn nicht!

Diesmal erregte ihn der Abschied sehr; es war gut, daß gerade ein neuer Freund, Graf Sternberg, ihn begleitete und auf andere Gedanken brachte.

꙳

Um Neujahr erhielt er einen freundlichen Brief von Ulriken; sie war in Dresden und berichtete, daß ihre Mutter von einem bedenklichen Leiden geheilt sei. Nun schickte sie ihre und der Ihrigen Grüße. Er war sehr froh und dankbar.

Ihr holder Brief, meine Teure, hat mir das größte Vergnügen gewährt, und zwar doppelt wegen eines besonderen Umstands. Denn wenn auch der liebende Papa seiner treuen, schönen Tochter immer gedenkt, so war doch seit einiger Zeit Ihre willkommene Gestalt lebendiger und klarer vor dem inneren Sinne als je. Nun aber entwickelt sich's: es sind gerade die Tage und Stunden, da Sie mein auch in einem höheren Grade gedachten und Neigung fühlten, es auch aus der Ferne auszusprechen. Dreifachen Dank also, meine Liebe! Zugleich die besten Wünsche und Grüße der guten Mutter, deren ich als eines glänzenden Sterns meines früheren Horizonts gar gern gedenke. Der treffliche Arzt, der sie völlig wiederhergestellt, soll auch mir ein verehrter Aeskulap sein.

Und so bleiben Sie überzeugt, daß meine schönste Hoffnung für's ganze Jahr sei, in den heiteren Familienkreis wieder hineinzutreten und alle Glieder so wohlwollend-freundlich gesinnt zu finden, als da ich Abschied nahm und ein würdiger, neuerworbener Freund das unwillkommene Scheidegefühl durch teilnehmendes Geleit einigermaßen zu beschwichtigen suchte. ...
Und also, meine Liebste, nehme ich Ihre töchterlichen Gesinnungen auch für die nächste Zeit in Anspruch. Möge mir an Ihrer Seite jenes Gebirgstal mit seinen Quellen so heilbringend werden und bleiben, als ich wünsche, Sie froh und glücklich wiederzufinden.

So schrieb er am 9. Januar 1823. Sechs Wochen danach schien es, als ob er am Ende aller Pläne angelangt sei. Am 11. Februar war er schon hustend und leidend; in den nächsten Tagen kämpften Gesundheit und Krankheit, doch war es ihm dumm und dumpf im Kopfe. Es sei, wie wenn sich Verstand und Vernunft ausruhen, scherzte der Alte; er sei in der Stimmung, so recht fromm und bigott zu werden. Es sei doch gar schön, meinte er weiter, ein vorgehaltenes Altartuch mit dem Lämmlein und der Kreuzesfahne gläubig anzublicken. Die Nacht zum Siebzehnten brachte er übel zu; am Nachmittage lag er angekleidet im Bette, klagte und jammerte über Schmerzen; er hatte einen äußerst heftigen Fieberfrost gehabt, der ihn über zwei Stunden lang schüttelte. »Was muß der arme Teufel leiden!« rief er; »wie krank bin ich, kränker als in vielen Jahren! Die Götter halten uns hart in solchen kranken Tagen! Und doch auch nicht gar sonderlich in den gesunden.«

Die Kammer, worin er lag, war ganz dunkel; seine Hand kalt, alles umher unheimlich. Er verlangte, etwas Wein zu trinken, aber der Arzt erlaubte es nicht.

Am nächsten Tage hörte der Kanzler v. Müller,[136] Goethe sei höchst gefährlich krank; er habe eine Herzentzündung. Man hatte ihm zur Ader gelassen; das Blut zeigte höchste Entzündung an. Die Ärzte erklärten, daß die Wahrscheinlichkeit seiner Rettung wie Zwei zu Zehn sei.

In der Nacht trat Schweiß ein; danach schien es besser zu gehen. Aber der Kranke stöhnte: »dieser Schmerz – den am Herzen meinend –, dieser unbesiegbare Schmerz wird mich noch an die Schwelle des Lebens bringen.«

In den nächsten Tagen, vom 20. bis 22. Februar, wechselten

Schwere Erkrankung

Besserung und Verschlimmerung. Er war öfters betäubt, phantasierte mitunter halb und halb; dazwischen fragte er nach seinen Freunden und sprach von seinen Arbeiten, die nun verzögert wurden. Zu seinem Diener Stadelmann sagte er einmal leise: »Du glaubst nicht, wie elend ich bin, wie sehr krank.« Auf die Ärzte, die sich seinen Wünschen widersetzten, schalt er; er jammerte, daß sie ihm verfluchtes Zeug zu schlucken gaben und dabei seine Schwiegertochter und deren Schwester mißbrauchten, es ihm beizubringen. Gegen diese Frauen war er sehr liebreich, wenn ihn die Schmerzen losließen. Ottilie solle ja ihrer gewohnten geselligen Weise nachleben, verlangte er, und wie sonst zu Hofe und zum Theater gehen. Jede Dienstleistung erwiderte er durch ein dankbares Wort oder eine freundliche Bewegung. »Nun, ihr Seidenhäschen, wie schleicht ihr so leicht herbei?« redete er sie einmal an. Höchst dankbar pries er die Oberkammerherrin v. Egloffstein, die ihm einen sehr bequemen Großvaterstuhl geschickt hatte. »Damit hat sie sich eine Staffel in den Himmel verdient.«

Am Sonntag, den 23. Februar, war er am kränkesten. »Der Tod steht in allen Ecken um mich herum« sagte er zu seinem Sohne. Und er wiederholte die Klage: »O du christlicher Gott, wie viele Leiden häufst du auf deine armen Menschen! Und doch sollen wir dich in deinen Tempeln loben und preisen!«

In Jena sagte man ihn an diesem Abende tot. Auch die Nacht zum Montag war sehr schlecht. Als der Nachmittag kam, wurde er sehr heftig gegen die Ärzte und befahl mit Ungestüm, ihm Kreuzbrunnen zu geben. »Wenn ich nun doch sterben soll, will ich auf meine eigene Weise sterben.« Er trank auch wirklich ein Fläschchen: mit sichtbar gutem Erfolge. Gegen Abend war er ziemlich kräftig; er ließ sich den ganzen Hergang seiner Krankheit schildern und sprach von ihr wie von einer fremden, abgeschlossenen Sache. Die Seinigen betrachteten jedoch seine Munterkeit nur als ein letztes Aufflackern seines Lebens.

Aber am nächsten Tage fühlte er sich erst recht besser, und nach weiteren zwei Wochen Mattigkeit war er zwar kein völlig Gesunder, doch ging er seinen Geschäften so stetig nach, »wie wenn er nie sterben wollte« und saß des Abends mit seinen Kindern und Freunden zusammen.

Die Kunde von seiner schweren Krankheit war durch die Zeitungen verbreitet worden; jetzt schickten August und er selber »Zeichen erneuten Lebens und Liebens« aus. »Wie befindet sich Marianne?« fragte er in dem Briefchen an Willemers, und sie wünschte sich und ihm, daß er in Wiesbaden völlige Heilung suchen möchte: »die bösen Ärzte werden wohl wieder das Karlsbad anraten.«

Er selber schwankte. Um Pfingsten waren die geistigen Kräfte in gewohnter Weise tätig, aber der Körper litt an langer Untätigkeit; die Muskelkraft war ins Stocken geraten, und niemals fühlte er das Bedürfnis nach viel Bewegung nötiger. In der heiteren Heimat würde es daran nicht fehlen. Er malte sich aus, daß er unangemeldet bei Mariannen erscheinen und sich von ihr einige Zeit festhalten lassen wollte; dann könnte er über Mainz und Koblenz die gelehrten Freunde in Bonn besuchen und neue Pläne abwarten. Seine Ärzte und Freunde sprachen jedoch entschieden für Marienbad. Auch Karl August wollte es besuchen und hätte ihn dort gern zur Gesellschaft gehabt. Und schließlich waren die Levetzows jetzt stärker als die Willemers.

Am 26. Juni trat Goethe eine »sorgfältig-bequeme Reise« nach Böhmen an; erst am 2. Juli langte er in Marienbad an, eine Stunde nach seinem Großherzoge. »Wir wohnen in verschiedenen Häusern auf einer Terrasse« erzählte Goethe einem Freunde; von dieser Terrasse aus sehe man auf den größten Teil des neuen Ortes hinunter.

Das Ganze, das aus großen und ansehnlichen Häusern besteht, hat etwas Wöhnlich-Freundliches; ich möchte wo anders nicht lieber wohnen! Auf den Großherzog tut es dieselbe Wirkung. In allem sind gegen vierhundert Menschen hier, welche sämtliche bedeutende Wohnungen einnehmen; lassen Sie das Drittel davon zur höheren Gesellschaft gehören, so sehen Sie, daß die gebildete Welt einen mäßig-angenehmen Zirkel macht.

Er fühlte sich noch immer als Patienten, wobei er jedoch mehr an seinen geistigen als an den körperlichen Zustand dachte.

Meine Absicht wäre, bis Anfangs August hier zu verbleiben, alsdann von Eger aus Gebirg und Land und mancherlei menschliche Zustände unmittelbar zu schauen. Denn mir scheint Nichts nötiger als äußere sinnliche Anregung, damit ich mich nicht ins Abstrakte oder wohl gar Absolute verliere.[137]

Nach der Genesung

Es waren schon viele höchst schätzbare Badegäste da, aber zunächst konnte er noch fleißig seinen naturwissenschaftlichen Liebhabereien nachgehen, denn »die Familie« fehlte noch. Am 11. Juli traf dann Frau v. Levetzow mit ihren Töchtern ein, und nun gehörte er wieder zu ihnen. Zum Frühstück kam man auf der Terrasse zusammen, und von da an sah man sich bis in die späte Nacht immer wieder. Goethe fühlte sich jetzt erst genesen. Am 24. Juli schrieb er seinem treuen Zelter: es gehe ihm »besonders wohl.«

Denn vom Hause nach einem so harten Winter, nach einer gewaltsamen Krankheit und einsam-tätigen Monaten beinahe lebensunfähig wegzugehen, war nicht zu verwundern. Reise, neue Gegenstände, Veränderungen aller Art, sogar auch Unbequemlichkeit, neue An- und Eingewöhnung riefen mich eigentlich wieder ins Leben. ... So tun auch manche frühere Menschen-Verhältnisse gar wohl, indem sie Zeuge sind, daß man nach einer Jahresnacht Neigung und Wohlwollen nicht verschlafen hat ... Glücklicherweise ist die ganze Nachbarschaft von schönen Frauen und verständigen Männern eingenommen. Ältere Verhältnisse verknüpfen sich mit neuen, und ein vergangenes Leben läßt an ein gegenwärtiges glauben.

Jetzt, auf der Höhe des Sommers, veranstalteten die Kurgäste untereinander zahlreiche Unterhaltungen, und der alte, eben noch kranke Geheime Rat v. Goethe ließ sich von der »Familie« gar oft mitlocken; auch die Anwesenheit seines immer lebenslustigen Großherzogs Karl August reizte ihn, die große Gesellschaft aufzusuchen, wo fürstliche und andere höchst vornehme Persönlichkeiten ihr Gespräch gern an ihn richteten. »Schöne Frauen machen sich bemerken« schrieb er jetzt an Knebel, »wöchentlich werden Bälle gegeben, und zu ernsterer Unterhaltung fehlt es nicht an gereiften Diplomaten und sonst erfahrenen Weltmenschen.« Besonders gern unterhielt er sich mit dem edelen »Grafen von St. Leu«, Napoleons Bruder, der vormals König Ludwig von Holland gewesen war.

Goethe arbeitete jetzt morgens an seiner ›Lebenschronik‹, den Tag- und Jahresheften; und die Lebensbetrachtung beschäftigte ihn auch abends: da beobachtete er, wie alle diese mehr oder weniger bedeutenden Menschen sich der Welt gegenüber verhielten. »Ihr Hauptstreben ist eine unmögliche Synthese,« so war sein Ergebnis, »in der sie sich abquälen, die Verständigsten wie die Unverständigsten: Tod und Leben, Regiment und Freiheit, Meisterschaft und

Bequemlichkeit, Leidenschaft und Dauer, Gewalt und Sittlichkeit usw., Das soll vereinigt zur Erscheinung kommen!«

So folgten körperliche Anstrengung und Erregungen des Geistes und Gemüts rasch aufeinander; dabei versuchte er, sein tägliches Maß von schriftstellerischer Arbeit zu leisten. Sehr stark beschäftigte er sich immer noch mit den Gesteinsarten der Gegend, die er selber suchte oder von seinem eingeübten Diener Stadelmann suchen und herbeischaffen ließ und die ihm von andern Liebhabern dieser Wissenschaft gebracht wurden. Nebenbei beobachtete er das Wetter mit gewohnter Gründlichkeit. Nebenbei ließ er sich von einem russischen Maler Kiprinski malen. Und nebenbei trieb er noch hundert andere Sachen. Er kam fast jeden Abend recht spät in's Bett, ganz gegen seine Gewohnheit. Die Lebenskraft des Vierundsiebzigjährigen war erstaunlich gesteigert oder aufgereizt; freilich kamen auch Stunden der Ermattung und schlimme Nächte; aber gleich danach raffte er sich wieder auf.

❧

Die neunzehnjährige Ulrike stand ihm im Mittelpunkte dieses höchst bewegten Lebens. Ihr zu Liebe sah er den Spielen und Tänzen der Jugend zu und raubte er sich den Schlaf vor Mitternacht; an sie richtete er seine Erzählungen und seinen Unterricht am liebsten; er hätte sie sogar gern in seine mineralogischen Studien verstrickt, und um ihr das Besehen der neu erlangten Gesteine angenehmer zu machen, steckte er für sie und die Schwestern »duftende, genießbare, tafelförmige Kristallisationen«, d. h. Schokolade-Tafeln, dazwischen. Mit ihr und der Familie ging er längere Wege im Freien herum, als seine Kraft sonst erlaubt hätte; zu Hause zeigte er der Jugend Gesellschaftsspiele, die sie noch nicht kannten und spielte selber mit. Auch Neckereien kamen vor; Amelie liebte sie besonders, aber auch die stille Ulrike machte dem alten Herrn einmal zum Scherz Vorwürfe, daß er sie manchmal gar nicht bemerke, wenn sie vorübergehe oder in der Nähe sei. Flugs war die Antwort da:

>Du gingst vorüber? Wie! ich sah dich nicht?
>Du kamst zurück, dich hab' ich nicht gesehen? –
>Verlorner, unglücksel'ger Augenblick!
>Bin ich denn blind? Wie soll mir Das geschehen?

> Doch tröst' ich mich, und du verzeihst mir gern,
> Entschuldigung wirst du mit Freude finden;
> Ich sehe dich, bist du auch noch so fern!
> Und in der Nähe kannst du mir verschwinden.

Ein andrer Zettel aber lautet:

> Du hattest längst mir's angetan,
> Doch jetzt gewahr' ich neues Leben;
> Ein süßer Mund blickt uns gar freundlich an,
> Wenn er uns einen Kuß gegeben.

Gewöhnlich nannte er sie sein Töchterchen oder seinen Liebling. Einmal sagte er, er wünschte sich, einen zweiten Sohn zu haben, damit er dies bildsame Kind zur Schwiegertochter bekommen könne. Ein andermal fragte ihn Amelie, wie ihr Kleid ihm gefiele. »Es ist sehr hübsch« antwortete er, »aber Ulrikens ist hübscher.« Darauf die immer kampfbereite Amelie: »Ich hätte gar nicht zu fragen brauchen, an Ulriken ist ja Alles hübscher.«
   Auch die guten Freunde bemerkten, daß der alte Dichter in dies Kind verliebt war. Großherzog Karl August scherzte gern über solche Schwächen, zumal wenn sein sonst so feierlicher Freund Goethe ihm dadurch wieder näher rückte; die Idee, daß Goethe dieses halbe Kind heiraten könnte, reizte ihn, und er redete darüber. Solches Schwatzen und solche Erlebnisse gehörten eben mit zu den Zerstreuungen des Badelebens. Auch in Karlsbad redete man über Goethe und zwei Fräulein v. Levetzow, die immer an seinem Arme hingen. Einmal hieß es sogar, der alte Herr habe das eine dieser jungen Mädchen geheiratet. Seiner Schwiegertochter erzählte Goethe selber von seinem eigenen und dem allgemeinen Courmachen:

Für den Fürsten [Karl August] fand sich einiges anziehende; der Herzog von Leuchtenburg nahm keinen Anstand, sich auch etwas Hübsches auszusuchen, und wenn der Graf St. Leu besser auf den Füßen wäre, so, dächt' ich, könnte auch ihn das allgemeine Schicksal der Bezauberung hinreißen, welche sogar unsern Nachbar v. Helldorf ergriffen.

Daß für ihn eine Ulrike das »vorzüglichste Ingredienz dieser Zustände« sei, bei denen er »vergnügt, ja beinahe glücklich« lebe, erzählte er gleichfalls.

Dieser höchst angenehme Zustand, daß der alte Dichter, durch Wahlverwandtschaft zugehörig, inmitten einer sehr feinsinnigen, vornehmen Familie und auch sonst in angenehmer Geselligkeit lebte, dauerte einen Monat. Dann kam das vom Kurort-Leben unzertrennliche Abschiednehmen guter Freunde, das Erscheinen neuer Gäste, das Einpacken, Abreisen, kurz die häufige Erinnerung an die leidige Tatsache, daß solche festliche Zeit wie ein Traum verfliegt. »Die schönen Tage von Aranjuez sind nun vorüber« begann Goethe einen Brief am 14. August.

So pflegen die Weimaraner zu sagen, wenn sie eine vergangene heitere Zeit zu beklagen Ursache finden. Am 9. reiste der Großherzog ab, der Vieles verband und belebte; die schönsten Ballkleider seh' ich einpacken, die Hüte nebenbei, und in wenig Tagen ist die belebte Terrasse zur vollkommenen Wüste geworden. Das war nun also wieder einmal ein Badeleben, wo Alles in vier, fünf Wochen vorüber ist.

Die »Familie« wollte vor ihm abreisen, weil Frau v. Levetzow die Quellen von Karlsbad brauchen mußte; Das war nun noch keine harte Trennung, denn es war schon ausgemacht, daß man in Karlsbad sich noch einmal begegnen wolle. Aber auch dieser vorläufige Abschied griff den alten Herrn an. Seine Erregung ward eben jetzt noch durch zwei neue Ankömmlinge gesteigert, zwei Künstlerinnen; ihre Kunst wirkte in ganz ungewöhnlicher Weise auf ihn, und man hätte nicht sagen können, ob sein Genuß daran ein Glück für ihn war oder ein Zeichen allzugroßer Reizbarkeit oder gar Vorbote einer neuen Erkrankung.

Zuerst kam und besuchte ihn die berühmte Sängerin Anna Milder-Hauptmann, und bei dem angesehenen Arzte des Bades, Dr. Heidler, hörte er sie auch singen. Nur vier kleine Lieder trug sie vor, aber eine Unendlichkeit schien sich aufzutun. »Unvergleichlich« nannte Goethe ihren Gesang im Tagebuche, und bezeugte, daß sie »uns alle zum Weinen brachte.« Noch mehr überwältigte ihn das Klavierspiel einer dreiunddreißigjährigen schönen Polin, der Maria Szymanowska, geb. Wolowska. Goethe hörte sie zuerst in ihrem Zimmer, als er ihr einen Gegenbesuch machte; sie spielte ihm ein Stück von Hummel, dann eins von eigener Erfindung und noch zwei andere: »Ganz herrliche!« Dann gingen Beide spazieren; ein Regenwetter übefiel sie unterwegs – nun waren sie gut bekannt. Das war

Die Pianistin Maria Szymanowska. Goethe war von ihrem Klavierspiel und ihrer Schönheit gleichermaßen verzaubert. Steinzeichnung von Bore nach einem Bild von Oleszkiewicz

am 14. August (1823); am 16. sann der alte Dichter bereits auf Verse, die er ihr und ihrer Schwester Kasimira ins Stammbuch schreiben wollte. Sechs Tage lang traf man sich immer wieder, und Goethe hätte nicht sagen können, ob er die Szymanowska lieber sehe oder höre. Hinter der polnischen Liebenswürdigkeit stand das größte Talent – ihr neuer Freund überschätzte es offenbar – gleichsam als Folie oder umgekehrt.[138] »Man ist erstaunt und erfreut, wenn sie den Flügel behandelt, und wenn sie aufsteht und uns mit aller Liebenswürdigkeit entgegen kommt, läßt man sich‹s ebensowohl gefallen.«

Es waren jetzt gerade die Tage, wo die Levetzows sich zur Abreise vorbereiteten und auch abreisten: die Liebe zu Ulriken, das Wohlgefallen an der Polin und die Rührung durch ihre Musik flossen in Goethes Herzen zusammen und traten zu Tage in Versen, die Maria Szymanowska am 18. August in ihrem Album fand.

> Die Leidenschaft bringt Leiden! – Wer beschwichtigt
> Beklomm'nes Herz, das allzuviel verloren?
> Wo sind die Stunden, überschnell verflüchtigt?
> vergebens war das Schönste dir erkoren!
> Trüb ist der Geist, verworren das Beginnen;
> Die hehre Welt, wie schwindet sie den Sinnen!
>
> Da schwebt hervor Musik mit Engelschwingen,
> Verflicht zu Millionen Tön' und Töne,
> Des Menschen Wesen durch und durch zu dringen,
> Zu überfüllen ihn mit ew'ger Schöne:

> Das Auge netzt sich, fühlt im höhern Sehnen
> Den Götterwert der Töne wie der Tränen.
>
> Und so das Herz, erleichtert, merkt behende,
> daß es noch lebt und schlägt und möchte schlagen,
> Zum reinsten Dank der überreichen Spende,
> Sich selbst erwidernd willig darzutragen.
> Da fühlte sich – o, daß es ewig bliebe! –
> Das Doppelglück der Töne wie der Liebe.

Am nächsten Tage verabschiedete sich Goethe von den nächsten Bekannten; abends ließ er sich schröpfen und besprach sich noch einmal mit dem trefflichen Dr. Heidler über seine Gesundheitsverhältnisse. »Das Vergangene überdacht, das Nächste überlegt« heißt es dann im Tagebuche, und am andern Morgen: »Ruhige Nacht. Konziliante Träume. Fortgesetztes Einräumen und Einpacken. Madame Szymanowska und Schwester. Graf St. Leu. Brösigkes.«

Am 20. August sah ihn noch die alte Freundin Karoline v. Humboldt. Sein Befinden sei gut, schrieb sie ihrem Gatten.

Dennoch fand ich in einer gewissen Weichheit des Ausdrucks, in dem leicht sich mit Feuchtigkeit füllenden Auge, in einer gewissen Unsicherheit der Bewegungen Spuren des sehr vorgeschrittenen Alters ... Wie scheinbar kräftig der schöne Greis auch dastand, es kam mir doch vor, als sei sein irdisches Ziel nicht fern mehr.

An diesem Nachmittage fuhr er ab, zunächst nach Eger. Hier schrieb er Briefe, die seine übermäßig gesteigerten Gefühle gleichfalls aussprachen. Dem Naturforscher Nees v. Esenbeck in Bonn drückte er herzlichste Dankbarkeit aus für die Anerkennung, die Dieser in der Jenaischen Literatur-Zeitung seinen biologischen Arbeiten gezollt hatte:

Viel aber, viel wäre zu sagen, was jene merkwürdigen Literaturblätter, in leichter, reiner Luft einer bedeutenden Bergeshöhe, im Freien und Stillen wiederholt gelesen und durchgedacht, für eine Wirkung auf mich ausübt. Möcht' ich mich fromm und kurz fassen, so müßt' ich sagen: es kam augenblicklich der Friede Gottes über mich, der, mich mit mir selbst und mit der Welt ins Gleiche zu setzen, sanft und kräftig genug war.

Wiedersehen mit der Familie in Karlsbad

Auch in Freundesbriefen spiegelt sich Dies hin und wieder; die Verhältnisse sehr guter Menschen zu mir und unter einander haben sich dadurch herrlich gesteigert. Wie doch alles Höhere, im Wissenschaftlichen und so durchaus, alsbald ethisch wirkt und so viel sittlichen Vorteil bringt!

In einem andern Briefe erzählte er dem vertrauteren Freunde Zelter von den Marienbader Bekanntschaften, auch auf die liebliche Ulrike hindeutend und er fuhr fort:

Nun aber doch das eigentlich Wunderbarste! Die ungeheure Gewalt der Musik auf mich in diesen Tagen! Die Stimme der Milder, das Klangreiche der Szymanowska, ja sogar die öffentlichen musikalischen Exhibitionen des hiesigen Jägerkorps, falten mich aus einander, wie man eine geballte Faust freundlich flach läßt ... Ich bin völlig überzeugt, daß ich im ersten Takte Deiner Singakademie den Saal verlassen müßte.

Er habe, fügte er zur Erklärung hinzu, die Musik, zumal die edle, hohe Musik, allzu lange entbehrt, »einen Genuß, der wie alle höheren Genüsse den Menschen aus und über sich selbst, zugleich auch aus der Welt und über sie hinaushebt.« Aber er stellte doch selber fest, daß seine jetzige »krankhafte Reizbarkeit« »eigentlich als die Ursache jenes Phänomens anzusehen ist.« Auch gegen seinen Sohn meinte er: von seiner vorigen Krankheit sei noch eine gewisse Reizbarkeit übrig geblieben. »Da aber Dieses bis zum Bewußtsein emporgehoben ist, so wird auch darauf zu wirken sein.«

❧

Am 25. August fuhr er nach Karlsbad. Die »Familie« hatte ihm im gleichen Hause, wo sie wohnte, schon Zimmer gemietet und ihn gebeten, während dieser Tage an ihrem Tische ihr lieber Gast zu sein. Um vier Uhr erreichte er das Ziel.

Meldung bei Frau v. Levetzow. Über ihr im 2. Stock vom ›Goldenen Strauß‹ eingezogen. Schönes Quartier, schöne Aussicht. Es war ein Wagen mit Früchten und sonstigen Viktualien von Graf Klebelsberg angelangt. Köstliche Feigen und Aprikosen vorgesetzt ...
  Mit der Familie gegen den Posthof. Abends vor der Türe bei dem Tee. Nachts mit der Familie. Der abnehmende Mond ging sehr klar über dem Dreikreuzberg auf.

26. August. Mit der Familie gefrühstückt. Sodann für mich bis halb zwei Uhr. Nachher Almanache und andere kleine Kupfer mit Ulriken. Nach Fünfen auf Aich gefahren, an der Eger hinauf. Kaffee getrunken. Zurück über den Hammer. Herrlicher Abend ... Verabredung wegen einer Partie nach Einbogen.
27. August. Graf Zenigeo gab auf Ameliens Neckereien einen Tanz-Tee im Sächsischen Saal, wo man vorher sitzend Tee trank und viel Süßigkeiten genoß. Die guten Tänzerinnen und Tänzer, deren nicht viel waren, kamen nicht vom Platze ... Zu der Schluß-Polonaise forderte mich eine polnische Dame zum Tanz auf, den ich mit ihr herumschlich und mir nach und nach beim Damenwechsel die meisten hübschen Kinder in die Hand kamen. Nach 10 Uhr Schicht. Beim Abendessen noch lange beisammen.

So schloß er sein vierundsiebzigstes Jahr. Seinen Geburtstag aber wollte er nicht in der Menge und mit Getöse feiern; deshalb eben hatte er mit der »Familie« die Fahrt nach Elbogen besprochen. Frau v. Levetzow verstand, daß Goethe auch im engeren Kreise nicht gefeiert sein wollte. Als er am 28. August zum Frühstück herunterkam, ward er also nicht beglückwünscht; aber es stand eine neue Tasse, von einem Efeukranz umgeben, auf seinem Platze.

»Warum die schöne Tasse?« fragte er und Frau v. Levetzow erwiderte: »Damit Sie an unsere Freundschaft erinnert werden. Efeu ist ja deren Sinnbild.«

Goethe reichte ihr die Hand: »Wie hübsch! Es soll mir ein liebes Andenken sein.«

Nach dem Frühmahl bestieg man den Wagen; zwei Morgenstunden dauerte die Fahrt. Im ›Weißen Roß‹ hatte Goethe, der heute der Gastgeber war, das Mittagessen bestellen lassen; Stadelmann und John kamen mit einem festlichen Dessert nach. Man ging spazieren, »durch die neuen Felsenwände,« »auf's Rathaus, den Meteorstein zu sehen,« »in die Porzellanfabrik.« Goethe war sehr heiter. Als man sich zum Essen setzte, sah er eine Torte und zwei Flaschen alten Rheinweins, die er nicht angeordnet hatte.

»Welch' schöner geschenkter Kuchen!« rief er aus.

»Ich muß doch auch Etwas zu dem Diner beitragen« antwortete Frau v. Levetzow, »und da wählte ich Biskuit und einen Wein, welches Sie ja lieben.«

»Meine aufmerksame kleine Freundin! Aber welch' schönes Glas sehe ich wieder hier? Mit den Namen der lieben Kinder!«[139]

»Wir wollen über Allem nicht vergessen sein« erwiderte die listige Frau, »und Sie sollen sich unser und auch des heutigen schönen Beisammenseins erinnern und immer daran denken.«

Goethe lächelte und dankte. Man aß und trank und scherzte und plauderte. Gegen Ende der Mahlzeit überreichte Stadelmann seinem Herrn einen Pack Briefe, die er aus Karlsbad mitgebracht hatte: Glückwünsche zum Geburtstage. Goethe las etwas darin und sagte öfters: »die lieben Menschen!« oder »sehr freundlich und lieb« und Dergleichen. Aber die Damen taten gar nicht neugierig.

In heiterster Laune fuhr man nach Karlsbad zurück; Goethe eignete sich unterwegs, um noch ein weiteres Andenken zu haben, Ulrikens Handschuhe an. Als sie in die Stadt einfuhren, bemerkte man gleich, daß Goethe auf der Wiese erwartet wurde, von Menschen und Musik. Die Mutter winkte ihren Töchtern; sie eilten rasch in ihre Zimmer.

Als der alte Herr am andern Morgen herunterkam, war sein erstes Wort: »Nicht wahr, Sie wußten, daß gestern mein Geburtstag war?«

»Wie sollte ich nicht?« erwiderte Frau v. Levetzow, »Sie haben den Tag ja in Ihrer Lebensgeschichte genannt.«

Lachend schlug er sich vor den Kopf und meinte: »So wollen wir ihn nun den Tag des öffentlichen Geheimnisses nennen!«

&

»Gern gesteh' ich, daß ich mich solchen Wohlbefindens an Leib und Geist lange nicht erfreute! schrieb er zwei Tage danach an August; »und wünsche nur, diese tätige Heiterkeit mit zu Euch zu bringen ... Übrigens ist es gut, daß ich meinen Wagen [zur Rückreise] bestellt habe, denn Witterung und Zeitumstände sind so verführerisch, daß ich mich gar wohl dürfte verleiten lassen, in diesen böhmischen Zauberkreisen noch eine Zeit lang mit umzukräuseln.«

Es folgten noch ein paar angenehmste Tage:

30. August. Das alte Schloß bestiegen. Wunderliche Abenteuer. Großes Gelächter. Die Dreifaltigkeits-Kapelle. Eingedenk des fehlenden Gottvaters. Strafe des Kirchenraubs. Fortgesetzte Lustigkeit. Auf dem Straßenhause späten Kaffee. Anlässe zu Spaß und Spott. Bei dem herrlichsten Wetter nach Hause. Karlsbad mit Zimmerlichtern und Straßenlaternen. Heitere Verwechslung der Sterne. Um 9 Uhr angelangt. Neue Projekte.

Man blieb noch lange beisammen.

31. August. Frau v. Levetzow erzählte die Geschichte ihres Zusammentreffens mit Frau v. Stael in Genf. Abends in der Komödie ... nachher auf der Wiese spazieren. Nachts zusammen. Die Jüngeren zeitig zu Bette. Blieb mit Frau v. Levetzow und Ulriken in vielfachen Erinnerungen.

1. September. Frau v. Levetzow und Ulriken zum ›Schilde‹ begleitet, die eine kranke Engländerin Edgeworth besuchten und wegen einer Kammerjungfer verhandelten. ... Ich ging indessen mit Amelie und Bertha erst auf der Brücke, dann auf der Wiese auf und ab. Der Ersteren lustige Ungeduld. Es war spät geworden; man blieb auf der Wiese. ... Abends las Bertha die ersten Kapitel des ›Schwarzen Zwerges‹ [von Walter Scott] sehr artig. Könnte durch Unterricht leicht zur Vollkommenheit gelangen. Kleines dramatisches Fest zum Empfange des Grafen Klebelsberg auf Trziblitz. Anmutige Erzählung.

2. September. [Abends] zusammengeblieben. Kleine Gelegenheits-Gedichte voriger Zeiten. Schilderung eines früheren Hofmeisters der jungen Töchter. Ameliens unglaubliche Ungehorsams-Possen. Über weimarische hohe Kultur, ältere und neuere.

3. September. Gegen den Brunnen zu gegagenen, abzuholen. Auf der Wiese gefrühstückt. Amelie disputierend mit dem General Ominsky. Merkwürdige Torheiten. ... Mittag zusammen. Gegen 4 Uhr auf Aich. Kleid von gegittertem echten schottischen Zeug, das sehr gut stand. Über den Hammer zurück. Bedeckter Himmel, sehr schöne Fahrt, warmer Abend. Auf der Wiese. Nach 7 Uhr entstand von Westen her Wetterleuchten. Spazierend lange zugesehen. Sprühregen, in's Haus. Ulrike fuhr fort den ›Schwarzen Zwerg‹ zu lesen, im ganzen natürlich und gut; sie müßte sich zu mehr Energie und Darstellungs-Lebhaftigkeit bequemen. Man blieb zusammen. Amelie voller Torheiten. Gegen 10 Uhr sah man schon wieder die Sterne an dem teilweis bedeckten Himmel.

Am nächsten Tage rüstete er sich zur Abreise; sein Wagen war eingetroffen. Er kaufte Trinkgläser für die drei Schwestern als Gegengabe für das seine.

Zu Tische Scherz mit den Gläsern. Wiederholung der Geburtstagsgeschichte. Auf den Hammer gefahren. Abends mit der Familie.

Am andern Morgen war leider Graf Taufkirchen bei den Levetzows, als Goethe zum letzten Gruße eintrat.

Abschied

Als sich Der entfernt hatte, allgemeiner, etwas tumultuarischer Abschied. Ich ging bis zum ›Goldenen Löwen‹, wo ich den Wagen traf. Abgefahren nach 9 Uhr.

Das fröhliche Karlsbad, die schlanke, sanfte Ulrike und die geliebte Familie – sie waren nun für seine Augen versunken, verschwunden. Wer konnte sagen, ob auf immer, ob auf ein kurzes oder langes Jahr? In seinem Kopfe, seinem Herzen, welche Erregung! Kürzlich erst hatte er über die Menschen gespottet, die sich mit unmöglichen Synthesen abquälen. Versuchte er selber sich nicht an der unmöglichsten aller Synthesen? Wünsche er nicht, sein hohes Alter mit der frischesten Jugend Ulrikens in einem Liebesbunde zusammenzuschließen? Wollte er nicht der Leidenschaft, dem Enthusiasmus Dauer verleihen? Vermischten sich nicht in seinem Innern die Weisheit, Entsagung und Frömmigkeit des Greises mit jugendlicher Sehnsucht? Das Unsinnige seines Wünschens oder Strebens sah er ein und war durch diese Erkenntnis keineswegs gebessert; die fruchtlose Operation ging vielmehr ununterbrochen in ihm fort.[140]
Er war in den nächsten Tagen viel im Reisewagen, stattete Besuche ab, hielt sich noch einmal in Eger auf, bewegte sich nur langsam auf Jena und Weimar zu. Von Anfang der Fahrt an bildete sich in ihm ein Gedicht, in das sich alle seine Gedanken und Gefühle ergossen. Wie Paradies erschien ihm das Leben neben Ulriken und wie Hölle das Leben ohne sie.

> So warst du denn im Paradies empfangen,
> Als wärst du wert des ewig schönen Lebens;
> Dir blieb kein Wunsch, kein Hoffen, kein Verlangen,
> Hier war das Ziel des innigsten Bestrebens,
> Und in dem Anschaun dieses einzig Schönen
> Versiegte gleich der Quell sehnsüchtiger Tränen.
>
> Wie regte nicht der Tag die raschen Flügel,
> Schien die Minuten vor sich herzutreiben!
> Der Abendkuß ein treu verbindlich Siegel:
> So wird es auch der nächsten Sonne bleiben.
> Die Stunden glichen sich in zartem Wandern
> Wie Schwestern zwar, doch keine ganz den andern.

> Der Kuß, der letzte, grausam süß, zerschneidend
> Ein herrliches Geflecht verschlungner Minnen –
> Nun eilt, nun stockt der Fuß, die Schwelle meidend,
> Als trieb' ein Cherub flammend ihn von hinnen;
> Das Auge starrt auf düstern Pfad verdrossen,
> Es blickt zurück, die Pforte steht verschlossen.

Blieb ihm denn nicht die ganze Erde noch übrig, die zu betrachten sonst seine Lust war? Entfaltete sich nicht eine Landschaft nach der andern vor seinen Blicken? Sprachen nicht die ewig wechselnden Himmelserscheinungen nach wie vor zu ihrem Kenner und Erforscher? Ach, jetzt erinnerte ihn sogar eine Wolke an die Geliebte!

> So sahst du sie in frohem Tanze walten,
> Die Lieblichste der lieblichen Gestalten!

Und nun war die Außenwelt wieder verdrängt von innerem Schauen. Da sah er sie, wie sie in allen diesen seligen Wochen ihm erschienen war:

> So tausendfach, und immer, immer lieber.

> Wie zum Empfang sie an den Pforten weilte
> Und mich von dannauf stufenweis beglückte;
> Selbst nach dem letzten Kuß mich noch ereilte,
> Den letztesten mir auf die Lippen drückte:
> So klar beweglich bleibt das Bild der Lieben
> Mit Flammenschrift ins treue Herz geschrieben.

Im Herzen konnte, wollte er sie für sich und sich für sie bewachen. Seine Liebe war ja rein und fromm:

> Wenn Liebe je den Liebenden begeistet,
> Ward es an mir auf's lieblichste geleistet.

»Wie doch alles Höhere ... alsbald ethisch wirkt und so viel sittlichen Vorteil bringt« hatte er neulich einem Freunde geschrieben, »im Wissenschaftlichen und so durchaus.« Gewiß auch in der Liebe.

> Vor ihrem Blick, wie vor der Sonne Walten,
> Vor ihrem Atem, wie vor Frühlingslüften,
> Zerschmilzt, so längst sich eisig starr gehalten,
> Der Selbstsinn tief in winterlichen Grüften;
> Kein Eigennutz, kein Eigenwille dauert,
> Vor ihrem Kommen sind sie weggeschauert.

Wer solche Liebe fühlt, für ihn wird der geliebte Gegenstand eine himmliche Erscheinung, eine Stimme der Gottheit. Das ist Schwärmerei, aber ist es wirklich nur Schwärmerei? Welche göttliche Rede – so wendet wohl der Nüchterne ein – konnte der alte Weltforscher von diesem kindhaften Mädchen hören oder welche konnte er ihr leihen? O, den allerbesten Rat und Trost!

> Es ist, als wenn sie sagte: »Stund um Stunde
> Wird uns das Leben freundlich dargeboten,
> Das Gestrige ließ uns geringe Kunde,
> Das Morgende, zu wissen ist's verboten;
> Und wenn ich je mich vor dem Abend scheute,
> Die Sonne sank und sah noch, was mich freute.«

> »Drum tu' wie ich und schaue, froh verständig,
> Dem Augenblick ins Auge! Kein Verschieben!
> Begegn' ihm schnell, wohlwollend wie lebendig,
> Im Handeln sei's zur Freude, sei's dem Lieben;
> Nur, wo du bist, sei Alles, immer kindlich,
> So bist du Alles, bist unüberwindlich!«

So sprach der Greis vor sich hin, während ihn sein Wagen immer mehr von diesem Mädchen entfernte. Was er ihr in den Mund legte, war ihm keine neue Erkenntnis; als Jüngling, als Student schon hatte er sie erworben; aber er nahm sie nun aus Ulrikens Vorbilde. Der Geist sprach weise Worte – und das Herz blieb schwach.

> Mich treibt umher ein unbezwinglich Sehnen:
> Da bleibt kein Rat als grenzenlose Tränen.

> Mir ist das All, ich bin mir selbst verloren,
> Der ich noch erst den Göttern Liebling war;

> Sie prüften mich, verliehen mir Pandoren,
> So reich an Gütern, reicher an Gefahr;
> Sie drängten mich zum gabeseligen Munde,
> Sie trennen mich und richten mich zu Grunde!

Schon von Eger aus schrieb er der teuren Familie, aber er faßte sich zusammen, und wenn er auch seine Liebe nicht verbarg, so sprach er doch zugleich als der alte Vater und Lehrer. Und der größte Inhalt des Briefes war Dank für die schönen Tage, die ihm nun zum inneren Besitz gehörten. Schon dachte er an die Zusammenkunft im nächsten Sommer.

Alle Leute berufen mich über meine gesunde Heiterkeit; ... sollte ich sie aufrecht erhalten, so bringe ich sie zur Quelle zurück; sollte sie sich verlieren, so weiß ich, wo ich sie wiederfinden könnte.

Er schien in der Tat seinen verzweifelten Schmerz durch die laute Klage des Gedichtes überwunden zu haben. »Sie finden mich ganz frei« schrieb er einem Freunde, »und nach einer glücklichen Kur heiter und tätig.«

Das Gerede über Goethe und die Levetzows hatte sich unter den böhmischen Badegästen und mit ihnen weiter und weiter verbreitet. Schon Ende August hörte Frau v. Humboldt in Karlsbad versichern, daß die alte Frau v. Brösigke selber erzähle, Goethe habe ihrer Enkelin seine Hand angetragen. Er habe ihr gesagt, sie würde auch in seiner Familie, von seinem Sohne und seiner Schwiegertochter sehr geehrt und auf Händen getragen werden. Vom Großherzog aber würde sie als seine Witwe zweitausend Taler jährliche Pension haben. Das Fräulein aber, fügte die Großmama hinzu, könne sich nicht zu einer im Alter so ungleichen Heirat verstehen.

Als nun Goethe nach Thüringen heimkehrte, wußte man auch dort, daß er sich mit Heiratsabsichten entweder getragen habe oder noch trage. Vielleicht hatte der Großherzog selber es aus Scherz unter die Leute gebracht. Goethe ergriff die erste Gelegenheit, sich gegen eine der geselligsten und tüchtigsten Persönlichkeiten in Weimar, den Kanzler v. Müller, zu erklären, um dem Gerede die Spitze abzubrechen. Zufällig war auch der weimarische Arzt

Dr. Rehbein diesen Sommer in Böhmen gewesen, hatte sich dort in ein hübsches Mädchen verliebt und sich auch sogleich mit ihr verlobt: eben jetzt reiste er zur Hochzeit. Diese schöne Gelegenheit ergriff der alte Herr auf's schlaueste, sein eigenes Glaubensbekenntnis über Heiratssachen auszusprechen.[141] Er lobte nämlich jene Braut über alle Maßen, nannte es aber doch einen dummen Streich, daß Rehbein sich so rasch verehelichte.

»Sie wissen« sagte er, »wie ich alles Extemporieren hasse. Vollends eine Verlobung oder Heirat aus dem Stegreife war mir von jeher ein Greuel. Eine Liebe wohl kann im Nu entstehen, und jede echte Neigung muß irgend einmal, gleich dem Blitze, plötzlich aufgeflammt sein; aber wer wird sich denn gleich heiraten, wenn man liebt! Liebe ist etwas Ideelles, heiraten etwas Reelles, und nie verwechselt man ungestraft das Ideelle mit dem Reellen. Solch ein wichtiger Lebensschritt will allseitig überlegt sein, und längere Zeit hindurch, ob auch alle individuellen Beziehungen, wenigstens die meisten, zusammenpassen.«

Dies Gespräch geschah noch in Jena, wo Goethe sozusagen Quarantäne hielt. Am 17. September fuhr er nach Weimar und wenige Tage danach war er schon wieder unzufrieden, ja voller Unmut. Gar zu sehr drängte sich ihm der Unterschied auf zwischen seiner weimarischen Familie und Derjenigen, die er in Karlsbad verlassen. Sein Sohn war leider in den Mannesjahren nicht angenehmer geworden; er liebte die starken Getränke und galt schon für einen Trinker; gelegentliche Roheit hing mit dieser krankhaften Leidenschaft zusammen. Ottilie dagegen nahm das Leben allzu romantisch; für das Hauswesen war sie unbrauchbar; auch hätte sie die Wirtschaft durch ihre Verschwendung sehr geschädigt, wenn sie die Verwaltung hätte führen dürfen. Wie ihr Gatte seine eigenen Wege ging, so beschäftigte sie ihr Herz mit andern Männern; besonders trieb sie einen argen Götzendienst mit den Engländern, die nach Weimar kamen. Der Vater Goethe hatte diese Entwicklung oft leicht zu nehmen gesucht und sich stets bemüht, das angenehmste Verhältnis zu seinen Kindern zu behalten; namentlich nach außen zeigte er nie Unzufriedenheit; jetzt aber quälte ihn die im eigenen Hause bestehende, wenn auch verdeckte Uneinigkeit. Er erzählte den Seinen von Marienbad und Karlsbad, also von den Levetzows; so kam auch das Gerücht, daß er Ulrike heiraten wolle, zur Sprache; sein Sohn ward heftig und kämpfte in lauter, schonungsloser Weise gegen einen solchen Plan, wenn er etwa bestehe, an.[142] Er spielte den Pikierten und erklärte: wenn dies Gerede glaubhaft werde, würde er sofort abreisen, nach Berlin, und auch Ottilie mitnehmen. Dieser häusliche Sturm blieb nicht geheim; Frau v. Schiller, die Dergleichen immer erfuhr und weitertrug, schrieb ihrem Sohne Ernst davon: »Der Kammer-Rat [August] soll außer sich sein, Ottilie aber sich sehr vernünftig betragen.« Und später:

Die Familie hat seine Heiratsgedanken auf eine undelikate, harte Art aufgenommen, statt ihm Anteil zu zeigen; der Sohn soll mit ihm sehr hart gewesen sein; Ottilie bekam Krämpfe; Alles war in Verzweiflung. Das ist nicht der Weg, sein Herz zu besänftigen: er hat die Natur, daß ihn der Widerstand verhärtet.[143]

Gegen die vertrautesten Freunde sprach Goethe sich offener und ruhiger aus, und sie verstanden ihn besser. Der Kanzler trieb ihn an, sich mehr Zerstreuung zu verschaffen und auch hier in Weimar häufiger die Zimmer zu verlassen; z. B. sollte er doch jeden Tag einmal spazieren fahren.

»Mit wem soll ich fahren, ohne Langeweile zu empfinden?« versetzte Goethe dagegen. »Die Stael hat einst richtig zu mir gesagt: ›Il vous faut de la séduction.‹«

Der Kanzler meinte, er habe doch Ottilien und deren Schwester Ulrike; aber Goethe erwiderte ärgerlich:

»Wenn man täglich von früh bis Abend sieht, Der kann uns nicht mehr verführen! Ja, ich bin wohl und heiter heimgekehrt. Drei Monate lang habe ich mich glücklich gefühlt, von einem Interesse zum andern, von einem Magnet zum andern gezogen, fast wie ein Ball hin und her geschaukelt, aber nun – ruht der Ball wieder in der Ecke, und ich muß mich den Winter durch in meiner Dachshöhle vergraben und zusehen, wie ich mich durchflicke.«

Als der Kanzler zwei Tage danach, am 25. September, bei ihm eintrat, rief Goethe ohne weiteren Anlaß aus: »Es ist doch recht absurd, daß Julie diesen Winter nicht hier ist!«

Er meinte die eine der Komtessen Egloffstein, die auch der Angeredete sehr verehrte.

»Sie weiß gar nicht« fuhr Goethe fort, »wieviel sie mir entzieht und wieviel ich dadurch entbehre! So wenig als sie weiß, wie ich sie liebe und wie oft ich mich im Geiste mit ihr beschäftige. Ihnen kann ich

Das wohl sagen, obgleich wir in diesem Punkte Rivals sind, denn ich traue Ihnen zu, daß Sie gleich sehr betrübt über ihre Abwesenheit sind.«

Der Kanzler wollte nun ausführen, warum Julie klug und gut tue, jetzt nicht in Weimar zu sein. Es hing mit einer Anstellung bei Hofe zusammen.

»Sie hat ganz recht« fiel ihm Goethe ins Wort; »Das begreife ich wohl und habe mir längst im Stillen alles Das, was Sie mir jetzt sagen, selbst kombiniert und enträtselt, aber nur noch viel lebhafter und passionierter, als Sie es aussprechen! ... Glaubt mir nur, daß der alte Merlin in seiner Dachshöhle sich manche stille Stunde mit solchen Abwesenden beschäftigt, die für ihn eine actio in distans [Wirkung in der Ferne] haben. Andere erfreuen mich blos durch ihre Gegenwart, durch ihre sichtliche Erscheinung, sind aber rein Nichts für mich, wenn ich sie nicht vor mir sehe. Mit Jenen aber kann ich mich unsichtbar unterhalten, und darunter gehört Julie. Ich weiß zu gut, daß sie mir durch keine Andere jemals ersetzt werden kann, und eben darum bin ich so betrübt, daß sie mir gerade diesen Winter fehlt.«

Gleich nach dieser Klage begann er von Marienbad zu erzählen, und besonders schwärmte er von der Szymanowska. Sie sei so schön und liebenswürdig, daß man trotz ihres zauberischen Spiels froh sei, wenn sie aufhöre, um sie nur sprechen zu hören, und danach wieder wünsche, sie möge nur wieder spielen, weil ihr Sprechen so sehr aufrege, daß man nur Ruhe bei ihrem Spiel wiederzufinden hoffen könne. Und er meinte: ohne alle Einleitung sei er so schnell mit ihr bekannt geworden, wie man in einer milden, reinen Luft sich also- bald heimisch fühle.

Dann holte er aus seinem Gartenzimmer ihre Handschrift, – ein Bild besaß er nicht – um aus ihren Schriftzügen ihren Charakter abzulesen, und schließlich trug er im höchsten Pathos die drei Strophen vor, die er an sie gedichtet hatte.

Der Kanzler schrieb der verehrten Julie sogleich einen Bericht über diese Äußerungen Goethes:

Sie sehen also, daß seine Leidenschaft für Ulrike Levetzow wenigstens nicht exklusiv ist und daß ich recht habe, zu behaupten: nicht dieses einzelne Individuum, sondern das gesteigerte Bedürfnis seiner Seele überhaupt nach Mitteilung und Mitgefühl habe seinen jetzigen Gemütszustand herbeigeführt. Die rohe und lieblose Sinnesweise seines Sohnes und

Ulrikes [v. Pogwisch] schroffe Einseitigkeit und gehaltlose Naivität sind freilich nicht gemacht, eine solche Krisis sanft und schonend vorüberzuführen, und die arme Ottilie ist seit seiner Ankunft beständig krank und für ihn so gut wie unsichtbar. Daher macht ihn der grelle Kontrast gegen sein heiteres Badeleben mitunter höchst verstimmt und niedergebeugt.

Einige Freunde und besonders auch die fürstlichen Personen wünschten, daß Goethe sich nicht so sehr der Geselligkeit entziehe; sie meinten, er sollte doch zum eigenen und allgemeinen Wohle sich in Weimar ebenso liebenswürdig in Gesellschaft bewegen, wie er es in jenen böhmischen Bädern getan. Der Kanzler trug ihm diesen Wunsch vor, am 2. Oktober; Goethe nahm's gut auf, hatte aber allerlei Gegengründe. Nach einiger Zeit kam er auf den Gegenstand zurück.

»Seht, wenn es mir wieder wohl unter Euch werden soll diesen Winter«, sagte er nun selber, »so darf es nicht an munterer Gesellschaft, nicht an heiteren Anregungen fehlen ... Sollte es nicht möglich sein, daß eine ein für allemal gebetene Gesellschaft sich täglich, bald in größerer, bald in kleinerer Zahl, in meinem Hause zusammenfände? Jeder käme und bliebe nach Belieben, könnte nach Herzenslust Gäste mitbringen. Die Zimmer sollten von 7 Uhr an immer geöffnet und erleuchtet, Tee und Zubehör reichlich bereit sein. Man triebe Musik, spielte, läse vor, schwatzte, Alles nach Neigung und Gutfinden. Ich selbst erschiene und verschwände wieder, wie der Geist es mir eingäbe; und bliebe ich auch mitunter ganz weg, so dürfte Dies keine Störung machen. Es kommt nur darauf an, daß eine unserer angesehensten Frauen gleichsam als Patronin dieses geselligen Vereins aufträte, und Niemand würde sich besser dazu eignen, als Frau v. Fritsch. An Ottilie und Ulrike gebe ich Freibriefe für ihre Theaterlust; sie könnten dableiben oder hingehen: Das änderte nichts. So wäre denn ein ewiger Tee organisiert.«

Von diesem Plane, der freilich nur die Eingebung einer Stunde war, kam er nochmals auf sein Leben mit den Levetzows, auf seine Liebe zu Ulriken zu sprechen.

»Es ist eben ein Hang, der mir noch viel zu schaffen machen wird. Aber ich werde darüber hinauskommen. Iffland hätte ein scharmantes Stück daraus fertigen können: ein alter Onkel, der seine junge Nichte allzu heftig liebt.«

Er hatte in diesen Tagen Gäste, die er sehr schätzte, den preußischen Staatsrat Schultz und den französischen Diplomaten Graf Reinhard; schon deshalb gab es viel Geselligkeit in seinen Zimmern. Einem jungen Gelehrten, der sich seit kurzem in Weimar aufhielt, Eckermann, fiel es in einer solchen Gesellschaft auf, wie zärtlich Frau v. Goethe gegen ihren Schwiegervater war: sie hängte und schmiegte sich an ihn und küßte ihn. Ottilie, die Enthusiastin, meinte es ehrlich, und dennoch war sie mit ihren zerflatternden Neigungen nicht die rechte Tochter für den einsamen alten Mann.

Am 24. Oktober erschien plötzlich Madame Szymanowska mit ihrer Schwester in Weimar. Sie besuchte sogleich ihren Freund von Marienbad und Karlsbad her, denn auch in Karlsbad hatte sie ihn noch einmal gesehen. Und sie mußte gleich am ersten Tage bei ihm essen. Nach dem Mahle setzte sie sich an seinen Flügel; mit äußerster Erregung lauschte er ihrem Spiel, besonders wenn sie improvisierte. Abends spielte sie wieder, diesmal auch vor den Freunden des Hauses; Goethe war den ganzen Abend hindurch sehr heiter und galant; er weidete sich an dem allgemeinen Beifall, den seine Freundin ebensowohl durch ihre Persönlichkeit wie durch ihr Spiel gewann. Schön war sie heute wie je: braunes Kleid, weißes Spitzentuch, weiße Mütze mit Rosen. Der Kanzler war sehr neugierig auf sie gewesen; er fand sie weniger schön als hübsch, aber von unbeschreiblicher Anmut: »eine schlanke, bewegliche Gestalt, höchst lebhaft und doch ohne alle Unruhe, voll Phantasie und doch höchst einfach und natürlich ... Der Aufschlag ihrer Augen hat etwas Zauberisches und Kindliches zugleich.« »Ihre kindliche Verehrung für Goethe spricht sich auf's einfachste, ohne alle Ziererei aus.«

Am nächsten Tage wartete die Künstlerin bei Hofe auf, aber in Goethes Hause war sie wiederum zu Tische. Als Eckermann sich gegen Abend einstellte, fand er seinen hochverehrten Gönner »in einer wunderbar sanften Stimmung.« Goethe erschien ihm »wie Einer, der von himmlischem Frieden ganz erfüllt ist oder wie Einer, der an ein süßes Glück denkt, das er genossen hat und das ihm wieder in aller Fülle vor der Seele schwebt.« Von der Bringerin dieser Erquickung wußte der junge Mann noch nichts.

Auch am folgenden Tage, einem Sonntage, aß Maria Szymanowska bei Goethe. Am Montag Abend war wiederum Konzert bei ihm. Madame Eberwein sang ein Liebeslied aus dem ›Divan‹; die schöne Polin spielte. Sie schien unruhig zu sein. Goethe zog einige

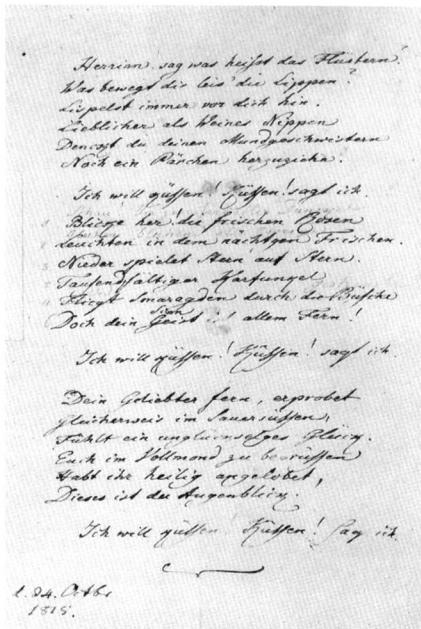

Das Gedicht »Vollmondnacht« aus dem »Westöstlichen Divan«. Handschrift von Goethe

Freunde beiseite: sie sollten doch auf alle Weise befördern, daß auch ein öffentliches Konzert zustande komme. Er war jetzt in die Verhältnisse der Künstlerin eingeweiht: sie reiste, um für ihre Familie Geld zu erwerben. Ihre Eltern lebten noch; täglich schrieb sie ihnen und gab Rechenschaft von all ihrem Tun und Lassen; außer einem Bruder und der Schwester Kasimira, die mit ihr reisten, hatte sie noch sieben Geschwister, und drei Kinder wuchsen ihr auf: Helene und Romuald, elfjährige Zwillinge, und eine neunjährige Cölestine. Mit frommer Liebe sprach sie von ihrer Familie, die ihrem Geiste immer gegenwärtig blieb – so ward man erinnert, daß die Liebliche eine Fremde, eine Katholikin und Polin war.

Die nächsten Tage vergingen wie die vorhergehenden: ein feiner, leichter Rausch. »Ich fand ihn sehr frisch-aufgeweckten Geistes« merkte Eckermann am 29. Oktober wiederum an: »seine Augen funkelten im Widerschein des Lichts; sein ganzer Ausdruck war Heiterkeit, Kraft und Jugend.«

Am 4. November war das öffentliche Konzert; die Großfürstin-Erbgroßherzogin gab ihren Flügel her – sonst hätte man kein ausreichendes Instrument gehabt; Goethe hatte die Mitwirkung der Hofkapelle erbeten und viele Karten gekauft, obwohl er selber öffentliche Veranstaltungen nicht mehr besuchte. Eine der Eintrittskarten gab er an Eckermann. »Das dürfen Sie ja nicht versäumen!« betonte der alte Herr. Eckermann fragte, ob die Dame wohl so gut spiele wie Hummel; Goethe antwortete: »Sie müssen bedenken, daß sie zugleich ein schönes Weib ist!« Nach dem Konzert war die Szymanowska bei Goethe zum Abendessen. Egloffsteins, der Kanzler v. Müller und andere Freunde des Hauses nahmen teil. Goethe war liebenswürdig und aufgeregt. Als Jemand einen Toast »auf die Erinnerung« ausbrachte, schlug er auf den Tisch: »Ich statuiere keine Erinnerung in eurem Sinne«[144] rief er aus. »Das ist eine unbeholfene Art, sich auszudrücken. Was uns irgend Großes, Schönes, Bedeutendes begegnet, muß nicht erst von außen her wieder erinnert, gleichsam erjagt werden; es muß sich vielmehr gleich von Anfang her in unser Inneres verweben, mit ihm eins werden, ein neueres, besseres Ich in uns erzeugen und so ewig bildend in uns fortleben und schaffen. Es gibt kein Vergangenes, das man zurücksehnen dürfte; es gibt nur ein ewig Neues, das sich aus den erweiterten Elementen des Vergangenen gestaltet. Und die echte Sehnsucht muß stets produktiv sein, ein neues Besseres erschaffen.«

»Und« setzte er mit großer Rührung hinzu, »haben wir dies nicht alle in diesen Tagen an uns selbst erfahren? Fühlen wir uns nicht alle insgesamt durch diese liebenswürdige, edle Erscheinung, die uns jetzt wieder verlassen will, im Innersten erfrischt, verbessert, erweitert? Nein, sie kann uns nicht entschwinden! Sie ist in unser innerstes Selbst übergegangen; sie lebt mit uns fort. Und fange sie es auch an, wie sie wolle, mir zu entfliehen; ich halte sie immerdar fest in mir!«

Am nächsten Tage, den 5. November, aß Maria Szymanowska noch einmal bei ihm; der Kanzler fand sie noch bei Tische, als er nachmittags eintrat. Sie hatte eben an die ganze Familie die zierlichsten Abschiedsgaben ausgeteilt, darunter auch eigene Arbeiten. Goethe wollte heiter und humoristisch sein, aber überall blickte der tiefste Schmerz des Abschieds durch. Für fünf Uhr war sie zur Abschiedsaudienz bei der Großfürstin bestellt; sie war schon danach angekleidet, und zwar einer Hoftrauer gemäß: schwarz, mit einer weißen Mütze und einer blassen Blume darauf. Der Wagen fuhr vor; plötzlich war sie verschwunden. Man wußte nicht, ob sie noch einmal wiederkommen wolle.

Da trat das Menschliche in Goethe recht unverhüllt hervor. Er bat den Kanzler fast flehentlich, daß sie noch einmal erscheinen und nicht ohne Abschied von ihm gehen möchte. Einige Stunden später führten der Sohn und der Kanzler sie und ihre Schwester zurück.

»Ich scheide reich und getröstet von Ihnen« sagte sie – französisch, da sie das Deutsche nicht gut beherrsche. – »Sie haben mir den Glauben an mich selbst bestätigt. Ich fühle mich besser und würdiger, da Sie mich achten. Nichts von Abschied, nichts von Dank! Lassen Sie uns vom Wiedersehen träumen! O daß ich doch schon viel älter wäre und bald einen Enkel zu hoffen hätte: er müßte Wolf heißen, und das erste Wort, das ich ihn stammeln lehrte, wäre Ihr teurer Name.«

»Comment?« erwiderte Goethe »vos compatriotes ont eu tant de peine à chasser les loups de chez eux, et vous voulez les y reconduire?«

Aber alle Anstrengung des Humors half nicht aus, die hervorbrechenden Tränen zurückzuhalten. Sprachlos schloß er sie und ihre Schwester in seine Arme, und sein Blick begleitete sie noch, als sie schon durch die offene Reihe der Gemächer entschwunden war. Dann ward er den Kanzler wieder gewahr, der neben ihm stand. »Dieser holden Frau habe ich viel zu danken« sagte er; »ihre Bekanntschaft und ihr wundervolles Talent haben mich zuerst mir selbst wiedergegeben.«

Am Abend fühlte er sich nicht wohl, und in den nächsten Tagen war es Krankheit. Die Schmerzen in der Herzgegend deuteten auf dieselbe Gefahr, die im Februar sein Leben bedroht hatte. Ein Krampfhusten ließ Erstickung fürchten; deshalb konnte oder durfte er nicht im Bette liegen; er saß Tag und Nacht in seinem Lehnstuhle neben dem Bette. Selten erquickte ihn der Schlaf.

»Ich kann nicht mit Folge arbeiten« klagte er gegen Soret, »ich darf nicht einmal längere Zeit lesen, und wenn ich denken will, muß ich es mir sozusagen abstehlen und muß günstige Zwischenzeiten benutzen.« Als ihn Eckermann am nächsten Abend trösten wollte: es werde schon wieder besser werden, erwiderte er: »Ach, ungeduldig bin ich gar nicht; ich habe schon zu viel solcher Zustände durchlebt und habe schon gelernt zu leiden und zu dulden.«

Aber so geduldig erschien er nicht immer; er schalt heftig auf die Ärzte, die den Besuch seiner gewöhnlichen Abendgäste nicht erlauben wollten; er jammerte über Schmerzen und erging sich in Klagen, wenigstens gegen die älteren Freunde. »Es ist an keine Besserung zu denken, solange ich nicht im Bette schlafen kann. Die Krankheit ist eben auch ein absolutes Übel. Welch' ein Zustand! Welch' eine Qual, ohne Morgen und Abend, ohne Tätigkeit, ohne klare Ideen!«

Und gegen den Kanzler kam er auch auf seine häuslichen Nöte zu reden; Ottilie hatte ihre verrückte Liebe zu den Engländern wieder einmal zu deutlich an einem besonderen Vertreter dieser edeln Nation gezeigt. Das Treiben Ottiliens sei hohl und leer, schalt ihr Schwiegervater; es sei weder Leidenschaft, Neigung, noch wahres Interesse; es sei nur eine Wut, aufgeregt zu sein, ein abenteuerliches Treiben.

Gerade jetzt starb Ottiliens geliebter Oheim in Dessau; Das brachte eine neue Aufregung ins Haus.

Zum Überfluß kam auch noch Besuch: Wilhelm v. Humboldt. Ihm, dem Freunde vieler Jahre, gab Goethe die ›Elegie‹ zu lesen. Er werde sie noch lange nicht drucken lassen, sagte er, vielleicht nie. Humboldt sei ein Mann, der mit ihm fühlen werde. Das war am 19ten. Goethe und Humboldt hatten dann ein langes Gespräch über das Gedicht: »Die Person wurde nicht genannt, aber es war eigentlich immer von ihr die Rede.« Seiner Frau schrieb Humboldt die Eindrücke, die er behielt:

Es ist mir sehr klar geworden, daß Goethe noch sehr mit den Marienbader Bildern beschäftigt ist; allein mehr mit der Stimmung, die dadurch in ihm aufgegangen ist, und mit der Poesie, mit der er sie umsponnen hat, als mit dem Gegenstand selbst. Was man also vom Heiraten und selbst von Verliebtheit sagt, ist teils ganz falsch, teils auf die rechte Weise zu verstehen. Nur glaube ich doch, daß die Einförmigkeit, vielleicht sogar die geringe Erfreulichkeit des Familienkreises ihm, nach der lebendigen Regung in Böhmen, nicht wohl tut, und daß ihm das Gefühl mehr lastet, weil seine Krankheit ihm den gewohnten Trost beständiger Beschäftigung raubt.

Am selben 24. November, wo Humboldt weiter reiste, traf Zelter in Weimar ein; auf einer großen Reise, die ihn bis Holland geführt hatte, war eine Ahnung in ihm stark geworden, daß Goethe ihn jetzt brauche. Er fuhr vor dem großen Hause am Frauenplan vor. Aber Niemand schien den Wagen zu bemerken; das Haus blieb geschlossen. Er trat in die Tür; ein weibliches Gesicht guckt zur Küche heraus, sieht ihn, zieht sich wieder zurück. Der Diener Stadelmann kommt die Treppe herab, hängt den Kopf, zuckt die Achseln. Zelter fragt – keine Antwort. Er steht immer noch an der Haustür – soll er wieder gehen?

»Wohnt hier der Tod? Wo ist der Herr?«
Trübe Augen.
»Wo ist Frau v. Goethe?«
»Nach Dessau.«
»Und Fräulein v. Pogwisch?«
»Im Bette.«
Nun kommt August v. Goethe.
»Vater ist – nicht wohl – krank – recht krank.«
»Er ist tot?«
»Nein, nicht tot, aber recht krank.«
Beklommen steigt der Gast die breite Treppe hinauf: »Und Marmorbilder stehn und sehn mich an!« – Was wird er finden?

Zelter sah sogleich, daß er hier noch nötiger war als daheim. Zwanzig Tage blieb er. Ihm konnte Goethe Alles sagen, was er im Herzen trug, seine Liebe, seine Sehnsucht, seinen häuslichen Kummer. Und Zelter wußte auf Alles die rechte Antwort, denn er hatte sich sein Leben lang gleichfalls mit allen Schicksals- und Herzensnöten herumgeschlagen. Er erzählte ernste und lustige Geschichten, lenkte den Liebeskranken – denn dafür nahm er seinen Freund – ab von seinen Schmerzen; und öfter noch wendete er das entgegengesetzte Mittel an: Goethe mußte berichten, beichten, klagen. Jenes Gedicht von der Abreise aus Karlsbad – es hieß jetzt aber ›Marienbader Elegie‹ – wurde mehr als einmal vorgenommen; Zelter las es dem Dichter vor, vertiefte sich darein, freute sich an diesem schönen Produkte der Liebe, las es wieder vor, und Goethe tröstete sich immer mehr – an seiner eigenen Klage! Mit diesem Gedichte, das er immer lieber gewann, stand Goethe jetzt da wie jener Tasso, den er einst gebildet:

> Nein, Alles ist dahin! Nur Eines bleibt:
> Die Träne hat uns die Natur verliehen,
> Den Schrei des Schmerzens, wenn der Mann zuletzt
> Es nicht mehr trägt. Und mir noch über Alles:
> Sie ließ im Schmerz mir Melodie und Rede.
> Die tiefste Fülle meiner Not zu klagen:
> Und wenn der Mensch in seiner Qual verstummt,
> Gab mir ein Gott zu sagen, was ich leide.

Zur Verwunderung der Ärzte war der alte Dichter in der Mitte Dezembers wiederhergestellt. Um Weihnachten und Neujahr saß er schon wieder mit den Freunden bei Tische und scherzte wie sonst, auch über Frauen und über die Liebe. Zum Beispiel, als ein Gast gestand, daß er in ein gewisses schönes Mädchen fast verliebt sei, obwohl er deutlich sehe, daß sie nicht viel Verstand habe.

»Pah!« sagte Goethe lachend: »als ob die Liebe etwas mit dem Verstande zu tun hätte! Wir lieben an einem jungen Frauenzimmer ganz andere Dinge als den Verstand. Wir lieben an ihr das Schöne, das Jugendliche, das Neckische, das Zutrauliche, den Charakter, ihre Fehler, ihre Kapricen und Gott weiß was alles Unaussprechliche sonst.«

Im Februar 1824 wandte sich der Verleger Weygand in Leipzig an ihn: es wurden jetzt 50 Jahre, daß der ›Werther‹ zuerst erschienen; nun sollte eine Ehren-Ausgabe gedruckt werden, und der Dichter ward um ein Vorwort oder andere Beigabe gebeten. So stand Werthers Schatten jetzt vor ihm und all die Liebesqual und Liebespein, die Jener früh verlassen, die sein Dichter aber noch viele Jahre weiter getragen:

> Zum Bleiben ich, zum Scheiden du erkoren,
> Gingst du voran – und hast nicht viel verloren!

> Des Menschen Leben scheint ein herrlich Los:
> Der Tag, wie lieblich, so die Nacht, wie groß!
> Und wir, gepflanzt in Paradieses Wonne,
> Genießen kaum der hocherlauchten Sonne,
> Da kämpft sogleich verworrene Bestrebung
> Bald mit uns selbst und bald mit der Umgebung;
> Keins wird vom Andern wünschenswert ergänzt,
> Von außen düster's, wenn es innen glänzt,
> Ein glänzend Äußres deckt mein trüber Blick,
> Da steht es nah – und man verkennt das Glück.

> Nun glauben wir's zu kennen! Mit Gewalt
> Ergreift uns Liebreiz weiblicher Gestalt:
> Der Jüngling, froh wie in der Kindheit Flor,
> Im Frühling tritt als Frühling selbst hervor,

Entzückt, erstaunt, wer Dies ihm angetan?
Er schaut umher; die Welt gehört ihm an.

Ins Weite zieht ihn unbefangne Hast,
Nichts engt ihn ein, nicht Mauer, nicht Palast;
Wie Vögelschar an Wäldergipfeln streift,
So schweift auch er, der um die Liebste schweift.
Er sucht vom Äther, den er gern verläßt,
Den treuen Blick, und Dieser hält ihn fest.

Doch erst zu früh und dann zu spät gewarnt,
Fühlt er den Flug gehemmt, fühlt sich umgarnt;
Das Wiedersehn ist froh, das Scheiden schwer.
Das Wieder-Wiedersehn beglückt noch mehr,
Und Jahre sind im Augenblick ersetzt;

Doch tückisch harrt das Lebewohl zuletzt.

XVI. In Weimar. 1824 bis 1832.

Goethe um 1828.
Kupferstich von Carl Barth

Mit der geliebten »Familie« blieb der Greis in freundschaftlichem, aber nicht häufigem Briefwechsel; in seinen Gedanken besuchte er sie oft. Er freute sich im Frühjahr 1824 darauf, sie in Marienbad wiederzusehen und wiederum seinen Geburtstag in ihrem Kreise zu verbringen; aber als der 28. August kam, war er daheim geblieben, und die Familie befand sich in Dresden. Von da schrieben ihm die Mutter und die drei Töchter auf einem Blatte, das er von nun an heilig hielt und in jenem Becher aufbewahrte, den sie ihm in Elbogen überreicht hatten. Ulrikens Zeilen lauteten:

Geehrter Herr Geheimer Rat! Heute vor einem Jahre hatten wir das Vergnügen, beinahe den ganzen Tag mit Ihnen in Elbogen zuzubringen. Damals nahmen wir uns sehr in acht, das öffentliche Geheimnis nicht durch Worte zu entheiligen, da Sie unsere Gefühle in unsern Mienen lesen konnten. Heute ist es anders, aber gewiß nicht besser, denn wir entbehren das Glück, in Ihrer Gesellschaft zu sein; und darum dürfen wir auch aussprechen, was wir fühlen an dem Tage, der Sie uns und der Welt schenkte. Nehmen Sie daher unsere besten, innigsten Wünsche für Ihr Glück und Ihre Zufriedenheit von uns mit freundlichem Wohlwollen an und erinnern Sich auch entfernt zuweilen an Ihre ergebene Freundin Ulrike.

Auch 1825 hoffte er auf die Erneuerung des Marienbader Wohlbefindens. Diesmal hinderten ihn die Vorbereitungen auf Karl Augusts goldenen Regierungstag. Im nächsten Jahre plante er die Reise schon nicht mehr. 1827 schrieb ihm Ulrike aus Karlsbad zum Geburtstage.

Auch Ihr Töchterchen vereinigt ihre Wünsche für Ihr Wohl mit jenen der Mutter und trinkt aus Ihrem Glase, dem Unterpfand Ihres gütigen Wohlwollens, heute Ihre Gesundheit.

Er antwortete gleich den Tag darauf:

Unendlich hat es mich gefreut, auch von Ulrikens lieber, zarter Hand einige Züge geneigten Erinnerns zu sehen. Wie glücklich waren die Stunden, die ich an ihren holden Fingern abzählen durfte!

Die »Familie«, innerlich ruhig und harmonisch, hatte leider in diesen Jahren nirgends eine dauernde Wohnung. Frau v. Levetzow mußte ihrer Gesundheit wegen die Quellen in Karlsbad und einen Arzt in Dresden aufsuchen. Ihre Eltern in Marienbad fühlten sich für die Verwaltung des großen Fremdenhauses zu alt und suchten es zu verkaufen. Ihr Gatte, mit dem sie nicht getraut werden konnte, besaß ein schönes Gut in Böhmen, Trziblitz bei Teplitz, lebte aber vielfach in Prag und später in Wien, wo er Hofkammer-Präsident wurde. Auch in Berlin und Potsdam hielt sie sich öfters auf. Dort fand nämlich die mittlere Tochter als Gattin eines Majors v. Rauch die alte Heimat der Familie wieder. Im Herbst 1829 kam der Familienbrief der Frau v. Levetzow aus Ameliens Wochenstube.

Aus der lebhaften Amelie ist eine sehr stille Hausfrau geworden, die nur für ihren Mann und ihre Kinder lebt. Sie ist mit ihrem Mann sehr glücklich; Rauch ist aber auch ein vortrefflicher Mensch.

Ulrike ist, wie sie war: gut, sanft, häuslich, sorgt für die Schwester und deren Kinder, dabei heiter, ohne lustig zu sein. Ihre immer gleichbleibende Laune, ihr gefälliges, anspruchsloses Wesen macht ihr fast aus allen Bekannten Freunde, was ja als ein Glück anzusehen ist.

Bertha ist sehr groß und, ich darf es ja zu Ihnen sagen, sehr hübsch geworden, hat eine sehr hübsche Stimme und ist lieb und gut; nur ein sehr reizbares Nervensystem, daher etwas empfindlich; aber Ulrike und Bertha lieben sich so unaussprechlich, daß sie beide von der Möglichkeit einer Trennung nichts hören wollen.

Im nächsten Jahre starb die Großmutter Brösigke; Frau v. Levetzow wählte jetzt mit den beiden ledigen Töchtern Wien zum ständigen Wohnsitz, um dort mit Klebelsberg vereint zu sein.

❧

Auch die andere geliebte Familie der Willemers erhoffte noch einige Jahre Goethes Wiederkehr und mußte sich dann darein finden, daß nur noch Geschenke und Briefe die Verbindung herstellen konnten. Ulrike Levetzow war ein unbeholfenes Kind, wenn sie einen Brief schreiben sollte; Marianne Willemer fühlte sich dem Dichter näher und plauderte gern und gut in Prosa und Versen. Sie erlebte zuweilen den Triumph, daß gerade ihre Gedichte im ›Westöstlichen Divan‹ von den Kennern zu Goethes schönster Poesie gerechnet wurden und daß die Tonsetzer und Sänger gerade diese Verse am schönsten erklingen ließen; aber Niemand erfuhr von ihr, wie sich die Sache verhielt; ja, man sang ihr, der Musikliebenden, diese Verse mehr als einmal vor, in Schuberts oder Eberweins Melodien, und die Sängerinnen oder Sänger gingen mit Lob und Dank fort und erfuhren ihr ganzes Leben lang nicht, daß ihre freundliche Zuhörerin zugleich die Dichterin war. Auch Goethe, der stets Geheimnisfreudige, genoß es schweigend, daß er mit der geliebten Marianne verwechselt wurde, und eignete sich lächelnd an, »was denn auch wohl im schönsten Sinne mein eigen genannt werden dürfte.«[145]

Willemers verlebten nach wie vor den Winter in Frankfurt, den Sommer auf der Gerbermühle. Im Herbst 1824 war Sulpiz Boisserée wieder bei ihnen, Goethes Reisemarschall von 1815.

Die Sonne, die schattigen Bäume, der Spiegel des Flusses, die Stadt, das Gebirge, die farbenreiche Abendröte: Alles ist und glänzt wie damals. Der alte tüchtige und wunderliche Freund freut sich im Kreise seiner glücklichen Kinder, und die kleine Frau singt abends auf ihre so eigene seelenvolle Weise die schönsten Lieder.

Unter den Frankfurtern, die gern einen Spaziergang zur Gerbermühle machten, war der alte Kastenschreiber Johann Jakob Riese, Goethes Freund vor 60 Jahren; von ihm hörte Marianne allerälteste Geschichten, in die ihr Goethe mitverflochten war. Der andere Freund von damals, Horn, war 1806 gestorben; Riese hatte aus dessen Nachlaß die aufbewahrten Briefe gekauft, darunter eine Anzahl Ergüsse des Studenten Goethe. Er brachte dies Packetchen wohlversiegelt zur lieben Geheimen Rätin Willemer und bat sie, es im Fall seines Todes nach Weimar zu schicken. Und so geschah es, im Dezember 1827. »Er war bis jetzt als mein ältester Freund stehen geblieben« antwortete Goethe gerührt:

Schön war es und völlig in seiner alten treuen Art, daß er sein Vermächtnis durch Ihre Hand gehen läßt; er spricht dadurch rührend aus, was Sie ihm waren und was Sie mir sind.

Das poetische Liebesspiel zwischen Beiden ward immer noch fortgesetzt. Goethe war dreifacher Großvater, und die kinderlose Marianne ward auch Großmütterchen genannt, denn sie war es durch ihre Stiefkinder. Wenn der Vollmond die Augen auf sich zog, dachten Beide an einander. Im August 1828 waren Willemers auf einer Schweizer Reise, Goethe aber hatte sich nach Karl Augusts plötzlichem Tode, um diesen Verlust in der Einsamkeit zu überwinden, in eins der Schlösser oberhalb Dornburg an der Saale geflüchtet. Für die Himmelserscheinungen hatte er hier oben wieder die allergrößte Aufmerksamkeit; als am 25. August der Vollmond aufging, zunächst aber wieder von Wolken verdeckt wurde, gedachte er des ihm entrissenen fürstlichen Freundes und zugleich auch seiner entfernten Geliebten. »Füllest wieder Busch und Tal Still mit Nebelglanz« hatte er vor so vielen Jahren, als Frau v. Stein sein Herz erfüllte, den Mond angeredet; »Lösest endlich auch einmal Meine Seele ganz.« Jetzt sah er dem Kampfe zwischen dem Licht und den Nachtwolken zu; Dunkelheit folgte dem ersten Aufleuchten des Mondes:

> Willst du mich sogleich verlassen?
> Warst im Augenblick so nah!
> Dich umfinstern Wolkenmassen,
> Und nun bist du gar nicht da!
>
> Doch du fühlst, wie ich betrübt bin,
> Blickt dein Rand herauf als Stern,
> Zeugest mir, daß ich geliebt bin,
> Sei das Liebchen noch so fern.
>
> So hinan denn! Hell und heller!
> Reiner Bahn in voller Pracht!
> Schlägt mein Herz auch schneller, schneller,
> Überselig ist die Nacht!

Goethe schickte das Gedicht an Willemers und fragte: »wo die lieben Reisenden am 25. August sich befunden und ob sie vielleicht, den klaren Vollmond beachtend, des Entfernten gedacht haben?« Marianne konnte es sogleich bestätigen. Sie war mit ihrem Gatten an jenem Tage von Schaffhausen nach Freiburg im Breisgau gefahren.

In dem Gasthof, wo wir abgestiegen waren, hatte unser Zimmer einen Balkon auf eine breite, freundliche Straße, die ungemein belebt war. Halb Freiburg ging spazieren, und als nun der Mond, den ich leider nicht aufgehen sah, über die Giebel der Häuser trat, war es so reizend und glänzend in dem behaglichen Städtchen, daß wir uns noch unter die Wandelnden mischten und den Weg nach dem Münster einschlugen, den wir im Silberlicht des Mondes unbeschreiblich schön sahen. Nach Hause gegangen, blieb ich noch lange auf dem Balkon und ließ jenes unvergleichliche Mondlied [»Füllest wieder Busch und Tal...«] dem Gefühl und den Worten nach in meiner Seele anklingen; ich erinnerte mich jener Zeit, wo ich es Ihnen so oft gesungen, und fühlte »jeden Nachklang froher und trüber Zeit.« Hätte ich ahnen können, wie in diesem Augenblicke wirklich »*des Freundes Auge mild über meinem Geschick*« weilte, ich würde gerne mit ihm gerufen habe: »*Überselig ist die Nacht!*«

So gingen die Grüße noch einige Jahre hin und her. »Die Mondnächte sind auch hier bezaubernd« schrieb Marianne am 30. Juli 1830.

Bis Mittwoch gedenken wir auf dem Mühlberg den Vollmond zu feiern: gedenken Sie mein! – – – Schreiberin Dieses sitzt auf der Terrasse, und wenn wir noch in der guten Zeit lebten, wo sich irgend eine Fee dann und wann den Spaß machte, gelegentlich den frommen Wunsch eines armen Menschenkindes zu erfüllen, so säßen Sie schon längst an ihrer Seite.

Aber sie hüteten sich, diese Liebe aus der Ferne durch die Prosa einer Wiederbegegnung zu stören. Sie genossen die Sehnsucht und die Bilder der Phantasie.

※

Als der Achtzigjährige jene Briefe zurückerhielt, die er einst an Horn geschrieben, las er sie ohne Freude; sie drückten »nur allzu deutlich aus, in welchen sittlich-kümmerlichen Beschränktheiten man die schönsten Jugendjahre verlebt hatte.«»Die Briefe von Leipzig waren durchaus ohne Trost.« Käthchen Schönkopf und Riekchen Brion hatten ihm zu Figuren in seinem Halbroman ›Dichtung und Wahrheit‹ gedient; er hatte aber die Leipziger Geliebte seit 1776, die elsässische seit 1779 nie wieder aufgesucht, auch sonst mit ihnen keine erhebliche Verbindung gehabt. Käthchen war 1810, Riekchen 1813 gestorben; Goethe sprach von ihnen nie. Es gibt in unserer Vergangenheit Gebiete, zu denen wir keine Brücken mehr haben; fremdartig muten sie uns an, und seltsam ist die Tatsache, daß unsere Freuden und Leiden einst dort wohnten. Lilli hatte ihn zwei- oder dreimal grüßen lassen, nachdem er sie als junge Mutter in Straßburg gesehen. Sie starb ein Jahr nach Christianen, im Mai 1817. Mit Lotte Kestner und ihrer Familie war er in etwas besserer Verbindung geblieben; die andere Lotte, Frau v. Stein, lebte noch lange, als eine Nächstverwandte, in der gleichen Stadt und Straße. Sie starb 1827. Lotte Kestner folgte ihr im nächsten Jahre.

Nun waren von den Frauen, die sein Herz an sich gezogen hatten, noch zwei in der erreichbaren Welt: Marianne v. Willemer und Ulrike v. Levetzow. Seine Augen sahen sie nicht mehr, aber es kamen und gingen Zeugnisse treuen Gedenkens.

»Und so fortan« oder »unwandelbar« schloß er die an sie gerichteten Briefe am liebsten; es ist ein Vorzug des hohen Alters, daß man zu Menschen und Dingen das letzte Verhältnis gewonnen hat. Jeder Brief, den er von ihnen empfing oder den er an sie schrieb, konnte der Scheidegruß sein.

Im Jahre 1831 beging er seinen Geburtstag wahrhaft feierlich. Er verließ die Stadt, ihre Feste vermeidend, und fuhr mit seinen beiden Enkelknaben in die Wälder und Berge von Ilmenau. Hier oben überblickte er das Vergangene, Gebliebene, Errungene und gedachte der Menschen, die er geliebt hatte. Fast alle waren nicht mehr auf Erden zu suchen. Drüben in den böhmischen Bergen konnte er sich die Levetzows denken; sie nannten heute gewiß seinen Namen und wünschten ihm das Beste. Er hatte jenes Glas von 1823 mitgenommen und ihre geliebten Briefe darin. Und er schickte ihnen an diesem Tage einen schriftlichen Gruß. Er redete die Mutter an:

Heute, verehrte Freundin, auf dem Lande, freundlich veranstalteten Festlichkeiten ausweichend, stelle ich jenes Glas vor mich, das auf so manche Jahre zurückdeutet und mir die schönsten Stunden vergegenwärtigt.

Da er ihrer Töchter gedachte, so stand nun seines Sohnes Tod ihm vor der Seele.

Nach so wundersam unerfreulichen Schicksalen, welche über mich ergangen, an denen Sie gewiß herzlichen Anteil genommen, wende ich mich wieder zu Ihnen und zu Ihren Lieben, einige Nachricht erbittend, die Versicherung aussprechend: daß meine Gesinnungen unwandelbar bleiben.
Am 28. August 1831
Treu angehörig J. W. v. Goethe.

Levetzows schrieben selten; Marianne fuhr fleißig fort, ihn durch Briefe und Geschenke zu erfreuen; er sammelte ihre Briefe in einem besonderen Päckchen, das ihr nach seinem Tode zurückgegeben werden sollte. Am 3. März 1831 schrieb er den Begleitvers für diese künftige Sendung:

> Vor die Augen meiner Lieben,
> Zu den Fingern, die's geschrieben –
> Einst mit heißestem Verlangen
> So erwartet, wie empfangen –
> Zu der Brust, der sie entquollen,
> Diese Blätter wandern sollen
> Immer liebevoll-bereit,
> Zeugen allerschönster Zeit.

Elf Monate später entschloß er sich, noch selber die Briefe zurückzuschicken. Er schrieb ihr am 10. Februar 1832, daß er seine Papiere zu sichten und darüber zu bestimmen suche, und da »leuchten mir besonders gewisse Blätter entgegen, die auf die schönsten Tage meines Lebens hindeuten.« Er habe Dergleichen von jeher abgesondert, nunmehr aber eingepackt und versiegelt.

Ein solches Packet liegt nun mit Ihrer Adresse vor mir, und ich möchte es Ihnen gleich jetzt, allen Zufälligkeiten vorzubeugen, zusenden; nur würde mir das einzige Versprechen ausbitten, daß Sie es uneröffnet bei Sich, bis zur unbestimmten Stunde, liegen lassen. Dergleichen Blätter geben uns das frohe Gefühl, daß wir gelebt haben; Dies sind die schönsten Dokumente, auf denen man ruhen darf.

Wenige Wochen danach, als eben der Kalender den neuen Frühling ankündete, kämpfte er den letzten Kampf. Wiederum saß er in jenem großen Lehnstuhle, für den er der Frau v. Egloffstein manchmal dankte; neben ihm kniete Ottilie, die bei allen ihren Fehlern ihm eine liebe Tochter geblieben war, und in seinen letzten Phantasien sah er noch einmal, was ihn in seinem Leben so oft beschäftigt hatte: eine weibliche Gestalt, durch den Künstler nachgebildet und verwandelt, »Seht dort« so rief er aus, »den schönen weiblichen Kopf, mit schwarzen Locken, in prächtigem Kolorit auf dunklem Hintergrunde!«

Am 22. März, gegen Mittag, tat sein Herz den letzten Schlag.

Anmerkungen

1) Wanderjahre, 2. Buch, 11. Kap.
2) Dichtung und Warhheit, I. Teil, 5. Buch
3) Ebenda, II., 6.
4) Wahrscheinlich; vgl.H. Dechent, G. Jb. XI, S. 162.
5) An Kornelie, 30. März 1766; in der Urschrift französisch.
6) Dies nach einem französischen Briefe vom 14. März 1766 an Kornelie.
7) 12. und 13. Oktober 1765. Diesmal deutsch.
8) Auch diese letzten Briefstellen sind im Original französisch.
9) 28. April 1766.
10) Diesmal englisch, 11. Mai 1766.
11) Vgl. an Kornelie, 18. Okt. 1766, Schluß.
12) J. A. Horn an W. C. Moors, 12. August 1766.
13) 11. Mai 1767 französisch, wie das Vorige.
14) Auch Dies von mir aus dem Französischen übersetzt.
15) Im November 1767.
16) An Behrisch, 24. Oktober und 20. November 1767.
17) Deutscher Brief, Anfang Oktober 1767.
18) »Ein schlechter Kerl«; ein Mann von einfachem Stande.
19) Karoline Schulze, nachmals Kummerfeld.
20) Käthchen hieß mit zweitem Vornamen Anna; Goethe nannte sie gern Annette, woraus dann auch Nette und Jetty wurde.
21) Dies Tanzliedchen wird man in Goethes Gedichten vergebens suchen. Egle singt es im 7. Auftritt des sogleich zu erwähnenden Schäferstücks. Es ist wahrscheinlich das erste Lied Goethes, das (auf einer Bühne) öffentlich gesungen wurde.
22) Diese Muster hatte Kornelie für Goethes Freundinnen in Leipzig hergeliehen. Marly (nach einem Flecken bei Versailles genannt) ist ein gazeartiges Gewebe für Fenstervorsätze, zur Unterlage von Hauben, Hüten usw.
23) Die Briefe von Kornelie wie an Behrisch sind vom Oktober 1767 an deutsch.
24) Französisch.
25) Französisch an Katharina Fabricius, 5. Mai 1769.
26) Nach einem französischen Tagebuche Korneliens für Katharina Fabricius, 27. Oktober 1768.
27) Heimat des Harlekin in der italienischen Maskenkomödie.

Anmerkungen

28) Minna v. Barnhelm, II., 2.
29) Nach einem Briefe an die Familie Schönkopf, 1.10.1768.
30) Es war in Leipzig Sitte, am Johannistage den Friedhof zu besuchen und die Gräber zu schmücken. Auch wurde die von Holz geschnitzte Figur des Johannismännchens auf dem Brunnen aufgestellt und bekränzt. (Nach D. Jahn.)
31) Was Friederike schrieb, ist nur aus Goethes Antwort zu erraten; diese Urteile lagen aber sehr nahe. Z. B. lautete eins von den 10 Gedichten der ihr gewidmeten Sammlung folgendermaßen: Liebe und Tugend.

> Wenn einem Mädchen, das uns liebt,
> Die Mutter strenge Lehren gibt
> Von Tugend, Keuschheit und von Pflicht
> Und unser Mädchen folgt ihr nicht
> Und fliegt mit neu vestärktem Triebe
> Zu unsern heißen Küssen hin;
> So hat daran der Eigensinn
> So vielen Anteil als die Liebe.

> Doch wenn die Mutter es erreicht,
> Daß sie das kleine Herz erweicht,
> Voll Stolz auf ihre Lehren sieht,
> Daß uns das Mädchen spröde flieht:
> So kennt sie nicht das Herz der Jugend!
> Denn wenn Das je ein Mädchen tut,
> So hat daran der Wankelmut
> Gewiß mehr Anteil als die Liebe!

32) Über Land (oder Meer) verschicken.
33) Charitas (eigentlich Charlotte) Meixner war in Worms am 27. Juni 1750 als Tochter eines Kaufmanns geboren. Mit Goethe ward sie im Frühjahr 1766 in Frankfurt bekannt; im Dezember 1769 sah er sie zum letzten Male. Sie heiratete 1773 den Kaufmann Schuler in Worms und hatte schnell vier Kinder; im vierten Wochenbette starb sie, am 24. Dezember 1779.
34) 23. Januar 1770.
35) »Pegauer« bedeutete in Leipzig soviel wie Rüpel oder Tölpel. Horn nannte sich selber im Scherze einen Pegauer.

36) Brief an Ch. Limprecht, 12. und 13. April 1770.
37) Daß Goethe in einem Briefe vom 27. Juni 1770 und in seinem Gedichte »Laß mein Aug' den Abschied sagen« mit Fränzchen die 1752 geborene Franziska Jakobea Crespel meint, ist nur Vermutung.
38) Konzept eines Briefes aus Saarbrücken, 27. Juni 1770, an eine ungenannte Freundin.
39) Die beiden letzten Sätze nach dem Bruchstück ›Arrianne an Wetty‹.
40) Der Tag ist nicht genau zu bestimmen; jedenfalls war Goethe am 14. Oktober 1770, abends, zurück.
41) Nach einem Briefe vom 14. Oktober an eine ungenannte Freundin.
42) Die Briefe Goethes an Friederike Brion,»wohl an 30«, sind später von ihrer jüngeren Schwester Sophie verbrannt worden. Der hier mitgeteilte ist in Goethes Konzept erhalten geblieben.
43) Vgl. Eckermann unter dem 11. April 1829.
44) Wörtlich: Der bewußte Geist, und leider nicht des Rechten; das Bewußtsein, daß Etwas nicht recht ist.
45) Edgar in ›König Lear‹ IV, 1, wo der Sinn freilich etwas anders ist, nämlich: »Wer kann sagen, er sei [jetzt] in seiner schlimmsten Lage?«
46) Flatterndes Seelchen. Ein Gedicht des Kaisers Hadrian fängt so an.
47) An Herder, 8. und 25. Mai 1772.
48) So an Karoline Herder, 1778.
49) Jerusalem an Eschenburg, 18. Juli 1772.
50) Karoline Flachsland an Herder, 25. Mai 1772.
51) Dies wie einige andere tatsächliche Mitteilungen nach Heinrich Gloël, Goethes Wetzlaer Zeit, Berlin 1911.
52) Herder an Karoline Flachsland, Anfang Februar 1773.
53) Goethe ist nicht genannt, doch ist kein Zweifel, daß sich der Brief auf ihn bezieht. Man findet das Schreiben vollständig bei Eugen Wolff, Blätter aus dem Werther-Kreis, Breslau 1894, S. 54ff.
54) Erschienen am 1. September 1772 in den Frankf. Gelehrten Anzeigen. Resipiscenzen: Wieder-klug-werdungen; gemein: alltäglich; petit volage: flatterhaft; Wohlstand: Anstand.
55) Nicht gleichgültig = Keiner, dem alles gleichgültig ist. – Der Wechsel zwischen Du und Sie in der Anrede war damals häufig, in Deutschland wie in Frankreich, und kann für sich allein nicht als Zeichen der Erregung gelten. Das Du war auch nicht so sehr wie heute die feste Anrede zwischen Liebenden und Vertrauten; auch Braut- und Ehepaare brauchten das Sie.

Anmerkungen

56) Kestners Tagebuch, 13. September 1772, bei Gloël S. 209.
57) Den nachmaligen Fürsten und Staatskanzler. Dies nach Kestners Tagebuch. 22. September 1772.
58) 27. Oktober 1772. panier: Reifrock, ingénu: arglos, unschuldig, ursprünglich.
59) An Kestner, 13. November 1772.
60) An Kestner, 26. Januar 1773.
61) An Kestner, 15. Dezember 1772.
62) Elisabeth Jacobi an Goethe, 6. November 1773. Vgl. Morris, Der junge Goethe VI, 273.
63) Merck schrieb an seine Frau, eine französische Schweizerin, französisch.
64) Assiduität von assidere: bei Jemand sitzen.
65) Die Eilenriede, Anlage bei Hannover, »im Wald«: im Frankfurter Stadtwald.
66) Elisabeth Herd, die dreißigjährige, sehr schöne und achtbare Frau eines pfälzischen Geheimen Sekretärs in Wetzlar, erweckte in dem unglücklichen Jerusalem die hoffnungslose Liebe, die ihn neben anderen Ursachen in den Tod trieb.
67) Clemens XIV., Lorenzo Ganganelli, der den Jesuiten-Orden aufhob, starb am 22. September 1774, wie man behauptete, an Gift. – Sophie v. La Roche war aus einer protestantischen Familie, trat auch nicht über, lebte aber ganz unter Katholiken und nach katholischer Weise.
68) Mitgeborenes Schicksal. Diese Wendungen aus Briefen Goethes vom Januar bis Mai 1775.
69) Goethe am 3. Oktober 1815 zu Boisserée.
70) Der nachmalige preußische Minister der auswärtigen Angelegenheiten.
71) So Fritz v. Stolberg an Klopstock, 8. Juni 1776.
72) Diese einzelnen Verse stehen in Goethes Reisetagebuch, faksimiliert in den Schriften der Goethe-Gesellschaft XXII.
73) Diese Worte Zimmermanns sind nicht überliefert, wohl aber entsprechende an Frau v. Stein: »Jamais à mon avis on n'a jugé d'une silhouette avec plus de génie« ... »Il viendra sûrement vous faire visite à Weimar.« Brief vom 22. Oktober 1775.
74) »Sinnlich« bezieht sich bei Goethe selten auf das geschlechtliche Leben, sondern zumeist auf den Gebrauch und die Feinheit der Sinne, auf die körperlichen Werkzeuge der Seele.

Anmerkungen

75) Alle angeführten Stellen finden sich in Goethes Briefen vom Juli bis Oktober 1775.
76) An Lavater, 4.August 1775.
77) Goethe an Gräfin Stolberg, 19. September 1775.
78) So an Gräfin Stolberg, 14. September 1775.
79) An Sophie v. La Roche, im August 1775.
80) Lotte Nagel.
81) Brief vom 4. Oktober.
82) v. Bretschneider an Nicolai, 8. Januar 1776.
83) Wer damit gemeint ist, weiß man nicht; wahrscheinlich das süße Mädchen auf dem Balle vom 19./20. September. Schüddekopf bezieht die Sätze auf Charlotte Nagel in Offenbach; aber sie kannte Goethe seit mehreren Monaten.
84) Die junge Herzogin.
85) An Karl August, 23. Dezember 1775.
86) Aus Goethes Ausgabebuch wissen wir, daß er am 17. November 1775 und am 8. März 1776 an Lillis Onkel d'Orville Briefe sandte, außerdem im Januar die ›Stella‹. Auf einen Brief Lillis scheint zu deuten, was Goethe Anfang Januar an Frau v. Stein schreibt: »Ich habe liebe Briefe kriegt, die mich aber peinigen, weil sie lieb sind.«
87) Man weiß nicht, warum sich Goethe einige Male Gustel nennt; vielleicht denkt er an eine Bühnenfigur.
88) ›Wanderers Nachtlied‹: »Der du von dem Himmel bist«, dem wir eben einige Verse entnahmen, war elf Tage vor diesem Briefe entstanden.
89) Goethe hat 1806 für eine Aufführung der ›Stella‹ den Schluß dahin abgeändert, daß Fernando sich erschießt. Auch die nunmehrige Tragödie fand wenig Beifall; Frau v. Stein urteilte: er hätte lieber die Stella sich töten lassen sollen. In der gedruckten Fassung von 1815 läßt der Dichter Stella sich vergiften und darauf Fernando sich erschießen.
90) Zimmermann erwähnt in seinem berühmten Werke über die Einsamkeit das Wort als einen Spruch Goethes. Später kam es in die ›Stella‹ (»Alles um Liebe war die Losung meines Lebens«, spricht Stella in der letzten Fassung des Stückes; »Alles um Liebe, und so nun auch der Tod.«)
91) Briefchen vom 16. April 1776.
92) 24. Mai 1776.
93) Wendungen aus seinen Gedichten dieses Jahres.

Anmerkungen

94) 16. Juli 1776.
95) Nach unserer heutigen Kenntnis war Lenz ein Geisteskranker, so daß weder Friederikens noch Goethes späterer Tadel seines Betragens gerecht waren.
96) Diese Sätze und das Meiste des Vorhergehenden nach Goethes Briefe an Frau v. Stein vom 4. bis 28. September 1779.
97) 30. August 1784 aus Braunschweig, vor seinem zweiten Besuche in Langenstein. Der Brief ist französisch.
98) Goethe achtete und liebte seinen Schwager Schlosser und fühlte zugleich eine Scheu vor ihm, so daß der Verkehr lange ruhte. Von Korneliens Töchtern erwuchs eine, Luise, geb. 1774, 1795 verheiratet mit dem nachmaligen preußischen Geh. Staatsrat G. H. L. Nicolovius. Sie starb 1811, ohne daß Goethe sie wiedergesehen; ihre Söhne Alfred und Franz traten ihm später näher. Die Nachkommen der Nicolovius sind heute die nächsten Blutsverwandten Goethes. Sie tragen die Namen Bergengrün, v. Bylandt (Grafen), Feigel, Heuser, v. Stralendorff, Varian, Vielhaber, Vité und Walter.
99) »und ist überhaupt eine zarte Engelsfrau oder vielmehr Jungfrau, das sie leider noch sein mag.« Herder an seine Frau, 27. Februar 1789.
100) Herder an Goethe, 27. Dez. 1788. G.-J. VIII, 24.
101) Die Frau v. Ziegesar war »die schöne Wangenheim«, Magdalene Auguste. Sie hatte bis 1785 sieben Kinder; Goethe meint hier von ihren Töchtern die drei älteren: Friederike, 1801 vermählt mit dem preußischen Kammerherrn v. Scheliha und 1816 mit dem gothaischen Kanzler v. Seebach; Cäcilie, 1789 als Fünfzehnjährige vermählt mit jenem Freiherrn v. Werthern-Beichlingen, dessen erste Frau mit August v. Einsiedel nach Afrika entflohen war; Charlotte, 1790 vermählt mit dem gothaischen Geheimrat v. Wangenheim. Auf diese drei folgte dann erst Silvia (1785–1855, 1814 vermählt mit dem Theologen Prof. Koethe), die uns später wieder begegnen wird.
102) Nur von der Fürstin Gallitzin in Münster weiß ich, daß sie Goethen diesen Schritt empfahl.
103) Gerade die ältesten Freunde Goethes waren traurig oder ärgerlich, daß der Dichter gar keine sittliche Stellung nahm: Herder, Graf Friedrich Stolberg, Jacobi, Schlosser.
104) Marianne hatte nacheinander drei Diplomaten als Verehrer: zuerst den Grafen Geßler, einen Freund des Körnerschen Hauses in Dresden und auch mit Schiller und Goethe bekannt; danach den Grafen Christian Bernstorff, Sohn des dänischen Ministers Andreas

Anmerkungen

B. und nachmals preußischen Minister des Auswärtigen, und schließlich den Fürsten Heinrich XIV. von Reuß-Plauen, der 1799 starb. Mit ihm scheint sie 1797 heimlich getraut worden zu sein. Nach seinem Tode ward ihr der Name einer Frau v. Eybenberg verliehen. Goethe hatte viele Jahre ein freundliches Verhältnis mit ihr; er sah sie in den böhmischen Bädern. Ihre Briefe an ihn findet man im Goethe-Jahrbuch XIV und bei Sauer, Goethe und Österreich II.

105) Sara Meyer war fünfzehnjährig an einen Kaufmann Lipmann Wulff verheiratet worden, der nach einigen Jahren starb. Dann liebte sie einen Baron v. Grotthus, mit dem sie 1797 die Ehe einging. Auch sie blieb in Verbindung mit Goethe (s. Goethe-Jahrbuch XIV).

106) Später berühmt als »Rahel«, 1814 mit Varnhagen von Ense verheiratet.

107) An Körner, 21. Oktober 1800. Man versteht dies harte Urteil besser, wenn man die Stelle im Zusammenhang liest und zugleich bedenkt, daß Schiller eigentlich nur noch für die poetische Produktion lebte. Goethe erklärte seine häufigen Besuche in Jena damit, daß er dort viel besser arbeiten könne. Z. B. schrieb Goethe an Schiller am 9. Dezember 1797, daß er schon wieder komme: »Meyern werde ich wohl nicht mitbringen, denn ich habe die Erfahrung wieder erneuert: daß ich nur in einer absoluten Einsamkeit arbeiten kann und daß nicht etwa nur das Gespräch, sondern sogar schon die häusliche Gegenwart geliebter und geschätzter Personen [Meyer wohnte wieder bei ihm] meine poetischen Quellen gänzlich ableitet. Ich würde jetzt in einer Art von Verzweiflung sein, weil auch jede Spur eines produktiven Interesses bei mir verrschwunden ist, wenn ich nicht gewiß wäre, es in den ersten 8 Tagen in Jena wiederzufinden.« – Damit eben muß man vergleichen, was Schiller am 21. Oktober 1800 an Körner über Goethes häusliche Verhältnisse schreibt: »Goethe ist von seiner Exkursion nach Jena, wo er etwas zu arbeiten hoffte, längst zurück. ... Im Ganzen bringt er jetzt zu wenig hervor, so reich er noch immer an Erfindung und Ausführung ist. Sein Gemüt ist nicht ruhig genug, weil ihm seine elenden häuslichen Verhältnisse, die er zu schwach ist, zu ändern, viel Verdruß erregen.« Übrigens hat auch Schiller sich von Frau und Kindern sehr häufig abgesondert, um arbeiten zu können, räumlich und auch zeitlich, indem er wachte, wenn sie schliefen.

108) Aus Frankfurt am 24. August 97.

109) Aus Tübingen, 11. September 97.

110) Aus Stäfa, 26. September 97.
111) Kötschau liegt in der Mitte zwischen Weimar und Jena; dort begegnete sich um diese Zeit Christianens Schwester Ernestine mit dem Studenten v. Lützow aus Ostfriesland, der sich treu und ehrlich um die »Verwandte von Goethe« bewarb. Christiane lachte über den »Herrn von liezo«: »ich bin ser fro daß ich nicht von den launen eines so Erbarlichen Liebhabers abhänge. Den es ist was Eelendes so eine lange liebschaft.« Schließlich wandte sich der Geistliche jener Familie an Goethe, um diese Heirat zu verhindern, und Goethe gab den guten Rat, man solle den jungen Mann von Jena fortnehmen, ohne weiter gegen seine Braut anzukämpfen. Das geschah; Ernestine verfiel bald der Schwindsucht.
112) Die Geschichte dieses Liebeshofes, der sich nur den Winter 1801/1802 erhielt, hat Gräfin Henriette v. Egloffstein erzählt; man findet sie in meinem ›Fröhlichen Goethe‹ S. 229-236.
113) An Charlotte Schiller.
114) Riemer an Frommann, 5.August 1805 aus Lauchstädt über Goethes Kur: »Er hält auf Diät und ißt des Abends nichts, außer Tee und vielleicht späterhin eine Suppe. Aber lange wird es wohl nicht dauern: denn der Hausgeist wird ihm so lange zureden, daß der Tee ihn schwäche und er etwas Ordentliches genießen müsse usw. – wie wir schon erlebt haben.« – In der Abendmäßigkeit ist Goethe nun allerdings fest geblieben, aber sein Mittagsmahl war und blieb allzu stark.
115) Wie er im Leben zu sagen pflegte: »er denke nicht über Personen, die er liebe« ... (Riemer, Mitteilungen I, 447.)
116) Natürlich wußte auch Goethe selber, daß er nicht immer ein angenehmer Gesellschafter war. Als er im September 1813 einen Verwandten, Christian Heinrich Schlosser, zu einem Besuche einlud, tat er es nur zögernd, weil er sich bewußt sei, »daß wir in dem Herbst und Winter des Lebens starrer und schroffer werden, als billig ist«, und rechnete sich »zu den Menschen, in denen man gerne leben mag, mit denen zu leben es aber nicht erfreulich ist.«
117) Riemer fügt dieser Erzählung noch hinzu: »Goethe selbst ließ sich nie etwas davon bemerken; ich aber war nicht wenig bestürzt über die Gefahr, in welcher er ohne mein Wissen und Gedenken geschwebt hatte. Indes bewahrte Goethe von diesem Tage an eine treue Dankbarkeit sowohl gegen seinen Retter als gegen [Christiane].« Riemer hat diesen Vorgang erst 1841 erzählt. Doch scheint Goethe seiner Mutter davon berichtet zu haben; denn sie schreibt am

Anmerkungen

27. Oktober: »Ja, lieber Sohn, Das war wieder eine Errettung wie Die 1769-1801-1805, da nur ein Schritt, ja nur ein Haar Dir zwischen Tod und Leben war«, und am 12. Dezember dankt sie Christianen für einen Brief und sagt: »Ihr schönes – heroisches – haushälterisches Betragen hat mein Herz erfreut.« Die Geschichte war in Weimar offenbar nur ganz Wenigen bekannt; doch kam sie durch einen Herrn v. Egloffstein nach Petersburg, und von dort gab sie der Anatom Loder am 8. April 1807 an den andern berühmten Arzt Hufeland in Berlin weiter. Sein Bericht beginnt freilich gleich mit einer falschen Angabe: »Goethe ward allerdings geplündert, und ein paar brutale Kerls drangen mit ihren Degen auf ihn ein und hätten ihn vielleicht umgebracht oder wenigstens verwundet, wenn die Vulpius sich nicht auf ihn geworfen und ihn teils dadurch, teils durch einige silberne Leuchter, die sie sogleich hergab, gerettet hätte.«

118) Karoline verheiratete sich 1814 mit ihrem mehrjährigen Hausgenossen Riemer; sie ist 1790 geboren und kam mit 17 oder 18 Jahren in Goethes Haus.

119) 7. August 1808, 7. November 1808.

120) Ich habe versucht, Goethes Erlebnisse mit der Gräfin O'Donell unter dem Titel ›Maskenspiele‹ in der Form von ›Dichtung und Wahrheit‹ darzustellen: ›Stunden mit Goethe‹ VIII, 3. Man findet dort auch die Bilder der Gräfin und der Kaiserin.

121) Stunden mit Goethe III, 144.

122) Diese zwei Zeilen finden sich jedoch erst in einem 1830 für Nikolaus Meyer geschriebenen Gedichte ›Der neue Eros‹.

123) So erzählte Marianne später. Siehe Briefwechsel zwischen Goethe und Marianne v. Willemer, hgg. von Creizenach. 2. Aufl. S. 45.

124) Bei unserm Abdruck sind ein paar kleine Veränderungen Goethes rückgängig gemacht. Ob Goethe schon beim Abschreiben an Mariannens Gedicht geändert hat, wissen wir nicht. Unsere Vorlage: ›Goethes eigenhändige Reinschrift des westöstlichen Divan.‹ Von Konrad Burdach. Weimar, Goethe-Gesellschaft 1911.

125) Die vierte und fünfte Strophe hier in Mariannes Fassung, die Goethe geändert hat.

126) Wörtlich nach Boisserée.

127) Boisserée, 8. Oktober.

128) Aus Frankfurt und Heidelberg. 12. und 27. September 1815.

129) Der Wiedehopf als Liebesbote, in den Gedichten des ›Divan‹ öfter vorkommend.

Anmerkungen

130) Fromm ist der Wunsch, weil die Worte einem christlichen Weihnachtsliede entnommen sind, wo sie bedeuten: wären wir bei den Christkindlein!
131) An Willemer, 5. August 1819. Der Brief an Marianne ist vom 26. Juli.
132) Von Doris Raab; jetzt im Goethe-Hause zu Weimar. Goethe dankte mit den Worten: »Gerade zur rechten Zeit und Stunde, eben als Kinder und Enkel zu den Zuckerbäumen eilten und den Großvater sich selbst überließen, trat das ersehnte Freundespaar auf, so zufrieden-heiter blickend, daß man ihm das Gefühl ansah, wie wohl es empfangen sei. Und so kann es denn selbst mitten im abschließenden Schnee nicht einsam werden.«
133) Soret, 20. Juli 1831.
134) So Karoline v. Humboldt 1823.
135) So die Greisin im Juni 1893 zu Ludwig Stettenheim. Neue freie Presse, 23. und 24. März 1898.
136) Dessen Niederschriften liegen hier zugrunde.
137) An Staatsrat Schultz, 8. Juli 1823.
138) Goethe an Ottilie, 19. August 1823.
139) Es ist ein kristallener Becher; in drei Medaillons trägt er die Namen Ulrike, Amélie, Bertha; auf dem vorderen Felde stehen die Worte: Andenken - den 28. August 1823 in Karlsbad.
140) Vgl. Brief an C. L. F. Schultz vom 8. Sept. 1823.
141) So faßte es F. v. Müller selber auf; 14. Sept. 1823.
142) Das ist anzunehmen nach dem Briefe F. v. Müllers an Julie Gräfin v. Egolffstein, 25. Sept. 1823. Bei Biedermann III, 16.
143) Offenbar hat Goethe gegen den Sohn die Absicht, sich wieder zu verheiraten, geradezu ausgesprochen oder nicht verneint. Seine Gründe sind nicht ganz erkennbar. Einen deutete eben Frau v. Schiller an. Dagegen meinte Reinhard gegen den Kanzler (am 7. Oktober), ihr gemeinsamer Freund wolle die Seinigen mit der Marienbader Geschichte ein wenig foppen. Vorher, am 23. September, notierte der Kanzler: »Die Frauen [Gräfin Lina Egloffstein und Andere] mögen nicht unrecht haben, wenn sie meinen, Goethe gefalle sich darin, noch die Leidenschaftlichkeit eines Jünglings darzustellen, und die Art und Weise, wie er sein großes Gedicht an die L[evetzow] produziere, beweise es.«
144) statuieren = gelten lassen, gestatten.
145) An M. v. Willemer, 9. Mai 1824.

Personen-Verzeichnis

Abeken, Bernhard Rudolf. 1780–1866 S. 253
André, Johann. 1741–1799 S. 134
Anhalt-Dessau, Fürst Franz. 1740–1817 S. 44, 201
v. Arnim, Bettina, geb. Brentano. 1785–1859 S. 269
Arnold, Gottfried. 1666–1714 S. 61
Bahrdt, Karl Friedrich. 1741–1792 S. 116
Basedow, Bernhard. 1723–1790 S. 126
Bassompierre, Marie S. 54
Becker, Christiane, s. Neumann, Christiane.
Behr, Isaschar Falkensohn. 1746–1781 S. 98
Behrisch, Ernst Wolfgang. 1738–1809 S. 32–34, 36, 38–41, 43–45, 47, 48, 51, 102
Bellomo, Guiseppe S. 236
v. Berlepsch, Emilie, geb. v. Oppel, nachm. Harms S. 244
Bernard, aus Straßburg S. 172
Bernard, Familie in Offenbach S. 134
v. Bernstorff, Graf Andreas Peter. 1735–1795 S. 129
v. Bernstorff, Gräfin Henriette, geb. Gräfin v. Stolberg S. 129
Bertuch, friedrich Justin. 1744–1822 S. 132
Bethmann, Elisabeth S. 62
v. Beulwitz, Karoline, geb. v. Lengefeld. 1763–1847, s. v. Wolzogen, Karoline
Boisserée, Sulpiz. 1783–1854 S. 277, 280, 282, 283, 325
Boje, Heinrich Christian. 1744–1806 S. 115, 126
Bonaparte, Ludwig, König von Holland, »Graf v. St. Leu«. 1778–1846 S. 297, 299, 302
Born, Joh. Heinrich. 1750–1782 S. 91, 95, 103, 104
v. Bostel, Friedrich Jak. Dietr. 1741–1810 S. 102
v. Branconi, Antonie, geb. v. Elsener. 1747–1793 S. 142, 181–183, 185, 195
Brand, Anna S. 112, 113
Brand, Dorothee sp. Heßler. Geb. 1754 S. 100, 101
Brand, Familie zu Wetzlar S. 94, 106, 103
Braunschweig, Herzog Karl Wilhelm Ferdinand. 1735–1806 S. 181
Breitkopf, Bernhard Theodor. 1749–1820 S. 57
Breitkopf, Familie in Leipzig S. 37, 42, 51, 57, 62

Breitkopf, Konstanze, sp. Oehme. 1748–1818 S. 31, 37, 43, 59, 63
Brentano, Bettina, s. v. Arnim, Bettina
Brentano, Franz. 1765–1844 S. 273
Brentano, Maximiliane, geb. v. La Roche. 1756–1793 S. 108, 118,
  119, 122, 124, 127, 144, 269, 273
Brentano, Peter Anton. 1735–1797 S. 118, 119, 124, 127
Brevillier, Mlle. S. 21, 31
Brion, Familie in Sesenheim S. 69, 73, 79
Brion, Friederike. 1752–1813 S. 6, 7, 69–81, 116, 180, 328
v. Brösigke, Friedrich Lebrecht S. 291, 302
v. Brösigke, Ulrike, geb. v. Löwenklau S. 291, 292, 310, 324
Buff, Amalie, s. Ridel, Amalie
Buff, Charlotte. 1753–1828 S. 6, 93–113, 116, 117, 120, 121, 123,
  124, 127, 260, 277, 328
Buff, Familie in Wetzlar S. 93–95, 105, 121
Buff, Helene. 1725–1792 S. 111, 121
Bürger, Gottfried August. 1748–1794 S. 126

Claudius, Matthias. 1740–1815 S. 115
Clodius, Christian August. 1738–1784 S. 26
Crespel, Franziska und Katharina S. 62, 65, 110
Cumberland, Herzog Ernst August, sp. König von Hannover.
  1771–1851 S. 277
Cumberland, Herzogin Friederike, sp. Königin von Hannover, geb.
  Prinzessin von Mecklenburg-Strelitz. 1778–1841 S. 277

Eberwein, Henriette, geb. Häßler. Gest. 1849 S. 315
Eberwein, Karl. 1786–1868 S. 325
Eckermann, Joh. Peter. 1792–1854 S. 315, 316, 318
Edgeworth, Miß S. 306
v. Egloffstein, Gräfin Henriette, geb. v. Egloffstein,
  sp. v. Beaulieu-Marconnay. 1773–1864 S. 251, 252
v. Egloffstein, Gräfin Julie. 1792–1869 S. 287, 312, 313
v. Egloffstein, Gräfin Karoline. 1790–1869 S. 287
v. Egloffstein, Oberkammerherr Wolfgang Gottlob Christoph S. 317
v. Egloffstein, dessen Frau Karoline, geb. v. Aufseß S. 267, 295, 330
v. Einsiedel, Friedrich Hild. 1750–1828 S. 217
Eisermann, Beate, sp. Lortzing. 1787–1831 S. 260
Eisert S. 249

Ewald, Johann Ludwig. 1747–1822 S. 151
v. Eybenberg, Marianne, s. Meyer, Marianne

Fabricius, Katharina S. 54, 61
Fahlmer, Johanna, sp. Schlosser. 1744–1821 S. 117, 127, 133, 134, 138, 141, 151, 172, 181
Faustina, eine Römerin S. 213, 241
Flachsland, Karoline, sp. Herder. 1750–1809 S. 85–87, 109, 112, 113, 142, 222–224
v. Forstenburg, Graf. Gest. 1794 S. 182
v. Franckenberg, Sylvius Friedrich Ludwig. 1728–1815 S. 210
v. Fritsch, Freiherr Jakob Friedrich. 1731–1814 S. 165
v. Fritsch, Henriette, geb. v. Wolfskeel. 1776–1859 S. 314
Frommann, Familie in Jena S. 263, 264, 271

Gellert, Christian Fürchtegott. 1715–1769 S. 22, 26
Gerock, vier Schwestern in Frankfurt S. 62, 109, 110
v. Gerstenberg, Heinrich Wilhelm. 1737–1823 S. 115
v. Geßler, Graf Karl Friedrich. 1752–1829 S. 231
v. Göchhausen, Luise. 1752–1807 S. 251
v. Goethe, August. 1789–1830 S. 230, 232, 233, 239, 249, 251–254, 258, 259, 267, 268, 285, 286, 295, 296, 303, 305, 310, 312, 313, 317, 320, 329
v. Goethe, Christiane, s. Vulpius, Christiane
Goethe, Friedrich Georg. 1658–1730 S. 30
Goethe, Hermann Jakob, Oheim des Dichters S. 29
Goethe, Johann Kaspar. 1710–1782 S. 15, 16, 53, 91, 116, 196
Goethe, Katharina Elisabeth, geb. Textor. 1731–1808 S. 15, 16, 61, 183, 196, 202, 207, 227, 233, 234, 244, 245, 258, 259, 267
Goethe, Kornelie, sp. Schlosser. 1750–1777 S. 15, 16, 18, 21, 22, 31, 42, 53, 54, 62, 106, 112, 136, 137, 169, 181
v. Goethe, Ottilie, geb. v. Pogwisch. 1796–1872 S. 286, 287, 295, 310, 312, 314, 315, 319, 320, 330
Gore, englische Familie in Weimar S. 217
Gotter, Pauline, sp. Schelling. 1786–1854 S. 262
v. Goué, August Friedrich. 1743–1789 S. 107
Gries, Joh. Diedrich. 1775–1842 S. 265
Griesbach, Joh. Jakob. 1745–1812 S. 224
Grüner, Karl Franz. 1780–1845 S. 253

Günther, Wilhelm Christoph. gest. 1826 S. 257

Hamilton, Sir William. 1730–1803 S. 210
v. Hardenberg, Freiherr, sp. Fürst Karl August. 1750–1822 S. 106
Harte, Emma, sp. Lady Hamilton. 1761–1815 S. 210
v. Hartefeld, Frau S. 182
v. Haugwitz, Kurt, sp. Graf. 1752–1831 S. 136, 138
Heidler, Karl Joseph. 1792–1866 S. 300, 302
v. Helldorf. Gest. 1834 S. 299
Herder, Joh. Gottfried. 1744–1803 S. 82, 85–87, 96, 109, 112, 113, 116, 127, 134, 135, 142, 217, 228, 231, 240, 250
Herder, Karoline, s. Flachsland, Karoline.
Hermann, Christian Gottfried. 1743–1813 S. 37, 51
Herzlieb, Wilhelmine sp. Walch. 1785–1865 S. 262–266
Hesse, Friederike, geb. Flachsland S. 85
Hessen-Darmstadt, Landgräfin Karoline, geb. Prinzessin von Zweibrücken S. 113
Hessen-Darmstadt, Prinzessin Luise, s. Sachsen-Weimar.
v. Heygendorff, Karoline, geb. Jagenmann. 1777–1848 S. 282, 285
v. Hohenzollern, Fürstin S. 268
Höpfner, Ludw. Jul. Friedr. 1743–1797 S. 102
Horn, Joh. Adam. 1750–1806 S. 19, 23, 26–28, 32, 51, 57–59, 63, 74, 325, 327
v. Humboldt, Karoline, geb. v. Dacheröden. 1766–1829 S. 302, 310
v. Humboldt, Wilhelm. 1767–1835 S. 302, 319
Hummel, Joh. Nepomuk. 1778–1837 S. 316

Iffland, August Wilhelm. 1759–1814 S. 314
v. Imhoff, Amalie, sp. v. Helwig. 1776–1831 S. 244
v. Imhoff, Luise, geb. v. Schardt. 1750–1803 S. 173, 223, 224

Jacobi, Charlotte S. 117
Jacobi, Elisabeth, geb. v. Clermont. Gest. 1784 S. 117, 119
Jacobi, Friedrich Heinrich. 1743–1819 S. 116, 126
Jacobi, Georg. 1740–1814 S. 116
Jerusalem, Karl Wilhelm. 1747–1772 S. 91, 107, 122
John, Ernst Karl Christian. 1788–1856 S. 304
Jung, Marianne, s. Willemer, Marianne
Jung-Stilling, Heinrich. 1740–1817 S. 126, 282

v. Kalb, Charlotte, geb. Marschalk v. Ostheim. 1761–1843 S. 224
v. Kalb, Joh. August Alexander. 1747–1814 S. 153, 154
v. Kalb, Sophie, sp. v. Seckendorf S. 157
v. Kalb zu Kalbsrieth, Familie in Weimar S. 157
Kanne, Christian Gottlob. 1744–1806 S. 58, 59
Kanne, Katharina, s. Schönkopf, Katharina
Karsch, Anna Luise, geb. Dürbach. 1722–1791 S. 144
Kästner, Joh. Friedrich S. 169, 175, 196
Kauffmann, Angelika, sp. Zucchi. 1741–1807 S. 211–214
Kayser, Christoph. 1755–1823 S. 214, 217
Kestner, Charlotte, s. Buff, Charlotte
Kestner, Christian. 1741–1800 S. 94–97, 100–113, 120, 122, 124, 127, 247, 277
Kiprinski, Orestes S. 298
v. Klebelsberg-Thumberg, Graf Franz S. 291, 306, 324
v. Klettenberg, Susanna Katharina. 1723–1774 S. 61, 64, 86, 141
Klopstock, Friedrich Gottlieb. 1724–1803 S. 86, 115, 124, 126, 129
v. Knebel, Henriette. 1755–1813 S. 249
v. Knebel, Karl. 1744–1834 S. 126, 186, 192, 204, 224, 249, 250, 265, 297
v. Knebel, Luise, geb. v. Rudorff. 1776–1852 S. 249
Körner, Familie in Dresden S. 231, 232, 268
Kraus, Georg Melchior. 1733–1806 S. 132
v. Kurland, Herzogin Dorothea, geb. Gräfin Medem. 1761–1822 S. 286
v. Kurland, eine andere Herzogin S. 151

Lade, Philippine S. 272
Lange, Susanne, geb. Lindheimer S. 105
Langer, Ernst Theodor. 1743–1820 S. 51
v. La Roche, Maximiliane, s. Brentano, Maximiliane
v. La Roche, Luise, sp. Möhn u. v. Hessen S. 108, 118
v. La Roche, Sophie, geb. Gutermann. 1731–1807 S. 102, 108, 117–119, 124, 126
Lauth, Anne Marie S. 64
Lauth, Susanne Margarethe S. 64
Lavater, Joh. Kaspar. 1741–1801 S. 116, 126, 138, 141, 142, 151, 183, 185, 214
Lavater, Anna, geb. Schinz. 1742–1815 S. 141

Lenz, Jakob Mich. Reinh. 1751–1792 S. 136, 181
Leuchsenring, Franz Michael. 1746–1827 S. 116
v. Leuchtenberg, Herzog Eugen, Fürst von Eichstätt. 1781–1824 S. 299
v. Levetzow, Amalie, geb. v. Brösigke S. 291, 297, 300, 303–306, 324
v. Levetzow, Amelie, sp. v. Rauch. gest. 1830 S. 291, 298, 299, 304, 306, 324
v. Levetzow, Bertha S. 291, 306, 324
v. Levetzow, Hofmarschall S. 291
v. Levetzow, Ulrike. 1804–1899 S. 291–293, 298, 299, 301–314, 323–325, 328
Levin, Rahel, sp. Varnhagen von Ense. 1771–1833 S. 241
Limprecht, Joh. Christian. 1741–1812 S. 51
Lisbet, Frau Katrin S. 120
Lorsbach, Prediger in Wetzlar S. 105
v. Löw und zu Steinfurt, Freifrau Luise, geb. v. Diede zum Fürstenstein S. 287
v. Löw und zu Steinfurt, Luise S. 287
Ludecus, Joh. Wilh. Karl. 1768–1854 S. 257
Ludolf, Georg Wilhelm. 1722–1780 S. 104

Malcolmi, Amalie, sp. Wolff. 1780–1851 S. 244
Matizeck, Schauspielerin S. 248
Matthäi, Karl. 1744–1831 S. 182, 183
Meixner, Charlotte oder »Charitas«. 1750–1779 S. 18, 21–23, 25, 29, 54, 61
Melchior, Jungfer S. 62
Merck, Joh. Heinrich. 1741–1891 S. 85–87, 91, 102, 106, 109, 112, 113, 115, 118, 136, 144
Meyer, Heinrich. 1760–1832 S. 232–234, 245, 246, 251, 261, 287
Meyer, Hofrat aus Hannover und Frau S. 120, 121
Meyer, Marianne, sp. v. Eybenberg S. 241, 262, 266
Meyer, Nikolaus. 1775–1855 S. 253, 255
Meyer, Sara, s. Wulff, Sara
Milder-Hauptmann, Anna. 1785–1835 S. 300, 303
Moors, Ludwig. 1747–1806 S. 19, 26–28
Moritz, Heinr. Philipp. 1711–1769 S. 18
Moritz, Joh. Friedrich. 1716–1771 S. 18

Moritz, Schwestern S. 110
Moritz, Karl Philipp S. 205
v. Müller, Friedrich. 1779-1849 S. 287, 294, 310, 312-314, 317
Müller, Jugendfreund Goethes S. 25
Münch, Anna Sybilla und Susanna Magdalena S. 110

Nagel, Charlotte S. 137
v. Nassau-Saarbrück-Usingen, eine Fürstin S. 151
Nees v. Esenbeck, Chr. Gfr. Daniel. 1776-1858 S. 302
Neumann, Christiane, sp. Becker. 1778-1797 S. 242
Newton, Isaak. 1642-1727 S. 236
Ney, Michel, Marschall, sp. Fürst v. d. Moskwa. 1769-1815 S. 256

Obermann, Familie in Leipzig S. 37, 42
O'Donell, Gräfin Josephine, geb. Gräfin Gaißruck. 1777-1833 S. 262
Oeser, Adam Friedrich. 1717-1799 S. 49
Oeser, Friederike. 1748-1829 S. 49, 55-57, 74
Oken, Lorenz. 1779-1851 S. 269
v. Olderogge, Heinrich Wilhelm S. 54
v. Olderogge, Joh. Georg S. 54
Ominski, General S. 324
d'Orville, Familie in Offenbach S. 145, 148, 152
Österreich, Kaiserin Maria Ludovika Beatrix, geb. Prinzessin von Este. 1787-1816 S. 262

v. Pogwisch, Ulrike. 1804-1899 S. 287, 314, 320
Preußen, König Friedrich II. der Große. 1712-1786 S. 44, 291
Preußen, Königin Luise, geb. Prinzessin von Mecklenburg-Strelitz. 1776-1810 S. 277
Probst, Minna S. 178

v. Rauch, preuß. Major S. 324
v. der Recke, Elisa, geb. Gräfin Medem. 1756-1833 S. 268, 290
Rehbein, Wilhelm. Gest. 1825 S. 285, 310
v. Reinhard, Karl Friedrich, sp. Graf. 1761-1834 S. 269, 315
v. Reinhard, Christine, geb. Reimarus. Gest. 1815 S. 269
Ridel, Amalie, geb. Buff. 1765-1848 S. 260
Riemer, Friedrich Wilhelm. 1774-1845 S. 7, 252, 256, 258, 265, 268, 269, 271, 276

Riese, Joh. Jakob. 1746–1827 S. 19, 23, 325
Riggi, Maddalena. 1765–1825 S. 212
Rinklef, Jgfr. S. 21
Rhodius, Rentmeister und Frau S. 100, 101
v. Roussillon, Henr. Helene. Gest. 1773 S. 85, 87, 113
Runkel, Elisabeth, sp. Miltenberg. Geb. 1752 S. 18, 21–23, 31, 54, 110
Ryden, Student aus Reval S. 37, 39

Sachsen-Gotha und Altenburg, Herzog Ernst II. 1745–1804 S. 199, 201
Sachsen-Weimar und Eisenach, Erbprinzessin, sp. Großherzogin Maria Paulowna, geb. Großfürstin von Rußland. 1786–1859 S. 316
Sachsen-Weimar und Eisenach, Herzog, sp. Großherzog Karl August. 1757–1828 S. 126, 136, 153, 155, 156, 159, 160, 163, 165, 168, 171, 175, 178, 179, 183, 186, 188, 201, 202, 207, 216, 217, 227, 229, 230, 232, 233, 235, 236, 238, 240, 242, 251, 283, 296, 297, 299, 300, 310, 323, 326
Sachsen-Weimar und Eisenach, Herzogin Amalie, geb. Prinzessin von Braunschweig. 1739–1807 S. 155, 217, 227, 230, 251, 252
Sachsen-Weimar und Eisenach, Herzogin, sp. Großherzogin Luise, geb. Prinzessin von Hessen-Darmstadt. 1757–1836 S. 136, 170, 174, 191, 223, 224, 268, 269
Salzmann, Joh. Daniel. 1722–1812 S. 64, 79, 80, 102, 116, 126, 136
Schadow, Joh. Gottfried. 1764–1815 S. S. 288
v. Schardt, Familie in Weimar S. 267
v. Schardt, Sophie, geb. v. Bernstorff. 1755–1819 S. 267
v. Schiller, Friedrich. 1759–1805 S. 238–241, 245, 251, 252, 272
v. Schiller, Charlotte, geb. v. Lengefeld. 1766–1826 S. 239, 244, 251, 252, 267, 268, 312
v. Schimmelmann, Gräfin Charlotte, geb. v. Schubart S. 239
Schlosser, Georg. 1739–1799 S. 86, 91, 106, 108, 112, 116, 127, 136, 181
Schlosser, Johanna, s. Fahlmer, Johanna
Schlosser, Kornelie, s. Goethe, Kornelie 1750–77
Schmiedel, Maria Henriette, sp. Crespel. Geb. 1753 S. 21, 31
Schmidt, Joh. Christoph S. 194
Schneider, Auguste S. 199

Schönborn, Gottl. Friedr. Ernst. 1734–1817 S. 115
Schönemann, Elisabeth (Lilli), sp. v. Türckheim. 1758–1817 S. 6,
    130–135, 139–141, 144–153, 156–158, 162, 171, 180,
    240, 241, 277, 282, 328
Schönemann, Familie in Frankfurt S. 152
Schönkopf, Familie in Leipzig S. 26, 29–31, 37, 39, 51, 56
Schönkopf, Katharina, sp. Kanne. 1746–1810 S. 6, 7, 30–52,
    56–60, 62, 63, 65, 66, 74, 172, 328
Schopenhauer, Adele. 1797–1849 S. 287
Schopenhauer, Artur. (1788–1860) S. 260
Schopenhauer, Johanna, geb. Trosiener. 1766–1838 S. 260, 269
Schröter, Korona. 1751–1802 S. 172, 173, 177, 178, 194
Schubert, Franz. 1797–1828 S. 325
v. Schulenburg, Gräfin S. 286
Schultheß, Barbara, geb. Wolf. 1745–1818 S. 141, 214,
    240, 241, 246
Schultz, Christoph Friedrich Ludwig. 1781–1834 S. 315
Schulze, Karoline, sp. Kummerfeld. 1745–1815 S. 39
Seidel, Philipp. 1855–1820 S. 204, 205
Seidler, Luise. 1786–1866 S. 263, 264
Silie (Petersilie), Friederike S. 254
Soret, Frédéric. 1795–1865 S. 318
Spinoza, Baruch. 1632–1677 S. 162, 176
Städel, Rosine, geb. Willemer, sp. Thomas. 1782–1845 S. 273,
    280, 284
Stadelmann, Karl S. 295, 298, 304, 305, 319
v. Staël-Holstein, Anne Germaine, geb. Necker. 1766–1817 S. 267,
    306, 312
v. Stein, Freifrau Charlotte, geb. v. Schardt. 1742–1827 S. 7, 156,
    158–179, 184–198, 202–211, 214–217, 222–230, 234–236,
    239, 240, 245, 251, 253, 268, 326, 328
v. Stein, Ernst. 1767–1787 S. 175
v. Stein, Freiherr Friedrich (Fritz). 1771–1844 S. 175, 195, 196,
    199, 202, 204, 211, 216, 226, 228, 234, 235, 244, 251, 252
v. Stein, Freiherr Josias. 1735–1793 S. 169, 175, 192, 196
v. Stein, Freiherr Karl. 1765–1837 S. 175
v. Sternberg, Graf S. 293
v. Stockhausen, General S. 90
v. Stockum, Schwestern S. 21

v. Stolberg, Graf Christian. 1748–1821 S. 136, 137, 144, 152
v. Stolberg, Graf Friedrich Leop. 1750–1819 S. 136, 137, 144, 152, 238
v. Stolberg, Gräfin Auguste, sp. Gräfin Bernstorff. 1753–1835 S. 129, 136, 147–152
Straube, Johanna Elisabeth, geb. Winckler. 1696–1780 S. 31
Streiber, Lorenz S. 194, 196
Streiber, Viktoria S. 194
Szymanowska, Maria, geb. Wolowska. 1790–1831 S. 300–303, 313, 315–317
Szymanowska, Familie S. 316

Tänert, Jgfr. S. 31
v. Taufkirchen, Graf S. 306
Tischbein, Wilhelm. 1751–1829 S. 205
Trapp, Augustin S. 19, 25, 29, 67
v. Türckheim, Friedrich. 1752–1831 S. 180
v. Türckheim, Elisabeth, s. Schönemann, Elisabeth (Lilli)

Ulrich, Karoline, sp. Riemer. 1790–1855 S. 260, 268, 271, 276
Usingen, s. v. Nassau-Saarbrück-Usingen.

v. Voigt, Christian Gottlob. 1743–1819 S. 286
Voß, Heinrich d. J. 1779–1822 S. 252, 253
Vulpius, Christian August. 1762–1828 S. 235
Vulpius, Christiane, sp. v. Goethe. 1764–1816 S. 218–239, 244–262, 266–271, 276, 284–286, 328
Vulpius, Ernestine. gest. 1805 S. 218, 235
Vulpius, Juliane S. 235

W., ein Mädchen in Frankfurt S. 28
v. Waldeck, eine Fürstin S. 151
v. Waldeck, Fürst Christian August. 1744–1798 S. 210
v. Waldersee, Graf Franz. 1763–1823 S. 44
v. Wartensleben, Gräfin S. 191
Werner, Zacharias. 1768–1823 S. 264, 265
v. Werthern, Gräfin Jeanette Luise, geb. Freiin vom Stein. 1752–1816 S. 188
Weygand, Christian-Friedrich S. 321

Weyland, Friedrich Leopold. 1750–1785 S. 68, 70, 71, 73
Wieland, Anna Dorothea, geb. Hillenbrand. Gest. 1801 S. 268
Wieland, Christoph Martin. 1733–1813 S. 108, 116, 126, 155, 156, 161, 163, 252, 268
v. Willemer, Joh. Jakob. 1760–1838 S. 273–278, 280–283, 287–290, 296, 327
v. Willemer, Marianne, geb. Jung. 1784–1860 S. 273–278, 280–283, 287–290, 296, 325–329
Wolf, Pius Alexander. 1782–1828 S. 253
v. Wolzogen, Karoline, geb. v. Lengefeld. 1763–1847 S. 235, 267, 268
v. Wolzogen, Wilhelm. 1762–1809 S. 251
Wolowska, Kasimira S. 302, 315–317
Wulff, Sara, geb. Meyer, sp. v. Grotthus S. 241

Zelter, Karl Friedrich. 1758–1832 S. 261, 277, 287, 293, 303, 319
v. Zenigeo, Graf S. 304
v. Ziegesar, Familie S. 225
v. Ziegesar, Silvia, sp. Koethe. 1785–1855 S. 262, 263
v. Ziegler, Luise, sp. v. Stockhausen S. 85, 87–90
Zimmermann, Joh. Georg. 1728–1795 S. 141, 160, 165, 167, 169, 181
Zucchi, Antonio. 1728–1795 S. 211

Fotonachweis

Verlagsarchiv: S. 3, 7, 15, 18, 20, 34, 53, 64, 69, 82, 91, 114, 126, 155, 160, 172, 174, 194, 208, 210, 216, 220, 222, 237, 259, 286, 301, 316, 323

Bildarchiv Preußischer Kulturbesitz: S. 30, 49, 70, 77, 79, 93, 131, 141, 158, 167, 177, 182, 212 o., 219, 224, 262, 274, 292

Sigrid Geske: S. 122, 212 u., 225, 231, 247

Michael Niedermeier: S. 99

Quellennachweis

Stiftung Weimarer Klassik, Schloß Tiefurt: S. 122; Goethe-Museum: S. 69, 177, 212 u., 247; Goethehaus: S: 231; Goethes Kunstsammlungen: S. 225

Freies Deutsches Hochstift, Frankfurter Goethe-Museum: S. 213, 220, 222

Stiftung Preußischer Kulturbesitz, Staatliche Museen zu Berlin, Antikenmuseum: S. 224

Goethe-Museum Düsseldorf: S. 316

Aus: »Die Bildnisse Goethes«, hrsg. v. Ernst Schulte-Strathaus, München 1910: S. 15, 20, 53, 64, 82, 91, 114, 126, 155, 174, 194, 216, 237, 259, 286, 323

Aus: Wilhelm Bode, »Goethes Liebesleben«, 1913: S. 172, 210, 301

Max Beckmann: © VG Bild-Kunst, Bonn 1996
Ernst Barlach: © Ernst und Hans Barlach GbR, Ratzeburg
Max Schwimmer: © Gabriele Gutsche